OEUVRES COMPLÈTES
DE RÉGNIER

NOUVELLE ÉDITION

AVEC LE COMMENTAIRE DE BROSSETTE
Publié en 1729

DES NOTES LITTÉRAIRES, UN INDEX DES MOTS VIEILLIS
OU HORS D'USAGE ET UNE ÉTUDE BIOGRAPHIQUE
ET LITTÉRAIRE

PAR

M. PROSPER POITEVIN

PARIS
GARNIER FRÈRES, LIBRAIRES-ÉDITEURS
6, RUE DES SAINTS-PÈRES, ET PALAIS-ROYAL, 215

ŒUVRES
COMPLÈTES
DE RÉGNIER

PARIS. — IMP. SIMON RAÇON ET COMP., RUE D'ERFURTH, 1.

OEUVRES COMPLÈTES
DE RÉGNIER

NOUVELLE ÉDITION

AVEC LE COMMENTAIRE DE BROSSETTE
Publié en 1729

DES NOTES LITTÉRAIRES, UN INDEX DES MOTS VIEILLIS
OU HORS D'USAGE ET UNE ÉTUDE BIOGRAPHIQUE
ET LITTÉRAIRE

PAR

M. PROSPER POITEVIN

PARIS

GARNIER FRÈRES, LIBRAIRES-ÉDITEURS

6, RUE DES SAINTS-PÈRES, ET PALAIS-ROYAL 215

1873

ÉTUDE

BIOGRAPHIQUE ET LITTÉRAIRE

SUR

MATHURIN RÉGNIER

I

MATHURIN RÉGNIER, un des écrivains les plus originaux du seizième siècle, est et demeurera aussi longtemps que notre langue sera parlée un des poëtes qui honoreront le plus notre littérature.

Héritier du génie libre et railleur, de l'esprit incisif et franc de Rabelais, il sut allier dans presque tous ses écrits, à un fonds de gaieté toute gauloise, cette raison naïve et lumineuse qui avait eu dans Montaigne un si éloquent et si heureux interprète.

Régnier appartient à la grande famille littéraire qui eut pour chef l'immortel auteur de *Gargantua* et de *Pantagruel*, et pour principaux représentants Molière, la Fontaine et Voltaire.

Certains vers du deuxième chant de l'*Art poétique* de Boileau, dans lesquels le talent de Régnier est assez maigrement apprécié, et qui contiennent une vive censure de quelques-unes de ses satires, ont été pendant longtemps regardés comme la condamnation formelle de l'esprit, des mœurs et des sentiments même de notre auteur. D'où le silence pudibond gardé par la plupart des biographes et des critiques sur un écrivain au moins aussi digne que Malherbe de l'étude sérieuse des véritables philologues.

Après avoir analysé le génie particulier des satiriques latins, Boileau passe à Régnier, et le juge ainsi :

> De ces maîtres savants disciple ingénieux,
> Régnier, seul parmi nous formé sur leurs modèles,
> Dans son vieux style encor a des grâces nouvelles.
> Heureux si ses discours, craints du chaste lecteur,
> Ne se sentaient des lieux où fréquentait l'auteur,
> Et si, du ton hardi de ses rimes cyniques,
> Il n'alarmait souvent les oreilles pudiques.

Si l'éloge a le tort d'être insuffisant, la critique a le tort infiniment plus grave de paraître s'étendre à tout ce qui est sorti de la plume de Régnier.

Mais Boileau avait au fond une tout autre opinion de son devancier ; il tenait en si haute estime le *disciple ingénieux* d'Horace, de Juvénal et de Perse, qu'il regardait comme la plus grande gloire l'honneur de lui être *préféré* :

> Cessez de présumer, en vos folles pensées,
> Mes vers, de voir en foule à vos rimes glacées
> Courir, l'argent en main, les lecteurs empressés.
> Nos beaux jours sont finis, nos honneurs sont passés ;
> Dans peu vous allez voir vos froides rêveries
> Du public exciter les justes moqueries ;
> Et leur auteur, jadis à Régnier préféré,
> A Pinchêne, à Linière, à Perrin comparé.
>
> (Épître x.)

Le rapprochement que fait ici Boileau, ou plutôt l'opposition qu'il établit entre Régnier et trois des écrivains les plus médiocres de son temps, prouve qu'il le considérait, non pas comme un simple disciple, mais bien comme un maître au-dessus duquel il était fier d'être placé.

Dans ses *Réflexions sur Longin*, il l'apprécie enfin à sa juste valeur, et l'éloge qu'il en fait n'honore pas moins celui auquel il est adressé que celui qui le donne. « Le célèbre Régnier, dit-il, est le poëte français qui, du consentement de tout le monde, a le mieux connu, avant Molière, les mœurs et le caractère des hommes[1]. »

Il était impossible d'être, sous une forme concise, plus juste et plus vrai.

Mais les vers de l'*Art poétique* sont par malheur restés dans toutes les mémoires, et ces vers, généralement mal compris, et maladroitement commentés ensuite par quelques pédants sans discernement et sans goût, ont pendant longtemps égaré l'opinion sur le compte de notre poëte et l'ont privé d'une popularité dont il n'aurait jamais dû déchoir.

Cela dit, exposons, avant d'entrer dans les développements qu'exige l'étude sérieuse du génie de cet écrivain et du caractère de ses œuvres, les faits les plus marquants de sa vie, disons quelle a été son éducation, examinons le milieu dans lequel s'est écoulée sa première jeunesse, et cherchons si, dans ses plus grands écarts, son génie n'a pas plutôt subi l'influence de la société licencieuse au sein de laquelle il vivait, que cédé à ses tendances particulières et à ses propres inspirations.

II

Mathurin Régnier naquit à Chartres, le 21 décembre 1573, l'année qui suivit le massacre de la Saint-Barthélemy et précéda la mort de Charles IX.

[1] *Réflexions critiques sur quelques passages du rhéteur Longin.* Réflexion 5.

Il fut baptisé dans l'église paroissiale de Saint-Saturnin.

Son père, Jacques Régnier, notable bourgeois de Chartres, avait épousé Simone Desportes, sœur de Philippe Desportes, poëte très-justement renommé.

Jacques était, comme on dit, un très-bon mari et un excellent père; toutefois, c'était un homme de plaisir à qui sa petite fortune permettait de mener une douce vie en partageant son temps entre sa famille et ses amis.

Un semblable partage tourne le plus ordinairement au préjudice des intérêts et de la paix domestiques, et pour la plupart des gens inoccupés, les distractions qu'ils trouvent dans des relations frivoles se convertissent bientôt en des habitudes qui deviennent nuisibles et souvent funestes au bonheur du ménage.

Pour Jacques Régnier il n'en fut pas ainsi; il sut concilier ses habitudes de plaisir avec ses intérêts de famille, et, en étendant le cercle de ses amis et en s'en constituant comme le centre, il trouva moyen d'augmenter son aisance, le bien-être des siens et les agréments de son intérieur.

A l'époque même de la naissance de son fils Mathurin, Jacques fit bâtir, sur la place des Halles, des démolitions de la citadelle de Chartres, qui lui furent accordées aux instances de l'abbé Desportes, un jeu de paume qui eut aussitôt la vogue et lui rapporta dès la première année de notables bénéfices.

Ce jeu de paume, resté longtemps célèbre, fut connu, tant qu'il subsista, sous le nom de *tripot Régnier*.

De son mariage, Jacques eut deux autres enfants, un second fils, Antoine Régnier, qui devint conseiller dans l'élection de Chartres, et une fille, Marie Régnier, qui épousa Abdénago de la Palme, officier de la maison du roi.

Si le fils aîné de Jacques, si Mathurin fut poëte et illustra le nom de Régnier, la chose se fit assurément en dépit des projets et contrairement aux très-formelles intentions du maître du jeu de paume, qui le fit tonsurer de très-bonne heure, en 1582, dans le but de lui assurer la double protection de Nicolas de Thou, évêque de Chartres, et de son oncle Desportes, abbé très-bien en cour, et pourvu de fort gros bénéfices.

Mais, par malheur pour les projets du père, cet oncle était particulièrement connu comme poëte, et à Chartres on s'entretenait beaucoup moins de ses bonnes œuvres que de ses vers.

Le jeune Mathurin entendait très-souvent lire et même réciter les poésies de Desportes : chaque production nouvelle de l'abbé excitait l'enthousiasme des Chartrains, qui tous exaltaient leur compatriote au-dessus de tous les autres poëtes. Une pareille admiration était plus que suffisante pour éveiller dans une jeune tête la passion des vers et pour inspirer à Mathurin le désir de s'illustrer à son tour.

Mais à l'encontre de ce qui arrive à la plupart de ceux qui entrent dans cette difficile carrière, en cédant plutôt à l'entraînement de l'exemple qu'à leurs propres inspirations, le neveu de Desportes ne s'engagea pas en docile imitateur dans les voies battues, et ne s'amusa pas à rimer des sonnets galants et des rondeaux amoureux ; il s'essaya tout d'abord dans le seul genre qui lui permit de se livrer en toute liberté à la mobilité de son humeur et aux vives et joyeuses fantaisies de son esprit.

Ses premiers vers furent donc des boutades satiriques contre quelques-uns des honnêtes et pacifiques Chartrains qui venaient, sans s'en douter, poser chaque jour devant lui, entre deux parties de paume.

La discrétion, qui, comme on le sait, n'est pas la vertu des poëtes, est loin d'être celle des débutants : Mathurin fit confidence de ses essais à ceux des habitués du tripot qu'il n'avait pas atteints de ses traits railleurs ; ils trouvèrent la plaisanterie spirituelle et amusante ; ils louèrent les vers, qui leur parurent assez bien tournés, et, pour que rien ne manquât au triomphe du jeune poëte, ils se hâtèrent de colporter ses épigrammes dans toutes les sociétés de la ville. Ceux aux dépens desquels il s'était le plus librement égayé furent bientôt dans le secret; ils estimèrent naturellement les vers médiocres et du plus mauvais goût, et résolurent de tirer du jeune insolent une prompte et éclatante vengeance. Rien ne leur était plus facile : ils menacèrent Jacques Régnier d'abandonner son tripot s'il ne châtiait publiquement le coupable, et s'il ne mettait, par un acte vigoureux d'autorité paternelle, ses habitués à l'abri de toute insulte nouvelle.

Le maître du jeu de paume, voyant ses intérêts mis en péril par suite de l'étourderie d'un jeune fou, comprit qu'il ne pouvait se montrer trop sévère; aussi le pauvre Mathurin fut-il si vertement et si rudement tancé que ceux qui lui en voulaient le plus eurent tout lieu de se trouver satisfaits.

> Il est vrai que le ciel, qui me regarda naistre,
> S'est de mon jugement toujours rendu le maistre;
> Et bien que, jeune enfant, mon père me tansast,
> Et de verges souvent mes chansons menassast,
> Me disant, de despit, et bouffi de colère :
> « Badin, quitte ces vers; et que penses-tu faire?
> La Muse est inutile; et si ton oncle a sceu
> S'avancer par cet art, tu t'y verras déceu. »
>   (SATIRE IV.)

Mais, comme il est certains caractères que les obstacles irritent et exaspèrent, il en est aussi qui se cabrent et rebondissent sous les châtiments. Loin de réprimer l'esprit railleur de Mathurin, les menaces et les mauvais traitements le rendirent beaucoup plus âcre et plus incisif, et sa verve, excitée par les criailleries de quelques bourgeois ridicules, devint plus mordante et plus caustique. Dès lors, sans se préoccuper ni se soucier de ce qu'il en pourrait résulter de fâcheux pour les siens et pour lui, Mathurin continua de rimer, et tout le jeu de paume y passa.

Enfin, pour échapper aux effets violents du courroux de son père, auquel il fournissait chaque jour de nouveaux motifs de mécontentement, Régnier quitta Chartres et se rendit à Paris auprès de son oncle. Celui-ci l'accueillit avec d'autant plus de bienveillance que les premiers essais du jeune poëte lui étaient connus, et qu'il augurait plus favorablement de l'avenir de son neveu que ne l'avait fait son beau-frère.

III

A quelle époque et à quel âge Mathurin vint-il à Paris ? Voilà ce qu'on ignore. Toutefois, il est probable qu'il y passa plusieurs années avant de s'attacher au cardinal de Joyeuse, à la suite duquel il fit son premier voyage à Rome en 1593, à peine âgé de vingt ans [1].

« Inutilement, dit Brossette, chercherait-on des particularités touchant la vie de cet auteur dans les écrivains contemporains ; ils se sont contentés de louer son talent et de citer ses ouvrages, sans parler de sa personne [2]. »

Ce n'est, en effet, que dans les œuvres mêmes du poëte que l'on peut trouver des détails capables de nous le faire connaître, et c'est uniquement à l'aide de ses satires qu'il

---

[1] Brossette commet une grave erreur en fixant ce voyage à 1583 et en donnant vingt ans à notre auteur. C'est en 1593 que le cardinal de Joyeuse se rendit à Rome ; Régnier alors avait à peu près vingt ans, et il n'en avait que dix en 1583.

[2] Colletet, à qui nous devons quelques notices biographiques fort intéressantes sur les poëtes du seizième siècle, a laissé malheureusement inachevées les pages qu'il voulait consacrer à Régnier. Après quelques considérations générales sur la satire, et une appréciation fort juste du talent de notre poëte, il ajoute : « Mais puisqu'elle est assez connue sa gloire, je passerai, pour ne « point m'arrêter davantage sur tout ce que le monde savant et « poli sçait aussi bien que moi, et pour dire ce que peu d'hommes « savent, je passerai de ses écrits en général à sa personne par-« ticulière, et dirai là-dessus tout ce que la lecture de ses œuvres, « la tradition et mes exactes recherches m'ont pu apprendre de sa « vie, de sa mœurs à lui-même. » Et le manuscrit s'arrête, et les *exactes recherches* de Colletet sont perdues pour nous. (*Manuscrit de la Bibliothèque du Louvre.*)

faut essayer de combler une des plus regrettables lacunes de notre histoire littéraire.

Si Régnier a immolé sans pitié, dans ses premiers vers, d'obscurs bourgeois auxquels il avait sans doute de justes raisons d'en vouloir, il ne s'est pas montré plus indulgent pour lui-même : il avoue ses faiblesses sans les excuser, ses habitudes de désordre pour qu'on les condamne : sa raison lui montre le mal, mais par faiblesse il y succombe, ou plutôt son instinct l'y pousse ; son tempérament fougueux l'emporte malgré lui, et le précipite tête baissée dans des plaisirs qui le dégoûtent et dont, quand il s'éveille, il trace, comme pour faire amende honorable, le plus hideux tableau.

Que dit-il au marquis de Cœuvres, frère de la belle Gabrielle ?

> Comme à mon confesseur vous ouvrant ma pensée,
> De jeunesse et d'amour follement insensée,
> Je vous conte le mal où trop enclin je suis,
> Et que, prest à laisser, je ne veux et ne puis ;
> Tant il est mal-aisé d'oster avecq' l'estude
> Ce qu'on a de nature ou par longue habitude.
> Puis la force me manque, et n'ai le jugement
> De conduire ma barque en ce ravissement.
> Au gouffre du plaisir la courante m'emporte :
> Tout ainsi qu'un cheval qui a la bouche forte,
> J'obéis au caprice, et, sans discrétion ;
> La raison ne peut rien dessus ma passion ;
> Nulle loy ne retient mon ame abandonnée ;
> Ou soit par volonté, ou soit par destinée,
> En un mal évident je clos l'œil à mon bien :
> Ny conseil, ny raison, ne me servent de rien.
> Je choppe par dessein, ma faute est volontaire ;
> Je me bande les yeux quand le soleil m'éclaire,
> Et, content de mon mal, je me tiens trop heureux
> D'estre, comme je suis, en tous lieux amoureux.
>
> (Satire vii.)

On ne saurait demander à un poëte plus de franchise ; la confession est pleine et entière ; il fait l'aveu complet de sa faiblesse, de ses mauvais penchants, de ses habitudes vicieuses, et se déclare tout à la fois coupable et impénitent.

Mais avec une raison qui discerne si nettement le bien et le mal, comment sa nature et ses mœurs se sont-elles à ce point dépravées que toute réhabilitation lui semble impossible, qu'il persévère à *clore l'œil à son bien*, et que chaque jour il s'engage plus avant et avec plus d'obstination dans les voies du vice?

Cela est au moins étrange et semble tout d'abord difficile à comprendre; mais si l'on songe à la première éducation de Régnier, et au milieu dans lequel, tout jeune, il fut jeté en arrivant à Paris, tout alors s'explique.

Exposons les faits.

IV

Après avoir achevé ses études, Régnier tonsuré depuis longtemps et pourvu presque aussitôt d'un canonicat qu'il obtint par dévolu, mais dont il ne prit possession que vingt ans plus tard, en 1604, fut obligé de rentrer, pour vivre, dans la maison de son père. Il y trouva la table et le logis sans plus; installé dans sa famille, comme un voyageur dans une auberge, il ne voyait habituellement les hôtes qu'aux heures de repas. Les soins du ménage ne laissaient pas à sa mère le moindre loisir pour s'occuper de lui, et la direction du jeu de paume réclamait trop assidûment la présence de son père, pour que celui-ci pût exercer une utile surveillance sur la conduite de Mathurin; il fut donc abandonné à lui-même, il

> *Vécut* sans nul pensement,
> *Se* laissant aller doucement
> A la bonne loy naturelle...

et de très-bonne heure, il fit de son caprice sa seule règle et son unique loi.

Le jeu de paume, où il passait la plus grande partie de son temps, fut sa première école de morale, et les habitués furent conséquemment ses premiers instituteurs; or on sait combien sont, ou pour parler plus exactement, combien étaient relâchées les mœurs des gens qui hantaient ces tripots : c'étaient des viveurs qui venaient là réparer leurs forces épuisées dans des parties de débauche, et se préparer à sortir avec honneur de quelque nouvelle orgie.

Cette société, en inspirant du dégoût au jeune Régnier, lui inocula cependant ses mœurs; et l'âme de Mathurin était déjà profondément pervertie et viciée, quand il arriva à Paris.

Pour sauver le jeune poëte, l'accueil bienveillant de Desportes était loin de suffire; il lui aurait fallu une forte et intelligente direction que son oncle n'avait ni le temps ni le pouvoir de lui donner. D'ailleurs on n'inspire aux autres de nobles sentiments que lorsqu'on en est animé soi-même, et qu'on peut donner à ses leçons ou à ses conseils l'autorité des bons exemples. Desportes était incapable de ce double enseignement; c'était un abbé de cour qui avait tous les vices de son temps, et qui pour se maintenir en faveur et mériter les grâces du roi, la protection des hauts et puissants seigneurs et l'appui des grandes dames, s'était fait l'apologiste de leurs déréglements et le complaisant interprète de tous leurs caprices amoureux.

Un pareil guide était plus fait pour perdre Régnier que pour le ramener dans le sentier du bien; aussi Desportes ne l'essaya-t-il pas : il se contenta de fournir à son neveu les secours d'argent dont il avait besoin, il le recommanda à quelques gens en crédit, le mit en rapport avec les poëtes et les beaux esprits du temps, et lui laissant toute liberté, il ne s'inquiéta pas plus de ce qu'il pourrait faire que de ce qu'il pourrait devenir.

Mathurin eut bientôt discerné, parmi ses nouvelles connaissauces, quels étaient les meilleurs compagnons; ceux-ci lui firent joyeuse fête et eurent promptement achevé son éducation si tristement commencée à Chartres. Grâce à ses habitudes et à ses dispositions, il se trouva presque aussitôt en parfait accord de sentiments avec ses nouveaux amis, et en très-peu de temps le novice fut en état d'en remontrer à ses maîtres.

V

Si nous insistons si longuement sur de pareils détails, c'est que nous tenons non pas à réhabiliter entièrement notre poëte, mais du moins à prouver qu'il n'est pas seul moralement responsable de cette vie de désordres qu'on lui a si durement reprochée.

Régnier paraît même s'être lassé assez vite de cette existence de bohême sur laquelle la misère projetait très-souvent une ombre épaisse; il lui déplaisait, au sortir d'une orgie, de se montrer par la ville avec un rabat sale et des chausses en mauvais état :

> Pour moy, si mon habit, partout cicatrisé,
> Ne me rendoit du peuple et des grands mesprisé,
> Je prendrois patience, et parmy ma misère,
> Je trouverois du goust; mais ce qui doit desplaire
> A l'homme de courage et d'esprit relevé,
> C'est qu'un chacun le fuit ainsi qu'un réprouvé,
> Car en quelque façon les malheurs sont propices.
> Puis les gueux, en gueusant, trouvent maintes délices,
> Un repos qui s'esgaye en quelque oisiveté;
> Mais je ne puis pâtir de me voir rejetté.
> (SATIRE II.)

C'est là ce qui l'afflige, lui fait honte; c'est une existence indigne d'un homme de cœur (*de courage*), il le sent; et, pour s'y soustraire, il accomplit le plus grand des sacrifices, il immole sa liberté :

> C'est donc pourquoi, si jeune abandonnant la France,
> J'allay, vif de courage, et tout chaud d'espérance,
> En la cour d'un prélat qu'avec mille dangers
> J'ay suivy, courtisan, aux païs estrangers.
> J'ay changé mon humeur, altéré ma nature,
> J'ay beu chaud, mangé froid, j'ay couché sur la dure,
> Je l'ay, sans le quitter, à toute heure suivy.
> Donnant ma liberté, je me suis asservy,
> En public, à l'église, à la chambre, à la table,
> Et pense avoir esté maintefois agréable.
> (MÊME SATIRE.)

Ainsi dès l'âge de vingt ans il s'attacha à un grand seigneur, et consentit à s'expatrier à sa suite, pour rompre avec ses habitudes, et n'avoir plus à subir les dures privations auxquelles étaient exposés alors tous les poëtes que n'abritait pas la protection d'un homme de cour.

Mais du sacrifice de sa liberté que résulta-t-il pour lui ? rien ; ayant tout fait pour mériter les bonnes grâces de son maître, auquel il était parvenu *maintes fois* à se rendre *agréable*, il revint de Rome après huit années de séjour, sans avoir eu la moindre part dans ses bienfaits.

L'abbé Goujet, pour excuser la conduite du cardinal de Joyeuse, suppose assez légèrement que la vie licencieuse de Régnier fut cause d'un pareil oubli.

Il semble vraiment que tous ceux qui ont touché à l'histoire littéraire du seizième siècle, biographes, commentateurs et critiques, se soient entendus pour adresser à notre poëte les mêmes reproches ; c'est comme une clameur de haro qui, se propageant d'échos en échos, et grossissant d'âge en âge, est presque parvenue aujourd'hui à étouffer les quelques voix qui ont cru devoir protester en faveur d'un des plus illustres représentants du bon sens, de la verve et de l'esprit gaulois.

Mais les mœurs du cardinal de Joyeuse, ce noble parent du mignon préféré de Henri III, étaient-elles donc si austères et si pures que celles de Régnier aient pu devenir pour lui un objet de scandale? Vivait-il à Rome autrement que les prélats de son temps, et sa conduite assez peu régulière n'autorisait-elle pas ses courtisans et ses serviteurs à faire comme lui?

Si Régnier n'a pas su mériter ses bonnes grâces, cela très-probablement a tenu à ce qu'il n'avait pas su mettre assez habilement sa muse au service de son illustre maître : le langage mièvre, fade et douceâtre de la galanterie, alors à la mode, lui était étranger; il savait faire parler l'amour pour son propre compte, exprimer d'une manière vive et énergique, la passion qui l'animait, mais il n'avait pas, comme son oncle, l'art de soupirer pour un autre et de traduire en rimes complaisantes les sentiments qui lui étaient étrangers.

Voilà probablement tout le secret de sa disgrâce auprès du maître qu'il s'était donné.

Mais Régnier, comme on a toujours voulu le faire entendre, est-il, parmi les nombreux écrivains du seizième siècle, le seul qui ait mené une vie de désordre, et sa muse a-t-elle même été en réalité la plus immodeste et la plus déréglée entre toutes? Incontestablement non, et il nous serait facile de prouver un fait qu'il nous suffit d'établir ici, dans l'intérêt de la vérité et de la justice. Personne n'ignore que la licence des mœurs et l'excessive liberté de langage étaient dans les habitudes de tous les poëtes de son temps. Alors

Le *français* dans les mots *bravait* l'honnêteté,

et le lecteur lui-même, dont le goût n'avait pas cette excessive délicatesse qu'il devait acquérir à l'école du dix-septième siècle, tenait beaucoup plus à être *diverti* qu'à être *respecté*.

« Jusqu'alors, dit M. Sainte-Beuve, on s'était montré fort coulant sur le compte des mœurs, et la licence même la plus ordurière avait presque été un droit pour les poëtes. »

Isoler Régnier des poëtes et du public de son temps, c'est donc s'exposer à le mal comprendre et à le mal juger; son siècle, nous ne dirons pas le justifie, mais l'excuse et l'explique, et il nous semble à peu près impossible qu'avec une nature aussi intempérante que la sienne, il eût pu, à une époque pareille, vivre autrement qu'il n'a vécu.

VI

En 1601, Mathurin fit un second voyage à Rome, à la suite de Philippe de Béthune, que Henri IV y envoyait comme ambassadeur. Il avait alors vingt-huit ans. Y resta-t-il jusqu'à la fin de l'ambassade du frère de Sully, c'est-à-dire jusqu'en 1605? cela est probable, mais rien ne le prouve. Toutefois les avantages qu'il retira de ce dernier voyage ne semblent pas avoir été plus grands que ceux que lui rapporta le premier. Il revint triste et dégoûté de tout et de lui-même ; et sa sixième satire, écrite à Rome, nous révèle l'état de son esprit et son profond découragement, quoiqu'en certains passages il affecte une sorte d'indifférence philosophique.

> Or ce n'est point de voir en règne la sottise,
> L'avarice et le luxe entre les gens d'église,
> La justice à l'encan, l'innocent oppressé,
> Le conseil corrompu suivre l'intéressé,
> Les estats pervertis, toute chose se vendre
> Et n'avoir du crédit qu'au prix qu'on peut despendre
> N'y moins, que la valeur n'ait ici plus de lieu,
> Que la noblesse courre en poste à l'Hostel-Dieu,
> Que les jeunes oisifs aux plaisirs s'abandonnent,
> Que les femmes du temps soient à qui plus leur donnent,
> Que l'usure ait trouvé (bien que je n'ay de quoy),
> Tant elle a bonnes dents, que mordre dessus moy :
> Tout ceci ne me pèze et l'esprit ne me trouble.
> Que tout s'y pervertisse, il ne m'en chaut d'un double.

Du temps ny de l'estat il ne faut s'affliger,
Selon le vent qu'il fait l'homme doit naviger.

De retour en France, Régnier reprit ses anciennes habitudes, et huit ans après, en 1613, il mourait à Rouen, le 22 octobre, dans sa quarantième année.

Sa fin fut doublement triste : mal guéri d'une fâcheuse maladie, il voulut, en reconnaissance d'une cure qu'il croyait radicale et qu'il regardait comme merveilleuse, traiter verre en main, et dans un splendide repas, le charlatan qui l'avait opérée. Une soudaine et fatale rechute fut la suite de cette débauche.

Quelques jours après, Régnier mourait à l'hôtellerie de l'*Écu d'Orléans*, où il était logé.

Ses entrailles furent déposées en l'église paroissiale de Sainte-Marie de Rouen, et son corps, enfermé dans un cercueil de plomb, fut transporté à l'abbaye de Royaumont, près de Luzarches. Il avait depuis longtemps désigné pour sa sépulture ce lieu, qu'il aimait particulièrement.

Dans les dernières années de sa vie, Régnier a composé un certain nombre de poésies spirituelles. « Je souhaite, dit l'abbé Goujet, que le cœur plus que l'esprit les ait dictées. » Le vœu est d'un chrétien ; mais l'auteur de la *Bibliothèque française* voyait assurément comme nous dans ces pièces, dont quelques-unes, assez heureusement réussies, sont empreintes d'une certaine couleur mystique, la preuve de la flexibilité du talent de Régnier, et non la manifestation sincère d'un retour à des sentiments pieux auxquels sa vie tout entière a donné un trop éclatant démenti.

VII

Nous avons exposé en toute sincérité quel a été notre poëte; nous avons fait à sa nature, à son éducation, à ses relations et à son siècle la part de responsabilité qu'on doit leur attribuer dans son existence singulière; nous avons montré dans l'écrivain l'homme en révolte contre lui-même, protestant hautement au nom de la raison contre sa propre faiblesse, et détestant les fautes où le poussent la fougue de son tempérament et la pernicieuse influence de ses entours; nous avons démontré enfin l'impossibilité où il s'est trouvé, faute d'une protection sérieuse et d'un appui efficace, de se relever de sa déchéance morale. Maintenant nous en appelons aux juges même les plus sévères, n'est-il pas mille fois plus à plaindre qu'à blâmer, et ne doit-on pas lui savoir un certain gré des efforts qu'il lui a fallu faire pour parvenir à dégager de temps en temps son génie des entraves dont il a essayé, mais sans succès, de l'affranchir ?

Nous croyons avoir mis en pleine lumière les mauvais côtés de l'homme dans Régnier, nous n'avons rien dissimulé; car, lors même que nous l'aurions tenté, il nous eût été impossible de le faire, en face des aveux francs et naïfs qui lui sont échappés.

Il nous reste maintenant à étudier son caractère, c'est-à-dire à le considérer sous un point de vue que, par une coupable négligence, on a jusqu'ici laissé dans l'ombre, enfin sous le côté qui lui fut essentiellement personnel.

VIII

Régnier vécut dans une très-grande intimité avec les écrivains les plus distingués de son temps : ceux mêmes qui ne partageaient pas sa vie et s'affligeaient le plus de ses désordres ne lui étaient pas les moins attachés; tous estimaient sa noble franchise, l'austère indépendance de son esprit, et cette noble fierté de cœur, qui ne lui permit pas, même au sein de la plus extrême pauvreté, de descendre à ces basses complaisances, à ces poétiques flatteries au moyen desquelles les écrivains pouvaient seulement alors s'établir auprès des grands, mériter leur bienveillance et obtenir leurs faveurs.

Il connaissait aussi bien que son oncle le chemin qui menait à la fortune, chemin battu dans lequel tous les rimeurs avides ou besoigneux s'engageaient à la file, se pressaient, se heurtaient afin d'arriver plus vite; mais à cette voie tortueuse il préférait la grande route, et il ne la quitta jamais, au risque de périr sur le revers du chemin.

Dans un de ses moments d'humeur, il explique très-bien à Motin ce qu'un poëte doit faire pour arriver à la fortune; mais il l'explique avec toute l'indignation d'un homme résolu à ne pas commettre de pareilles bassesses :

> Apprenons à mentir, nos propos desguiser,
> A trahir nos amis, nos ennemis baiser,
> Faire la cour aux grands, et dans leurs antichambres,
> Le chapeau dans la main, nous tenir sur nos membres,
> Sans oser ny cracher, ny toussir, ny s'asseoir,
> Et nous couchant au jour leur donner le bon soir;
> Car depuis que fortune aveuglément dispose
> De tout, peut-estre enfin aurons-nous quelque chose
> Qui pourra détourner l'ingrate adversité
> Par un bien incertain à tastons débité :
> Comme ces courtisans qui, s'en faisant accroire,
> N'ont point d'autre vertu, sinon de dire : Voire.
>
> Or laissons doncq' la Muse, Apollon et ses vers,
> Laissons le luth, la lyre et ces outils divers,
> Dont Apollon nous flatte ; ingrate frénésie,
> Puisque pauvre et quaymande on voit la poésie,
> Où j'ay par tant de nuicts mon travail occupé.
> Mais quoy! je te pardonne, et, si tu m'as trompé,
> La honte en soit au siècle, où, vivant d'âge en âge,
> Mon exemple rendra quelque autre esprit plus sage.
>
> (SATIRE IV.)

Chose très-remarquable, Régnier ne se permit dans toutes ses satires aucun trait malin ou piquant contre un seul de ses contemporains. S'il s'attaqua une fois à Malherbe, c'est qu'il y fut en quelque sorte contraint, et il ne le fit pas par voie de maligne allusion, mais franchement, noblement, en face, et avec toute la généreuse colère d'un homme justement animé du désir de venger une injure faite à celui pour lequel il se sentait le plus d'amitié et de respect.

Nous sommes forcé de consigner ici une anecdote très-connue, mais qui explique la nécessité où se trouva Régnier de protester aussi vivement qu'il le fit, dans son admirable satire adressée à son ami Rapin, contre la supériorité insolente qu'affectait Malherbe à l'égard de ses plus illustres confrères en poésie.

Un jour Desportes avait invité à dîner quelques amis, parmi lesquels se trouvaient Malherbe et Régnier. L'amphitryon, qui venait de publier la première édition de ses Psaumes, se leva après le potage, disant qu'il allait quérir l'exemplaire dont il voulait faire hommage à Malherbe. « Ne vous dérangez pas, lui dit grossièrement celui-ci, j'ai lu vos vers, je les connais, et je trouve votre potage infiniment meilleur. » Desportes se sentit profondément blessé; il reprit sa place, et, pendant la fin du repas, il garda le plus profond silence; Régnier que choqua, tout autant que son oncle, cette brutale saillie, tourna immédiatement le dos à Malherbe, que depuis ce moment il ne revit jamais.

Quelque grand qu'ait été le tort de Malherbe, nous devons le lui pardonner, puisqu'il nous a valu la neuvième satire, une de celles où Régnier a répandu le plus de raison, d'esprit et de poésie.

Dans cette œuvre remarquable, Régnier, chose étrange! Régnier, l'héritier du libre esprit de Rabelais, prend en main la défense des poëtes d'école, que celui-ci avait le plus vivement attaqués, contre le dédain et les mépris de leur continuateur et de leur représentant le plus direct. Si, dit-il à Rapin,

J'eus l'esprit d'ignorance abbatu,
Je l'eus du moins si bon, que j'aimay ta vertu.

Contraire à ces resveurs dont la muse insolente,
Censurant les plus vieux, arrogamment se vante,
De réformer les vers, non les tiens seulement,
Mais veulent déterrer les Grecs du monument,
Les Latins, les Hébreux, et toute l'antiquaille,
Et leur dire à leur nez qu'ils n'ont rien fait qui vaille.
Ronsard en son mestier n'estoit qu'un apprentif,
Il avoit le cerveau fantastique et rétif;
Desportes n'est pas net, Du Bellay trop facile;
Belleau ne parle pas comme on parle à la ville :
Il a des mots hargneux, bouffis et relevés,
Qui du peuple aujourd'hui ne sont pas approuvés.

Comment! il nous faut donc pour faire une œuvre grande
Qui de la calomnie et du temps se deffende,
Qui trouve quelque place entre les bons autheurs,
Parler comme à Sainct-Jean parlent les crocheteurs!

Ici l'allusion est transparente; c'est Malherbe que le poëte désigne, et s'il ne le nomme pas, c'est moins par convenance que parce qu'il est certain que personne ne peut se tromper sur ses intentions.

Pensent-ils des plus vieux offençant la mémoire
Par le mépris d'autruy s'acquérir de la gloire...
Il semble en leurs discours hautains et généreux
Que le cheval volant n'ait pissé que pour eux...;
Qu'eux tout seuls du bien dire ont trouvé la méthode,
Et que rien n'est parfait s'il n'est fait à leur mode.

Cependant leur sçavoir ne s'estend seulement
Qu'à regratter un mot douteux au jugement,
Prendre garde qu'un *qui* ne heurte une diphthongue,
Espier si des vers la rime est brève ou longue,
Ou bien si la voyelle, à l'autre s'unissant,
Ne rend point à l'oreille un vers trop languissant;
Et laissent sur le verd le noble de l'ouvrage.
Nul esguillon divin n'eslève leur courage;
Ils rampent bassement, foibles d'inventions,
Et n'osent, peu hardis, tenter les fictions,
Froids à l'imaginer; car, s'ils font quelque chose,
C'est proser de la rime et rimer de la prose,
Que l'art lime et relime, et polit de façon
Qu'elle rend à l'oreille un agréable son:

Et voyant qu'un beau feu leur cervelle n'embrase,
Ils attifent leurs mots, enjolivent leur phrase,
Affectent leur discours tout si relevé d'art,
Et peignent leurs défauts de couleur et de fard.

Il était impossible de se montrer à la fois plus sévère et plus juste : les mérites et les défauts de Malherbe sont appréciés ici sans aigreur et avec le sentiment le plus exact d'un talent qui consistait uniquement dans l'arrangement des mots, la cadence des vers et l'harmonie de la période.

X

Ce manifeste éloquent dut blesser d'autant plus profondément Malherbe dans son orgueil, que chacun des traits était lancé d'une main plus sûre et l'atteignait directement là où il se savait lui-même le plus faible et le plus vulnérable.

Ce n'était pas une critique futile et légère, une boutade spirituelle écrite dans un moment de mauvaise humeur et de dépit, comme la parodie que Berthelot s'était permis de faire d'une de ses odes, mais l'appréciation exacte, nette, précise de ses facultés et de sa valeur poétiques, la mise en pleine lumière des qualités de second ordre, au moyen desquelles il s'était acquis à la cour et même parmi ses confrères un renom et une autorité qui résultaient plutôt d'une surprise que d'un droit légitime et incontestable.

Malherbe sentit la vigueur de l'attaque, et comprit aussitôt les désastreux effets qu'elle pourrait avoir pour sa considération comme poëte ; nul doute qu'il n'ait éprouvé un ardent désir de se venger d'une pareille irrévérence ; mais il y avait danger à le tenter : employer le bâton contre Régnier, comme il l'avait fait avec Berthelot, était chose impossible ; quant à relever le gant et à entrer en lutte avec un tel jouteur, c'était plus impossible et plus dangereux encore. Il jugea donc prudent de se renfermer dans sa dignité, et se contenta de rompre avec Desportes et avec ses amis, que dès lors il ne revit jamais.

En résumé, Malherbe eut tous les torts dans cette querelle et tout l'honneur fut pour Régnier. Celui-ci se montra fort justement blessé d'une grossièreté faite à son oncle, et s'il en prit occasion pour châtier un orgueil devenu insupportable à tous, et pour secouer l'autorité d'un homme qu'il ne pouvait regarder comme un maître : il fit bien, et nul ne l'en saurait blâmer. D'ailleurs, dans tous les cas, on a gain de cause assuré, quand on peut, comme Régnier sut le faire en cette circonstance, donner à un incontestable talent l'autorité d'une haute raison et d'une grande dignité de caractère.

Notre poëte ne se permit qu'en cette occasion une attaque directe et personnelle contre un de ses confrères; sa bienveillance et sa douceur étaient même si bien connues de tous, qu'on lui donna le surnom de *Bon*.

> Je ne suis point entrant; ma façon est rustique;
> Et le surnom de bon me va-t-on reprochant,
> D'autant que je n'ay pas l'esprit d'estre meschant.
> (SATIRE III.)

Ce n'est pas qu'il manquât d'une certaine malice et qu'il n'eût parfois l'esprit assez caustique, ses épigrammes en font foi; mais il ne se permettait jamais le moindre trait qui pût blesser un ami ou un confrère : il s'était en cela bien corrigé; et l'on peut dire qu'après ses premiers essais contre les bourgeois de Chartres, il s'interdit toute personnalité et même toute allusion blessante ou maligne.

Une fois cependant il sortit de sa réserve habituelle.

Un avocat qui s'était fait poëte par désœuvrement, comme tant d'autres rimeurs justement oubliés aujourd'hui, avait soumis au jugement de Desportes, dont chacun alors sollicitait le suffrage, un poëme parfaitement ridicule qu'il regardait probablement comme un chef-d'œuvre. Desportes, qui

ne pouvait honnêtement décliner la compétence, trouva de
bon goût de s'épargner l'ennui d'une pareille lecture. Il
confia donc le manuscrit à son neveu, en le priant de l'exa-
miner et de lui en dire son avis. L'examen ne fut pas long ;
après la lecture d'un début ridicule, Régnier sauta à la fin et
tomba sur ce vers grotesque :

> Je bride ici mon Apollon.

Son opinion était faite. Il allait fermer le manuscrit et le
renvoyer à Desportes sans observations ni commentaires,
lorsqu'il lui prit fantaisie d'écrire en marge, pour l'édifica-
tion de son oncle, ces quatre vers :

> Faut avoir le cerveau bien vide,
> Pour brider les Muses du roy ;
> Les dieux ne portent point de bride,
> Mais bien les ânes comme toy.

Desportes mit, bien entendu, le manuscrit de côté, sans
se donner même la peine de l'ouvrir, et quand l'auteur vint
le lui réclamer, il se crut obligé, pour qu'il ne le soupçonnât
pas d'une négligence blessante, de lui faire les plus chaleu-
reux compliments. Le poëte s'en retourna enchanté ; mais
le lendemain il revient furieux, et, plaçant sous les yeux de
Desportes l'épigramme qu'il avait trouvée à la fin de son
poëme : « On ne se moque pas ainsi du monde, lui dit-il ; et
je voudrais bien savoir comment après vos compliments vous
m'expliquerez une pareille boutade. — Très-facilement, répondit Desportes, les éloges sont de moi, l'épigramme est
de mon neveu ; en poésie comme en beaucoup d'autres
choses, nous différons souvent d'opinion, sans en être moins
bons amis. Comme vous le dites, ce n'est qu'une boutade, il
n'y faut donc pas attacher d'importance ; d'ailleurs vous con-
naissez mon sentiment, je vous l'ai exprimé en toute sincérité, et vous me devez croire en ces matières un arbitre

plus sûr et un juge beaucoup plus sérieux que mon neveu.

Le seigneur Jupiter sait dorer la pilule.

Le pauvre auteur s'en alla, sinon convaincu, du moins en partie consolé; et Desportes, d'abord assez mécontent de l'aventure, trouva ensuite qu'il n'avait rien de mieux à faire que d'en rire avec son neveu.

Voilà la seule malice que se soit permise Régnier; si vive qu'elle soit, on n'en peut rien induire de fâcheux sur son caractère.

X.

Il nous reste maintenant à apprécier Régnier comme écrivain et comme poëte : ici la tâche devient plus agréable et plus facile, car la part une fois faite à la liberté ou à la licence du langage du temps, nous aurons très-peu à reprendre et presque tout à louer.

Mais avant d'exprimer notre sentiment personnel, citons les opinions de quelques écrivains, dont l'autorité ne saurait être contestée.

Commençons d'abord par mademoiselle de Scudéri.

Dans sa *Clélie*, elle suppose que Calliope apparaît à Hésiode dans un songe, et lui fait connaître les grands poëtes qui doivent venir après lui.

« Regarde, lui dit-elle, cet homme négligemment ha-
« billé, et assez malpropre. Il se nommera *Régnier*, sera le
« neveu de *Desportes*, et méritera beaucoup de gloire. Il
« sera le premier qui fera des satires en françois, et quoi-
« qu'il ait regardé quelques fameux originaux parmi ceux
« qui l'auront précédé, il sera pourtant un original lui-même
« en son temps. Ce qu'il fera sera excellent, et ce qui sera
« moindre aura toujours quelque chose de piquant. Il pein-

« dra les vices avec naïveté, et les vicieux fort plaisamment.
« Enfin, il se fera un chemin particulier entre les poëtes
« de son siècle, où ceux qui le voudront suivre s'égareront
« bien souvent. »

L'éloge est complet ; mademoiselle de Scudéri juge notre poëte en femme de beaucoup de sens et d'esprit ; c'est par les grands côtés de son talent qu'elle l'annonce et le signale; et sa délicatesse ne croit même pas devoir faire ses réserves ni protester contre ce que des critiques ignorants reprocheront plus tard à Régnier comme de grossières inconvenances.

Massillon, dans son Discours de réception à l'Académie française, s'exprime ainsi :

« La poésie elle-même, malgré les Marot et les Régnier,
« marchoit encore sans règle et au hasard. Les grâces de ces
« deux auteurs appartiennent à la nature, qui est de tous les
« siècles, plutôt qu'au leur. »

Dans une lettre à Brossette, Jean-Baptiste Rousseau, pour encourager le commentateur à poursuivre son travail sur Régnier, s'exprime ainsi:

« Vous rendrez un grand service à notre langue, dont ce
« poëte est un ornement très-considérable. Aucun n'a mieux
« pris que lui le véritable tour des anciens, et je suis per-
« suadé que M. Despréaux ne l'a pas moins étudié que Perse
« et Horace. La barbarie qu'on remarque en quelques en-
« droits dans son style est celle de son siècle, et non pas la
« sienne ; mais il a des vers si heureux et si originaux, des
« expressions si propres et si vives, que je crois que malgré
« ses défauts il tiendra toujours un des premiers rangs
« parmi le petit nombre d'excellents auteurs que nous con-
« naissons. »

Voilà l'opinion d'un juge dont on ne saurait nier la compétence ; et il semblerait difficile, on en conviendra, de rien ajouter à un pareil éloge.

Montesquieu, dans ses *Pensées diverses*, apprécie quelques-uns des grands poëtes par cet ingénieux rapprochement :

« S'il faut donner le caractère de nos poëtes, je compare
« Corneille à Michel-Ange, Racine à Raphaël, Marot au Cor-
« rége, la Fontaine au Titien, Despréaux au Dominiquin.....
« Régnier au Georgion. »

Dans son *Histoire de la satire en France*, M. Viollet Le Duc, à qui nous devons plusieurs éditions de Régnier, parle ainsi de ce poëte :

« L'expression de Régnier est toujours énergique, parce
« qu'elle est pittoresque ; elle fait image ; ses peintures sont
« inaltérables encore aujourd'hui, quoique la différence des
« mœurs semblerait avoir dû les effacer. Ses raisonnements
« forcent le rire par leurs conséquences inattendues, ou
« étonnent par la profondeur qu'elles cachent souvent sous
« une apparence frivole. Passons-lui ce que son langage, qui
« était celui de son siècle, nous offre de barbare ; ou plutôt
« lisons nos vieux poëtes pour nous habituer graduelle-
« ment à son style, qui alors nous paraîtra pur et même
« élégant. Pardonnons-lui quelques scènes qui révoltent la pu-
« deur, mais qui, en ne les considérant que comme un objet
« d'étude, ne toucheront pas plus nos sens que le modèle
« nu de l'académie ne fait rougir le studieux amant des arts. »

« On a dit de notre langue que c'était une *gueuse fière*.
« Sans vouloir ici adopter ou combattre cette opinion, je
« crois que l'on ne l'eût point avancée si, au lieu de prendre
« pour seul guide la muse de Malherbe, nos grands écrivains
« du dix-septième siècle eussent également suivi celle de
« Régnier. »

Une part beaucoup plus large encore est faite ici au génie de notre satirique ; mais citons toujours.

Dans son *Tableau historique et critique de la poésie française au quinzième siècle*, M. Sainte-Beuve fait vivement ressortir les qualités originales et tout à fait personnelles de Régnier ; écoutons-le :

« Régnier, aussi bien que Malherbe, et même à un plus
« haut degré que lui, a le mérite d'avoir régénéré en France
« l'imitation des anciens, et d'en avoir fait enfin, de servile

« et de stérile qu'elle était, une émulation de génie, une
« lutte d'honneur, je dirai presque une fécondation légi-
« time. Il ne transplanta pas brusquement, au hasard,
« comme ses devanciers, l'arbre antique sur un sol moderne,
« pour l'y laisser ensuite dépérir et mourir ; mais, l'abreu-
« vant de sources toutes nouvelles, il le rajeunit, il le trans-
« forma, et le premier il aurait eu le droit d'y inscrire cette
« devise glorieuse, qui s'applique si naturellement à une
« grande et belle moitié de notre littérature :

> Exiit ad cœlum ramis felicibus arbos,
> Miraturque novas frondes et non sua poma.

Plus loin M. Sainte-Beuve ajoute :

« On a comparé Régnier à Montaigne, et il est en effet
« le Montaigne de notre poésie. Lui aussi, en n'ayant pas
« l'air d'y songer, s'est créé une langue propre, toute de
« sens et de génie, qui, sans règle fixe, sans évocation sa-
« vante, sort comme de terre à chaque pas nouveau de la
« pensée, et se tient debout, soutenue du seul souffle qui
« l'anime. Les mouvements de cette langue inspirée n'ont
« rien de solennel ni de réfléchi dans leur irrégularité
« naturelle, dans leur brusquerie piquante, et ressemblent
« aux éclats de voix, aux gestes rapides d'un homme franc
« et passionné qui s'échauffe en causant. Les images du dis-
« cours étincellent de couleurs plus vives, plus saillantes que
« nuancées. Elles se pressent, se heurtent entre elles. L'au-
« teur peint toujours, et quelquefois, faute de mieux, il
« peint avec de la lie et de la boue. D'une trivialité souvent
« heureuse, il prend au peuple les proverbes pour en faire de
« la poésie, et lui renvoie en échange ces vers nés pro-
« verbes, médailles de bon aloi, où se reconnaît encore
« après deux siècles l'empreinte de celui qui les a frap-
« pées. »

Ce jugement est le plus éclatant de tous les éloges, et
nous pourrions ne rien ajouter à cette exacte et juste appréciation.

Nous ne voulons pas cependant passer sous silence la vigoureuse analyse qu'a faite du génie et du talent de Régnier un critique moderne, M. Jules Levallois :

« Une nature fougueuse et généreuse, de la verve jusqu'à
« la grossièreté, de la promptitude et de la négligence jus-
« qu'à l'incorrection, de la bonté, de la franchise, une naï-
« veté mêlée de finesse gauloise, de l'éclat, mais sans élé-
« vation contenue, de beaux vers, d'admirables morceaux,
« et, dans tout cela, presque rien de parfait, une seule pièce
« immortelle, — un poëte enfin, un vrai poëte, mais tout
« de passion, et qui n'est maître ni de lui-même ni de son
« art, tel est pour moi Mathurin Régnier, avec ses défauts et
« ses mérites... »

« Une fois cependant dans Régnier l'accord du sentiment
« et de l'expression s'est rencontré si juste, si parfait, qu'il
« en est sorti un chef-d'œuvre, je parle de *Macette*. Mais
« aussi Macette, l'horrible vieille qui engage une jeune fille
« à trafiquer de sa candeur, de sa grâce, de sa beauté, de
« son innocence; cette fausse dévote, qui se fait la mission-
« naire du vice, et qui veut introduire le calcul et l'hypo-
« crisie dans l'amour, quel monstre ce devait être pour
« Régnier! Il en a tracé un portrait admirable, vrai mainte-
« nant comme alors, plus vrai peut-être. On ne compte pas
« les beaux vers dans *Macette;* d'un bout à l'autre tout se
« tient et se soutient, c'est un chef-d'œuvre. » (*Revue moderne*, 1re année. — Novembre 1857.)

La plus large part est faite ici à la critique; mais avec quelle vigueur de traits sont mis en relief le génie original, l'esprit naïf et fin, le mérite éminent de Régnier!

Maintenant résumons-nous et terminons.

Dans ses premières satires, Régnier se révèle déjà comme un écrivain et un penseur. Toutefois son vers est alors plutôt remarquable par la concision et la netteté que par la correction et l'élégance; sa phrase a, dans son allure, quelque chose de contraint et d'embarrassé; on sent le poëte qui

XXXII ÉTUDE BIOGRAPHIQUE ET LITTÉRAIRE

s'essaye et tâtonne, et que trahit parfois son inexpérience et son inhabileté.

Mais peu à peu son expression se colore et prend du relief; sa période se développe d'une manière plus libre, et devient mieux assurée dans sa marche; enfin l'art qui constitue l'écrivain, l'heureuse inspiration qui fait le grand poëte, se montrent avec tant d'éclat dans quelques-unes de ses satires, qu'en comparant ses œuvres avec celles de ses contemporains les plus illustres, on reste convaincu qu'il n'en est aucun, sans excepter Malherbe, qui puisse lui être comparé, et qu'il y a entre eux et lui toute la distance qui séparera éternellement le talent du génie.

Voilà ce que maintenant l'on reconnaît et qui est établi dans les meilleurs esprits, et, pour s'être fait attendre longtemps, la justice rendue à notre poëte n'en est aujourd'hui que plus éclatante,

Le juge sans reproche est la postérité.

C'est Régnier qui l'a dit, avec le pressentiment peut-être que son mérite et sa gloire seraient d'abord contestés, et qu'ils finiraient par triompher, dans un avenir plus ou moins éloigné, des fausses délicatesses et des ridicules préventions du mauvais goût et de la sottise.

Les œuvres de Mathurin abondent en pensées fines et profondes; il sut donner aux vérités morales une forme si heureuse et si vive, qu'une foule de ses vers sont devenus proverbes.

Nous ne saurions mieux terminer cette étude qu'en citant ici quelques-uns des traits dont sont parsemées ses satires et ses épîtres :

Qui ose a peu souvent la fortune contraire.
(SATIRE III.)

Avecque la science, il faut un bon esprit.
(MÊME SATIRE.)

Ce qui plaist à l'œil sain offense un chassieux.
(SATIRE VI.)

Selon le vent qu'il fait l'homme doit naviger.
(Satire vii.)

Qui gai fait une erreur la boit à repentance.
(Satire xii.)

Nos biens comme nos maux sont en nostre pouvoir.
(Satire xiii.)

Selon son rolle on doit jouer son personnage.
(Satire xvi.)

Voici d'autres pensées, qui, pour être moins concises, ne sont ni moins nettement ni moins heureusement exprimées :

L'honneur estropié, languissant et perclus,
N'est plus rien qu'une idole en qui l'on ne croit plus.
(Satire iii.)

... Fust-il plus parfait que la perfection,
L'homme voit par les yeux de son affection.
(Satire v.)

Tout, suivant l'intellect, change d'ordre et de rang :
Les Mores aujourd'huy peignent le diable blanc.
(Même satire.)

Chacun se doit cognoistre, et, par un exercice,
Cultivant sa vertu, déraciner son vice.
(Satire xv.)

Quand on se brusle au feu que soy-mesme on attise,
Ce n'est point accident, mais c'est une sottise.
(Satire xiv.)

... Quand la servitude a pris l'homme au collet,
J'estime que le prince est moins que son valet.
(Satire iii.)

Notre tâche est terminée. Nous avons tout exposé, tout dit, tout expliqué ; nous laissons maintenant à notre poëte le soin de prouver et de convaincre.

Prosper POITEVIN.

BIBLIOGRAPHIE

Les éditions des satires de Régnier publiées de son vivant sont toutes incorrectes.

— Une édition plus complète a été donnée par Brossette. — Londres, 1729.

— Réimpression de la même. Paris, avec commentaires sur les passages obscurs. — 1735.

— ŒUVRES DE RÉGNIER. — Nouvelle édition, considérablement augmentée. — 2 vol. format Cazin. Londres, 1780.

— ŒUVRES DE MATHURIN RÉGNIER, avec les commentaires revus, corrigés et augmentés; précédées de l'Histoire de la Satire en France pour servir de discours préliminaire, par M. Violet le Duc. — Desoër. — Paris, 1823. — Grand in-8 à deux colonnes et grand in-18.

— Réimpression des mêmes. — P. Janet. — Paris, 1855

ÉPISTRE LIMINAIRE[1]

AU ROY[2]

SIRE,

Je m'estois jusques ici résolu de tesmoigner par le silence le respect que je doy à Vostre Majesté. Mais ce que l'on eust tenu pour révérence le seroit maintenant pour ingratitude, qu'il luy a pleu, me faisant du bien [3], m'inspirer, avec un desir de vertu, celui de me rendre digne de l'aspect du plus parfaict et du plus victorieux monarque du monde. On lit qu'en Éthyopie il y avoit une statue [4] qui rendoit un son harmonieux toutes les fois que le soleil levant la regardoit. Ce mesme miracle, Sire, avez-vous faict en moy, qui touché de l'astre de Vostre Majesté, ay receu la voix et la parole. On ne trouvera donc estrange, si, me ressentant de cet honneur, ma muse prend la hardiesse de ie mettre à l'abry de vos

---

[1] 1ʳᵉ Édit. *Liminaire*, de *limen*, seuil : *liminaris pagina*, page première. On dit aujourd'hui *préliminaire* ; et, dans ce cas, *Epitre dédicatoire*.　　　　　　　　　　　(Pr. P.)

[2] Henri IV.

[3] Il avoit obtenu une pension de deux mille livres sur l'abbaye de Vaux de Cernay, après la mort de l'abbé Desportes, qui jouissoit de ce bénéfice.

[4] La statue de Memnon.　　　　　　　　　　　(Bross.)

palmes, et si témérairement elle ose vous offrir ce qui par droit est desja vostre, puis que vous l'avez faict naistre dans un sujet qui n'est animé que de vous, et qui aura éternellement le cœur et la bouche ouverte [1] à vos louanges, faisant des vœux et des prières continuelles à Dieu, qu'il vous rende là haut dans son ciel, autant de biens que vous en faites ça bas [2] en terre.

Vostre très-humble, et très-obéissant,
et très-obligé sujet et serviteur,

RÉGNIER.

---

[1] *Qui aura éternellement le cœur et la bouche* OUVERTE *à vos louanges faisant des vœux et des prières* CONTINUELLES, etc. Il étoit le règle, au seizième siècle, d'établir l'accord de l'adjectif avec le substantif exprimé le dernier. (Pr. P.)

[2] On a commencé à mettre *ici-bas* dans l'édition de 1642. (Bross.)

SATYRES

I

DISCOURS AU ROY[1]

Puissant roy des François, astre vivant de Mars,
Dont le juste labeur, surmontant les hazards,
Fait voir par sa vertu que la grandeur de France
Ne pouvoit succomber souz une autre vaillance :
Vray fils[2] de la valeur de tes pères, qui sont   5
Ombragez des lauriers qui couronnent leur front,
Et qui, depuis mille ans, indomptables en guerre,
Furent transmis du ciel pour gouverner la terre,
Attendant qu'à ton rang ton courage t'eust mis
En leur trosne eslevé dessus tes ennemis :   10
Jamais autre que toy n'eust, avecque prudence,
Vaincu de ton subject[3] l'ingrate outrecuidance[4],
Et ne l'eust, comme toy, du danger préservé ;
Car, estant ce miracle à toy seul réservé

---

[1] Ce discours, adressé à Henri IV et composé après l'entière extinction de la Ligue, n'est pas le premier ouvrage de Régnier ; il avoit déjà fait quelques satires.

[2] C'est-à-dire héritier : *Filius, ergo heres.*

[3] On dit bien *l'ennemi* pour *les ennemis*, *le soldat* pour *les soldats* ; mais je ne crois pas que, du temps même de Régnier, on pût dire *ton sujet* pour *tes sujets*.

[4] *Présomption, témérité.*

Comme au dieu du pays, en ses desseins parjures[1], 15
Tu fais que tes bontés excèdent ses injures.
    Or, après tant d'exploicts finis heureusement,
Laissant aux cœurs des tiens, comme un vif monument,
Avecque ta valeur ta clémence vivante,
Dedans l'éternité de la race suivante ; 20
Puisses-tu, comme Auguste, admirable en tes faicts,
Rouller tes jours heureux en une heureuse paix !
Ores[2] que la justice icy-bas descendue[3]
Aux petits comme aux grands par tes mains est rendue ;
Que, sans peur du larron, trafique le marchand ; 25
Que l'innocent ne tombe aux aguets[4] du meschant ;
Et que de ta couronne, en palmes si fertile,
Le miel abondamment et la manne distile,
Comme des chesnes[5] vieux aux jours du siècle d'or,
Qui renaissant souz toy reverdissent encor. 30
    Aujourd'hui que ton fils[6], imitant ton courage,
Nous rend de sa valeur un si grand tesmoignage,
Que, jeune, de ses mains la rage il déconfit,
Estouffant les serpens ainsi qu'Hercule fit[7] ;

---

[1] *Ses desseins* se rapporte à *ton sujet*. Ces quatre ou cinq vers seroient plus clairs, si dans le vers douzième, l'auteur avoit mis *tes sujets* au lieu de *ton sujet*, en construisant la suite de cette manière :

    Jamais autre que toy n'eust, avecque prudence,
    Vaincu de tes sujets l'ingrate outrecuidance,
    Ne les eust, comme toy, du danger préservé ;
    Car, estant ce miracle à toi seul réservé
    Comme au dieu du pays, en leurs desseins parjures,
    Tu fais que tes bontés excèdent leurs injures.

[2] *Maintenant.*

[3] Dans ce vers, *la justice* est prise pour une divinité, et, dans le
suivant, pour le droit des particuliers ; ce qui n'est pas exact. (BROSS.)

[4] *Embûches ;* d'où vient le terme de *guet-apens,* formé de l'ancienne expression *aguet appensé.*

[5]   Et duræ quercus sudabunt roscida mella.
                  VIRG., égl. IV, v. 30.

[6] Le Dauphin, qui fut ensuite le roi Louis XIII.

[7] Pendant la nuit qui suivit la naissance d'Hercule, Junon en-

SATYRE I.

Et, domptant la discorde à la gueule sanglante¹, 35
D'impiété, d'horreur, encore frémissante,
Il lui trousse les bras de meurtres entachez,
De cent chaisnes d'acier sur le dos attachez;
Souz des monceaux de fer dans ses armes l'enterre,
Et ferme pour jamais le temple de la guerre², 40
Faisant voir clairement, par ses faicts triomphans,
Que les rois et les dieux ne sont jamais enfans :
Si bien que s'eslevant sous ta grandeur prospère,
Généreux héritier d'un si généreux père,
Comblant les bons d'amour et les meschants d'effroy³, 45
Il se rend au berceau desjà digne de toy⁴.

    Mais c'est mal contenter mon humeur frénétique,
Passer de la satyre en un panégyrique⁵,
Où mollement disert, souz un subject si grand,
Dès le premier essay mon courage se rend. 50

voya, dit-on, deux serpents pour le dévorer dans son berceau ; mais ce jeune enfant les étouffa.

¹ L'heureuse naissance du Dauphin apaisa les troubles, en étouffant les projets auxquels la stérilité de Marguerite de Valois, première femme de Henri IV, avoit donné lieu.

² Le temple de Janus, bâti à Rome par Numa Pompilius. On ne fermoit jamais ce temple que pendant la paix. Mais Louis XIII, dont il est ici parlé, loin de le fermer, l'ouvrit pendant presque tout son règne.

³ On dit *combler d'amour, de biens, de faveurs* ; mais on ne dit pas *combler d'effroi*.

⁴ Imité d'Ovide, qui dit, *in Dejanira :*

    Tene ferunt geminos pressisse tenaciter angues,
    Cùm tener in cunis jam Jove dignus eras?

    Manibusque suis Tyrinthius angues
    Pressit, et in cunis jam Jove dignus erat.
                  Idem.

Dès que le Dauphin fut né, le roi son père mit son épée à la main du jeune prince pour le service de l'Église et pour le bien de l'Etat.

⁵ Ce vers fait connoître que l'auteur avait déjà composé des satires avant ce discours.

Aussi, plus grand qu'Ænée, et plus vaillant qu'Achille,
Tu surpasses l'esprit d'Homère et de Virgile,
Qui leurs vers à ton los¹ ne peuvent esgaler,
Bien que maistres passez en l'art de bien parler.
Et quand j'esgallerois ma muse à ton mérite,   55
Toute extrême louange est pour toy trop petite²,
Ne pouvant le finy joindre l'infinité³ ;
Et c'est aux mieux disans une témérité
De parler où le ciel discourt par tes oracles,
Et ne se taire pas où parlent tes miracles ;   60
Où tout le monde entier ne bruit que tes projects⁴ ;
Où ta bonté discourt au bien de tes subjects ;
Où nostre aise et la paix ta vaillance publie ;
Où le discord⁵ esteint, et la loy restablie,
Annoncent ta justice ; où le vice abattu   65
Semble, en ses pleurs, chanter un hymne à ta vertu⁶.

Dans le temple de Delphe, où Phœbus on révère,
Phœbus, roy des chansons, et des muses le père,
Au plus haut de l'autel se voit un laurier sainct,
Qui sa perruque blonde en guirlandes estraint ;   70
Que nul prestre du temple en jeunesse ne touche,
N'y mesme prédisant ne le masche en la bouche :
Chose permise aux vieux, de sainct zèle enflamez,
Qui se sont par service en ce lieu confirmez,

---

¹ Vieux mot, qui signifie *louange, éloge.*

² Une extrême louange est souvent une satire. Il faut dans la louange beaucoup de justesse et de vérité : dès lors elle n'est plus extrême. C'est ce que Régnier a reconnu lui-même dans la satire xv, où il dit :

> Avecq' proportion se despart la louange ;
> Autrement c'est pour moi un baragouin estrange.

³ *Infinité* est ici pour *infini.*

⁴ *Bruire* est un verbe neutre qui n'a point de régime ; cependant il est employé ici comme actif.

⁵ Le *discord*, pour la *discorde*.

⁶ La Rochefoucaud a dit, maxime 225 : « L'hypocrisie est un hommage que le vice rend à la vertu. »

Dévôts à son mystère, et de qui la poictrine 75
Est pleine de l'ardeur de sa verve divine.
Par ainsi, tout esprit n'est propre à tout subject ;
L'œil foible s'esblouit en un luisant object ;
De tout bois, comme on dit, Mercure on ne façonne[1] ;
Et toute médecine à tout mal n'est pas bonne. 80
De mesme le laurier et la palme des roys
N'est un arbre où chacun puisse mettre les doigts ;
Joint que ta vertu passe, en louange féconde,
Tous les roys qui seront, et qui furent au monde.

   Il se faut reconnoistre, il se faut essayer, 85
Se sonder, s'exercer, avant que s'employer,
Comme fait un luiteur[2] entrant dedans l'arène,
Qui, se tordant les bras, tout en soy se démène,
S'allonge, s'accoursit, ses muscles estendant,
Et, ferme sur ses pieds, s'exerce en attendant 90
Que son ennemi vienne, estimant que la gloire
Ja riante en son cœur lui don'ra la victoire[3].

   Il faut faire de mesme un œuvre entreprenant,
Juger comme au subject l'esprit et convenant[4]
Et quand on se sent ferme, et d'une aisle assez forte, 95
Laisser aller la plume où la verve l'emporte.
Mais, Sire, c'est un vol bien eslevé pour ceux
Qui, foibles d'exercice, et d'esprit paresseux,
Enorgueillis d'audace en leur barbe première,
Chantèrent ta valeur d'une façon grossière, 100
Trahissant tes honneurs[5], avecq' la vanité

---

[1] Ancien proverbe dont Pythagore est l'inventeur, selon Apulée, dans sa première apologie. Les Latins avoient emprunté ce proverbe : « *Non è quovis ligno Mercurius fingi potest.* » Voyez Erasme dans ses *Adages*, cent. v, adag. 47.

[2] Aujourd'hui on dit *lutteur* et *lutte*. Les vers qui suivent ont de la beauté, et peignent bien un homme qui s'exerce.

[3] *Ja* pour *déjà*. — *Don'ra* pour *donnera*, par une syncope assez usitée dans nos anciens auteurs.

[4] *Convenant* pour *convenable*.

[5] Je doute que ce fût alors parler exactement que de dire *tra-*

D'attenter par ta gloire à l'immortalité[1].
Pour moi, plus retenu, la raison m'a faict craindre,
N'osant suivre un subject où l'on ne peut atteindre :
J'imite les Romains encore jeunes d'ans, 105
A qui l'on permettoit d'accuser, impudans[2],
Les plus vieux de l'Estat, de reprendre, et de dire
Ce qu'ils pensoient servir pour le bien de l'empire.
Et comme la jeunesse est vive et sans repos,
Sans peur, sans fiction[3], et libre en ses propos, 110
Il semble qu'on luy doit permettre davantage :
Aussi que les vertus fleurissent en cet âge,
Qu'on doit laisser meurir sans beaucoup de rigueur,
Afin que tout à l'aise elles prennent vigueur.
  C'est ce qui m'a contraint de librement escrire, 115
Et sans picquer au vif me mettre à la satyre ;
Où, poussé du caprice, ainsi que d'un grand vent,
Je vais haut dedans l'air quelquefois m'eslevant ;
Et quelquefois aussi, quand la fougue me quitte,
Du plus haut au plus bas mon vers se précipite, 120
Selon que, du subject touché diversement,
Les vers à mon discours s'offrent facilement :
Aussi que la satyre est comme une prairie[4],
Qui n'est belle sinon en sa bizarrerie ;

hissant les honneurs, pour *trahissant ton honneur, ta gloire*. *L'honneur* au singulier, et *les honneurs*, au pluriel, sont deux choses très-différentes.

[1] Boileau a très-bien expliqué cette pensée, lorsqu'il parle de ces poëtes qui cherchent l'immortalité en faisant les éloges des grands hommes :

> L'un, en style pompeux habillant une églogue,
> De ses rares vertus te f it un long prologue,
> Et mêle, en se vantant soi-même à tout propos,
> Les louanges d'un fat à celles d'un héros.
>   *Discours au roi.*

[2] *Impudans*, pour *impudemment*, ou plutôt *hardiment*.

[3] Pour *sans déguisement*, sans *feinte*.

[4] Dans ce vers et les trois suivants, Régnier fait le caractère de l'ancienne satire, qui consistoit en la seule variété des matières ;

Et, comme un pot-pourry¹ des Frères mendians,   125
Elle forme son goust de cent ingrédians.

Or, grand roy, dont la gloire en la terre espandue
Dans un dessein si haut rend ma muse esperdue,
Ainsi que l'œil humain le soleil ne peut voir,
L'esclat de tes vertus offusque tout sçavoir;   130
Si bien que² je ne sçay qui me rend plus coupable,
Ou de dire si peu d'un subject si capable,
Ou la honte que j'ay d'estre si mal appris,
Ou la témérité de l'avoir entrepris.
Mais quoy! par ta bonté, qui toute autre surpasse,   135
J'espère du pardon, avecque ceste grace
Que tu liras ces vers, où jeune je m'esbats³,
Pour esgayer ma force; ainsi qu'en ces combats
De fleurets on s'exerce, et, dans une barrière,
Aux pages l'on réveille une adresse guerrière   140
Follement courageuse, afin qu'en passe-temps
Un labeur vertueux anime leur printemps;
Que leur corps se desnoue, et se désangourdisse⁴,
Pour estre plus adroit à te faire service.
Aussi je fais de mesme en ces caprices fous :   145
Je sonde ma portée, et me taste le pous,
Afin que s'il advient, comme un jour je l'espère,

---

car la satire nouvelle, dont Lucilius fut l'inventeur, est un poëme railleur ou piquant, composé pour critiquer les ouvrages ou pour reprendre les mœurs. « Satyra dicitur carmen apud Romanos nunc quidem maledicum, et ad carpenda hominum vitia archææ comœdiæ charactere compositum, quales scripserunt Lucilius et Horatius et Persius. Sed olim carmen, quod ex variis poematibus constat, satyra vocabatur, quales scripserunt Pacuvius et Ennius. » Diomed., ex lib. III Grammat.

¹ Un mélange de viandes et de provisions : en italien et en espagnol, *podrida olla*.

² *Si bien que* n'est plus supportable en vers.   (Bross.)
Cette expression familière nous semble, au contraire, convenir tout à fait au style de l'épitre.   (Pr. P.)

³ Je me divertis, je m'exerce avec plaisir.

⁴ On dit aujourd'hui *dégourdisse*.

Que Parnasse m'adopte[1], et se dise mon père,
Emporté de ta gloire et de tes faicts guerriers,
Je plante mon lierre au pied de tes lauriers[2].   150

[1] C'est ainsi qu'il faut lire, *m'adopte*, suivant l'édition de 1608, et non pas *m'adore*, comme il y a dans les éditions de 1612 et 1613, faites même pendant la vie de l'auteur et dans la plupart des éditions suivantes.

[2] Ménage a ainsi déguisé ce vers, pour l'insérer dans son églogue à la reine Christine:

> Rampe notre lierre au pied de tes lauriers.

NOUVELLES REMARQUES

Vers 5. Le repos heureusement transporté après la dixième syllabe prouve que Régnier avait le juste sentiment de la liberté que peut se donner un poëte; aussi n'hésite-t-il jamais à s'affranchir de la règle quand il peut le faire sans que l'harmonie en souffre.

Vers 11, 19. *Avecque;* on écrivait : *avecque, avecques* et *avecq'*, selon les nécessités de la mesure.

Vers 20. *Dedans l'éternité de la race suivante;* c'est-à-dire dans l'éternelle durée de ta race; *suivante* n'a pas ici le sens que nous lui donnons aujourd'hui; par la *race suivante*, Régnier entend tous les descendants de Henri IV.

Vers 22. *Rouller les jours*, expression tombée en désuétude, qui s'est conservée dans une locution populaire tout à fait triviale.

Vers 23. *Ores*, s'écrivait aussi *ore* et *or'*.

Vers 27 et 28. *Distile*, est au singulier pour la rime; le sens serait plus clair et l'inversion paraîtrait moins forcée si le poëte eût pu employer le pluriel.

Vers 33. *Desconfire*, fig., briser, vaincre.

Vers 37. *Il lui trousse les bras;* on dit aujourd'hui *retrousser*, et mieux *relever;* les *bras*, pour manches, s'emploie encore, mais dans un sens déterminé : *des bras de chemise*.

Vers 41, 42. *Triomphans, enfans.* Au seizième siècle, on retranchait au pluriel le *t* des noms et des adjectifs terminés par *ant* et *ent*. Aujourd'hui, cette suppression est considérée, avec raison, comme une faute.

Vers 52 et 55. *Tu surpasses l'esprit.* — *J'esgallerois ma gloire à ton mérite;* ces constructions sont depuis longtemps hors d'usage.

Vers 70. Ce mot était synonyme de *chevelure*; pour désigner ce que nous entendons aujourd'hui par *perruque*, on disait : *une fausse perruque.* — Même vers, *estraint*, ceint, entoure.

Vers 75. *Dévôt*, dévoué.

Vers 77. *Par ainsi*, ainsi donc; cette expression est encore usitée parmi le peuple.

Vers 83. *Joint que*, ajoutons que, disons en outre que.

Vers 86. *Avant que*, aujourd'hui *avant de* ou *avant que de*.

Vers 101. *Avecq'*. Voir plus haut, vers 11, 19.

Vers 102. *Attenter*, dans le sens que lui donne ici Régnier, était inusité, même de son temps.

Vers 106. *Impudans*, peut en effet se traduire par *impudamment;* mais il a comme adjectif toute sa valeur qualificative dans cette construction essentiellement latine.

Vers 112. *Aussi que*, attendu que, vu que.

Vers 113. *Qu'on doit laisser meurir*, le sens et la clarté exigent *qu'on doit les laisser meurir*.

Vers 123. *Aussi que*. Voir vers 112.

Vers 126. *Ingrédians.* Cette orthographe explique la prononciation de la forme nouvelle, *ingrédient*.

Vers 131. *Je ne sçay qui* (nescio quid); on dirait aujourd'hui *quoi* ou *ce qui*.

Vers 132. *Un subject si capable.* Ici *capable* est pris dans le sens de ample, étendu; lat. *capax*.

Vers 136. *J'espère du pardon*, sens partitif, *quelque pardon;* il y a une certaine délicatesse dans l'emploi de l'article *du*.

Vers 143. *Désangourdisse;* ce mot mal formé est encore en usage parmi le peuple. De *gourd*, perclus par le froid, on a fait *engourdir*. Dans le sens contraire, on dit *dégourdir*, mot formé de *gourd* et de la particule négative *dé*.

II

LES POËTES

A M. LE COMTE DE GARAMAIN [1]

Comte, de qui l'esprit pénètre l'univers[2],
Soigneux de ma fortune, et facile à mes vers;
Cher soucy de la muse, et sa gloire future,
Dont l'aimable génie, et la douce nature

---

[1] Ou plutôt à M. le comte de *Cramail*, nom qui, selon Ménage dans son *Dictionnaire étymologique* et dans ses *Observations sur la langue françoise*, se dit par corruption pour *Carmain*, changé en *Cramail* dans l'édition 1642 et dans toutes celles qui l'ont suivie. On lit *Garamain* dans les éditions précédentes, à remonter jusqu'à la première de 1608, où il y a *Caramain*. On peut voir l'étymologie de ce mot dans Catel, page 345 de ses *Mémoires du Languedoc*.

Adrien de Monluc, comte de *Cramail*, fut l'un des beaux esprits de la cour de Louis XIII. Il étoit né l'an 1568, de Fabien de Monluc, fils du fameux maréchal Blaise de Monluc. C'est à ce comte de Cramail que la comédie des *Proverbes* est attribuée. Il avoit composé les *Jeux de l'Inconnu*, ouvrage dont le cardinal de Richelieu s'étoit fort moqué, et avec raison ; car c'est un tissu perpétuel de quolibets et de turlupinades. Il fut imprimé en 1630 sous le nom de Guillaume Devaux, écuyer, sieur de Dos-Caros. Le cardinal de Retz, au commencement de ses *Mémoires*, fait entrer le comte de Cramail de moitié avec lui dans une conspiration contre le cardinal de Richelieu, qui fit mettre ce comte à la Bastille, d'où il ne sortit qu'après la mort de ce ministre. Il mourut en 1646, âgé de soixante-dix-huit ans.

[2] Les douze premiers vers contiennent une apostrophe imparfaite, dont le sens n'est point fini. Pour éviter ce défaut, le poëte n'avoit qu'à changer ainsi le quatrième vers:

> Ton aimable génie, et ta douce nature
> Fait voir, etc.

Fait voir, inaccessible aux efforts médisans, 5
Que vertu n'est pas morte en tous les courtisans :
Bien que, foible et débile, et que, mal reconnue,
Son habit décousu la montre à demy nue ;
Qu'elle ait sèche la chair, le corps amenuisé¹,
Et serve à contre-cœur le vice auctorisé ; 10
Le vice qui, pompeux, tout mérite repousse,
Et va, comme un banquier, en carrosse et en housse².

Mais c'est trop sermonné de vice et de vertu ;
Il faut suivre un sentier qui soit moins rebattu,
Et, conduit d'Apollon, recognoistre la trace 15
Du libre Juvénal : trop discret est Horace
Pour un homme picqué ; joint que la passion,
Comme sans jugement, est sans discrétion.
Cependant il vaut mieux sucrer notre moutarde³ :
L'homme, pour un caprice, est sot qui se hazarde. 20

Ignorez donc l'autheur de ces vers incertains⁴,
Et, comme enfans trouvez, qu'ils soient fils de putains⁵,
Exposez en la rue, à qui mesme la mère,

---

¹ *Amenuisé*, décharné.

² *En housse*, c'est-à-dire *à cheval*. Du temps de Régnier, les carrosses n'étoient pas communs. Les personnes de distinction qui alloient par la ville étoient montées sur des chevaux couverts d'une grande housse qui descendoit presque jusqu'à terre. Cet usage s'est maintenu fort longtemps parmi les médecins de Paris ; témoin ce vers de Boileau, satire VIII :

> Courir chez un malade un assassin en housse.

³ Sucrer la moutarde, fig. la rendre moins forte, moins piquante.

⁴ Ce vers fait juger que c'est ici la première satire de Régnier, qui ne vouloit pas alors que l'on sût qu'il en étoit l'auteur. *Incertains*, pour dire qui ne sont point avoués.

⁵ Ce vers est un de ceux qui ont fait dire à Boileau, dans le second chant de son *Art poétique*, que Régnier

> Du son hardi de ses rimes cyniques
> Alarmoit trop souvent les oreilles pudiques

Pour ne se descouvrir, fait plus mauvaise chère [1].

Ce n'est pas que je croye, en ces temps effrontez, 25
Que mes vers soient sans père, et ne soient adoptez,
Et que ces rimasseurs, pour feindre une abondance,
N'approuvent impuissans une fausse semence,
Comme nos citoyens de race desireux
Qui bercent les enfans qui ne sont pas à eux : 30
Ainsi, tirant profit d'une fausse doctrine,
S'ils en sont accusez, ils feront bonne mine,
Et voudront, le niant, qu'on lise sur leur front,
S'il se fait un bon vers, que c'est eux qui le font [2],
Jaloux d'un sot honneur, d'une bastarde gloire, 35
Comme gens entendus s'en veulent faire accroire :
A faux titre insolents, et sans fruict hazardeux,
Pissent au benestier [3], afin qu'on parle d'eux.
Or, avecq' tout ceci le point qui me console,
C'est que la pauvreté comme moy les affole [4], 40
Et que, la grace à Dieu [5], Phœbus et son troupeau,

---

[1] *Chère*, accueil, visage ; du latin *cara*, pour *facies, vultus*. Corippus, *de Laudibus Justini* lib. II:

> Postquam venere verendam
> Cæsaris ante caram.

Voyez Du Cange, Ménage, etc. Mais ce terme a vieilli.

[2] Ce vers est composé de monosyllabes.

[3] Expression proverbiale qui signifie qu'il y a des gens qui affectent de faire des folies éclatantes, et même des actions criminelles, pour faire parler d'eux. Les Grecs avoient un proverbe semblable. Ἐν Πυθίου χέσαι, qu'on peut rendre ainsi en latin : *In Pythii templo cacare*. (Erasm., Adag., chil. IV, cent. II, 65.) *Pissent au benestier*. Anciennement on disoit *benoitier* et *benêtier* : aujourd'hui on ne dit que *bénitier*. (Voyez les *Observations* de Ménage, tome I, chap. IX, et tome II, chap. LXXXIX.)

[4] Les foule, les blesse, les incommode. *Affoler*, en ce sens, n'est plus en usage.

> Encore est-ce un confort à l'homme malheureux,
> D'avoir un compagnon au malheur qui l'affole.

C'est la fin d'un des sonnets de Philippe Desportes, *Amours de Diane*, sonnet 14.

[5] On dit maintenant *grâces à Dieu*, mais *la grâce à Dieu* étoit la

Nous n'eusmes sur le dos jamais un bon manteau.
Aussi, lorsque l'on voit un homme par la rue,
Dont le rabat est sale et la chaûsse rompue,
Ses grègues¹ aux genoux, au coude son pourpoint,   45
Qui soit de pauvre mine, et qui soit mal en point,
Sans demander son nom, on le peut recognoistre :
Car si ce n'est un poëte², au moins il le veut estre.
Pour moy, si mon habit, partout cicatricé,
Ne me rendoit du peuple et des grands mesprisé,   50
Je prendrois patience, et parmi la misère³
Je trouverois du goust ; mais ce qui doit desplaire
A l'homme de courage, et d'esprit relevé,
C'est qu'un chacun le fuit ainsi qu'un réprouvé.
Car en quelque façon les malheurs sont propices ;   55
Puis les gueux, en gueusant, trouvent maintes délices,
Un repos qui s'esgaye en quelque oysiveté :
Mais je ne puis pâtir⁴ de me voir rejetté.

façon de parler usitée du temps de Régnier, et même plus anciennement. Car dans les *Nouvelles Récréations* de Bonaventure Des Perriers, imprimées en 1561, et dont le privilége est de 1557, on lit : « Le bonhomme lui respond qu'il n'en avoit point été malade et qu'il avoit tousjours bien ouy, la grace à Dieu. » (Bross).

¹ *Grègues*, espèce de haut de chausses ou de culottes.

² Régnier fait toujours ce mot *poëte* de deux syllabes, quoiqu'il en ait trois, suivant son étymologie, ποιητής, *poeta*, et suivant l'usage. Dans la première édition de 1608, ce même mot est partout imprimé avec une diphthongue en cette manière : *Pœte*. Notre auteur n'a fait ce mot de trois syllabes que dans un seul endroit (vers 49 de la satire XII). L'usage de faire *poëte* et *poëme* de deux syllabes s'est conservé longtemps après Régnier.

Th. Corneille a dit :

Tout vient dans ce grand poëme admirablement bien ;

Et P. Corneille :

Comme un poëte fameux il se fait regarder.

³ *Parmi la misère*. Ce n'est point parler exactement. *Parmi* ne se doit joindre qu'avec des noms collectifs ou pluriels, comme *parmi les hommes* ; mais on doit dire *dans la misère*, *au milieu de la misère*.

⁴ *Pâtir* est hors d'usage dans le sens de ce vers : on dit à pré-

C'est donc pourquoy, si jeune abandonnant la France,
J'allay, vif de courage, et tout chaud d'espérance,   60
En la cour d'un prélat[1] qu'avec mille dangers
J'ay suivy, courtisan, aux pays estrangers.
J'ay changé mon humeur, altéré ma nature.
J'ay beu cháud, mangé froid, j'ay couché sur la dure[2],
Je l'ai, sans le quitter, à toute heure suivy.   65
Donnant ma liberté, je me suis asservy,
En public, à l'église, à la chambre, à la table,
Et pense avoir esté maintefois agréable.
Mais, instruict par le temps, à la fin j'ay connu
Que la fidélité n'est pas grand revenu,   70
Et qu'à mon temps perdu, sans nulle autre espérance,
L'honneur d'estre subject tient lieu de récompense :
N'ayant autre intérest[3] de dix ans ja passez,
Sinon que sans regret je les ay dépensez.
Puis je sçay, quant à luy, qu'il a l'âme royale,   75
Et qu'il est de nature et d'humeur libérale.
Mais, ma foy, tout son bien enrichir ne me peut,
Ny dompter mon malheur, si le ciel ne le veut.
C'est pourquoy, sans me plaindre en ma desconvenue[4],

sent *souffrir*, mot qu'on a substitué à l'autre dans l'édition 1642 et dans les suivantes.

[1] Ne seroit-ce pas François de Joyeuse, cardinal en 1583 et archevêque de Toulouse en 1583 ? Ce prélat fit plusieurs voyages à Rome, où Régnier, en 1583, n'ayant encore que vingt ans, le suivit et s'attacha à lui jusqu'à la fin de 1603, sans en avoir tiré aucune récompense, puisque le premier bénéfice qu'il ait eu, et qu'il obtint par une autre voie, fut un canonicat de Chartres, en possession duquel il entra le 30 de juillet 1604. J'ajoute à ces conjectures le mot *cour*, dont le poëte use ici, et l'idée de la magnificence du prélat, qu'il donne dans les vers suivants.

[2] J. B. Rousseau définit ainsi un courtisan, épigr. xxv, liv. II:

> C'est un être
> Qui ne connaît rien de froid ni de chaud ;
> Et qui se rend précieux à son maître,
> Par ce qu'il coûte, et non par ce qu'il vaut.

[3] *Intérêt*, avantage, récompense.
[4] *Desconvenue*, malheur, désastre, infortune.

SATYRE II.

Le malheur qui me suit ma foy ne diminue [1] :   80
Et rebuté du sort, je m'asservy pourtant,
Et sans estre avancé je demeure content :
Sçachant bien que fortune est ainsi qu'une louve,
Qui sans choix s'abandonne au plus laid qu'elle trouve,
Qui relève un pédant de nouveau baptisé [2],   85
Et qui par ses larcins se rend authorisé ;
Qui le vice annoblit, et qui, tout au contraire,
Ravalant la vertu, la confine en misère.
Et puis je m'iray plaindre après ces gens icy ?
Non ; l'exemple du temps n'augmente mon soucy.   90
Et bien qu'elle ne m'ait sa faveur départie,
Je n'entends, quant à moy, de la prendre à partie,
Puis que, selon mon goust, son infidélité
Ne donne et n'oste rien à la félicité.
Mais que veux-tu qu'on fasse en ceste humeur austère ? 95
Il m'est, comme aux putains, mal-aisé de me taire :
Il m'en faut discourir de tort et de travers.
Puis souvent la colère engendre de bons vers [3].

    Mais, comte, que sçait-on ? elle peut estre sage,
Voire, avecque raison, inconstante et volage ;   100
Et, déesse avisée aux biens qu'elle départ,
Les adjuge au mérite, et non point au hazard.
Puis l'on voit de son œil, l'on juge de sa teste,
Et chacun en son dire a droict en sa requeste :

---

[1] *Ne diminue point ma foi*, c'est-à-dire, ma fidélité. *Foi* n'est plus d'usage en ce sens.

[2] *Parvenu à quelque dignité*. Boileau a dit de même dans sa première satire :

> Et que le sort burlesque, en ce siècle de fer,
> D'un pédant, quand il veut, sait faire un duc et pair

[3]
> Et sans aller rêver dans le sacré vallon,
> La colère suffit, et vaut un Apollon.
>   BOILEAU, sat. I.

Régnier et Boileau ont imité ce vers fameux de Juvénal, sat. I, vers 79 :

> Si natura negat, facit indignatio versum.

Car l'amour de soy-mesme, et nostre affection, 105
Adjouste avec usure à la perfection.
Tousjours le fond du sac ne vient en évidence,
Et bien souvent l'effect contredit l'apparence.
De Socrate à ce point l'oracle est my-party [1],
Et ne sçait-on au vray qui des deux a menty [2] ; 110
Et si philosophant le jeune Alcibiade [3],
Comme son chevalier, en receut l'accolade.

[1] Ce vers a beaucoup varié. Dans la première édition, faite en 1608, on lit :

De Socrate à ce point l'arrest est my-party.

Dans celles de 1612 et 1613, faites pendant la vie de l'auteur, et dans les éditions suivantes, il y a l'*oracle* au lieu de l'*arrest*. Dans celle de 1642 et les autres qui ont été faites après, on a mis *de Socrate en ce point*, etc. L'expression de ce vers et des trois suivants est embarrassée. L'oracle d'Apollon avoit déclaré que Socrate étoit le plus sage des hommes. Mais notre auteur insinue que, nonobstant cet oracle, la vertu de Socrate avoit été soupçonnée. Cicéron a tourné ce soupçon en plaisanterie : « Quid ? Socratem nonne legimus quemadmodum notarit Zopyrus ?... addidit etiam mulierosum : in quo Alcibiades cachinnum dicitur sustulisse. » Cic., *de Fato*.

[2] Est-ce l'oracle qui a menti en donnant le titre de sage à Socrate ou Socrate lui-même qui fut soupçonné d'avoir démenti ce titre par sa conduite? La réputation de Socrate étoit équivoque à un point que, de deux opinions qu'elle offroit de lui, une bonne, l'autre mauvaise, on ne savoit laquelle choisir. C'est le sens de ce vers. Boileau, dans sa douzième satire, vers 150, a eu en vue cet endroit de Régnier :

Et Socrate, l'honneur de la profane Grèce,
Qu'étoit-il, en effet, de près examiné,
Qu'un mortel par lui-même au seul mal entraîné,
Et, malgré la vertu dont il faisoit parade,
Très-équivoque ami du jeune Alcibiade?

[3] Ce vers est écrit tout de suite, et sans virgule après *philosophant*, dans les éditions qui ont paru avant celle de 1642. Apparemment Régnier avoit écrit par manière d'inversion :

Et si philosophant le jeune Alcibiade,

pour : *et le jeune Alcibiade philosophant*, sans virgule après ce verbe, qu'il faisoit participe; mais qui, en vertu de la virgule

Il n'est à décider rien de si mal-aisé
Que souz un sainct habit le vice desguisé.
Par ainsi j'ay donc tort, et ne doy pas me plaindre,   115
Ne pouvant par mérite autrement la contraindre
A me faire du bien ny de me départir
Autre chose à la fin, sinon qu'un repentir.
 Mais quoi ! qu'y feroit-on, puis qu'on ne s'ose pendre ?
Encor faut-il avoir quelque chose où se prendre,   120
Qui flatte, en discourant, le mal que nous sentons.
 Or, laissant tout cecy, retourne à nos moutons [1],
Muse, et sans varier dy-nous quelques sornettes
De tes enfans bastards, ces tiercelets de poëtes [2],
Qui par les carrefours vont leurs vers grimassans,   125
Qui par leurs actions font rire les passans ;
Et quand la faim les poind, se prenant sur le vostre,
Comme les estourneaux ils s'affament l'un l'autre.
 Cependant, sans souliers, ceinture, ny cordon,
L'œil farouche et troublé, l'esprit à l'abandon,   130
Vous viennent accoster comme personnes yvres
Et disent pour bon jour : Monsieur, je fais des livres [3] ;

---

qu'on s'est avisé d'y mettre, est devenu un gérondif équivoque, en ce qu'il peut également se rapporter au maître et au disciple.

[1] C'est un proverbe pris de la farce de *Pathelin*, Martial, liv. VI, xix, a dit de même : « Jam dic, Postume, de tribus capellis. » Voyez Henri Etienne, en son *Dialogue du nouveau langage françois-italien*, édition d'Anvers, 1579, page 157 ; et Pasquier, *Recherches*, liv. VIII, chap. LIX. Rabelais a employé plus d'une fois ce proverbe : *retourner à ses moutons* ; liv. I, chap. I et XI, liv. III, chap. XXXIII.

[2] Pour *ces petits, ces médiocres* poëtes. Parmi les oiseaux de fauconnerie, les femelles portent le nom de l'espèce, parce qu'elles surpassent les mâles en grandeur de corps, en courage et en force. Leurs mâles sont nommés *tiercelets*, parce qu'ils sont un tiers plus petits qu'elles. Tiercelets de faucon, d'autour, etc. Rabelais a dit : *tiercelet de Job*. (*Pantagr.*, III, IX.)

[3] Horace, dans sa satire IX, lib. I,

Noris nos, inquit ; docti sumus...

On les vend au Palais ; et les doctes du temps,
A les lire amusez, n'ont autre passe-temps,
Delà, sans vous laisser, importuns ils vous suivent,   135
Vous alourdent de vers [1], d'allégresse vous privent,
Vous parlent de fortune, et qu'il faut acquérir
Du crédit, de l'honneur, avant que de mourir ;
Mais que, pour leur respect, l'ingrat siècle où nous sommes
Au prix de la vertu n'estime point les hommes ;   140
Que Ronsard, du Bellay, vivans ont eu du bien,
Et que c'est honte au roy de ne leur donner rien.
Puis, sans qu'on les convie, ainsi que vénérables,
S'assient en prélats [2] les premiers à vos tables,
Où le caquet leur manque, et, des dents discourant,   145
Semblent avoir des yeux regret au demeurant [3].

   Or, la table levée, ils curent la maschoire.
Après graces Dieu beut, ils demandent à boire [4],

[1] *Vous fatiguent* par leurs vers jusqu'à vous appesantir et même vous accabler.

[2] Dans les éditions de 1608 et 1612, on lit *s'assiessent*. Celle de 1615 et suivantes, *s'assient*.

[3] *Demourant*, édit. de 1608. Pour dire qu'ils ont regret même de voir emporter ce qu'ils ne mangent pas. Cela est bien d'un poëte.

[4] Un auteur grave (Boetius Epo, jurisconsulte flamand très-habile) dit que les Allemands, fort adonnés à la débauche, ne se mettoient point en peine de dire grâce après leur repas. On eut beau y exhorter les chanoines et les moines dans un concile de Mayence, tenu l'an 847, « Hortantes eos..... sumere cibum cum benedictione et laude Domini, secundum Apostolum dicentem : Sive manducetis, sive bibatis, omnia in Dei laudem facite, » ces exhortations furent inutiles. Ainsi, pour réprimer cet abus, le pape Honorius III donna des indulgences aux Allemands qui boiroient un coup après avoir dit grâces (*Boetius Epo*, comment. sur le chap. des décrétal. *Ne clerici vel monachi*, etc., cap. I, n. 13). L'origine de cette façon de parler, *après graces Dieu but*, ne vient-elle point plutôt de cet endroit de l'Evangile : « Et accepto calice, gratias agens dedit eis, et biberunt ex illo omnes ? » M. de la Monnoye, qui a enrichi ce commentaire de plusieurs remarques, croit qu'il faut peut-être lire :

   Après Graces-Dieu buc, ils demandent à boire ;

pour donner à entendre que, non contents d'avoir bu le coup d'a-

Vous font un sot discours ; puis, au partir de là,
Vous disent : Mais, monsieur, me donnez-vous cela ? 150
C'est tousjours le refrain qu'ils font à leur balade.
Pour moy, je n'en voy point que je n'en sois malade ;
J'en perds le sentiment, du corps tout mutilé,
Et durant quelques jours j'en demeure opilé.

Un autre, renfrongné, resveur, mélancolique, 155
Grimassant son discours, semble avoir la colique ;
Suant, crachant, toussant, pensant venir au point,
Parle si finement, que l'on ne l'entend point.

Un autre, ambitieux, pour les vers qu'il compose
Quelque bon bénéfice en l'esprit se propose ; 160
Et dessus un cheval, comme un singe, attaché,
Méditant un sonnet, médite un évesché[1].

Si quelqu'un, comme moi, leurs ouvrages n'estime,
Il est lourd, ignorant, il n'ayme point la rime ;
Difficile, hargneux, de leur vertu jaloux, 165
Contraire en jugement au commun bruit de tous ;
Que leur gloire il desrobe avecq' ses artifices :
Les dames cependant se fondent en délices

près graces, ils demandent à boire sur nouveaux frais. Ainsi boire *Graces Dieu*, ce seroit boire un coup après avoir dit ses graces.

[1] Dans l'édition de 1608, on lit *une évesché*. Toutes les autres éditions portent *un évesché*. Mais, dans la satire III, vers 175, notre auteur a fait *évéché* du genre féminin :

Et si le faix leger d'une double évesché.

Quarante ans après la composition de cette satire, le genre du mot *évéché* n'étoit pas encore bien déterminé : car Ménage, dans sa *Requête des Dictionnaires*, imprimée en 1649, assure qu'il n'y avoit que les *puristes* qui dissent *une évéché*.

Ils veulent, malgré la raison,
Qu'on dise aujourd'hui la poison.
Une épitaphe, une épigramme,
Une navire, une anagramme,
Une reproche, une duché,
Une mensonge, une évesché.

Lisant leurs beaux escrits ; et, de jour et de nuict,
Les ont au cabinet souz le chevet du lict ; 170
Que portez à l'église ils valent des matines,
Tant, selon leurs discours, leurs œuvres sont divines.
  Encore après cela ils sont enfans des cieux ;
Ils font journellement carrousse [1] avecq' les dieux :
Compagnons de Minerve, et confits en science, 175
Un chacun d'eux pense estre une lumière en France.
  Ronsard, fay-m'en raison ; et vous autres esprits
Que, pour estre vivans, en mes vers je n'escris,
Pouvez-vous endurer que ces rauques cygales
Esgalent leurs chansons à vos œuvres royales, 180
Ayant vostre beau nom laschement démenty ?
Ha ! c'est que nostre siècle est en tout perverty.
Mais pourtant quel esprit, entre tant d'insolence,
Sçait trier [2] le sçavoir d'avecque l'ignorance,
Le naturel de l'art, et, d'un œil avisé, 185
Voit qui de Calliope est plus favorisé ?
  Juste postérité, à tesmoin je t'appelle [3],
Toy qui sans passion maintiens l'œuvre immortelle,
Et qui, selon l'esprit, la grace et le sçavoir,
De race en race au peuple un ouvrage fais voir ; 190
Venge ceste querelle, et justement sépare

---

[1] Vieux mot qui signifie *débauche de vin*, du mot allemand *garauss, tout vidé*, on sous entend, *le verre*. (Ménage.) *Avec les dieux*, c'est-à-dire avec les seigneurs de la cour, qui sont autant de dieux pour un mauvais poëte, et qui souvent sont moins que des hommes pour le sage, qui ne les estime que suivant leur *valeur intrinsèque*.

[2] C'est ainsi qu'il faut lire, suivant la première édition de 1608, et non pas *tirer*, qui est dans les autres éditions.

[3] Ce vers a été employé par Desmarets de Saint-Sorlin :

    Car le siècle envieux juge sans équité ;
    Mais j'en appelle à toy, juste postérité.

(Desmarets, dans une ode qui est à la tête de son poëme de *Clovis*, et dans son ouvrage intitulé *la Comparaison de la Langue et de la Poésie françoise*, etc., 1670.)

Du cygne d'Apollon la corneille barbare,
Qui, croassant partout d'un orgueil effronté,
Ne couche de rien moins que l'immortalité[1].
    Mais, comte, que sert-il d'en entrer en colère? 195
Puisque le temps le veut, nous n'y pouvons rien faire[2].
Il faut rire de tout : aussi bien ne peut-on
Changer chose en Virgile, ou bien l'autre en Platon[3].
    Quel plaisir penses-tu que dans l'âme je sente,
Quand l'un de ceste troupe, en audace insolente, 200
Vient à Vanves[4] à pied, pour grimper au coupeau
Du Parnasse françois, et boire de son eau ;

---

[1] Ce vers est ainsi dans l'édition de 1608, et il doit être ainsi, à moins qu'on n'aime mieux lire : *Ne couche rien de moins.* D'autres éditions portent :

    Ne couche de rien moins de l'immortalité.

C'est-à-dire, *ne vise, n'aspire à rien moins qu'à l'immortalité.*

[2] Edit. de 1642 et suivantes : *Nous n'y pouvons que faire.*

[3] Le sens de ce vers est obscur. On avoit mis dans l'édition de 1642,

    Changer chose en Virgile, ou reprendre Platon ;

et dans celle de 1655,

    Changer rien dans Virgile, ou reprendre en Platon :

leçon qui a été suivie dans l'édition de 1667. Mais il faut retenir la première leçon, qui offre un sens bon et suivi, et qui est tel : « Il faut rire de tous ces ridicules qui ont une si bonne opinion d'eux-mêmes. Aussi bien seroit-ce inutilement qu'on voudroit faire *de chose*, c'est-à-dire *d'un tel*, mauvais poëte, un Virgile, ou *d'un tel*, mauvais philosophe, un Platon. » C'est le cas du proverbe : *Non ex omni ligno fit Mercurius* : A quoi sert de critiquer les mauvais écrivains, puisque nous ne les rendrons pas meilleurs, et qu'en les critiquant, nous n'en ferons ni des Virgiles ni des Platons ?

[4] Village près de Paris, qu'on appelle aujourd'hui *Vanvres* : ce village est très-renommé pour le beurre excellent qu'il fournit.

    Hic truncis ubi burra fluunt Vanvœa cavatis.

(Ant. de Arena. Poema Macaronic. de Bello Huguenotico.) François Ier, pour se moquer de la longue liste de titres qu'étaloit l'emdereur Charles-Quint, ne prenoit d'autre qualité, dans ses ré-

Que froidement receu, on l'escoute à grand'peine [1] ;
Que la muse, en groignant, lui deffend sa fontaine ;
Et, se bouchant l'oreille au récit de ses vers, 205
Tourne les yeux à gauche et les lit de travers ;
Et pour fruit de sa peine aux grands vents dispersée,
Tous ses papiers servir à la chaise percée [2] ?
  Mais comme eux je suis poëte, et sans discrétion
Je deviens importun avecq' présomption. 210
Il faut que la raison retienne le caprice,
Et que mon vers ne soit qu'ainsi qu'un exercice,
Qui par le jugement doit estre limité,
Selon que le requiert ou l'âge ou la santé.
  Je ne sçay quel démon m'a fait devenir poëte ; 215
Je n'ay, comme ce Grec, des dieux grand interprète [3],
Dormy sur Hélicon, où ces doctes mignons
Naissent en une nuict, comme les champignons :
Si ce n'est que ces jours, allant à l'adventure,
Resvant comme un oyson allant à la pasture, 220
A Vanves j'arrivay, où suivant maint discours
On me fit au jardin faire cinq ou six tours ;
Et comme un conclaviste entre dans le conclave,
Le sommelier me prit, et m'enferme en la cave,
Où, beuvant et mangeant, je fis mon coup d'essay, 225
Et où, si je sçay rien, j'appris ce que je sçay.

ponses, que celle de roi de France, seigneur de Gonesse et de *Vanvres*. Au reste, ce vers fait présumer que le comte de Cramail avoit une maison à Vanvres, et que cette maison étoit ouverte aux gens de lettres et aux poëtes célèbres.

[1] L'hiatus qui se trouve à la césure de ce vers pouvoit se sauver facilement, en mettant : *que receu froidement*. Mais, du temps de Régnier, la rencontre de deux voyelles dans les vers n'étoit pas regardée comme un défaut.

[2] Si, au lieu du premier mot, *tous*, on lisoit, *vont*, le sens paroîtroit plus net.

[3] On raconte qu'Hésiode, s'étant endormi sur le mont Hélicon, et ayant bu de l'eau d'Hippocrène, devint poëte, par une faveur singulière des Muses. Il a composé un poëme intitulé *la Théogonie, ou la Naissance des dieux*.

Voilà ce qui m'a fait et poëte et satyrique,
Réglant la mesdisance à la façon antique.
Mais, à ce que je voy, sympatisant d'humeur,
J'ay peur que tout à fait je deviendray rimeur, 250
J'entre sur ma louange, et, bouffy d'arrogance,
Si je n'en ay l'esprit, j'en auray l'insolence.
Mais retournons à nous, et, sages devenus,
Soyons à leur despens un peu plus retenus.

Or, comte, pour finir, ly doncq' ceste satyre, 255
Et voy ceux de ce temps que je pince sans rire[1].
Pendant qu'à ce printemps retournant à la cour,
J'iray revoir mon maistre, et luy dire bon jour[2].

---

[1] Ces derniers mots font allusion à un jeu d'enfants assez connu : *Je vous pince sans rire*. Cette manière de parler a même passé en proverbe pour dire, un homme qui, d'un air froid et sans affectation, ne laisse pas de lâcher son trait de satire.

[2] Ainsi Régnier étoit encore auprès du prélat

NOUVELLES REMARQUES

Vers 2. *Facile à mes vers*, favorable, propice.

Vers 3. *Cher soucy de la muse*, cher objet de l'amour de la muse ; c'est dans ce sens qu'Ovide a dit : *Tua cura, Lycoris*.

Vers 10. *Auctorisé*, qui a du crédit, de l'autorité, puissant.

Vers 12. *Et en*, hiatus fréquent dans les poëtes du seizième siècle.

Vers 13. *Mais c'est trop sermonné*, c'est avoir déjà trop discouru ; l'infinitif serait plus conforme au génie de notre langue : *c'est trop sermonner* ; mais le latinisme : *c'est trop sermonné* ne manque pas de grâce et de charme.

Vers 17. *Joint que*, ajoutons de plus. Voir sat. I, vers 83.

Vers 27. *Rimasseurs* ; on a dit *rimasser* et *rimasseur*, puis *rimailler* et *rimailleur*.

Vers 28. *N'approuvent impuissans* ; nous avons déjà signalé ce latinisme. Voir sat. I, vers 106.

Vers 30. *A eux*, hiatus permis du temps de Régnier.

Vers 33. *Le niant*, c'est-à-dire *niant qu'ils en tirent profit*.

Vers 34. *C'est eux qui*, pour *ce sont eux qui ;* construction admise alors, et condamnée aujourd'hui.

Vers 46. *Et qui soit mal en point. Être bien en point*, se disait pour être bien équipé ; être paré ; et, par opposition *être mal en point*, pour être mal vêtu.

Vers 49. *Si mon habit partout cicatricé.* Nous rétablissons ici l'orthographe de la dernière édition donnée par l'auteur, en 1613. *Cicatricé* signifie couvert, sillonné de cicatrices ; et son homonyme *cicatrisé* se dit particulièrement d'une plaie qui se ferme, qui se cicatrise. — Boileau, après Régnier, a fait cette juste distinction, quand il a dit :

> Son front *cicatricé* rend son œil furieux,
> Et l'ardeur des combats étincelle en ses yeux.
>
> Épître iv.

Nous l'avons établie dans notre *Nouveau Dictionnaire universel de la langue française*, en regrettant que l'Académie n'en ait pas tenu compte.

Vers 51. *Parmi la misère. Parmi*, suivi d'un singulier non collectif, n'était pas, au seizième siècle, une expression vicieuse ; *parmi*, formé *de per medium*, se disait au propre et au figuré pour *dans, à travers : Parmi le guichet, parmi la fenêtre.* (Nicot.)

Vers 54. *Un chacun* (unus quisque), aujourd'hui *chacun*.

Vers 66 et 81. *Je me suis asservy ; je m'asservy pourtant*, c'est-à-dire je me suis attaché à son service.

Nous écrivons aujourd'hui *je m'asservis*, avec une *s ;* mais cette lettre, essentielle à la seconde personne du singulier, ne s'est ajoutée que plus tard à la première personne ; c'est pour cela que les poëtes la retranchent quelquefois à la fin du vers : *Je voi, je croi*.

Quant à la suppression de l's à la seconde personne, c'est plus qu'une licence, c'est une faute grossière que ne doivent pas se permettre les écrivains qui ont le moindre respect de la langue

Vers 82. *Et sans estre avancé*, sans avoir obtenu d'avancement ou d'avantage.

Vers 84, 85 et suiv. *Qui s'abandonne ; qui relève ; et qui par ses larcins se rend authorisé*, etc. ; cette suite de *qui* exprimant des rapports différents présente une construction tout à fait vicieuse.

Vers 89. *Ces gens icy;* on dit aujourd'hui : *ces gens-ci*, par analogie avec *celui-ci, celle-ci*.

Vers 92. *Je n'entends de,* je n'ai pas l'intention, la prétention.

Vers 95. *Qu'on face*, orthographe conforme à l'étymologie, *faciat*.

Vers 97. *De tort et de travers, à tort et à travers*, s'employaient indifféremment alors, même en vers.

Vers 100. *Voire*, et qui plus est.

Vers 125. *Vont leurs vers grimassans;* le participe présent précédé d'un nom, complément direct, était autrefois considéré comme un véritable adjectif.

Vers 127. *Le prenant sur le vostre;* le sens de cet hémistiche est tout à fait obscur.

Vers 131, 132. *Vous viennent accoster et disent*. Ces deux verbes n'ont pas de sujet ; l'emploi de *ils* avant le premier était de rigueur.

Vers 137. *Vous parlent de fortune, et qu'il faut acquérir;* il y a ici ellipse de *vous disent* qu'il faut.

Vers 144. *S'assient en prélats;* on disoit : *ils s'assient* et *ils s'asseoient*.

Vers 149. *Au partir de là*, après, ensuite.

Vers 154. *J'en demeure opilé*, étouffé.

Vers 157. *Pensant venir au point*, espérant de réussir.

Vers 167. *Que leur gloire il desrobe;* ils disent, ils prétendent qu'il dérobe leur gloire.

Vers 176. *Un chacun d'eux*. Voir même sat., vers 54.

Vers 178. *Que, pour estre vivans*, etc. ; que je ne nomme pas dans mes vers, parce que vous vivez encore.

Vers 201. *Grimper au coupeau;* on disait *coupeau* et *coupet d'une montagne*, pour sommet.

Vers 207 et 208. Ces deux vers ne terminent pas heureusement la période, et l'infinitif *servir* se lie mal aux quatre formes personnelles qui le précèdent.

Vers 226. *Si je sçay rien*, si je sais quelque chose ; *rien* est pris dans le sens affirmatif, toutes les fois qu'il n'est pas précédé d'une négation.

III

LA VIE DE LA COUR

A M. LE MARQUIS DE CŒUVRES[1]

Marquis, que doy-je faire en ceste incertitude?
Doy-je, las de courir, me remettre à l'estude,
Lire Homère, Aristote, et, disciple nouveau,
Glaner ce que les Grecs ont de riche et de beau ;
Reste de ces moissons que Ronsard et Desportes[2]   5
Ont remporté du champ sur leurs espaules fortes ;
Qu'ils ont comme leur propre en leur grange entassé,
Esgalant leurs honneurs aux honneurs du passé?
Ou si, continuant à courtiser mon maistre[3],

---

[1] François-Annibal d'Estrées, marquis de Cœuvres, frère de la belle Gabrielle, duchesse de Beaufort, s'est rendu célèbre par ses ambassades, surtout par celle de Rome. Il fut fait maréchal de France en 1624, et depuis ce temps-là on le nomme le maréchal d'Estrées. Il mourut à Paris, le 5 de mai 1670, âgé d'environ cent ans. Dans cette satire, Régnier délibère s'il doit s'engager à la cour, ou se remettre à l'étude.

[2] Pierre de Ronsard et Philippe Desportes, poëtes fameux. Ronsard, surnommé le prince des poëtes françois, fut fort estimé non-seulement des savants de son siècle, mais encore des rois Henri II, François II, Charles IX et Henri III. Il mourut en 1580, âgé de soixante et un ans. Philippe Desportes n'étoit pas moins savant que Ronsard, mais dans un autre genre ; il s'étoit servi des Grecs, mais seulement par distillation, et les avoit fait passer sur l'italien, dont il a imité la douceur et l'agrément. Ses vers sont encore estimés. Desportes, qui fut abbé, étoit natif de Chartres, et oncle de Régnier. Il fut chanoine de la Sainte-Chapelle, abbé de Tiron, de Bonport, de Josaphat, des Vaux de Cernay et d'Aurillac. Il mourut en 1606.

[3] Maynard a imité ce vers dans une épigramme, où il peint le malheur des courtisans ; il finit en disant :

Et mourus sur un coffre, en attendant mon maître.

Je me doy jusqu'au bout d'espérance repaistre, 10
Courtisan morfondu, frénétique et resveur,
Portrait de la disgrace et de la défaveur ;
Puis, sans avoir du bien, troublé de resverie,
Mourir dessus un coffre en une hostellerie¹,
En Toscane, en Savoye², ou dans quelque autre lieu, 15
Sans pouvoir faire paix ou tresve avecque Dieu ?
Sans parler je t'entends : il faut suivre l'orage ;
Aussi bien on ne peut où choisir avantage.
Nous vivons à tastons, et dans ce monde icy
Souvent avecq' travail on poursuit du soucy : 20
Car les dieux, courroussez contre la race humaine,
Ont mis avecq' les biens la sueur et la peine.
Le monde est un berlan où tout est confondu :
Tel pense avoir gaigné, qui souvent a perdu.
Ainsi qu'en une blanque où par hazard on tire ; 25
Et qui voudroit choisir souvent prendroit le pire.
Tout despend du destin, qui, sans avoir esgard,
Les faveurs et les biens en ce monde despart.

Mais puisqu'il est ainsi que le sort nous emporte,
Qui voudroit se bander³ contre une loi si forte ? 30
Suivons donc sa conduite en cet aveuglement.
Qui pèche avecq' le ciel, pèche honorablement.
Car penser s'affranchir, c'est une resverie.
La liberté par songe en la terre est chérie.
Rien n'est libre en ce monde ; et chaque homme dépend, 35
Comtes, princes, sultans, de quelque autre plus grand.
Tous les hommes vivans sont icy-bas esclaves ;
Mais suivant ce qu'ils sont, ils diffèrent d'entraves⁴ ;

---

¹ L'événement, comme on sait, a justifié cette espèce de prédiction. (Pr. P.)

² Notre poëte avoit passé par ces pays-là, dans son voyage de Rome. Il y a apparence que cette satire ne fut faite qu'après son retour.

³ Pour se roidir.

⁴ *Entraves*, les ceps ou liens que l'on met ou que l'on mettoit

Les uns les portent d'or, et les autres de fer :
Mais n'en desplaise aux vieux, ny leur philosopher[1], 40
Ny tant de beaux escrits qu'on lit en leurs escoles,
Pour s'affranchir l'esprit ne sont que des paroles.
   Au joug nous sommes nez, et n'a jamais esté
Homme qu'on ait veu vivre en pleine liberté.
   En vain me retirant enclos en une estude 45
Penseroy-je laisser le joug de servitude ;
Estant serf du désir d'apprendre et de sçavoir,
Je ne ferois sinon que changer de devoir.
C'est l'arrest de nature, et personne en ce monde
Ne sçauroit contrôler sa sagesse profonde. 50
   Puis, que peut-il servir aux mortels icy-bas,
Marquis, d'estre sçavans, ou de ne l'estre pas,
Si la science, pauvre, affreuse, et mesprisée[2],
Sert aux peuples de fable, aux plus grands de risée,
Si les gens de latin des sots sont dénigrez ? 55
Et si l'on est docteur sans prendre ses dégrez ?
Pourveu qu'on soit morgant[3], qu'on bride sa moustache,
Qu'on frise ses cheveux, qu'on porte un grand panache,
Qu'on parle baragouyn, et qu'on suive le vent[4],
En ce temps du jourd'hui l'on n'est que trop sçavant. 60

aux pieds. Il ne se dit plus guère qu'au figuré, pour signifier contrainte.

[1] Pour *philosophie*; ancienne manière de parler, tirée du grec et du latin.

[2] Notre poëte, dans le second discours au roi, vers 111 et 112, a parodié ces deux vers de Joachim du Bellay dans un sonnet à Remy Belleau :

    La science à table est des seigneurs prisée,
    Mais en chambre, Belleau, elle sert de risée.

[3] *Fier, insolent;* comme *morgue* veut dire *fierté, insolence.*

[4] Régnier a semé ses poésies de ces façons de parler populaires. Sorel l'en a repris dans ses remarques sur le XIV° livre du *Berger extravagant*, page 555. « Que si, au reste, dit-il, j'ai quelques proverbes, tous ceux qui parlent bien les disent aussi bien que moi. Que seroit-ce donc, si je disois comme Renyer : *C'est pour vostre beau nez que cela se fait; Vous parlez baragouin; Vous vous faites des bonadiez ; Vous mentez par vostre gorge ; Vous faites la figue aux autres; je réponds d'un ris de Saint-Mé-*

Du siècle les mignons¹, fils de la poulle blanche²,
Ils tiennent à leur gré la fortune en la manche ;
En crédit eslevez, ils disposent de tout,
Et n'entreprennent rien qu'ils n'en viennent à bout.
Mais quoy ! me diras-tu, il t'en faut autant faire. 65
Qui ose, a peu souvent la fortune contraire³.
Importune le Louvre et de jour et de nuict :
Perds pour t'assujettir et la table et le lict :
Sois entrant⁴, effronté, et sans cesse importune ;
En ce temps l'impudence eslève la fortune. 70

Il est vray ; mais pourtant je ne suis point d'avis
De desgager mes jours pour les rendre asservis,
Et souz un nouvel astre aller, nouveau pilote,
Conduire en autre mer mon navire qui flotte
Entre l'espoir du bien et la peur du danger 75
De froisser mon attente en ce bord estranger.
Car pour dire le vray, c'est un pays estrange,

dard ; Je suis parmy vous comme un homme sans verd ? Voilà les meilleurs mots de ce poëte satirique ; mais je n'en voudrois pas user : car possible que d'ici à dix ans l'on ne les entendra plus, et dès maintenant il y a plusieurs personnes qui ne les entendent pas. »

¹ Du temps de Régnier, on disoit *mignon* pour *favori*. Les *mignons du roi*, surtout ceux de Henri III, ont été fort célèbres. Le terme de *mignon* n'est plus d'usage en ce sens.

² *Fils de la poulle blanche.* Expression tirée du proverbe latin : *Gallinæ filius albæ*, Juven., sat. XII, vers 141. Voyez les *Adages* d'Érasme, p. m. 67.

       Que le fils de la poule blanche,
         L'heureux seigneur d'Angervilliers, etc.

dit M. l'abbé Regnier Desmarets, dans une lettre à madame Desmarets. C'est donc à dire le fils d'une personne aimée ou tendrement chérie, sur lequel on répand les faveurs qu'on voudroit faire à la mère.

³ « Audaces fortuna juvat, timidosque repellit ; » c'est ce qu'il faut souvent faire à la cour, et même auprès des ministres, chez lesquels l'importunité et l'impudence même tiennent quelquefois lieu de mérite.

⁴ *Hardi, entreprenant.* Notre auteur emploie le même mot un peu plus loin, *je ne suis point entrant.* Mais, cependant, je crois qu'*entrant* veut dire souple, liant, insinuant.

Où comme un vray Protée à toute heure on se change,
Où les loix, par respect sages humainement,
Confondent le loyer[1] avecq' le chastiment ; 80
Et pour un mesme fait, de mesme intelligence,
L'un est justicié, l'autre aura recompence[2].

Car selon l'intérest, le crédit ou l'appuy,
Le crime se condamne et s'absout aujourd'huy.
Je le dy sans confondre, en ces aigres remarques, 85
La clémence du roy, le miroir des monarques,
Qui, plus grand de vertu, de cœur et de renom,
S'est acquis de clément et la gloire et le nom.

Or, quant à ton conseil qu'à la cour je m'engage[3],
Je n'en ay pas l'esprit, non plus que le courage. 90
Il faut trop de sçavoir et de civilité,
Et, si j'ose en parler, trop de subtilité.
Ce n'est pas mon humeur : je suis mélancolique ;
Je ne suis point entrant ; ma façon est rustique ;
Et le surnom de bon[4] me va-t-on reprochant[5], 95

[1] La récompense.
[2] Multi
 Committunt eadem diverso crimina fato :
 Ille crucem pretium sceleris tulit, hic diadema.
  (Juven., sat. xiii, v. 104.)
[3] Ce qui suit est imité de Juvénal, sat. iii, vers 41.
 Quid Romæ faciam ? mentiri nescio, etc.
Voyez Martial, liv. III, ép. xxxviii : *Atria magna colam*, etc.
[4] C'est effectivement le surnom qu'on donnoit à notre poëte, et qui s'est perpétué jusqu'à nous : car on dit encore, *le bon Régnier*. Au reste, la bonté n'est point incompatible avec l'esprit de la satire : témoin nos deux plus célèbres satiriques, Régnier et Boileau. Celui-ci, selon lui-même, et selon la vérité,
 Fut un esprit doux, simple, ami de l'équité,
 Qui, cherchant dans ses vers la seule vérité,
 Fit, sans être malin, ses plus grandes malices.
  Epitre x.
Horace étoit doux, affable et poli. A l'égard de Perse, l'auteur de sa Vie assure que ce poëte satirique étoit « morum lenissimorum, verecundiæ virginalis, formæ pulchræ, pietatis erga matrem, et sororem, et amitam, exemplo sufficientis. Fuit frugi et pudicus. »
[5] Dans toutes les éditions il y a : *me va tout reprochant*, ce

SATYRE III.

D'autant que je n'ay pas l'esprit d'estre meschant.
Et puis je ne sçaurois me forcer ny me feindre.
Trop libre en volonté, je ne me puis contraindre.
Je ne sçaurois flatter, et ne sçay point comment
Il faut se taire accort[1] ou parler faussement, 100
Bénir les favoris de geste et de parolles,
Parler de leurs ayeux au jour de Cerizolles[2],
Des hauts faits de leur race, et comme ils ont acquis
Ce titre avecq' honneur de ducs et de marquis.
Je n'ay point tant d'esprit pour tant de menterie. 105
Je ne puis m'adonner à la cageollerie ;
Selon les accidents, les humeurs, ou les jours,
Changer, comme d'habits, tous les mois de discours.
Suivant mon naturel, je hay tout artifice ;
Je ne puis desguiser la vertu ni le vice ; 110
Offrir tout de la bouche, et, d'un propos menteur,
Dire, Pardieu ! monsieur, je vous suis serviteur ;
Pour cent bonadiez[3] s'arrester en la rue,

qui est une faute remarquable. J'ai mis : *me va-t-on reprochant*, qui m'a paru la seule bonne leçon, et la leçon même de l'auteur. Vraisemblablement il l'avoit écrit ainsi ; mais, dans la première édition de 1608, l'imprimeur avoit mis, *me va tou*, par le renversement de la lettre *n*, changée en *u :* sur quoi les imprimeurs, dans les éditions suivantes, ont cru qu'il fallait *tout*.

[1] *Accort, accortement ;* c'est-à-dire *à propos,* ou même, *par politique.*

[2] *Au jour,* pour *à la journée.* Bataille fameuse, gagnée en Italie, l'an 1544, par l'armée de François Ier, commandée par François de Bourbon, duc d'Enghien, sur celle de l'empereur Charles-Quint. On dit absolument *journée* pour *bataille.* « Le vendredi 11 mars 1523, fut faite une procession grande, et ce à Saint-Germain de l'Auxerrois, pour ce que nos gens devoient avoir journée delà les monts celui jour. » (MS des Mém. de Paris, cité par Borel.) Les Latins disoient aussi *dies,* pour *journée* ou *bataille.*

[3] Mot francisé, du latin *bona dies,* bonjour. On fait aussi ce mot *bonadiez* de trois syllabes ; c'est pourquoi, dans l'édition de 1642 et dans les éditions suivantes, on a mis, *et pour cent bonadiez.* Le même mot, réduit à trois syllabes, avoit été employé dans le testament de Pathelin : *Quand on me disoit bonadies.* Rabelais, liv. I, chap. xix, fait dire à Janotus de Bragmardo, *mnadies*

Faire sus l'un des pieds en la sale la grue¹ ;
Entendre un marjollet² qui dit avecq' mespris,   115
Ainsi qu'asnes, ces gens sont tous vestus de gris,
Ces autres verdelets aux perroquets ressemblent ;

pour *bonadies;* et il le fait dire ainsi, pour charger le ridicule de la harangue latine qu'il met dans la bouche de cet orateur, ou pour se moquer de la prononciation vicieuse qui régnoit dans les écoles, comme l'a conjecturé le commentateur de Rabelais.

¹ L'on dit encore proverbialement, *faire le pied de grue* pour faire entendre que l'on attend patiemment et même sottement quelqu'un, comme font la plupart des parasites, des flatteurs et des fades courtisans, dans les antichambres des grands.

² Quoique ce terme soit à peine d'usage, même dans le familier ou dans le burlesque, il est cependant très-expressif, pour dire un de ces petits fanfarons qui méprisent tout, hormis leur agréable figure. Je l'ai trouvé deux fois dans les poésies de Jean Marot, au même sens, dans le rondeau XLIII; Sigognes, qui vivoit du temps de Régnier, a donné l'explication de ce mot, dans un sonnet irrégulier sur les Petits-Maîtres.

> Damoiseau de la cour, dont les mains inutiles
>   ne rougiront jamais de sang dans les combats ;
> Propres à soutenir le tour de vos rabats,
> Et les inventions de la chambre des filles :
>
> L'on dit que vous marchez en *marjollets* de ville,
> Portant la tête haute, et le courage bas :
> César de cabinet, le roi n'espère pas
> Le secours de l'Etat de votre âme débile.
>
> Muguet oinct et lissé comme un homme d'étain,
> Otez de votre teint ces mouches de satin :
> Sinon, maître Guillaume, équipé de sonnettes,
>
> Avecque la quenouille et le petit fuseau,
> Ira les enlever dessus votre museau,
> Comme un émerillon qui prend des alouettes.

Et la Fontaine a trouvé le terme si expressif, qu'il a daigné s'en servir dans son conte des *Lunettes :*

> Bref que le sort, ami du *marjolet.*

C'est ce qu'il dit de ce jeune blondin qui s'étoit introduit

> Chez des nonnains, à titre de fillette.

Et ceux-cy mal peignez devant les dames tremblent ;
Puis, au partir de là, comme tourne le vent,
Avecques un bon jour, amis comme devant. 120

Je n'entends point le cours du ciel ny des planètes[1] ;
Je ne sçay deviner les affaires secrètes,
Cognoistre un bon visage, et juger si le cœur,
Contraire à ce qu'on voit, ne seroit point moqueur.
De porter un poullet[2] je n'ay la suffisance : 125
Je ne suis point adroit, je n'ay point d'éloquence
Pour colorer un fait, ou destourner la foy :
Prouver qu'un grand amour n'est subject à la loy ;
Suborner par discours une femme coquette ;
Luy conter des chansons[3] de Jeanne et de Paquette ; 130
Desbaucher une fille, et par vives raisons
Luy monstrer comme Amour fait les bonnes maisons,
Les maintient, les esleve ; et, propice aux plus belles,
En honneur les avance, et les fait demoyselles ;
Que c'est pour leurs beaux nez[4] que se font les ballets ; 135
Qu'elles sont le subject des vers et des poullets ;

---

[1] Motus astrorum ignoro.
    JUVEN., sat. III, v. 42.

[2] Billet doux, lettre d'amour, Juvénal avoit dit, sat. III, v. 45 :

   Ferre ad nuptam quæ mittit adulter,
   Quæ mandat, norunt alii.

On lit dans le Glossaire bourguignon, au mot *poulô*, que *poulet*, en ce sens-là, n'a guère été en usage parmi nous que depuis 1610 jusqu'à 1670, tout au plus. Mais nous trouvons des exemples un peu plus anciens de ce mot ; car on fait dire à Henri IV, en 1597, que mademoiselle de Guise, sa nièce, *aimoit bien autant les poulets en papier qu'en fricassée*. (Mémoires de Sully, part. II, pag. 114.) Et alors on appeloit *porte-poulet* un entremetteur d'amour. (*Ibid.*, tom. II, chap. LXXXII, p. 248.)

[3] Façon de parler populaire, pour marquer les discours que l'on tient du tiers et du quart, de celle-ci et de celle-là.

[4] *Pour leurs beaux nez* seroit aujourd'hui une espèce d'injure ; comme on dit encore en langage populaire, *c'est pour votre nez*, pour dire, vraiment ce n'est pas pour vous. Mais, pour rendre ce vers plus supportable, il n'y auroit qu'à dire

   Que c'est pour leurs beautez que se font les ballets.

Que leur nom retentit dans les airs que l'on chante¹ ;
Qu'elles ont à leur suite une troupe béante
De langoureux transis² ; et, pour le faire court,
Dire qu'il n'est rien tel qu'aymer les gens de court ; 140
Alléguant maint exemple en ce siècle où nous sommes,
Qu'il n'est rien si facile à prendre que les hommes ;
Et qu'on ne s'enquiert plus s'elle a fait le pourquoy³,
Pourvéu qu'elle soit riche, et qu'elle ait bien dequoy.
Quand elle auroit suivy le camp à la Rochelle⁴, 145
S'elle a force ducats, elle est toute pucelle⁵,
L'honneur estropié, languissant et perclus,
N'est plus rien qu'un idole en qui l'on ne croit plus⁶

   Or, pour dire cecy il faut force mystère ;
Et de mal discourir il vaut bien mieux se taire. 150
Il est vray que ceux-là qui n'ont pas tant d'esprit
Peuvent mettre en papier leur dire⁷ par escrit,
Et rendre par leurs vers leur muse maquerelle ;
Mais, pour dire le vray, je n'en ay la cervelle.

   Il faut estre trop prompt, escrire à tous propos, 155
Perdre pour un sonnet et sommeil et repos.

---

¹ Ceci forme une équivoque. *Retentit dans les airs*, se dit du bruit qui se fait en l'air ; au lieu que, comme il étoit question de chanson, il falloit dire, *est célébré dans les airs que l'on chante*.

² *Langoureux transis* sont des termes synonymes : il falloit mettre *amoureux transis*.

³ *Le pourquoy*. Nous dirions en langage populaire, *si elle a laissé aller le chat au fromage*. Le vers suivant a été dignement parodié par Despréaux :

    Quiconque est riche est tout ; sans sagesse il est sage ;
    Il a, sans rien savoir, la science en partage, etc.

⁴ Les calvinistes s'étant emparés de la Rochelle, cette ville fut assiégée en 1573 par Henri, duc d'Anjou, frère du roi Charles IX. Mais Henri, ayant été appelé à la couronne de Pologne, abandonna ce siége, qui commençoit à lui devenir à charge.

⁵ Il valoit mieux mettre, *toujours pucelle*.

⁶ On croit *en* Dieu, mais on croit *aux* autres. Ainsi il étoit mieux de mettre, *à qui l'on ne croit plus*.

⁷ *Leur dire*, pour *leur discours*.

Puis, ma muse est trop chaste, et j'ay trop de courage[1],
Et ne puis pour autruy façonner un ouvrage.
Pour moy, j'ay de la court autant comme il m'en faut :
Le vol de mon dessein ne s'estend point si haut :   160
De peu je suis content ; encore que mon maistre,
S'il luy plaisoit un jour mon travail reconnoistre,
Peut autant qu'autre prince, et a trop de moyen
D'eslever ma fortune et me faire du bien.
Ainsi que sa nature à la vertu facile   165
Promet que mon labeur ne doit estre inutile,
Et qu'il doit quelque jour, malgré le sort cuisant,
Mon service honorer d'un honneste présant ;
Honneste et convenable à ma basse fortune,
Qui n'abaye et n'aspire, ainsy que la commune[2],   170
Après l'or du Pérou, ny ne tend aux honneurs
Que Rome départit aux vertus des seigneurs.
Que me sert de m'asseoir le premier à la table,
Si la faim d'en avoir me rend insatiable,
Et si le faix léger d'une double évesché[3],   175
Me rendant moins contant, me rend plus empesché ;

---

[1] *Courage* est ici pour *cœur, probité, honneur, cœur trop bien placé, âme trop bien née*. Il est pris en ce sens dans Clément Marot, et autres poëtes avant et après lui : mais *courage* n'a plus aujourd'hui cette signification ; il veut dire *une valeur méditée et réfléchie*.
[2] *N'abaye*, pour *ne désire*, est aujourd'hui un terme bas et rampant. *La commune*, pour *le commun des hommes*, se disoit anciennement et ne se dit plus.
[3] Allusion à ces vers de Ronsard, adressés au ministre de Mont Dieu :

> Or sus, mon frère en Christ, tu dis que je suis prestre,
> J'atteste l'Eternel que je le voudrois estre,
> Et d'avoir tout le dos et le chef empesché
> Dessous la pesanteur d'une bonne évesché.

Aujourd'hui, *évêché* est du genre masculin. Voyez la remarque de la page 21. Mais le terme de double évêché signifie ici un évêché d'un grand revenu ; car il y avoit longtemps qu'on ne possédoit plus en France deux évêchés comme on fait en Allemagne.

Si la gloire et la charge à la peine adonnée
Rend souz l'ambition mon ame infortunée ?
Et quand la servitude a pris l'homme au colet¹,
J'estime que le prince est moins que son valet. 180
C'est pourquoy je ne tends à fortune si grande :
Loin de l'ambition, la raison me commande,
Et ne prétends avoir autre chose, sinon
Qu'un simple bénéfice, et quelque peu de nom,
Afin de pouvoir vivre avec quelque asseurance, 185
Et de m'oster mon bien que l'on ait conscience.

   Alors vrayment heureux, les livres feuilletant,
Je rendrois mon desir et mon esprit contant.
Car sans le revenu l'estude nous abuse,
Et le corps ne se paist aux banquets de la Muse. 190
Ses mets sont de sçavoir discourir par raison
Comme l'ame se meut un temps en sa prison ;
Et comme délivrée elle monte divine
Au ciel, lieu de son estre et de son origine ;
Comme le ciel mobile, éternel en son cours, 195
Fait les siècles, les ans, et les mois et les jours ;
Comme aux quatre élémens les matières encloses
Donnent, comme la mort, la vie à toutes choses ;
Comme premièrement les hommes dispersez
Furent par l'armonie en troupes amassez ; 200
Et comme la malice, en leur ame glissée,
Troubla de nos ayeux l'innocente pensée ;
D'où nasquirent les loix, les bourgs, et les citez,
Pour servir de gourmette² à leur meschancetez ;
Comme ils furent enfin réduits souz un empire ; 205

---

¹ Manière basse et triviale de s'exprimer, pour dire *s'est saisie, s'est rendue maitresse.* On dit bien encore, mais dans le style bas, *saisir,* ou *prendre un homme au collet,* pour *l'arrêter prisonnier,* comme il dit fort bien dans la satire v ; ou même *le prendre à la gorge pour le terrasser.*

² *De gourmette* est bas ; il valoit mieux dire *de frein* : c'est le terme aujourd'hui usité.

Et beaucoup d'autres plats¹, qui seraient longs à dire.
Et quand on en sçauroit ce que Platon en sçait,
Marquis, tu n'en serois plus gras, ny plus refait.
Car c'est une viande en esprit consommée,
Légère à l'estomach, ainsi que la fumée.   210
  Sçais-tu, pour sçavoir bien, ce qu'il nous faut sçavoir,
C'est s'affiner le goust, de cognoistre et de voir,
Apprendre dans le monde et lire dans la vie
D'autres secrets plus fins que de philosophie,
Et qu'avecq' la science il faut un bon esprit.   215
  Or entends à ce point ce qu'un Grec en escrit² :
Jadis un loup, dit-il, que la faim espoinçonne³,
Sortant hors de son fort rencontre une lionne⁴,
Rugissante à l'abort, et qui monstroit aux dents
L'insatiable faim qu'elle avoit au dedans.   220

¹ *Et beaucoup d'autres faits*, dans l'édition de 1642 et dans les suivantes : et je crois même que c'est ainsi qu'on devroit mettre ; car que signifie *dire des plats ?* On *dit des faits*, et l'on *décrit des plats*.

² Régnier suppose que cette fable étoit originairement grecque, parce que les fables le sont presque toutes. Celle-ci pourtant n'est pas du nombre, autant qu'on en peut juger par les citations que Ménage a curieusement ramassées là-dessus, pages 9 et 34 de ses *Modi di dire*, à la fin de ses Origines italiennes, édition de Genève, où il cite trois auteurs italiens, qui ont raconté cette fable chacun à leur manière : ce qui fait comprendre que Régnier, étant à Rome, l'avoit pu lire dans leurs écrits. Ces trois auteurs sont celui du *Novelliere antico*, novella xci; Stefano Guazzo, dans ses Dialogues ; et Scipione Ammirato, dans ses Proverbes.

³ *Espoinçonne* n'est plus d'usage pour dire *aiguillonne, poursuit, excite, anime*.

⁴ Selon les trois auteurs italiens qu'on vient de citer, les acteurs de cette fable sont le Renard, le Loup et le Mulet. La Fontaine, qui l'a mise en vers françois, livre V, fable vIII, introduit le Cheval et le Loup. Elle est aussi d'une autre manière, sous le nom du Renard, du Loup, et du Cheval, dans le recueil imprimé chez Barbin, en 1694, livre VII, fable xvII. Ménage l'a tournée en vers latins, dans ses *Modi di dire*. Mais, sans faire aucun tort aux tours qu'ont pris les différents auteurs pour conter cette fable, il faut avouer que Régnier l'a ici très-bien accommodée.

Furieuse elle approche ; et le loup qui l'advise
D'un langage flatteur luy parle et la courtise :
Car ce fut de tout temps que, ployant sous l'effort,
Le petit cède au grand, et le foible au plus fort [1].
    Luy, dis-je, qui craignoit que, faute d'autre proye, 225
La beste l'attaquast, ses ruses il employe.
Mais enfin le hazard si bien le secourut,
Qu'un mulet gros et gras à leurs yeux apparut.
Ils cheminent dispos, croyant la table preste,
Et s'approchent tous deux assez près de la beste. 230
Le loup qui la cognoist, malin et deffiant,
Luy regardant aux pieds, luy parloit en riant :
D'où es-tu? qui es-tu? quelle est ta nourriture [2]?
Ta race, ta maison, ton maistre, ta nature?
Le mulet, estonné de ce nouveau discours, 235
De peur ingénieux, aux ruses eut recours :
Et, comme les Normands, sans luy respondre : Voire [3]!
Compère, ce dit-il [4], je n'ay point de mémoire ;
Et comme sans esprit ma grand'mère me vit,
Sans m'en dire autre chose, au pied me l'escrivit. 240
    Lors il lève la jambe au jarret ramassée ;
Et d'un œil innocent il couvroit sa pensée,
Se tenant suspendu sur les pieds en avant.

---

[1] La Fontaine a dit, dans la fable du Loup et de l'Agneau :
    La raison du plus fort est toujours la meilleure.

[2] *Nourriture*, pour *éducation*.

[3] Le mulet lui répondit en Normand. *Voire* est un adverbe affirmatif, fort usité en Normandie, qui signifie *vraiment*. On prétend que les Normands n'ont jamais, du premier coup, répondu avec précision aux demandes qu'on leur fait. Je ne sais si on doit les en blâmer : n'est-il pas juste, avant que de parler, de réfléchir sur ce que l'on veut dire ?

[4] C'est ainsi qu'il faut lire, suivant l'édition de 1608. On avoit mis, *et comme, ce dit-il*, dans toutes les éditions suivantes, avant celle de 1642 ; ce qui est une faute d'autant plus grossière, qu'il y auroit trois vers de suite qui commenceroient par *et comme* Dans celle de 1645, *mais comment, ce dit-il*.

Le loup qui l'apperçoit se lève de devant,
S'excusant de ne lire, avecq' ceste parolle, 245
Que les loups de son temps n'alloient point à l'escolle.
Quand la chaude lionne, à qui l'ardente faim
Alloit précipitant la rage et le dessein,
S'approche, plus sçavante, en volonté de lire [1],
Le mulet prend le temps, et du grand coup qu'il tire 250
Luy enfonce la teste, et d'une autre façon,
Qu'elle ne sçavoit point, luy aprit sa leçon,
 Alors le loup s'enfuit, voyant la beste morte,
Et de son ignorance ainsi se reconforte :
N'en déplaise aux Docteurs, Cordeliers, Jacobins, 255
Pardieu, les plus grands Clercs ne sont pas les plus fins [2].

[1] Les trois auteurs italiens cités un peu plus haut ajoutent que le loup crut que les clous attachés aux fers du mulet étoient des lettres.

[2] Ce vers est proverbial; on l'exprime par ce mauvais latin : *Magis magnos clericos non sunt magis magnos sapientes.* Autrefois, *clerc* signifioit un homme de lettres, parce qu'il n'y avoit que les gens d'Église qui apprissent quelque chose : à peine les laïques savoient lire, et plus rarement encore savoient-ils écrire. Les Italiens ont un proverbe semblable : « Tutti quei ch' anno lettere, non son' savi. »

NOUVELLES REMARQUES

Vers 7. *Qu'ils ont comme leur propre*, etc., comme leur propriété, leur bien, ce qui leur appartient en propre.

Vers 18. *Aussi bien on ne peut où choisir avantage*, signifie *car on ne peut choisir ce qui nous seroit avantageux;* ce n'est pas un des vers les moins obscurs de notre auteur.

Vers 23. *Berlan,* aujourd'hui *brelan.*
Vers 24. *Gaigné,* d'où *gain.*
Vers 25. *Blanque,* banque.
Vers 27. *Sans avoir esgard,* sans aucun égard.

Vers 34. *La liberté par songe en la terre est chérie,* c'est-à-dire, on aime à songer, à rêver qu'on est libre.

Vers 40. *Mais n'en déplaise aux vieux;* ce mot ne se prend plus aujourd'hui en bonne part; c'est la traduction de *veteres*, que nous rendons par *les anciens*.

Vers 55. *Si les gens de latin*, etc. Cette expression est prise en bonne part; mais c'est par dénigrement qu'on dit *gens à latin* :

> Je n'aime point céans tous vos *gens à latin*,
> Et principalement ce monsieur Trissotin.
> MOLIÈRE, *les Femmes savantes.*

La différence de sens qui résulte de l'emploi de ces prépositions se remarque dans une foule d'autres expressions : *homme d'imagination, homme à imagination*, etc.

Vers 59. *Qu'on parle barragouyn, et qu'on suive le vent.* Ces locutions familières sont encore aujourd'hui en usage, et il est à remarquer, contrairement à l'opinion de Sorel, que la plupart des façons de parler populaires qu'a employées Régnier sont restées et qu'elles ont encore un sens très-clair pour le lecteur.

Vers 69. *En ce temps du jourd'hui;* on a dit *huy* pour *aujourd'hui;* puis *ce jour d'huy, du jourd'huy, au jourd'hui*, selon le sens.

Vers 113. *Pour cent bonadiez s'arrester en la rue;* ce vers est donné par toutes les éditions; mais l'emploi de *se* après les pronoms de première personne qui précèdent brise la période d'une façon désagréable.

Vers 148. *Idole*, du temps de Régnier, était des deux genres.

Vers 150. *Et de mal discourir il vaut bien mieux se taire;* nous dirions aujourd'hui, en vers comme en prose : *Il vaut bien mieux se taire que de mal discourir.*

IV

LA POÉSIE TOUJOURS PAUVRE

A M. MOTIN[1]

Motin, la muse est morte, ou la faveur pour elle.
En vain dessus Parnasse Apollon on appelle,
En vain par le veiller on acquiert du sçavoir,
Si fortune s'en mocque, et s'on ne peut avoir
Ny honneur, ny crédit, non plus que si nos peines   5
Estoient fables du peuple inutiles et vaines.
Or va, romps-toy la teste ; et de jour et de nuict
Paslis dessus un livre[2], à l'appétit d'un bruict
Qui nous honore après que nous sommes souz terre[3],

---

[1] Pierre Motin, de la ville de Bourges, étoit des amis de l'auteur, comme il paroît par l'ode qui est à la tête de ce volume. On a imprimé les poésies de Motin dans divers recueils, avec celles de Malherbe, de Maynard, de Racan, etc. Elles sont pour la plupart un peu libres et un peu licencieuses ; c'étoit, ou le goût du temps, ou le caractère de ce poëte et de quelques-uns de ses confrères. Balzac, lettre v, du XXII° livre, fait mention de certains vers latins, du père Terron, jésuite, qu'Henri IV ordonna à Motin de traduire. Boileau parle de Motin comme d'un poëte très-froid. (Voyez le vers 40 du chant IV de l'*Art poétique*.) Cette satire tend à prouver que les sciences, et surtout la poésie, bien loin d'être un moyen pour acquérir des richesses, sont presque toujours des obstacles à la fortune.

[2]   Juvat *impallescere* chartis.
   Pers., sat. iv.
Après cela, docteur, va *pâlir* sur la Bible.
   Boileau, sat. viii.

[3]   Cineri gloria sera venit.
   Mart., lib. I, epigr. xxvi.

Et de te voir paré de trois brins de lierre[1], 10
Comme s'il importoit, estant ombres là-bas,
Que nostre nom vescust, ou qu'il ne vescust pas.
Honneur hors de saison, inutile mérite,
Qui vivans nous trahit, et qui morts ne profite ;
Sans soins de l'avenir je te laisse le bien, 15
Qui vient à contre-poil[2] alors qu'on ne sent rien,
Puis que vivant icy de nous on ne fait conte,
Et que nostre vertu engendre nostre honte.
    Doncq' par d'autres moyens à la cour familiers,
Par vice, ou par vertu, acquérons des lauriers, 20
Puis qu'en ce monde icy on n'en fait différence,
Et que souvent par l'un l'autre se récompense.
Apprenons à mentir, mais d'une autre façon
Que ne fait Calliope, ombrageant sa chanson
Du voile d'une fable, afin que son mystère 25
Ne soit ouvert à tous, ni cognu du vulgaire.
    Apprenons à mentir, nos propos desguiser,
A trahir nos amis, nos ennemis baiser,
Faire la cour aux grands, et dans leurs antichambres,
Le chapeau dans la main, nous tenir sur nos membres[3]. 30
Sans oser ny cracher, ny toussir, ny s'asseoir,
Et, nous couchant au jour, leur donner le bon soir.
Car puis que la fortune aveuglément dispose
De tout, peut-estre enfin aurons-nous quelque chose
Qui pourra destourner l'ingrate adversité, 35
Par un bien incertain à tastons débité :

---

[1] La couronne de lierre étoit donnée aux poëtes.

    Prima feres hederæ victricis præmia.
        Horat., lib. I, ep. III.

Dans les derniers temps, on leur a donné des couronnes de laurier, comme enfants d'Apollon.

[2] Pour *en temps non convenable*, ou quand on ne s'en soucie pas.

[3] Mauvaise manière de parler : on dit bien *se tenir sur se pieds*, mais non pas *se tenir sur ses membres*.

Comme ces courtisans qui, s'en faisant accroire,
N'ont point d'autre vertu, sinon de dire, Voire[1].

Or, laissons doncq' la Muse, Apollon, et ses vers;
Laissons le luth, la lyre, et ces outils divers   40
Dont Apollon nous flatte; ingrate frénésie,
Puis que pauvre et quaymande[2] on voit la poésie,
Où j'ay par tant de nuicts mon travail occupé.
Mais quoy! je te pardonne; et si tu m'as trompé,
La honte en soit au siècle, où, vivant d'âge en âge,   45
Mon exemple rendra quelque autre esprit plus sage.

Mais pour moy, mon amy, je suis fort mal payé
D'avoir suivy cet art. Si j'eusse estudié[3],
Jeune, laborieux, sur un banc à l'escole,
Galien, Hippocrate, ou Jason, ou Barthole[4],   50
Une cornette[5] au col, debout dans un parquet,
A tort et à travers je vendrois mon caquet[6] :
Ou bien tastant le pouls, le ventre, et la poitrine,
J'aurois un beau teston pour juger d'une urine[7];

---

[1] Pour *opiner toujours du bonnet*, ou *consentir à tout* : c'est l'usage de la cour.

[2] Édition de 1608, *quemande*. On écrit *quaimande*, de *quaimander*, formé du latin *mendicare*, par transposition de lettres : *mendier*.

[3] Villon avoit dit longtemps auparavant :

> Hélas! si j'eusse estudié
> Au temps de ma jeunesse folle,
> J'aurois pain cuit, et couche molle.

On se plaint toujours quand il n'est plus temps : il vaudroit mieux se plaindre un peu plus tôt, et tout iroit bien.

[4] Jason et Barthole étoient deux célèbres jurisconsultes.

[5] On a appelé cornette le chaperon que les docteurs et les avocats portoient autrefois sur leur tête; dans la suite, on l'a mis autour du cou, comme le dit notre auteur; et maintenant on le porte sur l'épaule. Ce nom de *cornette* lui est venu de ce que ses extrémités formoient de petites cornes.

[6]   Hic clamosi rabiosa fori.
         Jurgia vendens.
                        SENEC.

[7] C'est beaucoup, car autrefois on ne donnoit que cinq sous aux

Et me prenant au nez, loucher¹ dans un bassin 55
Des ragousts qu'un malade offre à son médecin,
En dire mon advis, former une ordonnance,
D'un réchape s'il peut, puis d'une révérence,
Contrefaire l'honneste ; et, quand viendroit au point,
Dire, en serrant la main : Dame, il n'en falloit point². 60
  Il est vrai que le ciel, qui me regarda naistre,
S'est de mon jugement³ toujours rendu le maistre,
Et bien que, jeune enfant, mon père me tansast⁴,
Et de verges souvent mes chansons menassast,
Me disant de despit, et bouffi de colère : 65
Badin, quitte ces vers ; et que penses-tu faire ?
La Muse est inutile⁵ ; et si ton oncle⁶ a sceu
S'avancer par cet art, tu t'y verras déceu.

médecins pour chacune de leurs visites. Le *teston* étoit une ancienne monnoie de France, qu'on a commencé à fabriquer sous le règne de Louis XII, et qui fut abolie en 1575 par Henri III. Elle valoit environ quinze sous, et étoit appelée *teston*, parce qu'elle représentoit d'un côté la tête du roi.

¹ *Loucher*, regarder de côté et en divers sens : il n'a plus cette signification.

² Rabelais, liv. III, chap. xxxiii, parlant du médecin Rondibilis, dont le vrai nom étoit Rondelet, dit que Panurge, le voulant consulter, « luy mit à la main, sans mot dire, quatre nobles à la roze (qui étoient quatre pièces d'or). Rondibilis les print très-bien ; puis lui dit en effroy, comme indigné : « Hé, hé, hé, « monsieur, il ne falloit rien. Grand mercy toutesfois. De mes-« chantes gens jamais je ne prends rien, etc. »

³ De mon génie.
      Sæpe pater dixit : Studium quid inutile tentas ?
      Mæonides nullas ipse reliquit opes.
               Ovid., *Trist.*, IV, eleg. x.

⁴ *Tansast*, me grondât, me reprît ; vient de *tancer*, ou *tenser*, qui se dit à peine aujourd'hui.

⁵ Allusion à cette façon de parler : *Les muses nous amusent.* Voyez Ménage, au mot *muser*.

⁶ Philippe Desportes, oncle de Régnier, poëte fameux sous le règne de Charles IX et de Henri III, fit une fortune à laquelle aucun autre poëte n'est peut-être jamais parvenu. Claude Garnier, dans sa *Muse infortunée*, et Colletet, rapportent que

Un mesme astre toujours n'esclaire en ceste terre :
Mars tout ardent de feu nous menasse de guerre[1], 70
Tout le monde frémit ; et ces grands mouvemens
Couvent en leurs fureurs de piteux changemens.
   Penses-tu que le luth, et la lyre des poëtes
S'accorde d'armonie avecque les trompettes,
Les fifres, les tambours, le canon, et le fer, 75
Concert extravagant des musiques d'enfer ?
Toute chose a son règne ; et dans quelques années
D'un autre œil nous verrons les fières destinées.
   Les plus grands de ton temps, dans le sang aguerris,
Comme en Thrace seront brutalement nourris[2], 80
Qui rudes n'aymeront la lyre de la muse,
Non plus qu'une viéle ou qu'une cornemuse.
Laisse donc ce mestier, et sage prends le soin
De t'acquérir un art qui te serve au besoin.
   Je ne sçay, mon amy, par quelle prescience, 85
Il eut de nos destins si claire connoissance ;
Mais pour moy, je sçay bien que, sans en faire cas,
Je mesprisois son dire[3], et ne le croyois pas,
Bien que mon bon démon souvent me dist le mesme.
Mais quand la passion en nous est si extresme, 90
Les advertissemens n'ont ny force ny lieu,
Et l'homme croit à peine aux parolles d'un dieu.
   Ainsy me tançoit-il d'une parolle esmeuë.
Mais comme en se tournant je le perdoy de veuë,

Charles IX donna à Desportes huit cents écus d'or pour la petite pièce de *Rodomont* ; et Henri III, dix mille écus d'argent comptant, pour mettre au jour un très-petit nombre de sonnets.

[1] Les guerres civiles de la Ligue, qui avoient affligé la France pendant la jeunesse de Régnier. Il paroit, par ce vers et les suivants, que la sage remontrance de Régnier le père à son fils fut vers l'an 1583 ou 1584, que commencèrent les troubles de la Ligue.

[2] Mars, le dieu de la guerre, avoit été élevé dans la Thrace, où il étoit particulièrement adoré. *Thrace bella furiosa*, dit Horace.

[3] Ses paroles, ses remontrances.

Je perdy la mémoire avecques ses discours, 95
Et resveur m'esgaray tout seul par les détours
Des antres et des bois, affreux et solitaires,
Où la Muse, en dormant, m'enseignoit ses mystères,
M'apprenoit des secrets[1], et, m'eschauffant le sein,
De gloire et de renom relevoit mon dessein : 100
Inutile science, ingrate, et mesprisée,
Qui sert de fable au peuple, et aux grands de risée !

  Encor' seroit-ce peu, si, sans estre avancé,
L'on avoit en cet art son âge despensé ;
Après un vain honneur que le temps nous refuse, 105
Si moins qu'une putain l'on n'estimoit la Muse.
Eusses-tu plus de feu, plus de soin et plus d'art
Que Jodelle[2] n'eut oncq', Desportes, ni Ronsard,
L'on te fera la moue ; et, pour fruict de ta peine,
Ce n'est, ce dira-t-on, qu'un poëte à la douzaine. 110

  Car on n'a plus le goust comme on l'eust autrefois ;
Apollon est gesné par de sauvages lois
Qui retiennent souz l'art sa nature offusquée,
Et de mainte figure est sa beauté masquée.
Si pour sçavoir former quatre vers empoullez, 115
Faire tonner des mots mal joints et mal collez,
Amy, l'on estoit poëte, on verroit (cas estranges !)
Les poëtes plus espois que mouches en vendanges.

  Or que[3] dès ta jeunesse Apollon t'ait apris,
Que Calliope mesme ait tracé tes escrits, 120
Que le neveu d'Atlas[4] les ait mis sur la lyre,

---

[1] Ou *ses secrets*, édition de 1655, 1667.

[2] Jodelle, poëte fort élégant, sous le règne de Henri II et de Charles IX. Nous avons plusieurs éditions de ses poésies.

[3] Pour *quoique*.

[4] Mercure, fils de Jupiter, et de la nymphe Maïa, fille d'Atlas. Ainsi Mercure étoit petit-fils d'Atlas, *nepos Atlantis*, Horace, liv. I, ode x. Mais *nepos* ne signifie pas *neveu*, comme l'a traduit Régnier. Voy. Ménage, Etymolog. au mot *neveu*. — *Les ait mis sur la lyre*. Mercure fut l'inventeur de la lyre : *Curvæque lyræ parentem*. (Horace, dans la même ode.)

Qu'en l'antre Thespéan on ait daigné les lire[1],
Qu'ils tiennent du sçavoir de l'antique leçon,
Et qu'ils soient imprimés des mains de Patisson[2] ;
Si quelqu'un les regarde, et ne leur sert d'obstacle,   125
Estime, mon amy, que c'est un grand miracle.
  L'on a beau faire bien, et semer ses escris
De civette, bainjoin, de musc, et d'ambre gris ;
Qu'ils soient pleins, relevez, et graves à l'oreille,
Qu'ils facent sourciller les doctes de merveille :   130
Ne pense, pour cela, estre estimé moins fol,
Et sans argent contant qu'on te preste un licol,
Ny qu'on n'estime plus (humeur extravagante !)
Un gros asne pourveu de mille escus de rente.
  Ce malheur est venu de quelques jeunes veaux[3]   135

---

[1] Près du mont Hélicon, dans la Béotie, province de la Grèce, il y avoit une ville nommée Thespies, *Thespiæ*, consacrée aux muses, en l'honneur desquelles on y célébroit des jeux, et l'on donnoit des prix à ceux qui les avoient mérités par la beauté de leurs chants et de leurs vers. Cicéron dit qu'on alloit voir par curiosité dans la ville de Thespies une belle figure de Cupidon, faite par Praxitèle. (*In Verrem*, lib. IV, *de Signis*.) L'analogie semble demander qu'on dise *Thespien*, de *Thespies*, et non pas *Thespéan*. Cependant, comme la ville de Thespies est nommée Θίσπεια, *Iliad.*, II, vers 5, du *dénombrement des vaisseaux*, Régnier a très-bien pu former *Thespéan*, à la manière de Ronsard, qui a dit *Grynéan*, *Pataréan*, etc. L'antre Thespéan, c'est la grotte où les Muses font leur séjour. Le mot *antre* donne souvent, parmi les Grecs et les Latins, une idée fort agréable.

[2] Mamert Patisson, natif d'Orléans, imprimeur à Paris, très-habile dans sa profession, et savant en grec et en latin. Il avoit épousé la veuve de Robert Estienne, père de Henri, en 1580, et imprima plusieurs livres qui sont fort recherchés, moins pour la beauté des caractères et du beau papier qu'il y employoit que pour l'exactitude et la correction. Il mourut avant l'année 1606, laissant Philippe Patisson, son fils, aussi imprimeur. Mamert Patisson a fait de très-belles éditions de la plupart des poëtes de son temps.

[3] Pour *jeunes sots*, ou quelques mauvais poëtes, sots et étourdis. Ce terme est fort employé par Clément Marot, dans son épitre XII. Et le célèbre historien Arnould Le Féron a dit dans son *Histoire de France*, lib. III : « Galli socordes et stultos vituli no-

Qui mettent à l'encan l'honneur dans les bordeaux;
Et ravalant Phœbus, les Muses et la Grace,
Font un bouchon à vin du laurier de Parnasse;
A qui le mal de teste est commun et fatal,
Et vont bizarrement en poste en l'hospital :   140
Disant, s'on n'est hargneux, et d'humeur difficile,
Que l'on est mesprisé de la troupe civile ;
Que pour estre bon poëte il faut tenir des fous[1],
Et desirent en eux ce qu'on mesprise en tous.
Et puis en leur chanson, sottement importune,   145
Ils accusent les grands, le ciel, et la fortune,
Qui fustez[2] de leurs vers en sont si rebattus,
Qu'ils ont tiré cet art du nombre des vertus ;
Tiennent à mal d'esprit leurs chansons indiscrètes,
Et les mettent au rang des plus vaines sornettes.   150
  Encore quelques grands, afin de faire voir,
De Mœcene rivaux, qu'ils ayment le sçavoir,
Nous voyent de bon œil, et, tenant une gaule,
Ainsy qu'à leurs chevaux nous en flattent l'espaule,
Avecques bonne mine, et d'un langage doux,   155
Nous disent souriants : Eh bien, que faictes-vous ?
Avez-vous point sur vous quelque chanson nouvelle ?
J'en vy ces jours passez de vous une si belle,
Que c'est pour en mourir : ha ma foy, je voy bien
Que vous ne m'aymez plus, vous ne me donnez rien.   160
  Mais on lit à leurs yeux et dans leur contenance

mine designare soliti sunt. » Aussi Marot, ennemi des ignorants qui étoient en Sorbonne, a soin de placer cette maison dans la place aux Veaux, dans son épigramme.

[1] Oui, oui; c'est bien dit : il faut être un peu fou pour être bon poëte.

[2] Qui sont *fournis* de leurs vers. Un homme *fûté* est celui qui, ne manquant de rien, est en état de parer à tout. *Fust*, du latin *fustis*, bâton, s'est pris généralement pour *arme;* et *fûter*, pour *armer, affûter, garnir, équiper.* Qu'il me soit permis de dire néanmoins que *fustez* ne veut pas dire ici *fournis* ou *remplis*, mais *accablez*, comme si on les voyait battus à coups de bâton; *fustibus ferire.*

Que la bouche ne parle ainsy que l'ame pense ;
Et que c'est, mon amy, un grimoire et des mots
Dont tous les courtisans endorment les plus sots.

Mais je ne m'aperçoy que, trenchant du preud'homme, 165
Mon temps en cent caquets sottement je consomme ;
Que mal instruit je porte en Brouage du sel [1],
Et mes coquilles vendre à ceux de Saint-Michel [2].

Doncques, sans mettre enchère aux sottises du monde,
Ny gloser les humeurs de dame Frédégonde [3], 170
Je diray librement, pour finir en deux mots,
Que la plus part des gens sont habillez en sots.

[1] Brouage, ville du pays d'Aunis, très-célèbre par l'abondance et la bonté du sel qu'on y fait, dans des marais salants, disposés à recevoir l'eau de la mer Océane. Ce vers et le suivant répondent à ce proverbe : *Ferre noctuam Athenas.*

[2] Le mont Saint-Michel en Normandie est un rocher au milieu d'une grande grève, que la mer couvre deux fois le jour de son reflux. Cette grève est toute semée de coquilles, dont les pèlerins et les voyageurs font provision.

[3] François Ogier, dans son Jugement et censure du livre de la *Doctrine curieuse* de François Garasse, imprimé à Paris en 1623, blâme fort le père Garasse d'avoir cité plusieurs vers de Régnier, et particulièrement ceux-ci, qu'Ogier ne rapporte pas exactement :

A vouloir mettre enchère aux sottises du monde,
Ou gloser les humeurs en dame Frédégonde.

« Je vous prie, dit Ogier, page 24, dites-moi ce que vous entendez par *dame Frédégonde.* Votre poëte a-t-il mis ce mot pour rimer seulement, et parce que *carmen laborabat in fine ?* Ce mot de *dame,* duquel on nomme de bonnes dames, et ce mot de *Frédégonde,* nom d'une reine très-impudique et très-cogneue, n'étoient-ils point capables de vous faire soupçonner de qui il entendoit parler ? » J'ai vu un exemplaire de ce livre d'Ogier, à la marge duquel un homme très-habile avoit écrit : *De la reine Marguerite.* Cette pensée n'est pas hors de vraisemblance.

NOUVELLES REMARQUES

Vers 14. *Qui vivans nous trahit, et qui morts ne profite;* la suppression du second *qui* et la répétition de *nous* eût mieux marqué l'opposition : *Qui vivans nous trahit, et morts ne nous profite.*

Vers 16. *Alors qu'on ne sent rien,* c'est-à-dire, quand on est mort, quand on a perdu tout sentiment.

Vers 31. *Toussir,* pour *tousser,* était la forme alors en usage.

Vers 127. *Escris;* telle est la forme que donnent toutes les éditions, quoique alors on écrivît *escript* et au pluriel *escripts,* conformément à l'étymologie *scriptum.* L'*e* initiale est ajoutée par euphonie, comme dans *échafaud,* qui s'écrivait primitivement *schaffaud.*

Vers 130. *Qu'ils facent sourciller les doctes de merveille,* c'est-à-dire, qu'ils émerveillent les savants, les bons juges.

Vers 131, 132. *Fol, licol;* ces formes ne sont usitées aujourd'hui que quand le mot qui suit commence par une voyelle.

Vers 138. *Un bouchon à vin* est une masse de feuillages que, dans les campagnes, les marchands de vin attachent encore aujourd'hui comme enseigne au-dessus de leurs portes.

Vers 141. *S'on,* pour *si on;* on disait aussi *s'elle,* pour *si elle;* aujourd'hui l'*i* de *si* ne s'élide que devant *il.*

Vers 156. *Nous disent souriants;* toutes les éditions portent *souriant,* pour *en souriant; souriants* (subridentes) nous semble présenter une construction plus poétique et plus familière à notre auteur.

Vers 166. *Follement je consomme,* le verbe est employé ici dans le sens qu'exprime seul aujourd'hui *consumer.*

V

LE GOUST PARTICULIER DÉCIDE DE TOUT

A M. BERTAUT
ÉVÊQUE DE SÉEZ[1]

Bertaut, c'est un grand cas[2], quoy que l'on puisse faire,
Il n'est moyen qu'un homme à chasqu'un puisse plaire;
Et, fust-il plus parfait que la perfection,
L'homme voit par les yeux de son affection[3].
Chasqu'un fait à son sens[4], dont sa raison l'escrime; 5
Et tel blasme en autruy ce de quoy je t'estime.

---

[1] Jean Bertaut, poëte françois, étoit né en 1542, non pas à Condé, comme quelques-uns l'ont écrit, mais à Caen, comme M. Huet l'a prouvé dans ses *Origines de la ville de Caen*, ch. XXIV, n. 37. Son esprit et son savoir-faire l'élevèrent aux dignités de la cour et de l'Église; car il fut premier aumônier de la reine Catherine de Médicis, secrétaire du cabinet de Henri III; Henri-le-Grand lui donna l'abbaye d'Aulnay en 1594, et l'évêché de Séez, qu'on prononce Sez, ville de Normandie, en 1606. Ce prélat avoit contribué à la conversion de Henri IV. Ainsi, en l'élevant à l'épiscopat, on récompensa son mérite et sa vertu. Il a composé diverses poésies, qui ne le rendent pas moins illustre que sa dignité. Ses vers avoient de la douceur, de la facilité, du tour et de l'élégance. Nous avons de lui des cantiques sur la naissance du Sauveur, des traductions de psaumes, etc. M. Bertaut mourut le 8 de juin 1611.

[2] *Grand cas*, pour grande affaire.

[3] Ce vers exprime le sujet de cette satire.

[4] Ce vers a fort varié dans les éditions. Celle de 1608, qui est la première, porte *chasque fat à son sens*, avec un accent grave sur *à*. Celle de 1635 dit de même. Celles de 1612, 1635, 1667 : *chasque fait à son sens*. Celle de 1613, qui est la dernière édi-

Tout suivant l'intellect[1], change d'ordre et de rang :
Les Mores aujourd'huy peignent le diable blanc[2].
Le sel est doux aux uns, le sucre amer aux autres ;
L'on reprend tes humeurs, ainsi qu'on fait les nostres. 10
Les critiques du temps m'appellent desbauché,
Que je suis jour et nuict aux plaisirs attaché,
Que j'y perds mon esprit, mon ame et ma jeunesse.
Les autres, au rebours, accusent ta sagesse,
Et ce hautain[3] desir qui te fait mespriser 15
Plaisirs, trésors, grandeurs, pour t'immortaliser,
Et disent : O chétifs, qui, mourant sur un livre,
Pensez, seconds phœnix, en vos cendres revivre,
Que vous estes trompez en vostre propre erreur !
Car, et vous, et vos vers, vivez par procureur. 20
Un livret tout moysi vit pour vous ; et encore
Comme la mort vous fait, la taigne le dévore[4].
Ingrate vanité, dont l'homme se repaist,
Qui baille après un bien qui sottement lui plaist !
   Ainsi les actions aux langues sont sujettes. 25

tion de l'auteur : *chasqu'un fait à son sens :* de même dans celles de 1614, 1616, 1617, 1625, 1626 et 1642. C'est la leçon que j'ai conservée. Ainsi, *chacun fait à son sens*, veut donc dire, *chacun agit selon ses vues et ses idées.*

[1] *L'intellect*, mot tiré du latin, pour dire l'esprit, l'intelligence : mais en cet endroit il signifie *la fantaisie, l'imagination.*

[2] Un autre poëte, du temps de Régnier, avoit tourné la même pensée au sens contraire, dans cette épigramme contre une femme dont le teint étoit brun :

> Si tu crois ressembler un ange,
> Quand tu consultes ton miroir,
> Va-t'en dans les îles du Gange,
> Où l'on peint les anges en noir.

[3] *Hautain*, pour *sublime, élevé.* Il n'a plus cette signification.

[4] Le sens de ce vers est embarrassé. Sans doute l'auteur a voulu dire que la teigne dévore le livret, comme *la mort fait à vous;* c'est-à-dire, *comme la mort vous dévore.* Cette façon de parler est familière à notre auteur. L'on a mis dans toutes les autres éditions, *vous dévore :* expression qui présente un sens très-faux.

Mais ces divers rapports sont de foibles sagettes [1],
Qui blessent seulement ceux qui sont mal armez ;
Non pas les bons esprits, à vaincre accoustumez,
Qui savent, avisez, avecques différence,
Séparer le vray bien du fard de l'apparence. 30
C'est un mal bien estrange au cerveau des humains,
Qui, suivant ce qu'ils sont malades ou plus sains [2],
Digèrent leur viande, et selon leur nature,
Ils prennent ou mauvaise ou bonne nourriture.
Ce qui plaist à l'œil sain offense un chassieux ; 35
L'eau se jaunit en bile au corps d'un bilieux ;
Le sang d'un hydropique en pituite se change,
Et l'estomach gasté pourrit tout ce qu'il mange.
De la douce liqueur rosoyante du ciel [3],
L'une en fait le venin, et l'autre en fait le miel. 40
Ainsi c'est la nature et l'humeur des personnes,
Et non la qualité, qui rend les choses bonnes.
Charnellement se joindre avecq' sa parenté,
En France, c'est inceste, en Perse, charité [4].
Tellement qu'à tout prendre, en ce monde où nous sommes, 45

---

[1] *Flèches*, du latin, *sagitta*.
[2] Éditions de 1642 et suivantes, *ou malades, ou sains*.
[3] Édition de 1608, *de la douce liqueur roussayante*. Si c'est *rossoyante*, ce mot signifie, semblable à la rosée, ou tenant de la rosée. Nicot, au mot *rosée*, met *herbes rossoyantes, herbæ roscidæ, vel rorulentæ*. Si c'est *roussoyante*, il signifie, tirant sur le roux : témoin Guyon, qui, dans ses *Diverses Leçons*, tome II, liv. IV, ch. ix, parlant du basilic, ce serpent fabuleux, dit *qu'il est de couleur fauve, ou jaune et roussoyante*.
[4] Chez les Perses, non-seulement il n'étoit pas honteux, mais encore il étoit permis de se marier avec sa fille, ou sa sœur, et même avec sa mère. Artaxerxès épousa publiquement sa fille (PLUT. *in Artax.*) et Cambyse épousa ses deux sœurs. (HÉRODOTE, *in Thalia ; V. Alexand. ab Alex. Genial. Dier.* lib. I, cap. xxiv, *et ibi Tiraq.*) Plusieurs autres peuples ont pratiqué le même usage : jusque-là que les Incas ou rois du Pérou n'épousoient que leurs sœurs, de peur que le sang du Soleil, dont ils se disoient issus, ne fût corrompu par le mélange d'un sang étranger. (*Hist. des Incas*, par Garcilasso de la Vega.)

Et le bien et le mal dépend du goust des hommes.
　Or, sans me tourmenter des divers appétits,
Quels ils sont aux plus grands, et quels aux plus petits :
Je te veux discourir comme je trouve estrange
Le chemin d'où nous vient le blasme et la louange,　50
Et comme j'ay l'esprit de chimères brouillé
Voyant qu'un More noir m'appelle barbouillé,
Que les yeux de travers s'offencent que je lorgne,
Et que les Quinze-vingts[1] disent que je suis borgne.
　C'est ce qui me desplaist[2], encor que j'aye appris,　55
En mon philosopher[3], d'avoir tout à mespris.
Penses-tu qu'à présent un homme a bonne grace,
Qui dans le Four-l'Evesque entherine sa grace[4],
Ou l'autre qui poursuit des abolitions,
De vouloir jetter l'œil dessus mes actions ?　60
Un traistre, un usurier, qui, par miséricorde,
Par argent, ou faveur, s'est sauvé de la corde !
Moy qui dehors, sans plus, ay veu le Chastelet[5],
Et que jamais sergent ne saisit au colet,
Qui vis selon les lois, et me contiens de sorte　65
Que je ne tremble point quand on heurte à ma porte,

---

[1] Hôpital fameux de Paris, fondé par saint Louis, pour trois cents aveugles.

[2] Edition de 1608, *c'est ce qui m'en desplait.*

[3] *Dans ma philosophie.* Régnier avoit bien de l'inclination pour cette façon de parler, qui vieillissoit déjà de son temps.

[4] Qui poursuit l'entérinement de ses lettres de grâce. Le For-l'Evêque, ou, comme on disoit anciennement, le Four-l'Evêque, *Forum episcopi*, étoit le siége de la juridiction épiscopale de Paris. Il y avoit aussi une prison. Mais cette juridiction fut réunie au Châtelet, avec les autres juridictions particulières de la ville, en 1674, et l'on fit du bâtiment une des prisons royales. Jean-François de Gondi, premier archevêque de Paris, fit bâtir, en 1652, le For-l'Evêque tel qu'il est aujourd'hui.

[5] C'est une des prisons de Paris. Le grand Châtelet est un ancien château, que l'on croit avoir été bâti du temps de Jules César, et qui étoit autrefois une des portes de la ville. Le petit Châtelet, qui étoit une autre porte de Paris, servoit aussi de prison.

Voyant un président le cœur ne me tressault,
Et la peur d'un prévost ne m'éveille en sursault ;
Le bruit d'une recherche au logis ne m'arreste,
Et nul remords fascheux ne me trouble la teste ;   70
Je repose la nuict sus l'un et l'autre flanc,
Et cependant, Bertaut, je suis dessus le ranc [1] !

Scaures [2] du temps présent, hypocrites sévères ;
Un Claude effrontément parle des adultères [3] ;
Milon [4] sanglant encor reprend un assassin ;   75
Gracche [5], un séditieux ; et Verrès, le larcin [6].

---

[1] Pour dire, *on ne laisse pas de parler de moi*. On dit encore dans le familier, *on me tient sur les rangs*, on examine ma conduite.

[2] Lisez, *Scaures*, qui est dans l'édition de 1608, et non *sçaurez*, qu'on a mis dans presque toutes les autres éditions; ni, *si ores au temps présent*, qu'on trouve dans celle de 1645. Marcus Emilius Scaurus, fameux sénateur romain, étoit un fin hypocrite, et savoit habilement cacher ses vices. « Æmilius Scaurus, homo nobilis, impiger, factiosus, avidus potentiæ, honoris, divitiarum : cæterùm vitia sua callidè occultans. » (SALLUST., *Bell. Jugurth.*, cap. xv.)

    Nonne igitur jure ac merito vitia ultima fictos
    Contemnunt Scauros, et castigata remordent ?
                  JUVÉNAL, sat. II, v. 34.

    Quis tulerit Gracchos de seditione querentes ?
    Quis cœlum terris non misceat, et mare cœlo,
    Si fur displiceat Verri, homicida Miloni ?
    Claudius accuset mœchos ? etc.
                JUVÉNAL, sat. II, v. 24.

[3] Publius Clodius fut soupçonné d'adultère avec Pompéia, femme de César, et d'inceste avec ses propres sœurs. « Clodius.... infamis etiam sororis stupro, et actus incesti reus, ob initum, inter religiosissima populi romani sacra, adulterium. » (VELL. PATERC., lib. II.)

[4] Milon, meurtrier de Clodius, est fort connu par le beau plaidoyer que Cicéron fit pour le défendre.

[5] On prononce *Graque*. Les deux frères *Gracchus*, étant tribuns du peuple, périrent dans les séditions qu'ils avoient excitées au sujet des lois agraires.

[6] Quintus Verrès, étant questeur en Sicile, avoit pillé cette riche province. Tout le monde connoît les Oraisons de Cicéron contre Verrès.

Or, pour moy, tout le mal que leurs discours m'objecte,
C'est que mon humeur libre à l'amour est subjecte,
Que j'ayme mes plaisirs, et que les passe-temps
Des amours m'ont rendu grison avant le temps ; 80
Qu'il est bien mal-aisé que jamais je me change,
Et qu'à d'autres façons ma jeunesse se range.

Mon oncle[1] m'a conté que, monstrant à Ronsard
Tes vers estincelans et de lumière et d'art,
Il ne sceut que reprendre en ton apprentissage 85
Sinon qu'il te jugeoit pour un poëte trop sage.

Et ores au contraire on m'objecte à péché
Les humeurs qu'en ta muse il eust bien recherché.
Aussi je m'esmerveille, au feu que tu recelles,
Qu'un esprit si rassis ait des fougues si belles : 90
Car je tiens, comme luy, que le chaud élément
Qui donne ceste pointe au vif entendement[2],
Dont la verve s'eschauffe, et s'enflamme de sorte
Que ce feu dans le ciel sur des aisles l'emporte,
Soit le mesme[3] qui rend le poëte ardent et chaud, 95
Subject à ses plaisirs, de courage si haut [4],
Qu'il mesprise le peuple et les choses communes[5],
Et, bravant les faveurs, se mocque des fortunes[6],
Qui le fait, desbauché, frénétique, resvant,
Porter la teste basse, et l'esprit dans le vent ; 100

---

[1] L'abbé Desportes.

[2] Suivant l'édition de 1608, beaucoup mieux que, *en cet entendement*, qu'on lit dans celles de 1612, 1613, 1614, et autres, jusqu'à celle de 1642, qui avoit rétabli la bonne leçon.

[3] *Soit le mesme*, pour *est le mesme*.

[4] Pour, d'un cœur ou d'un esprit si élevé, ou qui a des sentiments si grands, si sublimes.

[5]   Odi profanum vulgus.
        Horace, liv. III, ode 1.

[6] Cette leçon, qui m'a paru la meilleure, est celle de l'édition faite en 1608. Dans toutes les autres, il y a, *en bravant*. — *Fortunes*, au pluriel, n'est pas usité.

Esgayer sa fureur parmy des précipices,
Et plus qu'à la raison subject à ses caprices.
  Faut-il doncq' à présent s'estonner si je suis
Enclin à des humeurs qu'esviter je ne puis,
Où mon tempéramment malgré moy me transporte, 105
Et rend la raison foible où la nature est forte ?
Mais que ce mal me dure il est bien mal-aisé.
L'homme ne se plaist pas d'estre tousjours fraisé [1].
Chaque âge a ses façons, et change de nature [2],
De sept ans en sept ans, nostre température [3] : 110
Selon que le soleil se loge en ses maisons [4],
Se tournent nos humeurs, ainsi que nos saisons.
Toute chose en vivant avecq' l'âge [5] s'altère.
Le desbauché se rid des sermons de son père :
Et dans vingt et cinq ans venant à se changer, 115

---

[1] La mode de porter une fraise au cou a duré jusque vers l'an 1630. Ensuite on commença à porter des collets, ou rabats, auxquels ont enfin succédé les cravates. Dans l'édition de 1617, et dans celle de 1666, on lit *frisé*, à quoi l'on peut rapporter le vers 13 de la douzième satire :

  S'il n'est bon courtisan, tant frisé peut-il estre.

La pensée de ce vers est fort belle. C'est dire qu'on ne sauroit toujours être dans la contrainte.

[2] C'est ainsi qu'on lit dans les éditions de 1612, 1613 et suivantes, jusqu'à 1642. La première, faite en 1608, dit *la nature*, ce qui a été suivi dans les éditions de 1642, 1655, etc. L'une et l'autre leçon ont un sens; mais le premier paroit préférable.

[3] Notre tempérament. Louis Guyon, dans ses Diverses Leçons, t. II, liv. IV, ch. XXX : « Lesquelles diversitez de passions ne procèdent d'ailleurs que de la diversité des venins de ces animaux, ou des diverses températures des patients. »

[4] Dans les douze signes du zodiaque. Malherbe a dit d'une belle dame :

  Certes l'autre soleil, d'une erreur vagabonde,
  Court inutilement dans ses douze maisons :
  C'est elle, et non pas lui, qui fait sentir au monde
  Le change des saisons.

[5] J'ai conservé cette leçon, qui est dans les éditions de 1608 et 1612. Celle de 1613 et toutes les autres portent, *avec l'âme*.

Retenu, vigilant, soigneux, et mesnager,
De ces mesmes discours ses fils il admoneste[1],
Qui ne font que s'en rire et qu'en hocher la teste.
Chaque âge a ses humeurs, son goust et ses plaisirs[2];
Et, comme nostre poil, blanchissent nos désirs. 120
  Nature ne peut pas l'âge en l'âge confondre :
L'enfant qui sçait desjà demander et respondre[3],
Qui marque asseurément la terre de ses pas,
Avecque ses pareils se plaist en ses esbats :
Il fuit, il vient, il parle, il pleure, il saute d'aise ; 125
Sans raison d'heure en heure il s'esmeut et s'apaise.
  Croissant l'âge en avant, sans soin de gouverneur[4],
Relevé, courageux, et cupide d'honneur[5],
Il se plaist aux chevaux, aux chiens, à la campagne ;
Facile au vice, il hait les vieux et les desdagne[6] : 130
Rude à qui le reprend, paresseux à son bien,
Prodigue, despensier, il ne conserve rien ;

---

[1] *Admoneste* pour *avertit, instruit*, ne se dit plus guère qu'en matière criminelle, où l'homme admonesté est regardé comme infâme.

[2] Description des quatre âges de l'homme : l'enfance, la jeunesse, l'âge viril et la vieillesse.

   Ætatis cujusque notandi sunt tibi mores;
   Mobilibusque decor naturis dandus, et annis.
      Horat., *Art. poet.*

[3]   Reddere qui voces jam scit puer, et pede certo
  Signat humum, gestit paribus colludere, et iram
  Colligit ac ponit temerè, et mutatur in horas.
      Horat., *Art. poet.*

[4]   Imberbis juvenis, tandem custode remoto,
  Gaudet equis canibusque, et aprici gramine campi :
  Cereus in vitium flecti, monitoribus asper,
  Utilium tardus provisor, prodigus æris,
  Sublimis, cupidusque, et amata relinquere pernix.
      Horat., *Art. poet.*

[5] *Relevé, fier*.

[6] *Desdagne* est ici au lieu de *dédaigne*, pour rimer avec *campagne* : c'est la leçon de l'édition de 1608; dans la plupart des autres éditions, on lit *desdaigne*.

Hautain, audacieux, conseiller de soy-mesme,
Et d'un cœur obstiné se heurte à ce qu'il ayme.
   L'âge au soin se tournant, homme fait, il acquiert[1] 135
Des biens et des amis, si le temps le requiert ;
Il masque ses discours comme sur un théâtre ;
Subtil, ambitieux, l'honneur il idolâtre :
Son esprit avisé prévient le repentir,
Et se garde d'un lieu difficile à sortir. 140
   Maints fascheux accidens surprennent sa vieillesse[2] :
Soit qu'avecq' du soucy gaignant de la richesse,
Il s'en deffend l'usage, et craint de s'en servir,
Que tant plus il en a, moins s'en peut assouvir :
Ou soit qu'avecq' froideur il face toute chose, 145
Imbécille, douteux qui voudroit et qui n'ose,
Dilayant, qui tousjours a l'œil sur l'avenir ;
De léger il n'espère, et croit au souvenir :
Il parle de son temps ; difficile et sévère,
Censurant la jeunesse, use des droits de père ; 150
Il corrige, il reprend, hargneux en ses façons,
Et veut que tous ses mots soient autant de leçons.
   Voilà doncq' de par Dieu, comme tourne la vie,
Ainsi diversement aux humeurs asservie,
Que chasque âge despart à chaque homme en vivant, 155
De son tempéramment la qualité suivant.
   Et moi qui, jeune encor' en mes plaisirs m'esgaye,
Il faudra que je change ; et, malgré que j'en aye,

---

[1]   Conversis studiis, ætas, animusque virilis
   Quærit opes et amicitias, inservit honori :
   Commisisse cavet, quod mox mutare laboret.
               HORAT., *Art. poet.*

[2]   Multa senem circumveniunt incommoda : vel quòd
   Quærit, et inventis miser abstinet, ac timet uti :
   Vel quòd res omnes timidè gelidèque ministrat,
   Dilator, spe longus, iners, avidusque futuri :
   Difficilis, querulus, laudator temporis acti
   Se puero, censor castigatorque minorum.
               HORAT., *Art. poet.*

Plus soigneux devenu, plus froid, et plus rassis,
Que mes jeunes pensers cèdent aux vieux soucis ;   160
Que j'en paye l'escot[1], remply jusqu'à la gorge,
Et que j'en rende un jour les armes à sainct George[2].

   Mais de ces discoureurs il ne s'en trouve point,
Ou pour le moins bien peu, qui cognoissent ce point.
Effrontez, ignorans, n'ayant rien de solide,   165
Leur esprit prend l'essor où leur langue le guide ;
Sans voir le fond du sac ils prononcent l'arrest,
Et rangent leurs discours au point de l'intérest.
Pour exemple parfaite ils n'ont que l'apparence :
Et c'est ce qui nous porte à ceste inifférence,   170
Qu'ensemble l'on confond le vice et la vertu,
Et qu'on l'estime moins qu'on n'estime un festu.

   Aussi qu'importe-t-il de mal ou de bien faire,
Si de nos actions un juge volontaire,
Selon ses appétits les décide, et les rend   175
Dignes de récompense, ou d'un supplice grand ;
Si tousjours nos amis en bon sens les expliquent,
Et si tout au rebours nos haineux[3] nous en picquent ?
Chacun selon son goust s'obstine en son party,
Qui fait qu'il n'est plus rien qui ne soit perverty.   180
La vertu n'est vertu ; l'envie la desguise,
Et de bouche, sans plus, le vulgaire la prise.

---

[1] Façon de parler proverbiale, qui signifie *porter la peine d'une folie*. Celui qui régale paye l'écot de ceux qu'il a invités.

[2] *Rendre les armes à saint George*, expression proverbiale. Les légendes racontent que saint George, gentilhomme de Cappadoce, beau, bien fait, et surtout très-vaillant, après divers voyages, s'arrêta à Silène, ville de Libye, qui étoit infestée par un dragon épouvantable. Ce cavalier, armé de pied en cap, *et monté comme un saint George*, attaqua le dragon, et lui passa un lien au cou. Le monstre se soumit à lui, par l'effet d'une puissance invisible et surnaturelle, et se laissa conduire sans résistance : de sorte qu'il rendit, pour ainsi dire, *les armes à saint George*. Ce fait miraculeux est cité sous l'empire de Dioclétien, l'an 299 de J. C.

[3] *Nos haineux* pour *nos ennemis*.

Au lieu du jugement règnent les passions,
Et donne l'intérest le prix aux actions.
Ainsi ce vieux resveur, qui naguères à Rome 185
Gouvernoit un enfant, et faisoit le preud'homme,
Contrecarroit Caton, critique en ses discours,
Qui toujours rechignoit, et reprenoit tousjours ;
Après que cet enfant s'est fait plus grand par l'âge,
Revenant à la cour d'un si lointain voyage, 190
Ce critique, changeant d'humeurs et de cerveau,
De son pédant qu'il fut, devient son maquereau[1].

O gentille vertu, qu'aisément tu te changes !
Non, non, ces actions méritent des louanges :
Car, le voyant tout seul, qu'on le prenne à serment, 195
Il dira qu'ici-bas l'homme de jugement
Se doit accommoder au temps qui luy commande,
Et que c'est à la cour une vertu bien grande.

Donc la mesme vertu le dressant au poullet[2],
De vertueux qu'il fut, le rend dariolet[3]. 200
Doncq' à si peu de frais la vertu se profane,
Se desguise, se masque, et devient courtisane,
Se transforme aux humeurs, suit le cours du marché,
Et dispence les gens de blasme et de péché.

Pères des siècles vieux, exemples de la vie, 205
Dignes d'estre admirez d'une honorable envie
(Si quelque beau desir vivoit encor' en nous),
Nous voyant de là-haut, pères, qu'en dites-vous ?

---

[1] *Devint*, édition de 1614, et toutes les suivantes. Le commentateur de Rabelais croit que *maquereau* et *maquerelle* se disent peut-être par corruption pour *mercureau* et *mercurelle*, comme qui diroit un petit *Mercure*.

[2] A écrire des billets doux.

[3] Dariolette, confidente d'Elisenne, dans l'*Amadis*, a fait nommer *dariolettes* toutes les confidentes et entremetteuses d'amour. Scarron, dans le livre IV de son *Virgile travesti*, a dit de la sœur de Didon,

> Qu'en un cas de nécessité,
> Elle eût été dariolette.

Jadis, de vostre temps, la vertu simple et pure,
Sans fard, sans fiction, imitoit sa nature[1], 210
Austère en ses façons, sévère en ses propos,
Qui dans un labeur juste esgayoit son repos ;
D'hommes vous faisant dieux, vous paissoit d'ambroisie,
Et donnoit place au ciel à vostre fantaisie[2].
La lampe de son front partout vous esclairoit, 215
Et de toutes frayeurs vos esprits asseuroit ;
Et, sans penser aux biens où le vulgaire pense,
Elle estoit vostre prix et vostre récompense :
Où la nostre aujourd'huy qu'on révère icy-bas
Va la nuict dans le bal, et danse les cinq pas, 220
Se parfume, se frise, et, de façons nouvelles,
Veut avoir par le fard du nom entre les belles,
Fait crever les courtaux[3] en chassant aux forests ;
Court le faquin[4], la bague ; escrime des fleurets ;

---

[1] *Sa nature* pour *la nature*.

[2] Sorte de danse, qui est décrite par Antonius de Arena, dans son poëme macaronique sur la danse, chap. *Quot passibus duplum esse debet :*

> Sed labor ac opus passus est cognoscere cunctos,
>   Nam passus fiunt ordine quinque suo.

Et dans le chapitre intitulé : *Modus dansandi branlos :*

> Ipse modis branlos debes dansare duobus,
>   Simplos et duplos usus habere solet.
> Sed branlos duplos, passus tibi quinque laborent.
>   Tres fac avantum, sed reculando duos.

[3] On appelle ainsi les chevaux et les chiens à qui on a coupé la queue. Horace, liv. I, sat. VI, vers 104 !

> Nunc mihi curto
> Ire licet mulo.

[4] Exercices de manége, que l'on pratiquoit dans les jeux, fêtes, tournois et carrousels. Le *faquin* est un fantôme, ou homme de bois, contre lequel on court pour l'atteindre avec une lance. Cette figure est plantée sur un pivot mobile ; et, quand on ne l'atteint pas au milieu, elle tourne facilement, et frappe le cavalier d'un sabre de bois, ou d'un sac plein de terre, qui est attaché à la main de cette figure, ce qui donne à rire aux spectateurs. On l'ap-

Monte un cheval de bois, fait dessus des pommades¹ ; 225
Talonne le genet², et le dresse aux passades ;
Chante des airs nouveaux, invente des balets,
Sçait escrire et porter les vers et les poullets ;
A l'œil toujours au guet pour des tours de souplesse ;
Glose sur les habits et sur la gentillesse ; 230
Se plaist à l'entretien, commente les bons mots,
Et met à mesme prix les sages et les sots.

 Et ce qui plus encor' m'empoisonne de rage³,
Est quand un charlatan relève son langage,
Et, de coquin, faisant le prince revestu, 235
Bastit un paranymphe⁴ à sa belle vertu ;

pelle aussi *quintaine;* mais la *quintaine* est plus proprement un écusson, ou un bouclier mobile sur un pivot, qui fait à peu près le même effet. Au reste, depuis l'invention des armes à feu, la lance ayant été bannie des véritables combats, on ne s'exerce guère plus aux courses de bague et du faquin, ou de la quintaine, ces jeux n'ayant été inventés que pour mesurer les coups de lance.

 ¹ Autre exercice de manége, qu'on appelle voltiger sur le cheval de bois. *Pommade* est un saut que l'on fait en tournant sur le cheval de bois, et en appuyant seulement la main sur le pommeau de la selle, ce qui l'a fait nommer ainsi. Quelques-uns écrivent *paumade*, parce que ce tour se fait sur la paume de la main. (FURETIÈRE.)

 ² Espèce de cheval venant d'Espagne : c'est pourquoi on dit ordinairement *un genet d'Espagne*, de l'espagnol *ginete*. Notre auteur a pourtant dit *genet de Sardaigne*, dans la satire VI.

 ³ Edit. de 1625, *la rage;* édition de 1616, 1617 :

  Et qui de plus encor m'empoisonne la rage.

 ⁴ C'est un éloge. Dans la faculté de théologie, et dans celle de médecine à Paris, avant que de recevoir des licenciés, on fait le *paranymphe*, c'est-à-dire un discours qui contient l'éloge ou le caractère personnel de chaque bachelier : quelquefois aussi on y dit des choses très-piquantes. Cette cérémonie, dit-on, est une imitation des *paranymphes* qui se faisoient anciennement dans les noces, où l'on louoit les époux. D'autres croient que les *paranymphes* de Sorbonne tirent leur origine de la cérémonie qu'on faisoit autrefois à Athènes, pour donner le manteau aux nouveaux philosophes. C'est tirer les paranymphes d'un peu loin : mais qu'importe? Il falloit donc que le philosophe, habillé d'une ma-

4.

Et qu'il n'est crocheteur, ni courtaut de boutique,
Qui n'estime à vertu l'art où sa main s'applique ;
Et qui, paraphrasant sa gloire et son renom,
Entre les vertueux ne veuille avoir du nom. 240
   Voilà comme à présent chacun l'adultérise,
Et forme une vertu comme il plaist à sa guise.
Elle est comme au marché dans les impressions :
Et s'adjugeant aux taux de nos affections,
Fait que, par le caprice, et non par le mérite, 245
Le blasme et la louange au hazard se débite ;
Et peut un jeune sot, suivant ce qu'il conçoit,
Ou ce que par ses yeux son esprit en reçoit,
Donner son jugement, en dire ce qu'il pense,
Et mettre sans respect nostre honneur en balance. 250
Mais, puisque c'est le temps, mesprisant les rumeurs
Du peuple, laissons là le monde en ses humeurs ;
Et si selon son goust un chacun en peut dire,
Mon goust sera, Bertaut, de n'en faire que rire.

nière extraordinaire, essuyât, durant trois jours entiers, les railleries du peuple, et même des honnêtes gens. La modération et la fermeté contre ces sortes d'insultes étoit le prix auquel on mettoit le manteau philosophique.

NOUVELLES REMARQUES

Vers 12 et 13. *Que je suis, que j'y perds*, par ellipse de *ils disent*.

Vers 101. *Esgayer sa fureur parmy des précipices*, se lit dans toutes les éditions, et nous avons conservé cette leçon ; mais n'est-ce pas *esgarer* que Régnier aurait écrit ? Cela nous semble vraisemblable.

Vers 114. *Se rid*, orthographe conforme à l'étymologie *ridet*.

Vers 128. *Cupide d'honneur*, avide, désireux ; de *cupidus*, lat. ; il s'emploie toujours aujourd'hui en mauvaise part et sans complément. C'est un vieux mot qui se prenait aussi dans le sens de *lascif*, acception qu'il n'a pas conservée.

Vers 140. *Difficile à sortir* ne se dirait plus ; *difficile à* n'admet pas pour complément l'infinitif d'un verbe intransitif ou neutre ; on dit bien dans le sens figuré qu'un *secret est difficile à pénétrer ;* mais au propre on dirait d'un lieu qu'*il est difficile d'y pénétrer*.

Vers 156. *De son tempérament la qualité suivant*, inversion trop forte qui rend la pensée presque inintelligible.

Vers 180. *Qui fait qu'il n'est plus rien*, construction elliptique pour *ce qui fait que*.

Vers 186. *Faisoit le preud'homme*, faisait l'homme *prudent*, sage.

Vers 203. *Se transforme aux humeurs, suit le cours du marché*, figur., se conforme aux habitudes, aux conventions établies.

Vers 205 et suiv. *Pères des siècles vieux*. Ce vers et les douze qui suivent ont la noble simplicité des plus beaux vers de Corneille.

VI

L'HONNEUR, ENNEMI DE LA VIE

A M. DE BÉTHUNE

ESTANT AMBASSADEUR POUR SA MAJESTÉ, A ROME [1]

Béthune, si la charge où ta vertu s'amuse [2]
Te permet escouter les chansons que la Muse,
Dessus les bords du Tibre et du mont Palatin [3],
Me fait dire en françois au rivage latin,
Où, comme au grand Hercule [4] à la poictrine large, 5
Nostre Atlas de son faix sur ton dos se descharge,
Te commet de l'Estat l'entier gouvernement,
Escoute ce discours tissu bijarrement,
Où je ne prétends point escrire ton histoire.
Je ne veux que mes vers s'honorent en la gloire 10
De tes nobles ayeux, dont les faits relevez
Dans les cœurs des Flamens sont encore gravez [5]

[1] Philippe de Béthune, baron de Selles et de Charost, chevalier des ordres du roi, fut nommé, en 1601, ambassadeur à Rome, où il demeura jusqu'au 6 de juin 1605. Il avoit été ambassadeur en Ecosse; et il mourut en 1649, âgé de quatre-vingt-quatre ans. Régnier composa cette satire à Rome, où il étoit allé à la suite de M. de Béthune.

[2] On ne s'*amuse* pas seulement de la fonction d'ambassadeur, on prend bien la peine de s'en *occuper* très-sérieusement. L'impropriété d'expression est fréquente dans nos anciens poëtes. Marot même n'en est pas exempt.

[3] On dit bien *les bords d'une rivière*, mais non pas *les bords d'une montagne*.

[4] J'ai conservé la leçon de l'édition de 1608, *au grand Hercule*; on lit dans toutes les autres, *un grand Hercule*.

[5] La maison de Béthune a pris son nom de la ville de Béthune

SATYRE VI.

Qui tiennent à grand heur [1] de ce que tes ancestres,
En armes glorieux, furent jadis leurs maistres.
    Ny moins, comme ton frère [2] aydé de ta vertu,   15
Par force et par conseil, en France a combattu
Ces avares oiseaux [3] dont les griffes gourmandes
Du bon roy des François ravissoient les viandes :
Subject trop haut pour moy, qui doy, sans m'esgarer
Au champ de sa valeur, le voir et l'admirer.   20
    Aussi, selon le corps on doit tailler la robe :
Je ne veux qu'à mes vers vostre honneur se desrobe [4],

en Artois. Une fille de cette illustre maison, mariée à un comte de Flandres, fut mère de Robert III, dit de Béthune, qui fut aussi comte de Flandres, au commencement du quatorzième siècle. C'est pourquoi notre auteur dit que les ancêtres de M. de Béthune ont été les maîtres des Flamands, qu'il écrit *Flamens*, suivant l'usage de ce temps-là. Nicolas Rapin, dans une imitation de la première ode d'Horace, dit au duc de Sully :

> Race des ducs de Flandre, illustre de Béthune,
> O l'honneur et l'appuy de ma foible fortune, etc.

[1] Toutes les éditions, tant celles qui ont été faites pendant la vie de l'auteur que les autres, disent *à grandeur;* mais j'ai cru que, pour rendre au texte sa véritable leçon, il falloit mettre *à grand heur*, c'est-à-dire *à grand bonheur;* quoique l'autre leçon ne soit pas absolument mauvaise.

[2] Maximilien de Béthune, marquis de Rosni, surintendant des finances, frère aîné de Philippe, à qui cette satire est adressée. Le marquis de Rosni fut fait duc et pair en 1606, sous le nom de duc de Sully. Il fut le plus grand ministre et le plus honnête homme de son temps, qualités difficiles à réunir dans de si grands postes. Il fut même si estimé sous la minorité de Louis XIII, quoique disgracié, qu'on ne put s'empêcher de l'honorer du bâton de maréchal de France.

[3] Le marquis de Rosni, surintendant des finances, avoit réprimé l'avidité et les concussions des gens d'affaires, comparés ici aux harpies, monstres toujours affamés.

[4] Je ne crois point avoir trop osé, en mettant *vostre honneur*, au lieu de *nostre*, qui est dans toutes les éditions, et que j'ai regardé comme une faute d'impression. Boileau a dit, d'une manière plus nette, plus noble, et plus énergique, en parlant au roi :

> Mais je sais peu louer, et ma muse tremblante
> Fuit d'un si grand fardeau la charge trop pesante

Ny qu'en tissant le fil de vos faits plus qu'humains,
Dedans ce labyrinthe il m'eschape des mains.
On doit selon la force entreprendre la peine, 25
Et se donner le ton suivant qu'on a d'haleine;
Non, comme un fol, chanter de tort et de travers.
    Laissant doncq' aux sçavans à vous peindre en leurs vers,
Haut eslevez en l'air sur une aisle dorée,
Dignes imitateurs des enfans de Borée[1] : 30
Tandis qu'à mon pouvoir mes forces mesurant,
Sans prendre ny Phœbus, ny la muse à garant,
Je suivray le caprice en ces païs estranges;
Et sans paraphraser tes faits et tes louanges,
Ou me fantasier le cerveau de soucy, 35
Sur ce qu'on dit de France, ou ce qu'on voit icy,
Je me deschargeray d'un faix que je desdaigne,
Suffisant de crever un genet de Sardaigne[2],
Qui pourroit, défaillant en sa morne vigueur,
Succomber souz le faix que j'ay dessus le cœur. 40
    Or ce n'est point de voir en règne la sottise,
L'avarice et le luxe entre les gens d'église,
La justice à l'encan, l'innocent oppressé,
Le conseil corrompu suivre l'intéressé,
Les estats pervertis, toute chose se vendre, 45
Et n'avoir du crédit qu'au prix qu'on peut despendre
Ny moins, que la valeur n'ait icy plus de lieu
Que la noblesse courre en poste à l'Hostel-Dieu,

    Et dans ce haut éclat où tu te viens offrir,
    Touchant à tes lauriers, craindront de les flétrir.
         Discours au roi.

[1] Zétès et Calaïs, fils de Borée, dieu de la bise et des frimas, avoient des ailes, comme leur père, et s'élevoient en l'air avec beaucoup de légèreté. Ils suivirent les Argonautes à la conquête de la toison d'or; et, pendant le voyage, Zétès et Calaïs délivrèrent Phinée de la persécution des Harpies.

[2] On dit toujours *un genet d'Espagne*, et notre auteur est, je crois, le seul qui ait dit *un genet de Sardaigne*.

Que les jeunes oisifs aux plaisirs s'abandonnent,
Que les femmes du temps soient à qui plus leur donnent, 50
Que l'usure ait trouvé (bien que je n'ai de quoy),
Tant elle a bonnes dents, que mordre dessus moy :
Tout ceci ne me pèze, et l'esprit ne me trouble.
Que tout s'y pervertisse, il ne m'en chaut [1] d'un double.
Du temps ny de l'estat il ne faut s'affliger. 55
Selon le vent qu'il fait [2] l'homme doit naviger.

Mais ce dont je me deuls [3] est bien une autre chose,
Qui fait que l'œil humain jamais ne se repose,
Qu'il s'abandonne en proye aux soucys plus cuisans.
Ha ! que ne suis-je roy pour cent ou six-vingt ans [4] ! 60
Par un édict public qui fust irrévocable,
Je bannirois l'honneur, ce monstre abominable [5],

---

[1] Pour *je m'en embarrasse peu* : antique manière de parler, qui se dit encore quelquefois dans la conversation familière. *Chaut*, de *chaloir*, s'inquiéter, s'embarrasser.

[2] On lit, dans la plupart des éditions, *selon le vent* qui *fait*.

[3] On lit *dont je m'afflige*, dans l'édition de 1642 et autres. *Deuls*, de l'infinitif *douloir*, avoir douleur, terme antique.

> Femme se plaint, femme se deult,
> Femme pleure quand elle veut.

C'est un ancien proverbe, rapporté par Borel.

[4] Ce vers est composé de monosyllabes. Rabelais, liv. I, c. xxxix. « Hon ! que ne suis-je roi de France pour quatre-vingts ou cent ans ! » On a beau dire : être roi est un grand poste, et qui est respectable à toute humaine créature : mais ce n'est ni le plus doux, ni le plus tranquille, ni le plus agréable; ainsi ce n'est pas le plus désirable.

[5] Ici commence le sujet de cette satire, qui est contre l'honneur, en tant qu'il est contraire à notre liberté et à nos plaisirs. Les deux capitoli du Mauro, poëte italien, l'un *in dishonor dell' honore*, et l'autre, *del dishonore*, ont servi de modèle à Régnier dans cette satire sixième. Comme les satires du Mauro ne sont pas communes en France, j'ai cru devoir insérer dans mes notes les endroits du poëte italien qui se rapportent plus précisément à ceux du poëte françois, afin que mes lecteurs en puissent faire la comparaison. Le Mauro débute par une longue invective contre les hommes, qui se sont soustraits aux lois pures et

Qui nous trouble l'esprit et nous charme si bien,
Que sans luy les humains icy ne voyent rien ;
Qui trahit la nature, et qui rend imparfaite [1]   65
Toute chose qu'au goust les délices ont faite.

Or, je ne doute point que ces esprits bossus[2],
Qui veulent qu'on les croye en droite ligne yssus
Des sept sages de Grèce, à mes vers ne s'opposent,
Et que leurs jugements dessus le mien ne glôsent :   70
Comme de faire entendre à chacun que je suis
Aussi perclus d'esprit comme Pierre Du Puis [3],
De vouloir sottement que mon discours se dore
Aux dépens d'un subject que tout le monde adore [4],
Et que je suis de plus privé de jugement   75
De t'offrir ce caprice ainsi si librement ;

---

simples de la nature ; après quoi il entre ainsi en matière, au tercet 23 :

> Voi havete, prior, dunque à sapere,
> Che s'io fossi ricco, è gran Signore,
> Molte gran cose io vi farei vedere.
> E prima, cacciarei del mondo fuore
> Quella cosa da noi tanto pregiata,
> Quel nome vano, che si chiama Honore.
> Cacciarei de la testa a la brigata
> Questo si lungo error, questa pazzia,
> Ne i cervelli degli uomini invecchiata.

[1] Le Mauro, tercet 26 :

> Laqual ci toglie cio, che si desia,
> Tutti piaceri, è tutti li diletti,
> Che per nostro uso la natura cria.
> E deli suoi maravigliosi effetti.
> Il dulcissimo gusto ne fà amaro,
> E tutti i maggior ben torna imperfetti, etc.

[2] On dit bien par métaphore un *esprit tortu*, mais non pas un *esprit bossu*.

[3] Pierre Du Puis étoit un fou courant les rues, qui portoit un chapeau à un pied, en guise de souliers. (DESMARETS, *Défense du poëme épique*, pag. 73.) *Maitre Pierre Dupuy, archifol en robe longue :* c'est ainsi qu'il est qualifié dans les *Paradoxes* de Bruscambille, imprimés en 1622.

[4] On n'adore pas un *sujet* ; on adore un *objet*.

A toy qui, dès jeunesse, appris¹ en son escole,
As adoré l'honneur d'effet et de parole ;
Qui l'as pour un but sainct, et ton penser profond,
Et qui mourrois plustost que luy faire un faux bond. 80
　Je veux bien avoir tort en ceste seule chose.
Mais ton doux naturel fait que je me propose
Librement te monstrer à nud mes passions²,
Comme à cil qui pardonne aux imperfections.   [trouve 85
　Qu'ils n'en parlent doncq' plus, et qu'estrange on ne
Si je hais plus l'honneur qu'un mouton une louve :
L'honneur, qui souz faux titre habite avecque nous,
Qui nous oste la vie et les plaisirs plus doux ;
Qui trahit nostre espoir, et fait que l'on se peine
Après l'esclat fardé d'une apparence vaine ;   90
Qui sevre les desirs, et passe meschamment
La plume par le bec à nostre sentiment³ ;
Qui nous veut faire entendre, en ses vaines chimères,
Que pour ce qu'il nous touche il se perd, si nos mères,
Nos femmes et nos sœurs font leurs maris jaloux :   95
Comme si leurs desirs dépendissent de nous⁴.
　Je pense, quant à moy, que cet homme fust yvre⁵,
Qui changea le premier l'usage de son vivre⁶,
Et, rangeant souz des lois les hommes escartez,
Bastit premièrement et villes et citez ;   100

---

¹ *Appris*, participe passif, *instruit*, qui est le nominatif du verbe *as adoré*. J'ai conservé cette leçon, qui est dans les éditions de 1608 et 1612. On lit *à adorer* dans celle de 1613, et dans toutes les autres avant celle de 1635.

² Éditions de 1642, 1652, 1655 et suivantes : *De le montrer à nud toutes*, etc. Mais c'est une correction moderne.

³ Ancienne manière proverbiale de parler, pour dire *se moquer, tromper*. On dit encore aujourd'hui proverbialement, *cela m'a passé par le bec*, pour dire, j'ai été frustré d'une telle chose que je comptois avoir.

⁴ *Dépendissent*, pour *dépendoient*. Éditions de 1642, 1652 et 1667, *prenoient la loi de nous ;* 1635, *prissent la loi*.

⁵ Édition de 1642 et suivantes, *étoit ivre*.

⁶ Pour, *sa manière de vivre*.

De tours et de fossez renforça ses murailles,
Et r'enferma dedans cent sortes de quenailles¹.
 De cest amas confus nasquirent à l'instant
L'envie, le mespris, le discord inconstant,
La peur, la trahison, le meurtre, la vengeance,   105
L'horrible désespoir, et toute ceste engeance
De maux qu'on voit régner en l'enfer de la court,
Dont un pédant de diable² en ses leçons discourt,
Quand par art il instruit ses escoliers pour estre
(S'il se peut faire) en mal plus grands clercs que leur mais-
 Ainsi la liberté du monde s'envola ;   [tre. 110
Et chacun se campant, qui deçà, qui delà,
De hayes, de buissons, remarqua son partage ;
Et la fraude fist lors la figue³ au premier âge.
Lors du mien et du tien nasquirent les procez,   115
A qui l'argent despart bon ou mauvais succez.
Le fort battit le foible et luy livra la guerre.
De là l'ambition fist envahir la terre,
Qui fut, avant le temps que survindrent ces maux,
Un hospital commun à tous les animaux ;   120
Quand le mary de Rhée⁴, au siècle d'innocence,
Gouvernoit doucement le monde en son enfance,
Que la terre de soy le froment rapportoit⁵ ;

---

¹ Edition de 1626, *quanailles;* 1642 et suivantes, *canailles.*

² Machiavel, dans son *Prince,* le plus renommé, mais aussi le plus détestable de ses ouvrages.

³ Edition de 1645, *la nique.* Ces deux expressions populaires, *faire la figue,* et *faire la nique,* sont expliquées par Furetière, et veulent dire *se moquer.*

⁴ Saturne, sous lequel fut, dit-on, l'âge d'or. Mais, en vérité, je crois qu'on se trompe : tant qu'il y a eu des hommes, il y a eu de la fraude, des injustices, et tous ces autres dangereux attributs de l'humanité.

⁵ Edition de 1608, *le fourment.*

 Molli paulatim flores et campus arista,
Et duræ quercus sudabunt roscida mella.
 VIRG. *Ecl.* IV.

Que le chesne de manne et de miel desgouttoit ;
Que tout vivoit en paix ; qu'il n'estoit point d'usures ; 125
Que rien ne se vendoit par poix ny par mesures ;
Qu'on n'avoit point de peur qu'un procureur fiscal
Formast sur une esguille un long procez-verbal ;
Et, se jetant d'aguet[1] dessus vostre personne,
Qu'un bar:sel[2] vous mist dedans la tour de Nonne[3]. 130
  Mais si-tost que le fils le père deschassa[4],
Tout sans dessus dessous icy se renversa.
Les soucys, les ennuis, nous brouillèrent la teste,
L'on ne pria les saincts qu'au fort de la tempeste ;
L'on trompa son prochain, la mesdisance eut lieu, 135
Et l'hypocrite fit barbe de paille à Dieu[5].

[1] *Vous guettant, vous examinant.* Villon se sert de ce mot, *qui vont d'aguet sous ses étaux* : c'est ce qu'il dit en parlant du guet de Paris, qui fait la garde de nuit contre les fripons et les gens sans aveu. Mais il y a longtemps que ce mot a vieilli.

[2] A Rome, le barisel, *barigello*, est un officier dont le soin est de veiller à la sûreté publique, en faisant arrêter et punir les bandits et les voleurs. C'est le chef ou le capitaine des *sbires*, qui sont des archers. *Bargello, capitan de' birri.* (Dict. della Crusca.)

[3] Ancienne tour de Rome, qui servoit de prison : autrefois *torre de Nonna*, et aujourd'hui *Tordinone;* ainsi appelée par corruption, de *torre dell' annona,* parce que les magasins publics de blé étoient dans ce lieu-là. Cette tour, située dans la rue de l'Ours, *dell' Orso*, assez près du pont Saint-Ange, fut démolie vers l'an 1690 ; et l'on bâtit à sa place un théâtre pour les comédiens et les spectacles. Ce théâtre étoit fameux par sa disposition, par ses décorations et par ses peintures, mais surtout par la commodité d'y représenter un combat naval sur le Tibre, qui étoit presque au niveau et en perspective de ce théâtre. Il a été consumé par le feu.

[4] Jupiter détrôna et chassa Saturne son père. Il Mauro, capitolo del *Dishonore*, terzetto 40 :

    Poi ch' al padre il figliuol tolse il governo,
      Ogni ben prima à gli uomini fù tolto,
    Et dato il mal, che durerà in eterno.

[5] Selon Nicot, on disoit autrefois, *faire à Dieu jarbe de joarre; garbe*, pour *gerbe*, de *garba*; c'est-à-dire, payer les dîmes à son curé en mauvaises gerbes, où il n'y a que de la paille, et point de grain. Ce proverbe a été corrompu, en disant *faire barbe de*

L'homme trahit sa foy, d'où vindrent les notaires,
Pour attacher au joug les humeurs volontaires.
   La faim et la cherté se mirent sur le rang ;
La fièvre, les charbons, le maigre flux de sang,   140
Commencèrent d'esclore, et tout ce que l'automne,
Par le vent de midy, nous apporte et nous donne.
Les soldats, puis après, ennemys de la paix,
Qui de l'avoir d'autruy ne se saoulent jamais,
Troublèrent la campagne ; et, saccageant nos villes,   145
Par force en nos maisons violèrent nos filles ;
D'où nasquit le bordeau[1], qui, s'eslevant debout,
A l'instant, comme un dieu, s'estendit tout par-tout ;
Et rendit, Dieu mercy ces fièvres amoureuses,
Tant de galanz pelez, et de femmes galeuses,   150
Que les perruques sont, et les drogues encor,
(Tant on en a besoin) aussi chères que l'or.
   Encore tous ces maux ne seroient que fleurettes,
Sans ce maudit honneur, ce conteur de sornettes,
Ce fier serpent qui couve un venim souz des fleurs,   155
Qui noye jour et nuict nos esprits en nos pleurs.
Car, pour ces autres maux, c'estoient légères peines,
Que Dieu donna selon les foiblesses humaines.
   Mais ce traistre cruel, excédant tout pouvoir,
Nous fait suer le sang souz un pesant devoir ;   160
De chimères nous pipe[2], et nous veut faire accroire
Qu'au travail seulement doit consister la gloire[3] ;

---

aille à Dieu. Voyez Nicot, dans ses *Proverbes*, pag. 18, col. II ;
et Pasquier, liv. VIII des *Recherches*, chap. LXII ; et Ménage,
dans ses *Origines*.

[1] Edition de 1612, 1613, etc., *bourdeau ;* édition de 1642,
bordel.

[2] Nous trompe.

[3] Le même, au capitolo *In dishonore del' honore,* tercet 50 :

> Mettono il sommo honor nella fatica,
> Nel travagliarsi sempre, è far facende,
> Come facean qu'egli uomini a l'antica,
> De quei scritte troviam cose stupende.

Qu'il faut perdre et sommeil, et repos, et repas,
Pour tascher d'acquérir un subject qui n'est pas,
Ou, s'il est, qui jamais aux yeux ne se descouvre ; 165
Et, perdu pour un coup, jamais ne se recouvre [1];
Qui nous gonfle le cœur de vapeur et de vent,
Et d'excez par luy-mesme il se perd bien souvent.
   Puis on adorera cette menteuse idole !
Pour oracle on tiendra ceste croyance folle 170
Qu'il n'est rien de si beau que tomber bataillant [2] ;
Qu'aux despens de son sang il faut estre vaillant,
Mourir d'un coup de lance ou du choq d'une picque,
Comme les paladins de la saison antique ;
Et respandant l'esprit [3], blessé par quelque endroit, 175
Que nostre ame s'envole en paradis tout droit !
   Ha ! que c'est chose belle, et fort bien ordonnée,
Dormir dedans un lict la grasse matinée,
En dame de Paris s'habiller chaudement,
A la table s'asseoir, manger humainement, 180
Se reposer un peu, puis monter en carrosse,
Aller à Gentilly [4] caresser une rosse
Pour escroquer sa fille, et, venant à l'effect,
Luy monstrer comme Jean à sa mère le faict !
   Ha Dieu ! pourquoy faut-il que mon esprit ne vaille 185
Autant que cil qui mit les souris en bataille [5],

---

[1] Sénèque, tragédie d'*Agamemnon*, acte II, scène I :

    Redire, cum perit, nescit pudor.

Boileau, satire x, vers 167 :

    L'honneur est comme une île escarpée et sans bords :
    On n'y peut plus rentrer, dès qu'on en est dehors.

[2] Allusion au mot célèbre, *Oportet imperatorem stantem mori*.
[3] On *rend* l'esprit, mais on ne le *répand* pas.
[4] Village près de Paris.
[5] Homère, suivant l'opinion commune, a fait le poëme de la *Guerre des rats et des grenouilles*, intitulé la *Batrachomyomachie* ; et ce poëme a été mis en beaux vers françois par Boivin le cadet, garde de la bibliothèque du roi.

Qui sceut à la grenouille apprendre son caquet,
Ou que l'autre qui fist en vers un sopiquet[1] ?
Je ferois[2], esloigné de toute raillerie,
Un poëme grand et beau de la poltronnerie,   190
En despit de l'honneur, et des femmes qui l'ont
D'effect souz la chemise, ou d'apparence au front ;
Et m'asseure pour moy, qu'en ayant leu l'histoire,
Elles ne seroient plus si sottes que d'y croire.

Mais quand je considère où l'ingrat nous réduit,   195
Comme il nous ensorcelle, et comme il nous séduit,
Qu'il assemble en festin au renard la cigoigne[3],
Et que son plus beau jeu ne gist rien qu'en sa troigne[4],
Celuy le peut bien dire, à qui dès le berceau
Ce malheureux honneur a tins le bec en l'eau,   200
Qui le traisne à tastons, quelque part qu'il puisse estre,
Ainsi que fait un chien un aveugle son maistre
Qui s'en va doucement après lui pas à pas,
Et librement se fie à ce qu'il ne voit pas.
S'il veut que plus long-temps à ses discours je croye[5], 205
Qu'il m'offre à tout le moins quelque chose qu'on voye,
Et qu'on savoure, afin qu'il se puisse sçavoir

---

[1] C'est Virgile, dans son poëme intitulé *Moretum*, ragoût composé de ces huit ingrédients, coriandre, ail, ognons, persil, rue, fromage, huile et vinaigre. Il faut écrire *saupiquet*. Joachim Du Bellay, l'un de nos meilleurs et de nos plus élégants poètes de son temps, a traduit en vers françois le *Moretum* de Virgile. Il vivoit sous Henri II, et mourut le 1ᵉʳ janvier 1559, âgé de trente-cinq ou trente-sept ans, ayant été nommé par Sa Majesté à l'archevêché de Bordeaux, dont une mort prématurée l'empêcha de prendre possession. Il étoit de l'ancienne et illustre maison de Du Bellay-Langeay.

[2] C'est ainsi qu'il faut lire suivant l'édition de 1608, qui est la première : *Je ferois... un poëme*, etc. Il y a dans toutes les autres éditions, *je serois*; mais c'est une faute d'impression.

[3] Allusion à une fable fort connue.

[4] Terme trop burlesque et trop bas, pour dire *extérieur*, ou même *visage, face*.

[5] Edition de 1608, *à ces discours*.

SATYRE VI.   79

Si le goust desment point ce que l'œil en peut voir¹ ?
Autrement quant à moy je lui fay banqueroute.
Estant imperceptible, il est comme la goutte,   210
Et le mal qui caché nous oste l'embonpoint,
Qui nous tue à veu' d'œil, et que l'on ne voit point.
On a beau se charger de telle marchandise ;
A peine en auroit-on un catrin² à Venise ;
Encor' qu'on voye après courir certains cerveaux,   215
Comme après les raisins courent les estourneaux.

Que font tous ces vaillans de leur valeur guerrière,
Qui touchent du penser l'estoile poussinière³,
Morguent la destinée, et gourmandent la mort,
Contre qui rien ne dure, et rien n'est assez fort ;   220
Et qui, tout transparens de claire renommée,
Dressent cent fois le jour en discours une armée,
Donnent quelque bataille ; et, tuant un chacun,
Font que mourir et vivre à leur dire n'est qu'un,
Relevez, emplumez, braves comme sainct George⁴ ?   225
Et Dieu sçait cependant s'ils mentent par la gorge :
Et, bien que de l'honneur ils facent des leçons,
Enfin au fond du sac ce ne sont que chansons.

¹ On a mis mal à propos, *ne peut voir*, dans les dernières éditions.

² Un catrin, ou plutôt un quadrin, *quadrino*, est une petite monnoie d'Italie.

³ Tant ils ont de sublimes pensées, et le courage haut et élevé, au moins en parole. La *poussinière*, ainsi nommée par le peuple, et les *pléiades* par les astronomes, est une constellation composée de sept étoiles, dont celle qui se fait remarquer au milieu est appelée proprement *la poussinière*. Rabelais, liv. I, ch. LIII, a parlé de *l'étoile poussinière* ; et, liv. IV, XLIII : « Deux jours après, arrivasmes en l'isle de Ruasch, et vous jure par *l'estoile poussinière*, que je trouvay l'estat et la vie du peuple, estrange plus que je dis. »

⁴ On représente toujours saint George comme un cavalier bien monté, et magnifiquement ajusté. On a mis, *comme un sainct George*, dans l'édition de 1642 et suivantes, mais c'est une faute. Rabelais, liv. I, chap. XLI : « Tous armez à l'advantage, la lance au poing, montez comme sainct George. »

Mais, mon Dieu ! que ce traistre est d'une estrange sorte !
Tandis qu'à le blasmer la raison me transporte, 230
Que de luy je mesdis, il me flatte, et me dit
Que je veux par ces vers acquérir son crédit ;
Que c'est ce que ma muse en travaillant pourchasse ;
Et mon intention, qu'estre en sa bonne grace ;
Qu'en mesdisant de luy je le veux requérir ; 235
Et tout ce que je fay, que c'est pour l'acquérir.
  Si ce n'est qu'on diroit qu'il me l'auroit fait faire,
Je l'irois appeler comme mon adversaire :
Aussi que le duel est icy deffendu[1],
Et que d'une autre part j'ayme l'individu[2]. 240
  Mais tandis qu'en colère à parler je m'arreste,
Je ne m'apperçoy pas que la viande est preste ;
Qu'icy, non plus qu'en France, on ne s'amuse pas
A discourir d'honneur quand on prend son repas.
Le sommelier en haste est sorty de la cave : 245
Desjà monsieur le maistre et son monde se lave.
Tresves avecq' l'honneur. Je m'en vais tout courant
Décider au tinel[3] un autre différent.

[1] Par un édit du mois de juin 1602, voyez la note 2, page 14. Mais Régnier ne parle pas seulement ici de la France, il parle même de Rome, où il étoit alors, et où le duel n'étoit pas moins défendu qu'en France.

[2] J'aime ma propre personne.

[3] De l'italien *tinello*, salle du commun, dans laquelle mangent les officiers et domestiques d'un grand seigneur : *luogo dove mangiano i cortigiani*. Rabelais, qui avoit été aussi à Rome, s'est servi du même mot dans l'ancien prologue du IVe livre de son *Pantagruel*.

NOUVELLES REMARQUES

Vers 38. *Suffisant de crever un genet de Sardaigne.*
Suffisant de a été longtemps employé comme préposition ; il n'a été remplacé par aucun terme équivalent.

Vers 51 et 52. *Que l'usure ait trouvé que mordre*, latinisme hors d'usage.

Vers 96. *Comme si leurs désirs dépendissent*, etc. Ce subjonctif pourrait s'expliquer par une ellipse; mais le plus souvent alors on employait l'indicatif après *comme si ;* aujourd'hui c'est le seul mode admis.

Vers 99. *Les hommes escartez*, c'est-à-dire épars, éloignés les uns des autres; *écarté*, pris absolument, ne se dit plus que des choses : *Un lieu écarté*.

Vers 112. *Qui deçà, qui delà*, l'un à droite, l'autre à gauche; *qui* répété est encore en usage.

Vers 113. *Remarqua son partage*, pour *marqua*.

Vers 132. *Tout sans dessus dessous*; c'est une des façons dont on écrivait anciennement cette locution; on trouve souvent aussi *c'en dessus dessous*, cela en dessus qui devrait être en dessous; c'est l'orthographe qu'avait adoptée H. de Balzac; la forme régulière est *sens dessus dessous*.

Vers 143. *Puis après*, ensuite.

Vers 148. *Tout par-tout*, partout; cette façon de parler est encore usitée dans quelques provinces. On employait *tout* avant un grand nombre d'adverbes pour donner plus d'énergie à l'expression.

Vers 149. *Dieu mercy ces fièvres amoureuses*, c'est-à-dire *grâce à ces fièvres;* ici *Dieu mercy* est employé comme locution prépositive.

Vers 200. *A tins* pour *a tenu*, est un barbarisme emprunté au langage du peuple. — *Tenir le bec en l'eau*, flatter d'espérances frivoles.

VII

L'AMOUR QU'ON NE PEUT DOMPTER

A M. LE MARQUIS DE CŒUVRES[1]

Sotte et fascheuse humeur de la plupart des hommes,
Qui suivant ce qu'ils sont jugent ce que nous sommes,
Et, sucrant d'un souris un discours ruineux,
Accusent un chacun des maux qui sont en eux !
 Nostre Mélancolique en sçauroit[2] bien que dire 5
Qui nous picque en riant, et nous flatte sans rire,
Qui porte un cœur de sang dessouz un front blesmy,
Et duquel il vaut moins[3] estre amy qu'ennemy.
 Vous qui, tout au contraire, avez dans le courage[4]
Les mesmes mouvements qu'on vous lit au visage : 10
Et qui, parfait amy, vos amys espargnez ;
Et de mauvais discours leur vertu n'esborgnez[5] ;

---

[1] C'est le même seigneur à qui la troisième satire est adressée. Dans celle-ci, Régnier décrit le penchant invincible qu'il a pour l'amour et pour les femmes. C'est une imitation de la quatrième élégie, du livre second des *Amours* d'Ovide.

[2] Édition de 1642 et suivantes : d'autres, plus anciennes, mettent *en savoit;* mais la suite fait voir qu'il faut mettre *en sauroit.*

[3] Cette leçon, *il vaut moins,* qui est celle de l'édition de 1608, paroît meilleure, et forme un plus beau sens que celle-ci, *il vaut mieux,* qui est dans toutes les autres éditions.

[4] *Dans le cœur.* Ce vers, et les sept suivants, contiennent une phrase qui n'est pas achevée.

[5] A-t-on jamais bien dit *éborgner la vertu ?*

Dont le cœur, grand et ferme, au changement ne ploye,
Et qui fort librement en l'orage s'employe
Ainsi qu'un bon patron, qui, soigneux, sage, et fort, 15
Sauve ses compagnons, et les conduit à bord¹.
   Cognoissant doncq' en vous une vertu facile
A porter les deffauts d'un esprit imbécille²
Qui dit sans aucun fard ce qu'il sent librement,
Et dont jamais le cœur la bouche ne desment, 20
Comme à mon confesseur vous ouvrant ma pensée,
De jeunesse et d'amour follement insensée,
Je vous conte le mal où trop enclin je suis³,
Et que, prest à laisser, je ne veux et ne puis :
Tant il est mal-aisé d'oster avecq' l'estude⁴ 25
Ce qu'on a de nature, ou par longue habitude⁵!
   Puis la force me manque⁶, et n'ay le jugement
De conduire ma barque en ce ravissement.
Au gouffre du plaisir la courante⁷ m'emporte :
Tout ainsi qu'un cheval qui a la bouche forte, 30

---

¹ Le poëte dit ici le contraire de ce qu'il prétend. Conduire à bord, c'est prendre une personne à terre, et la conduire dans le vaisseau ou navire, au lieu que Régnier veut dire ici que, malgré l'orage, un bon pilote conduit saines et sauves à terre les personnes qui étoient sur son bord ou sur son vaisseau.

² Pour, *d'un esprit foible.*

³   Confiteor, si quid prodest delicta fateri,
      In mea nunc demens crimina fassus eo.
    Odi : nec possum, cupiens non, esse quod odi :
      Heu! quàm, quod studeas ponere, ferre grave est!
            OVIDE, *Amor.*, lib. II, eleg. IV, v. 5.

C'est le *Video meliora, proboque; deteriora sequor.*

⁴ Dans l'édition de 1608, *avec estude.*

⁵ Aussi dit-on, « Naturam expellas furcâ, semper usque redibit. » Phèdre n'a fait que copier cette maxime dans la nature.

⁶   Nam desunt vires ad me mihi jusque regendum :
      Auferor, ut rapidâ concita puppis aquâ.
            OVIDE, *ibid.*, v. 7.

⁷ Pour *le courant ou le penchant.*

J'obéis au caprice, et sans discrétion ;
La raison ne peut rien dessus ma passion.
   Nulle loy ne retient mon ame abandonnée ;
Ou soit par volonté, ou soit par destinée,
En un mal évident je clos l'œil à mon bien :   35
Ny conseil, ny raison, ne me servent de rien.
Je choppe par dessein ; ma faute est volontaire :
Je me bande les yeux quand le soleil m'esclaire ;
Et, content de mon mal, je me tiens trop heureux
D'estre, comme je suis, en tous lieux amoureux,   40
Et comme à bien aymer mille causes m'invitent[1],
Aussi mille beautez mes amours ne limitent ;
Et courant çà et là, je trouve tous les jours,
En des subjects nouveaux, de nouvelles amours.
   Si de l'œil du desir une femme j'avise,   45
Ou soit belle, ou soit laide, ou sage, ou mal aprise,
Elle aura quelque trait qui, de mes sens vainqueur,
Me passant par les yeux, me blessera le cœur.
Et c'est comme un miracle, en ce monde où nous sommes,
Tant l'aveugle appétit ensorcelle les hommes,   50
Qu'encore qu'une femme aux Amours face peur,
Que le ciel et Vénus la voye à contre-cœur ;
Toutefois, estant femme, elle aura ses délices,
Relèvera sa grace avecq' des artifices
Qui dans l'estat d'Amour la sçauront maintenir,   55
Et par quelques attraits les amans retenir.
   Si quelqu'une est difforme, elle aura bonne grace,
Et par l'art de l'esprit embellira sa face :
Captivant les amans, de mœurs, ou de discours[2],
Elle aura du crédit en l'empire d'Amours.   60
En cela l'on cognoist que la nature est sage ;

---

[1]   Non est certa meos quæ forma invitet amores :
      Centum sunt causæ cur ego semper amem.
                            Ovide, *Amor.*, v. 9.

[2] Edition de 1608. *Des mœurs ou du discours.*

Que[1], voyant les deffauts du féminin ouvrage,
Qu'il seroit, sans respect, des hommes mesprisé,
L'anima d'un esprit et vif et desguisé ;
D'une simple innocence elle adoucit sa face ;   65
Elle luy mit au sein la ruse et la fallace ;
Dans sa bouche, la foy qu'on donne à ses discours,
Dont ce sexe trahit les cieux et les Amours :
Et selon, plus ou moins, qu'elle estoit belle ou laide,
Sage, elle sceut si bien user d'un bon remède,   70
Divisant de l'esprit la grace et la beauté,
Qu'elle les sépara d'un et d'autre costé ;
De peur qu'en les joignant quelqu'une eust l'avantage,
Avecq' un bel esprit, d'avoir un beau visage.
  La belle, du depuis, ne le recherche point,
Et l'esprit rarement à la beauté se joint.   75
  Or, affin que la laide autrement inutile,
Dessouz le joug d'amour rendist l'homme servile,
Elle ombragea l'esprit d'un morne aveuglement,
Avecques le desir troublant le jugement,
De peur que nulle femme, ou fust laide, ou fust belle, 80
Ne vescust sans le faire, et ne mourust pucelle.
  D'où vient que si souvent les hommes offusquez
Sont de leurs appétits si lourdement mocquez,
Que d'une laide femme ils ont l'ame eschauffée,
Dressent à la laideur d'eux-mesmes un trophée ;   85
Pensant avoir trouvé la febve du gasteau,
Et qu'au serrail du Turc[2] il n'est rien de si beau.
  Mais comme les beautez, soit des corps, ou des ames,
Selon l'object des sens, sont diverses aux dames,
Aussi diversement les hommes sont domtez,   90

---

[1] Dans quelques éditions, on lit :

> En cela l'on cognoist que la nature est sage,
> *Qui*, voyant, etc.

Cette leçon seroit préférable.

[2] *Sarail* du Turc, dans les éditions de 1608 et 1612.

Et font divers effets les diverses beautez.
(Estrange providence, et prudente méthode
De nature, qui sert un chacun à sa mode!)
Or moy, qui suis tout flame et de nuict et de jour,
Qui n'haleine que feu [1], ne respire qu'amour,   95
Je me laisse emporter à mes flames communes,
Et cours souz divers vents de diverses fortunes.
Ravy de tous objects, j'ayme si vivement,
Que je n'ay pour l'amour ny choix ny jugement,
De toute eslection mon ame est despourveue,   100
Et nul object certain ne limite ma veue.
Toute femme m'agrée, et les perfections
Du corps ou de l'esprit troublent mes passions.
'ayme le port de l'une, et de l'autre la taille;
L'autre d'un trait lascif me livre la bataille [2],   105
Et l'autre, desdaignant, d'un œil sévère et doux [3].
Ma peine et mon amour, me donne mille coups :
Soit qu'une autre, modeste, à l'impourveu m'avise,
De vergongne [4] et d'amour mon ame est tout esprise;
Je sens d'un sage feu mon esprit enflammer,   110
Et son honnesteté me contraint de l'aymer.
Si quelque autre, affectée en sa douce malice,
Gouverne son œillade avecq' de l'artifice,
J'ayme sa gentillesse; et mon nouveau désir
Se la promet sçavante en l'amoureux plaisir.   115
Que l'autre parle livre [5], et face des merveilles,

---

[1] Qui ne respire que feu. *Haleiner*, pour *respirer*, se trouve aussi dans Jean Marot.

[2] Sive procax ulla est, capior, quia rustica non est.
OVIDE, Amor., v. 3.

[3] Aspera si visa est rigidasque imitata Sabinas:
Velle, sed ex alto dissimulare puto.
OVIDE, ibid., v. 15.

[4] Pour *pudeur, modestie, honte*; mais il ne se dit plus.

[5] Edition de 1642, *parle libre*. C'est une faute.

Sive est docta, placet raras dotata per artes.
OVIDE, ibid., v. 17.

Amour, qui prend par-tout, me prend par les oreilles ;
Et juge par l'esprit, parfaict en ses accords,
Des points plus accomplis que peut avoir le corps.
Si l'autre est, au rebours, des lettres nonchalante **1**,   120
Je croy qu'au fait d'amour elle sera sçavante ;
Et que nature, habile à couvrir son deffaut,
Luy aura mis au lict tout l'esprit qu'il luy faut.

   Ainsi de toute femme à mes yeux opposée **2**,
Soit parfaite en beauté, ou soit mal composée,   125
De mœurs, ou de façons, quelque chose m'en plaist **3** ;
Et ne sçay point comment, ny pourquoy, ny que c'est.

   Quelque object que l'esprit par mes yeux se figure,
Mon cœur, tendre à l'amour, en reçoit la pointure **4** :
Comme un miroir en soy toute image reçoit,   130
Il reçoit en amour quelque object que ce soit.
Autant qu'une plus blanche il ayme une brunette **5** :
Si l'une a plus d'esclat, l'autre est plus sadinette **6** ;
Et plus vive de feu, d'amour et de desir,
Comme elle en reçoit plus, donne plus de plaisir.   135

Parler livre, c'est parler bien, et avec justesse. On dit encore dans le familier, *parler comme un livre*.

1   Sive rudis, placida est simplicitate suâ.
                     OVIDE, *Amor.*, v. 18.

2 *Opposée* pour *exposée*.

    Denique quas totâ quisquam probat urbe puellas,
    Noster in has omnes ambitiosus amor.
        OVIDE, *ibid.*, v. 47.

3   Hæc melior specie, moribus illa placet.
                  OVIDE, *ibid.*, v. 48.

4 C'est ainsi qu'il faut lire, *la pointure* pour *la piqûre*, un sentiment vif et piquant ; et non pas *la peinture*, comme porte l'édition de 1625.

5   Candida me capiet, capiet me flava puella.
                  OVIDE, *ibid.*, v. 39.

6 *Sadinette*, pour *gentille*, selon Borel, **Trésor des antiquités**

Mais sans parler de moy, que toute amour emporte,
Voyant[1] une beauté folastrement accorte,
Dont l'abord soit facile, et l'œil plein de douceur ;
Que semblable à Vénus on l'estime sa sœur,
Que le ciel sur son front ait posé sa richesse,   140
Qu'elle ait le cœur humain, le port d'une déesse ;
Qu'elle soit le tourment et le plaisir des cœurs,
Que Flore souz ses pas face naistre des fleurs ;
Au seul trait de ses yeux, si puissans sur les ames,
Les cœurs les plus glacez sont tous bruslans de flames : 145
Et, fust-il de métail, ou de bronze, ou de roc,
Il n'est moine si sainct qui n'en quittast le froc.
    Ainsi, moy seulement souz l'amour je ne plie[2].
Mais de tous les mortels la nature accomplie[3]
Fleschit souz cet empire ; et n'est homme icy-bas   150
Qui soit exempt d'amour, non plus que du trespas.
    Ce n'est donc chose estrange (estant si naturelle)
Que ceste passion me trouble la cervelle,
M'empoisonne l'esprit, et me charme si fort,
Que j'aimeray, je croy, encore après ma mort.   155
    Marquis, voilà le vent dont ma nef[4] est portée,
A la triste mercy de la vague indomtée,

---

gauloises, où il cite le livre des *Pardons Saint Trotet*, petite pièce de poésie fort jolie, qui est de Cocquillart.

> Et preschant en maintes sornettes,
> Et qu'elles sont si *sadinettes*,
> Frisques, si sades, et si belles.
> Il a mal fait de parler d'elles.

Plusieurs poëtes anciens ont fait usage de ce mot.

[1] Ce mot *voyant*, qui semble se rapporter au vers précédent, se rapporte à un vers beaucoup plus éloigné, et la construction doit être faite ainsi (*voyez* huit vers plus bas) :

> Les cœurs les plus glacez sont tous bruslans de flames,
> Voyant une beauté, folastrement accorte.

[2] Ainsi, ce n'est pas moi seulement qui plie sous l'amour.
[3] La nature entière.
[4] *Nef*, du latin *navis*, barque, navire.

Sans cordes, sans timon[1], sans estoile, ny jour ;
Reste ingrat et piteux de l'orage d'Amour,
Qui content de mon mal, et joyeux de ma perte,   160
Se rit de voir des flots ma poitrine couverte,
Et comme sans espoir flotte ma passion,
Digne, non de risée, ains de compassion.
   Cependant, incertain du cours de la tempeste,
Je nage sur les flots, et, relevant la teste,   165
Je semble despiter, naufrage audacieux[2],
L'infortune, les vents, la marine[3], et les cieux,
M'esgayant en mon mal, comme un mélancolique,
Qui répute à vertu son humeur frénétique,
Discourt de son caprice, en caquette tout haut.   170
   Aussi, comme à vertu j'estime ce deffaut ;
Et quand tout par mal-heur jureroit mon dommage,
Je mourrai fort content, mourrant en ce voyage,

---

[1] Le *timon* est pour les chars ; mais le gouvernail et le mât sont pour les navires.

[2] *Naufrage* est employé ici pour *naufragé*, celui qui a fait naufrage.

[3] *Marine*, pour *la mer*, ancien mot dont Clément Marot fait usage dans l'occasion.

NOUVELLES REMARQUES

Vers 16. *Les conduit à bord ;* quoi qu'en dise Brossette, cette expression était admise autrefois dans le sens de *conduire à terre ;* par analogie avec *mener* ou *mettre à bord des vaisseaux*, que Nicot traduit par *naves ad terram applicare, appellere*.

Vers 30. *Tout ainsi qu'un cheval,* etc. Nous avons déjà fait remarquer l'emploi surabondant de *tout* devant une particule : *tout partout*, etc.; c'était une sorte d'augmentatif très-usité alors. *Voy.* sat. VI, vers 118.

Vers 46. *Ou soit belle, ou soit laide;* on dirait aujourd'hui : *ou belle ou laide;* ou bien *soit belle, soit laide;* on ne rapproche plus ces deux particules qui ont une même valeur et n'ajoutent rien à l'expression.

Vers 62. *Que voyant les deffauts.* Cette construction est tout à fait obscure.

Vers 63. *Qu'il seroit, sans respect, des hommes mesprisé,* ce second *que* rend l'expression embarrassée et traînante.

Vers 69. *Et selon, plus ou moins, qu'elle estoit belle ou laide;* les adverbes séparés des adjectifs qu'ils modifient présentent une construction contraire au génie de notre langue; la clarté exige *selon qu'elle était plus ou moins belle,* etc.

Vers 108. *A l'impourveu,* à l'improviste.

VIII

L'IMPORTUN OU LE FASCHEUX

A M. L'ABBÉ DE BEAULIEU

NOMMÉ PAR SA MAJESTÉ A L'ÉVESCHÉ DU MANS[1]

Charles, de mes péchez j'ay bien fait pénitence.
Or toy, qui te cognois aux cas de conscience,
Juge si j'ay raison de penser estre absous.
J'oyois un de ces jours la messe à deux genoux,
Faisant mainte oraison, l'œil au ciel, les mains jointes, 5
Le cœur ouvert aux pleurs et tout percé de pointes,
Qu'un devot repentir eslançoit dedans moy,
Tremblant des peurs d'enfer, et tout bruslant de foy,
Quand un jeune frisé, relevé de moustache,
De galoche, de botte, et d'un ample pennache[2], 10
Me vint prendre, et me dict, pensant dire un bon mot :
Pour un poëte du temps, vous estes trop dévot.
Moy, civil, je me lève, et le bon jour luy donne,

---

[1] Charles de Beaumanoir, de Lavardin, fils de Jean, seigneur de Lavardin, maréchal de France, fut nommé à l'évêché du Mans en 1601, après la mort de Claude d'Angennes de Rambouillet, et mourut en 1637.

Cette satire est contre un importun. Horace en a fait aussi une sur le même sujet; elle est la neuvième du premier livre, et a servi de modèle à Régnier. Le père Garasse, dans ses *Recherches des recherches*, page 526, donne de grandes louanges à la satire de Régnier, et ne fait pas difficulté de la mettre au-dessus de celle d'Horace, pour la naïveté et pour la finesse.

[2] D'un bouquet de plumes; ornement qu'on a porté encore

(Qu'heureux est le folastre, à la teste grisonne,
Qui brusquement eust dit, avecq' une sangbieu[1] :   15
Ouy bien pour vous, monsieur, qui ne croyez en Dieu!)
　　Sotte discrétion! je voulus faire accroire
Qu'un poëte n'est bizarre et fascheux qu'après boire[2].
Je baisse un peu la teste, et, tout modestement,
Je luy fis à la mode un petit compliment.   20
Luy, comme bien appris, le mesme me sceut rendre,
Et ceste courtoisie à si haut prix me vendre,
Que j'aymerois bien mieux, chargé d'âge et d'ennuis,
Me voir à Rome pauvre, entre les mains des Juifs[3].
　　Il me prit par la main, après mainte grimace,   25
Changeant, sur l'un des pieds, à toute heure de place,
Et dansant tout ainsi qu'un barbe encastelé[4],

longtemps après : témoin ces deux vers de Boileau, dans sa troisième satire, composée en 1665 :

> Quand un des campagnards, relevant sa moustache,
> Et son feutre à grands poils, ombragé d'un panache...

Ces deux vers de Boileau sont imités de Régnier.

[1] Espèce de jurement, qu'on prononce aujourd'hui *sambleu*. Autrefois on disoit aussi *sanguoy* : sur quoi on peut voir Pasquier, liv. VIII, chap. II de ses *Recherches*. Mais tous ces mots sont du genre masculin, c'est pourquoi, dans l'édition de 1666, on a mis *avecques un sambieu*. Une *sambieu* se peut sauver à la faveur de l'ellipse, en supposant un substantif féminin sous-entendu, tel, par exemple, que *parole*.

[2] *Après avoir bu*. La Fontaine, qui étoit plein de nos anciens poëtes, se sert aussi de cette façon de parler, quoiqu'elle ne soit pas exacte.

[3] Les Juifs sont de grands usuriers. Dans la première édition de 1608, on lisoit *des juys*, suivant la prononciation de ce mot au temps de Régnier. Aujourd'hui on écrit et on prononce *juif* et *juifs*, en appuyant sur la lettre *f*.

[4] Un cheval encastelé est, selon M. de Solleysel, dans son *Parfait maréchal*, celui dont les talons pressent si fort le petit pied, qu'ils font boiter le cheval, ou du moins l'empêchent de marcher à son aise, et ce défaut est plus ordinaire aux chevaux de légère taille, comme aux chevaux *barbes* et aux chevaux d'Espagne.

Me dist, en remaschant un propos avalé :
Que vous estes heureux, vous autres belles ames,
Favoris d'Apollon, qui gouvernez les dames, 30.
Et par mille beaux vers les charmez tellement,
Qu'il n'est point de beautez que pour vous seulement !
Mais vous les méritez : vos vertus non communes
Vous font digne, monsieur, de ces bonnes fortunes.
 Glorieux de me voir si hautement loué, 35
Je devins aussi fier qu'un chat amadoué ;
Et sentant au palais mon discours se confondre,
D'un ris de sainct Médard [1] il me fallut respondre.
Je poursuis. Mais, amy, laissons-le discourir,
Dire cent et cent fois : Il en faudroit mourir [2] ; 40
Sa barbe pinçoter, cageoller la science,
Relever ses cheveux, dire : En ma conscience ;
Faire la belle main ; mordre un bout de ses gants ;
Rire hors de propos ; monstrer ses belles dents ;
Se carrer sur un pied ; faire arser [3] son espée ; 45
Et s'adoucir les yeux ainsi qu'une poupée ;.

[1] D'un ris forcé. Grégoire de Tours, chap. cxv de la *Gloire des Confesseurs*, nous apprend que, saint Médard ayant le don d'apaiser la douleur des dents, on le représentoit exprès la bouche entr'ouverte, laissant un peu voir ses dents, pour faire souvenir, quand on y auroit mal, d'avoir recours à ce saint. Et parce que, entr'ouvrant ainsi la bouche, il paroissoit rire, mais d'un ris qui ne passoit pas le bout des dents, de là est venu le proverbe *d'un ris de saint Médard*, pour signifier un ris forcé.

[2] *Il en faudroit mourir. En ma conscience.* Ce sont de ces expressions passagères, que le caprice ou le hasard introduisent de temps en temps, et qu'on emploie à tout propos, tandis qu'elles sont à la mode. Dans les Mémoires de Sully, part. II, chap. II, il est parlé de « ces cajoleurs de cour, qui semblent n'y être que pour faire des exclamations et des admirations de tout ce qu'ils voyent et oyent; réitérer des *Jésus Sire!* et crier en voix dolente : *Il en faut mourir !* »

[3] *Arser.* Du temps de Rabelais on disoit *arresser; ils arressoient*, comme on lit dans l'édition de Dolet, liv. II, chap. XVII; et au chap. XXVI, on lit aussi *arresser;* mot qui vient de l'italien *arricciare*, et qui signifie *se redresser*.

Cependant qu'en trois mots je te feray sçavoir
Où premier, à mon dam, ce fascheux me put voir.
    J'estois chez une dame en qui, si la satyre
Permettoit en ces vers que je le peusse dire, 50
Reluit, environné de la divinité,
Un esprit aussi grand que grande est sa beauté.
    Ce fanfaron chez elle eut de moy cognoissance ;
Et ne fut de parler jamais en ma puissance,
Luy voyant ce jour-là son chappeau de velours, 55
Rire d'un fascheux conte, et faire un sot discours ;
Bien qu'il m'eust à l'abord doucement fait entendre
Qu'il estoit mon valet, à vendre et à despendre.
Et destournant les yeux : Belle, à ce que j'entends,
Comment ! vous gouvernez les beaux-esprits du temps ! 60
Et, faisant le doucet de parole et de geste,
Il se mect sur un lict, luy disant : Je proteste
Que je me meurs d'amour quand je suis près de vous ;
Je vous ayme si fort, que j'en suis tout jaloux.
Puis, rechangeant de note, il monstre sa rotonde[1] : 65
Cet ouvrage est-il beau ? Que vous semble du monde ?
L'homme que vous sçavez m'a dit qu'il n'ayme rien.
Madame, à vostre avis, ce jourd'huy suis-je bien ?
Suis-je pas bien chaussé ? ma jambe est-elle belle ?
Voyez ce taffetas ; la mode en est nouvelle ; 70
C'est œuvre de la Chine[2]. A propos, on m'a dit
Que contre les clinquans le roy fait un édict[3].

---

[1] Collet empesé et monté sur du carton. Dans la satire intitulée *l'Inventaire d'un Courtisan*, imprimée avec les Œuvres de Régnier, dans les éditions de 1616, 1617, on lit :

> La coquille d'un limaçon,
> Pour bien lisser une rotonde.

[2] On appelle taffetas de la Chine celui qui est rouge et blanc.

[3] Henri IV avoit fait trois édits contre les clinquants et dorures : le premier en 1594 ; le second en 1601, et le troisième en novembre 1606, publié et registré au parlement le 9 janvier 1607. C'est de ce dernier édit que Régnier veut parler, et il peut servir de date à cette satire.

Sur le coude il se met, trois boutons se délace :
Madame, baisez-moy ; n'ay-je pas bonne grace ?
Que vous estes fascheuse ! A la fin on verra, 75
Rosette, le premier qui s'en repentira[1].

D'assez d'autres propos il me rompit la teste.
Voilà quand et comment je cogneu ceste beste ;
Te jurant, mon amy, que je quittay ce lieu
Sans demander son nom, et sans luy dire adieu. 80

Je n'eus depuis ce jour de luy nouvelle aucune,
Si ce n'est ce matin que, de male fortune[2]
Je fus en ceste église, où, comme j'ay conté,
Pour me persécuter Satan l'avoit porté.

Après tous ces propos qu'on se dict d'arrivée, 85
D'un fardeau si pesant ayant l'ame grevée[3],

---

[1] L'abbé Desportes, oncle de Régnier, avoit fait une chanson ou villanelle, dont chaque couplet finissoit par ce refrain :

> Nous verrons, bergère Rozette, ou volage bergère,
> Qui premier s'en repentira.

Le petit-maitre dont Régnier fait ici la peinture se met à chanter ce refrain à la dame chez qui il étoit. Voici le premier couplet de la villanelle de Desportes, imprimée dans ses œuvres, parmi les Bergeries :

> Rozette, pour un peu d'absence,
> Votre cœur vous avez changé :
> Et moy, sçachant cette inconstance,
> Le mien autre part j'ay rangé.
> Jamais plus, beauté si légère
> Sur moy tant de pouvoir n'aura.
> Nous verrons, volage bergère,
> Qui premier s'en repentira.

Régnier a répété le même refrain dans la quatorzième satire :

> Rozette, nous verrons qui s'en repentira.

Male fortune, pour mauvaise fortune ; mais *mal* pour mauvais, qui se trouve dans nos anciens livres, n'est plus d'usage.

[3] *Grevée*, pour *accablée*; mot hors d'usage, qui vient du latin *gravare*.

Je chauvy de l'oreille [1], et, demourant pensif,
L'eschine j'allongeois comme un asne rétif,
Minutant me sauver de ceste tyrannie.
Il le juge à respect. O! sans cérémonie, 90
Je vous suply, dit-il, vivons en compagnons.
Ayant, ainsi qu'un pot, les mains sur les roignons,
Il me pousse en avant, me présente la porte,
Et, sans respect des saincts, hors l'église il me porte,
Aussi froid qu'un jaloux qui voit son corrival. 95
Sortis, il me demande : Estes-vous à cheval [2] ?
Avez-vous point icy quelqu'un de vostre troupe ?
Je suis tout seul, à pied. Luy, de m'offrir la croupe.
Moy, pour m'en dépestrer, luy dire tout exprès [3] :
Je vous baise les mains ; je m'en vais icy près 100

[1]   Demitto auriculas, ut iniquæ mentis asellus,
     Cùm gravius dorso subjit onus.
             HORAT., lib. I, sat. IX, v. 20.

Messieurs de l'Académie, et Furetière, ont expliqué le verbe *chauvir*, par *dresser les oreilles*, et Régnier a dit, *je chauvy de l'oreille*, pour exprimer le *demitto auriculas* d'Horace : ce qui ne s'accorde point avec l'explication de l'Académie, et confirme plutôt celle d'Oudin, dans son Dictionnaire françois-italien, où *chauvir* est interprété, *chinare dimenando le orecchie*. Rabelais, dans le prologue du troisième livre, a dit, *chauvant des oreilles;* et dans le chap. VII du livre V, attribué à Rabelais, on lit que l'âne à qui on présenta de l'avoine *chauvoit de l'oreille*, c'est-à-dire baissoit l'oreille modestement, pour témoigner qu'on lui faisoit trop d'honneur de la lui vouloir cribler. On lit aussi dans le *Moyen de parvenir*, chap. intitulé *Sommaire :* « Il y en avoit qui chauvissoient les oreilles, comme asnes en appétit. » *Chauvir* ou *chauver*, vient apparemment du latin *cadivus*. Pline a dit *poma cadiva*, des pommes qui d'elles-mêmes tombent de l'arbre. De *cadivus*, on peut, dans la basse latinité, avoir fait *cadivare*, comme de *captivus* on a fait *captivare*.

[2] Les carrosses n'étant pas fort en usage du temps de Régnier les gens de distinction alloient à cheval dans les rues, et l'on ne faisoit pas difficulté de prendre son ami en croupe derrière soi : les dames même de condition alloient en croupe derrière leurs écuyers.

[3] L'édition de 1642 et les suivantes portent *je lui dis tout exprès*.

Chez mon oncle disner. O Dieu ! le galand homme !
J'en suis. Et moy pour lors, comme un bœuf qu'on assomme,
Je laisse cheoir la teste ; et bien peu s'en falut,
Remettant par despit en la mort mon salut,
Que je n'allasse lors, la teste la première, 105
Me jeter du Pont-Neuf à bas en la rivière.

    Insensible, il me traisne en la court du palais,
Où trouvant par hazard quelqu'un de ses valets,
Il l'appelle, et luy dit : Holà ! hau ! Ladreville,
Qu'on ne m'attende point, je vay disner en ville, 110
    Dieu sçait si ce propos me traversa l'esprit !
Encor' n'est-ce pas tout : il tire un long escrit,
Que voyant je frémy. Lors, sans cageollerie :
Monsieur, je ne m'entends à la chicannerie,
Ce luy dy-je, feignant l'avoir veu de travers. 115
Aussi n'en est-ce pas ; ce sont des meschans vers
(Je cogneu qu'il estoit véritable à son dire)
Que, pour tuer le temps, je m'efforce d'escrire ;
Et, pour un courtisan, quand vient l'occasion,
Je monstre que j'en sçay pour ma provision. 120
    Il lit ; et se tournant brusquement par la place,
Les banquiers estonnez admiroient sa grimace [1],
Et monstroient, en riant, qu'ils ne luy eussent pas
Presté, sur son minois, quatre doubles ducats,
Que j'eusse bien donnez pour sortir de sa pate. 125
Je l'escoute ; et durant que l'oreille il me flate,
(Le bon Dieu sçait comment), à chaque fin de vers
Tout exprès je disois quelques mots de travers.
Il poursuit, nonobstant, d'une fureur plus grande,
Et ne cessa jamais qu'il n'eust fait sa légende. 130
    Me voyant froidement ses œuvres advouer,
Il les serre, et se met luy-mesme à se louer :

---

[1] Apparemment que les banquiers s'assembloient alors dans la cour du palais pour leurs négociations, et leur commerce.

Doncq', pour un Cavalier, n'est-ce pas quelque chose?
Mais, monsieur, n'avez-vous jamais veu de ma prose?
Moy de dire que si, tant que je craignois qu'il eust 135
Quelque procez-verbal qu'entendre il me fallust.
Encore, dites-moy en vostre conscience,
Pour un qui n'a du tout acquis nulle science [1],
Cecy n'est-il pas rare? Il est vray, sur ma foy,
Luy dy-je sousriant. Lors, se tournant vers moy, 140
M'accolle à tour de bras; et, tout pétillant d'aise,
Doux comme une espousée, à la joue il me baise;
Puis, me flattant l'espaule, il me fist librement
L'honneur que d'approuver mon petit jugement,
Après cette caresse, il rentre de plus belle : 145
Tantost il parle à l'un, tantost l'autre il appelle;
Tousjours nouveaux discours; et tant fut-il humain,
Que tousjours, de faveur, il me tint par la main.
J'ay peur que sans cela, j'ay l'ame si fragile,
Que le laissant d'aguet, j'eusse peu faire gile : 150
Mais il me fut bien force, estant bien attaché,
Que ma discrétion expiast mon péché.

Quel heur ce m'eust esté, si, sortant de l'église,
Il m'eust conduit chez luy, et m'ostant la chemise,
Ce beau valet à qui ce beau maistre parla 155
M'eust donné l'anguillade [2], et puis m'eust laissé là!

---

[1] Première édition, 1608 : *nul acquis de science.*
[2] L'édition de 1608 porte *anguillade.* Dans toutes les autres éditions avant 1642, on lit *anguilade.* On fouettoit avec une peau d'anguille les jeunes gentilshommes romains qui étoient en faute (Pline, liv. IX, chap. xxiii). De là, sans doute, est venu que dans les écoles on a donné le nom d'*anguille* à certaine courroie dont anciennement on frappoit les jeunes gens qui avoient manqué à leur devoir. Les Gloses d'Isidore, citées par Ducange, dans son Glossaire latin : « Anguilla est quâ coercentur in scholis pueri, quæ vulgo scutica dicitur. » C'est la remarque du commentateur de Rabelais, sur cet endroit du liv. II, chap. xxx : « Adoncq le pastissier lui bailla l'anguillade, si bien que sa peau n'eust rien vallu à faire cornemuses. » Et au liv. V, chap. xvi : « Je le renvoyerois bien d'où il est venu, à grands coups d'anguillade. »

Honorable défaite! heureuse eschapatoire!
Encore derechef me la fallut-il boire.
   Il vint à reparler dessus le bruict qui court
De la royne, du roy, des princes, de la court ;   160
Que Paris est bien grand ; que le Pont-Neuf s'achève[1] ;
Si plus en paix qu'en guerre un empire s'eslève ;
Il vint à définir que c'estoit qu'amitié,
Et tant d'autres vertus, que c'en estoit pitié.
Mais il ne définit, tant il estoit novice,   165
Que l'indiscrétion est un si fascheux vice,
Qu'il vaut bien mieux mourir de rage ou de regret,
Que de vivre à la gesne avecq' un indiscret.
   Tandis que ces discours me donnoient la torture,
Je sonde tous moyens pour voir si d'aventure,   170
Quelque bon accident eust peu m'en retirer,
Et m'empescher enfin de me désespérer.
   Voyant un président, je luy parle d'affaire ;
S'il avoit des procez, qu'il estoit nécessaire
D'estre toujours aprez ces messieurs bonneter ;   175
Qu'il ne laissast, pour moy, de les solliciter ;
Quant à luy, qu'il estoit homme d'intelligence,
Qui sçavoit comme on perd son bien par négligence ;
Où marche l'intérest qu'il faut ouvrir les yeux.
Ha! non, monsieur, dit-il, j'aymerois beaucoup mieux 180
Perdre tout ce que j'ay que vostre compagnie ;
Et se mist aussitost sur la cérémonie.
   Moy qui n'ayme à débattre en ces fadèses-là,
Un temps, sans luy parler, ma langue vacila.
Enfin je me remets sur les cageolleries,   185
Luy dis (comme le roy estoit aux Tuilleries)
Ce qu'au Louvre on disoit qu'il feroit ce jourd'huy ;

---

[1] Ce pont fut commencé en 1578, sous le règne de Henri III, et ayant été discontinué à cause des guerres civiles, Henri le Grand y fit travailler de nouveau en 1604, et il fut achevé en 1606. Cette date marque encore le temps auquel notre auteur composa cette satire.

Qu'il devroit se tenir toujours auprès de luy.
Dieu sçait combien alors il me dist de sottises,
Parlant de ses hauts faicts et de ses vaillantises ; 190
Qu'il avoit tant servy, tant fait la faction,
Et n'avoit cependant aucune pension :
Mais qu'il se consoloit, en ce qu'au moins l'histoire,
Comme on fait son travail, ne desroboit¹ sa gloire ;
Et s'y met² si avant, que je creu que mes jours 195
Devoient plus tost finir que non pas son discours.

Mais comme Dieu voulut, après tant de demeures³,
L'orloge du palais vint à frapper onze heures ;
Et luy, qui pour la souppe avoit l'esprit subtil,
A quelle heure, monsieur, vostre oncle disne-t-il ? 200
Lors bien peu s'en falut, sans plus long-temps attendre,
Que de rage au gibet je ne m'allasse pendre.
Encor l'eussé-je fait, estant désespéré ;
Mais je croy que le ciel, contre moy conjuré,
Voulut que s'accomplist ceste avanture mienne 205
Que me dist, jeune enfant, une bohémienne :
Ny la peste, la faim, la vérolle, la tous,
La fièvre, les venins, les larrons, ny les lous,
Ne tueront cestuy-cy ; mais l'importun langage [sage. 210
D'un fascheux : qu'il s'en garde, estant grand, s'il est
    Comme il continuoit ceste vieille chanson,
Voicy venir quelqu'un d'assez pauvre façon⁴.
Il se porte au devant, luy parle, le cageole ;
Mais cest autre à la fin se monta de parole : [drez⁵... 215
Monsieur, c'est trop long-temps... Tout ce que vous vou-

---

¹ Dans plusieurs éditions on lit, *desrobroit* pour *desroberoit*.
² *Et s'y mit*, édition de 1642 et suivantes.
³ *Demeures* pour *retard* n'est plus d'usage.
⁴ Un sergent.
⁵ Dans ce vers et les deux suivants, le sergent répond tout haut et par ricochets aux raisons que le personnage est censé lui alléguer tout bas pour se dispenser d'aller en prison. Ces interruptions n'étoient marquées que par des virgules dans l'impression ; je les ai fait distinguer par des points...

Voicy l'arrest signé... Non, monsieur, vous viendrez...
Quand vous serez dedans, vous ferez à partie [1]...
Et moy, qui cependant n'estois de la partie,
J'esquive doucement, et m'en vais à grands pas,
La queue en loup qui fuit, et les yeux contre-bas,   22
Le cœur sautant de joie, et triste d'apparence :
Depuis aux bons sergens j'ay porté révérence,
Comme à des gens d'honneur, par qui le ciel voulut
Que je receusse un jour le bien de mon salut.

Mais craignant d'encourir vers toy le mesme vice   223
Que je blasme en autruy, je suis à ton service ;
Et pry[2] Dieu qu'il nous garde, en ce bas monde icy,
De faim, d'un importun, de froid, et de soucy.

---

[1] Quand vous serez en prison, vous prendrez à partie celui qui vous y fait mettre; ou plutôt, vous vous accommoderez avec votre partie.

[2] Il y avoit *prie Dieu* dans la plupart des éditions : mais j'ai cru que, conformément à l'antique poésie, il falloit mettre, *pry Dieu*; l'*e* final de ce mot *prie* est une voyelle muette, qui ne se fait presque pas sentir dans la prononciation ; ainsi, pour rendre ce vers régulier, il faut prononcer *et pri' Dieu*. Dans l'édition de 1655 et suivantes, on a corrigé *Priant Dieu*.

NOUVELLES REMARQUES

Vers 6. *Tout percé de pointes;* ici *pointe* est la traduction d'*aculeus;* c'est ainsi que Sénèque a dit : *Meum ille pectus pungit aculeus.*

Vers 18. *Après boire*, est une locution consacrée dans laquelle l'infinitif est pris substantivement, comme les infinitifs *diner, souper*, dans *après diner, après souper.*

Vers 32. *Qu'il n'est point de beautez que pour vous seulement;* dans ce vers *point* est une incorrection ; et *seulement* joint à *ne* forme un pléonasme vicieux.

G.

Vers 95. *Corrival* est inusité aujourd'hui ; le simple *rival* est seul en usage.

Vers 97. *Avez-vous point icy*, etc., pour *n'avez-vous point*, est une construction familière aux anciens poëtes, et dont certains poëtes modernes se servent par pure négligence ; *ne* est la partie essentielle de l'expression négative, et la seule qu'on ne puisse ni retrancher ni suppléer par une autre.

Vers 138. *Pour un qui n'a du tout acquis nulle science*, c'est-à-dire, pour quelqu'un qui n'a jamais rien étudié, rien appris.

Vers 142. *Doux comme une espousée, à la joue il me baise ;* c'est-à-dire il me baise doucement comme on baise une fiancée.

Vers 144 et 145. *Il me fit librement l'honneur que d'approuver*, etc.; l'honneur *que de* pour l'honneur *de* est une faute que n'excuse même pas la nécessité de la mesure.

Vers 146. *Tantost il parle à l'un, tantost l'autre il appelle;* ce vers est bien plus dans le sentiment de l'auteur que celui que donnent toutes les éditions : *tantost il parle à l'un, tantost l'autre l'appelle;* l'intervention d'un tiers diminue le rôle de l'importun.

IX

LE CRITIQUE OUTRÉ

A M. RAPIN [1]

Rapin, le favori d'Apollon et des Muses,
Pendant qu'en leur mestier jour et nuict tu t'amuses,
Et que d'un vers nombreux, non encore chanté,
Tu te fais un chemin à l'immortalité,
Moy, qui n'ay ny l'esprit ny l'haleine assez forte   5
Pour te suivre de près et te servir d'escorte,

---

[1] On lit dans la Vie de Malherbe, attribuée à Racan, et imprimée en 1672, que Malherbe avoit été ami de Régnier le satirique, et qu'il l'estimoit, en son genre, à l'égal des Latins ; mais qu'il survint entre eux un divorce, dont voici la cause. Etant allés dîner ensemble chez l'abbé Desportes, oncle de Régnier, ils trouvèrent qu'on avoit déjà servi les potages. Desportes, se levant de table, reçut Malherbe avec grande civilité, et offrit de lui donner un exemplaire de ses Psaumes, qu'il avoit nouvellement faits. Comme il se mit en devoir de monter en son cabinet pour l'aller querir, Malherbe lui dit qu'il les avoit déjà vus, que cela ne méritoit pas qu'il prît cette peine, et que son potage valoit mieux que ses psaumes. Cette brusquerie déplut si fort à Desportes, qu'il ne lui dit pas un mot de tout le dîner : et aussitôt qu'ils furent sortis de table, ils se séparèrent, et ne se sont jamais vus depuis. Cela donna lieu à Régnier de faire contre Malherbe cette satire.

Nicolas Rapin, poëte françois, étoit né à Fontenay-le-Comte, en Poitou. Il mourut à Tours, dans un âge fort avancé, le 15 de février 1608. La plupart des beaux esprits de son temps lui consacrèrent des éloges funèbres. On trouvera, dans les poésies mêlées, une épitaphe de Rapin, en forme de sonnet, composée par Régnier, et qui n'avoit pas encore été imprimée parmi ses œuvres.

Je me contenteray, sans me précipiter,
D'admirer ton labeur [1], ne pouvant l'imiter ;
Et pour me satisfaire au désir qui me reste
De rendre cest hommage à chascun manifeste,   10
Par ces vers j'en prens acte, afin que l'advenir
De moy par ta vertu se puisse souvenir ;
Et que ceste mémoire à jamais s'entretienne,
Que ma muse imparfaite eut en honneur la tienne :
Et que si j'eus l'esprit d'ignorance abbatu [2],   15
Je l'eus au moins si bon, que j'aymay ta vertu :
Contraire à ces resveurs [3] dont la muse insolente,
Censurant les plus vieux [4], arrogamment se vante
De réformer les vers [5], non les tiens seulement,

---

[1] *Labeur* pour *ouvrage d'esprit* ne se dit plus ; cependant il a en vers de la noblesse et de la dignité.

[2] Je doute que du temps même de Régnier on pût dire correctement, *un esprit abattu d'ignorance*, pour un esprit qui rampe dans l'ignorance ou qui n'est pas élevé par les sciences.

[3] Malherbe.

[4] On lit *le plus vieux* dans toutes les éditions avant celle de 1626.

[5] Avant Malherbe, la poésie françoise étoit fort imparfaite : la plupart des vers qui avoient paru en cette langue étoient plutôt gothiques que françois. Malherbe entreprit de réformer notre poésie, et de la rendre plus exacte, en l'assujettissant à des règles sévères, soit pour le tour et la cadence des vers, soit pour la netteté de l'expression : en quoi il a parfaitement réussi. Cette réforme déplut aux poëtes de ce temps-là, accoutumés à l'ancienne licence, qui rendoit la composition des vers beaucoup plus facile. C'est pour la défense de cette liberté que Régnier composa cette satire. Berthelot, son contemporain et son ami, se déchaîna aussi contre Malherbe, et fit une chanson en refrain, qui finissoit ainsi :

> Estre six ans à faire une ode,
> Et faire des loix à sa mode,
> Cela se peut facilement ;
> Mais de nous charmer les oreilles
> Par sa merveille des merveilles,
> Cela ne se peut nullement.

Le refrain de Berthelot étoit parodié sur une chanson où Malherbe appeloit madame de Bellegarde *merveille des merveilles*.

SATYRE IX.

Mais veulent déterrer les Grecs du monument[1],   20
Les Latins, les Hébreux, et toute l'antiquaille,
Et leur dire à leur nez qu'ils n'ont rien fait qui vaille.
Ronsard en son mestier n'estoit qu'un apprentif[2],
Il avoit le cerveau fantastique et rétif :
Desportes n'est pas net ; Du Bellay trop facile :   25
Belleau ne parle pas comme on parle à la ville ;
Il a des mots hargneux, bouffis et relevez,
Qui du peuple aujourd'huy ne sont pas approuvez. [grande,
   Comment ! il nous faut doncq'[3], pour faire une œuvre
Qui de la calomnie et du temps se deffende,   30
Qui trouve quelque place entre les bons autheurs,
Parler comme à Sainct-Jean parlent les crocheteurs[4] !

[1] L'auteur de la Vie de Malherbe nous assure que ce poëte n'estimoit point du tout les Grecs, et qu'il s'étoit particulièrement déclaré ennemi du galimatias de Pindare. Pour les Latins, celui qu'il estimoit le plus étoit Stace, auteur de la *Thébaïde*, et en suite Sénèque le tragique, Horace, Juvénal, Martial et Ovide : toutes choses qui ne marquoient pas le discernement de Malherbe.

[2] Ces six vers contiennent le jugement que Malherbe faisoit de Ronsard, de Desportes, de Du Bellay et de Belleau. Il est vrai que Malherbe traitoit ces poëtes avec beaucoup de mépris et les décrioit en toute occasion. Il avoit effacé plus de la moitié de son Ronsard, et marquoit les raisons à la marge. Un jour, Yvrande Racan, Collomby, et quelques autres de ses amis, le feuilletoient sur sa table, et Racan lui demanda s'il approuvoit ce qu'il n'avoit point effacé. *Pas plus que le reste*, dit-il. Cela donna sujet à la compagnie, et entre autres à Collomby, de lui dire que, si on trouvoit ce livre après sa mort, on croiroit qu'il auroit pris pour bon ce qu'il n'auroit point effacé : sur quoi il répondit qu'il disoit vrai, et sur-le-champ il acheva d'effacer le reste. (*Vie de Malherbe*, page 24.)

[3] *Comment ! nous faut-il donc*, édition de 1642 et suivantes.

[4] C'est-à-dire comme parlent les crocheteurs de la place de Grève, ou même du marché Saint-Jean, qui est proche l'église de ce nom, appelée pour cela *Saint-Jean en Grève*. Si notre auteur n'eût pas été gêné par la mesure du vers, il auroit dit sans doute : *Parler comme à la Grève parlent les crocheteurs*. Quand on demandoit à Malherbe son avis sur quelque mot françois, il renvoyoit ordinairement aux crocheteurs du port au foin, et disoit que c'étoient ses maîtres pour le langage. (*Vie de Malherbe*,

Encore je le veux, pourveu qu'ils puissent faire
Que ce beau sçavoir entre en l'esprit du vulgaire,
Et quand les crocheteurs seront poëtes fameux, 35
Alors sans me fascher je parleray comme eux.
   Pensent-ils, des plus vieux offençant la mémoire,
Par le mespris d'autruy s'acquérir de la gloire ;
Et, pour quelque vieux mot, estrange, ou de travers,
Prouver qu'ils ont raison de censurer leurs vers ? 40
(Alors qu'une œuvre brille et d'art et de science [1],
La verve quelquefois s'esgaye en la licence.)
   Il semble, en leurs discours hautains et généreux [2],
Que le cheval volant n'ait pissé que pour eux ;
Que Phœbus à leur ton accorde sa vielle ; 45
Que la mouche du Grec leurs lèvres emmielle [3] ;
Qu'ils ont seuls icy-bas trouvé la pie au nit [4],
Et que des hauts esprits le leur est le zénit [5] ;

page 26.) Et Malherbe le pratiquoit : car on assure qu'avant que d'exposer ses vers au grand jour il les lisoit à sa servante, pour voir si elle les entendoit.

[1]
    Verùm, ubi plura nitent in carmine, non ego paucis
    Offendar maculis, quas aut incuria fudit,
    Aut humana parum cavi natura.
                  HORAT, *Ars poët.*, v. 351.

    C'est peu qu'en un ouvrage où les fautes fourmillent
    Des traits d'esprit semés de temps en temps petillent ;
    Il faut que chaque chose y soit mise en son lieu, etc.
               BOILEAU, *Art poét.*, ch. 1.

[2] Pour *orgueilleux*. Aujourd'hui ce mot a une plus noble signification.

[3] On doit entendre ceci de Pindare, sur les lèvres duquel on dit que des abeilles se reposèrent et firent leur miel, lorsqu'il étoit au berceau. Car Platon, dont on a écrit la même chose, n'a pas fait profession de poésie.

[4] *Trouver la pie au nid*, ou *prendre la pie au nid*, se dit par dérision de ceux qui croient avoir fait une heureuse découverte, ou être venus à bout d'une chose qui leur paroissoit difficile ; parce que, comme dit Nicot dans ses Proverbes, « le naturel de la pie est de faire son nid sur les plus hauts arbres qu'elle puisse trouver. »

[5] *Zénith*, terme d'astronomie qui signifie le point supérieur

Que seuls des grands secrets ils ont la cognoissance ;
Et disent librement que leur expérience   50
A raffiné les vers, fantastiques d'humeur ;
Ainsi que les Gascons ont fait le point d'honneur [1].
Qu'eux tous seuls du bien-dire ont trouvé la méthode,
Et que rien n'est parfaict s'il n'est fait à leur mode.
Cependant leur sçavoir ne s'estend seulement   55
Qu'à regratter un mot douteux au jugement,
Prendre garde qu'un *qui* ne heurte une diphtongue [2] ;
Espier si des vers la rime est brève ou longue ;
Ou bien si la voyelle à l'autre s'unissant [3]
Ne rend point à l'oreille un vers trop languissant :   60

du ciel, directement posé sur notre tête ; au lieu que le *nadir* est la partie inférieure du ciel qui répond à nos pieds. *Zénith* et *nadir* sont des mots arabes.

[1] On prétend que les Gascons, grands spadassins et grands batailleurs, ont fort raffiné sur le point d'honneur, trouvant de l'équivoque jusque dans les moindres gestes, pour avoir occasion de se battre, et par là de montrer leur valeur.

[2] Ou une voyelle. Le concours vicieux de deux voyelles s'appelle *hiatus* ou *bâillement*.

<blockquote>
Gardez qu'une voyelle, à courir trop hâtée,
Ne soit d'une voyelle en son chemin heurtée.
</blockquote>

dit Boileau dans son *Art poétique*, chant I, vers 107. C'est à quoi les anciens poëtes françois ne prenoient pas garde avant Malherbe. Si ce n'étoit pas un défaut dans la poésie, c'étoit cependant une perfection de moins dans la versification. On a remarqué que Malherbe a évité soigneusement les *hiatus* dans ses poésies. On n'y en trouve qu'un seul, qui est dans la 23° strophe de son poëme intitulé les *Larmes de saint Pierre*, qu'il avoit composé dans sa jeunesse :

<blockquote>
Je demeure en danger que l'âme *qui est* née,
Pour ne mourir jamais, meure éternellement.
</blockquote>

Le bâillement est dans ces mots *qui est*, et c'est à quoi Régnier fait allusion : *Prendre garde qu'un* qui, etc.

[3] Ceci pourroit encore s'appliquer à l'*hiatus*; mais vraisemblablement l'auteur a voulu indiquer une autre règle de Malherbe, qui est que, quand à la fin d'un mot l'*e* muet ou féminin est précédé d'une autre voyelle, comme dans ces mots, *vie, prie, ai-*

Et laissent sur le verd¹ le noble de l'ouvrage.
Nul esguillon divin n'eslève leur courage² ;
Ils rampent bassement, foibles d'inventions,
Et n'osent, peu hardis, tenter les fictions,
Froids à l'imaginer : car s'ils font quelque chose   65
C'est proser de la rime, et rimer de la prose,
Que l'art lime et relime, et polit de façon
Qu'elle rend à l'oreille un agréable son ;
Et voyant qu'un beau feu leur cervelle n'embrase,
Ils attifent leurs mots, enjolivent leur phrase³,   70
Affectent leur discours tout si relevé d'art⁴,
Et peignent leurs défaux de couleur et de fard.
Aussi je les compare à ces femmes jolies
Qui par les affiquets se rendent embellies,
Qui, gentes en habits, et sades⁵ en façons,   75
Parmy leur point coupé tendent leurs hameçons ;

mée, etc., il doit être élidé avec une autre voyelle au commencement du mot suivant, parce que cet *e* muet, ne se faisant presque point sentir dans la prononciation, tient à peine lieu d'une syllabe entière, *et rend*, comme dit Régnier, *le vers trop languissant*. Régnier ne s'est jamais voulu assujettir à cette règle, ainsi qu'il paroît par ses poésies ; mais elle a été adoptée par tous les poëtes qui sont venus après Malherbe.

¹ Expression proverbiale : *négligent, abandonnent*, comme ceux qui laissent à terre, sur l'herbe, ce qu'il falloit amasser.

² On a reproché à Malherbe de manquer de ce noble feu qui fait les grands poëtes. Boileau, Ode sur la prise de Namur, strophe 2, supprimée :

Malherbe dans ses furies
Marche à pas trop concertés.

³ Édition de 1608, *ils attifent leurs mots, ageollivent leur frase*. Dans la plupart des éditions suivantes, les imprimeurs ont mis, *ils attisent*, n'ayant pas entendu le sens d'*attifer*, qui est orner, chargé d'*attifets*, d'ornements superflus. C'est le caractère des petits esprits, ils excellent dans les minuties.

⁴ Édition de 1642 et suivantes : *Affectent des discours qu'ils relèvent par art*. A bon compte, ce vers est dur et mauvais.

⁵ Dans la première édition de 1608, on lit *sades*, qui a la même signification que *gentes*, c'est-à-dire *gentilles*, selon Borel, *Antiquités gauloises*, Nicot, etc.

Dont l'œil rit mollement avecque afféterie¹,
Et de qui le parler n'est rien que flaterie ;
De rubans piolez² s'agencent proprement,
Et toute leur beauté ne gist qu'en l'ornement ;   80
Leur visage reluit de céruse et de peautre,
Propres en leur coiffure, un poil ne passe l'autre.
   Où³ ces divins esprits, hautains et relevez,
Qui des eaux d'Hélicon ont les sens abreuvez ;
De verve et de fureur leur ouvrage estincelle,   85
De leurs vers tout divins la grace est naturelle,
Et sont, comme l'on voit, la parfaite beauté,
Qui, contente de soy, laisse la nouveauté
Que l'art trouve au palais, ou dans le blanc d'Espagne⁴.
Rien que le naturel sa grace n'accompagne ;   90
Son front, lavé d'eau claire, esclate d'un beau teint ;
De roses et de lys la nature la peint ;
Et, laissant là Mercure et toutes ses malices⁵,
Les nonchalances sont ses plus grands artifices.
   Or, Rapin, quant à moy, je n'ay point tant d'esprit. 95
Je vay le grand chemin que mon oncle m'aprit,
Laissant là ces docteurs, que les Muses instruisent
En des arts tout nouveaux : et s'ils font, comme ils disent,
De ses fautes un livre aussi gros que le sien⁶,

---

¹ *Afféterie* se dit encore fort bien pour les douces minauderies d'une femme qui se croit plus jolie qu'elle n'est.

² Moitié d'une couleur, moitié d'une autre, comme une pie. Borel, *Antiquités gauloises*. Ce terme est employé dans le *Roman de la Rose*, en parlant de la diversité des couleurs, soit naturelles, soit artificielles.

³ *Au lieu que, au contraire, ces divins esprits*, c'est-à dire Ronsard, Du Bellay, et les autres anciens poëtes dont il vient de parler.

⁴ Les marchands du Palais, à Paris, vendoient particulièrement les ajustements et les petits affiquets, et même la peinture des femmes.

⁵ Mercure étoit le dieu du mensonge et de l'artifice : « Fraudis furumque magister Mercurius. »

⁶ Malherbe disoit effectivement que, s'il vouloit se donner la

Telles je les croiray quand ils auront du bien, 100
Et que leur belle Muse, à mordre si cuisante¹,
Leur don'ra comme à luy, dix mille escus de rente²,
De l'honneur, de l'estime; et quand par l'univers
Sur le lut de David on chantera leurs vers³ ;
Qu'ils auront joint l'utile avecq' le délectable, 105
Et qu'ils sçauront rimer une aussi bonne table.

 On fait en Italie un conte assez plaisant⁴,
Qui vient à mon propos : Qu'une fois un paisant,
Homme fort entendu, et suffisant de teste
(Comme on peut aisément juger par sa requeste), 110
S'en vint trouver le pape, et le voulut prier
Que les prestres du temps se pussent marier ;
Afin, ce disoit-il, que nous puissions, nous autres,
Leurs femmes caresser, ainsi qu'ils font les nostres.

 Ainsi suis-je d'avis, comme ce bon lourdaut, 115
S'ils ont l'esprit si bon, et l'intellect⁵ si haut,
Le jugement si clair, qu'ils facent un ouvrage
Riche d'inventions, de sens et de langage,
Que nous puissions draper comme ils font nos escrits,
Et voir, comme l'on dit, s'ils sont si bien apris : 120
Qu'ils montrent de leur eau, qu'ils entrent en carrière.
Leur âge deffaudra plus tost que la matière.
Nous sommes en un siècle où le prince est si grand,
Que tout le monde entier à peine le comprend.

peine de remarquer les fautes de l'abbé Desportes, il en feroit un livre aussi gros que les Œuvres de cet abbé. *Parnasse réformé*, page 76.

 ¹ Pour *si piquante, si vive*.
 ² Voyez la note 5, pag. 68. — *Don'ra* pour *donnera*.
 ³ Desportes avoit traduit en vers françois les psaumes de David, qui furent imprimés chez Langelier, en 1604, et mis en musique à plusieurs parties, par Denys Caignet, musicien de M. de Villeroy. La musique fut imprimée chez Pierre Ballard, en 1607.
 ⁴ La question qui fut agitée au concile de Trente, si l'on permettroit aux prêtres de se marier, avoit sans doute donné lieu à ce conte. Je doute qu'il se trouve ailleurs que dans Régnier.
 ⁵ *Intellect*, pour *esprit, force de génie, pénétration*.

Qu'ils facent, par leurs vers, rougir chacun de honte : 125
Et comme de valeur nostre prince surmonte
Hercule, Ænée¹, Achil', qu'ils ostent les lauriers
Aux vieux, comme le roy l'a fait aux vieux guerriers.
Qu'ils composent une œuvre; on verra si leur livre
Après mille et mille ans sera digne de vivre, 130
Surmontant par vertu l'envie et le destin,
Comme celuy d'Homère et du chantre latin.

   Mais, Rapin, mon amy, c'est la vieille querelle :
L'homme le plus parfaict a manqué de cervelle² ;
Et de ce grand deffaut vient l'imbécillité, 135
Qui rend l'homme hautain, insolent, effronté ;
Et, selon le subject qu'à l'œil il se propose,
Suivant son appétit il juge toute chose.

   Aussi, selon nos yeux, le soleil est luysant.
Moy-mesme, en ce discours qui fais le suffisant, 140
Je me cognoy frappé, sans le pouvoir comprendre,
Et de mon ver-coquin³ je ne me puis deffendre.

   Sans juger nous jugeons ; estant nostre raison
Là-haut dedans la teste, où, selon la saison [brouillent 145
Qui règne en nostre humeur, les brouillars⁴ nous em-
Et de lièvres cornus⁵ le cerveau nous barbouillent.

---

¹ Première édition, *Ænée*. Celles de 1612, 1613, et autres, *Ælée*, qui ne signifie rien. Édition de 1642 et suivantes, *Hercule, Ænée, Hector*.

² *Manque* est un substantif : *avoir manque*, c'est manquer. On lit *manque* dans la première édition. Dans la plupart des autres on a mis, *a manqué de cervelle* ; mais la première leçon paroît la plus juste.

³ De mon caprice. C'est ce que Clément Marot appelle son *Avertin*, sur la fin de son épître XLIII. Mais *ver-coquin*, selon Furetière, est une petite fureur qui saisit quelquefois l'esprit des hommes, et qui les rend capricieux, acariâtres, têtus, et incapables de raison. Le peuple croyoit qu'il y avoit effectivement un ver dans la tête des gens agités de cette passion.

⁴ Première édition, *les brouillas*.

⁵ Pour dire toutes sortes d'idées fausses et chimériques. On dit aussi des *visions cornues*. Régnier donne ici les *lièvres cornus* pour des *chimères*.

Philosophes resveurs, discourez hautement;
Sans bouger de la Terre, allez au Firmament;
Faites que tout le ciel branle à vostre cadence;
Et pesez vos discours mesme dans sa balance; 150
Cognoissez les humeurs qu'il verse dessus nous,
Ce qui se fait dessus, ce qui se fait dessous;
Portez une lanterne aux cachots de nature;
Sçachez qui donne aux fleurs cette aimable peinture[1];
Quelle main sur la terre en broye la couleur, 155
Leurs secrettes vertus, leurs degrez de chaleur;
Voyez germer à l'œil les semences du monde;
Allez mettre couver les poissons dedans l'onde;
Deschiffrez les secrets de nature et des cieux :
Vostre raison vous trompe, aussi bien que vos yeux. 160
　Or, ignorant de tout, de tout je me veux rire;
Faire de mon humeur moy-mesme une satyre :
N'estimer rien de vray, qu'au goust il ne soit tel;
Vivre; et, comme chrestien, adorer l'immortel[2].
Où gist le seul repos, qui chasse l'ignorance : 165
Ce qu'on void hors de luy n'est que sotte apparence,
Piperie, artifice : encore, ô cruauté
Des hommes et du temps! nostre meschanceté
S'en sert aux passions; et dessouz une aumusse
L'ambition, l'amour, l'avarice, se musse; 170
L'on se couvre d'un froc pour tromper les jaloux;
Les temples aujourd'hui servent aux rendez-vous[3];
Derrière les piliers on oyt mainte sornette;

---

[1]　Il donne aux fleurs leur aimable peinture.
　　　　　RACINE, *Athalie*, acte I, scène IV.

[2] On lit dans les éditions de 1616, 1617 et 1625 :

　　　Vivre comme chrétien, adorer l'Immortel.

[3] Longtemps avant Régnier, Clément Marot avoit dit dans son épitre XLIII :

　　　Et puis dictes que les moustiers
　　　Ne servent point aux amoureux :

Et, comme dans un bal, tout le monde y caquette.
On doit rendre, suivant et le temps et le lieu, 175
Ce qu'on doit à César et ce qu'on doit à Dieu.
Et quant aux appétits de la sottise humaine,
Comme un homme sans goust, je les ayme sans peine :
Aussi bien rien n'est bon que par affection ;
Nous jugeons, nous voyons, selon la passion. 180
 Le soldat aujourd'huy ne resve que la guerre ;
En paix le laboureur veut cultiver sa terre ;
L'avare n'a plaisir qu'en ses doubles ducas.
L'amant juge sa dame un chef-d'œuvre icy-bas :
Encore qu'elle n'ait sur soy rien qui soit d'elle, 185
Que le rouge et le blanc par art la face belle,
Qu'elle ante en son palais ses dents tous les matins,
Qu'elle doive sa taille au bois de ses patins[1] ;
Que son poil, dès le soir frisé dans la boutique,
Comme un casque au matin sur sa teste s'applique ; 190
Qu'elle ait, comme un piquier, le corselet au dos[2] ;
Qu'à grand' peine sa peau puisse couvrir ses os ;
Et tout ce qui de jour la fait voir si doucette,
La nuict, comme en dépost, soit dessus la toilette ;

> Bonne macquerelle pour eux
> Est umbre de dévotion.

Je n'ai que faire d'avertir que, dans les vers de Marot, *moustier* signifie une église. Et longtemps avant l'un et l'autre, le *Roman de la Rose* avoit dit, vers 14,292, en parlant d'une jolie fille qui doit ou veut avoir des amants :

> Souvent voise à la m're église,
> Et face visitations
> Aux nopces, aux processions,
> Aux jeux, aux festes, aux caroles ;
> Car en tel lieu tient ses escoles,
> Et chante à ses disciples messes,
> Le dieu d'amours et les déesses.

[1] Les femmes autrefois portoient sous leurs souliers des espèces de patins pour s'exhausser.

[2] Quand les piques étoient d'usage dans nos troupes, les piquiers avoient un corselet de fer, ou cuirasse.

114 POÉSIES DE RÉGNIER.

Son esprit ulcéré juge, en sa passion, 195
Que son teint fait la nique à la perfection.
 Le soldat tout ainsi pour la guerre souspire ;
Jour et nuict il y pense, et toujours la desire ;
Il ne resve la nuict que carnage et que sang :
La pique dans le poing, et l'estoc[1] sur le flanc, 200
Il pense mettre à chef[2] quelque belle entreprise ;
Que forçant un chasteau, tout est de bonne prise ;
Il se plaist aux trésors qu'il cuide ravager,
Et que l'honneur luy rie au milieu du danger.
 L'avare, d'autre part, n'ayme que la richesse ; 205
C'est son roy, sa faveur, sa court, et sa maistresse[3] :
Nul object ne lui plaist, sinon l'or et l'argent ;
Et tant plus il en a, plus il est indigent.
 Le paisant d'autre soin se sent l'ame embrasée[4].
Ainsi l'humanité sottement abusée 210
Court à ses appétits, qui l'aveuglent si bien,
Qu'encor qu'elle ait des yeux, si ne voit-elle rien.
Nul chois hors de son goust ne règle son envie,
Mais s'aheurte où sans plus quelque appas la convie.
Selon son appétit le monde se repaist, 215
Qui fait qu'on trouve bon seulement ce qui plaist.
 O débile raison, où est ores ta bride ?
Où ce flambeau qui sert aux personnes de guide ?
Contre la passion trop foible est ton secours,
Et souvent, courtisane, après elle tu cours ; 220
Et, savourant l'appas qui ton ame ensorcelle,
Tu ne vist qu'à son goust, et ne vois que par elle.

---

[1] Ancien terme, pour signifier une épée longue et étroite, qui ne servoit qu'à pointer.

[2] Pour *exécuter, venir à bout;* phrase qui n'est plus d'usage.

[3] Dans les éditions de 1608 et de 1612, *C'est son roy, sa faveur, la court et sa maistresse,* ainsi orthographié et ponctué. Édition de 1613 et suivantes, jusqu'à 1642, *c'est son roy, sa faveur, la cour est sa maitresse.*

[4] Je doute qu'on ait jamais dit avec exactitude, *l'ame embrasée de soin;* on dit bien, *l'ame embrasée d'amour.*

De là vient qu'un chacun, mesmes en son deffaut,
Pense avoir de l'esprit autant qu'il luy en faut.
Aussy rien n'est party¹ si bien par la nature   225
Que le sens, car chacun en a sa fourniture.
Mais pour nous, moins hardis à croire à nos raisons,
Qui réglons nos esprits par les comparaisons
D'une chose avec l'autre, espluchons de la vie
L'action qui doit estre ou blasmée ou suivie;   230
Qui criblons le discours, au chois se variant,
D'avecq' la fausseté la vérité triant
(Tant que l'homme le peut); qui formons nos ouvrages²
Aux moules si parfaicts de ces grands personnages
Qui, depuis deux mille ans, ont acquis le crédit   235
Qu'en vers rien n'est parfaict que ce qu'ils en ont dit;
Devons-nous aujourd'huy, pour une erreur nouvelle
Que ces clercs dévoyez³ forment en leur cervelle,
Laisser légèrement la vieille opinion,
Et, suivant leur avis, croire à leur passion?   240

 Pour moy, les huguenots pourraient faire miracles⁴,
Ressusciter les morts, rendre de vrais oracles,
Que je ne pourrois pas croire à leur vérité.
En toute opinion je fuis la nouveauté.
Aussi doit-on plustost imiter nos vieux pères,   245
Que suivre des nouveaux les nouvelles chimères.
De mesme en l'art divin de la Muse, doit-on
Moins croire à leur esprit qu'à l'esprit de Platon.

 Mais, Rapin, à leur goust si les vieux sont profanes,
Si Virgile, le Tasse et Ronsard sont des asnes⁵,   250

---

¹ Distribué, départi.
² Édition de 1642 et suivantes, *nos courages* : c'est une mauvaise correction.
³ *Dévoyez*, vieux mot qui signifie *d'un esprit dérangé*.
⁴ Saint Paul, épître aux Galates, chap. I, v. 8 et 9. « Sed licèt nos, aut angelus de cœlo evangelizet vobis, præterquàm quod evangelizavimus vobis, anathema sit, etc. »
⁵ Le temps a fait voir combien le jugement de Régnier étoit faux, et celui de Malherbe véritable : car depuis longtemps, et

Sans perdre en ces discours le temps que nous perdons,
Allons comme eux aux champs, et mangeons des chardons[1].

presque depuis le temps même de Régnier, on ne lit plus Ronsard, Du Bellay, Belleau, ni Desportes, qu'il place pourtant à côté d'Homère et de Virgile.

[1]   Content de ses chardons et secouant la tête :
   Ma foi, non plus que nous, l'homme n'est qu'une bête.
                               BOILEAU, sat. VIII.

NOUVELLES REMARQUES

Vers 53. *Qu'eux tous seuls*, etc. ; aujourd'hui on écrirait *tout seuls*, c'est-à-dire *tout à fait* seuls : dans cette construction *tout* est adverbe.

Vers 65. *Froids à l'imaginer*, c'est-à-dire, n'ayant aucune chaleur d'invention ; *imaginer* est pris ici substantivement.

Vers 71. *Tout si relevé d'art ; tout* est ici complétement surabondant ; le poëte ne l'a employé que pour la mesure. *Voy.* pourtant sat. VI, vers 148, et sat. VII, vers 30.

Vers 212. *Encor qu'elle ait des yeux, si ne voit-elle rien ;* c'est-à-dire cependant, pourtant elle ne voit rien.

Vers 223. *Mesmes en son défaut ;* on écrivait *mesme* ou *mêmes*, indifféremment ; ainsi Corneille a dit dans *Polyeucte* :

      Ici, dispensez-moi du récit des blasphèmes
      Qu'ils ont vomis tous deux contre Jupiter *mêmes.*

X

LE SOUPER RIDICULE[1]

Ce mouvement de temps[2], peu cogneu des humains,
Qui trompe nostre espoir, nostre esprit et nos mains,
Chevelu sur le front, et chauve par derrière,
N'est pas de ces oyseaux qu'on prend à la pantière[3],
Non plus que ce milieu[4], des vieux[5] tant débatu,   5
Où l'on myt par dépit à l'abry la vertu,
N'est un siége vaquant au premier qui l'occupe.

[1] Description d'un souper ridicule et mal assorti, auquel Régnier fut retenu malgré lui. Cette satire n'est point dans la première édition de 1608. Elle a paru assez belle à Despréaux pour l'engager à jeter les yeux dessus, lorsqu'il a composé sa troisième satire, qui est la description d'un dîner ridicule.

[2] L'occasion. Dans le troisième vers, notre auteur personnifie ce *mouvement* de temps, en le faisant *chevelu sur le front, et chauve par derrière*. Rabelais, liv. I, chap. xxxvii : « L'occasion ha tous ses cheveulx au front : quand elle est oultrepassée, vous ne la pouvez plus revoquer. Elle est chauve par le derrière de la teste, et jamais plus ne retourne. » Ausone, épigr. xii, fait une description de l'*occasion*. On en trouve aussi une dans *Phèdre*, livre V, fable viii.

[3] *Pantière*, grand filet à prendre les oiseaux. On le tend dans un endroit de passage, et on y prend ordinairement beaucoup d'oiseaux à la fois, quand ils volent par troupes. En latin, *panthera*. En quelques provinces on l'appelle *panthène*.

[4] « In medio virtus. »

Virtus est medium vitiorum, et utrinque reductum.
HORAT., epist. I, xviii.

[5] *Des vieux*, pour *des anciens auteurs* ou *anciens sages*.

Souvent le plus mattois¹ ne passe que pour dupe,
Où par le jugement il faut perdre son temps²
A choisir dans les mœurs ce milieu que j'entends.   10
    Or j'excuse en cecy nostre foiblesse humaine,
Qui ne veut, ou ne peut se donner tant de peine
Que s'exercer l'esprit en tout ce qu'il faudroit
Pour rendre par estude un lourdaut plus adroit.
Mais je n'excuse pas les censeurs de Socrate³,   15
De qui l'esprit rongneux de soy-mesme se grate,
S'idolâtre, s'admire, et, d'un parler de miel,
Se va préconisant cousin de Larcanciel⁴ ;
Qui baillent pour raisons des chansons et des bourdes,
Et, tous sages qu'ils sont⁵, font les fautes plus lourdes ; 20
Et, pour sçavoir gloser sur le Magnificat,
Trenchent en leurs discours de l'esprit délicat,
Controllent un chacun ; et, par apostasie,
Veulent paraphraser dessus la fantasie.
Aussi leur bien ne sert qu'à monstrer le deffaut,   25
Et semblent se baigner quand on chante tout haut,
Qu'ils ont si bon cerveau qu'il n'est point de sottise
Dont, par raison d'estat, leur esprit ne s'advise.
    Or il ne me chaudroit⁶, insensez ou prudens,
Qu'ils fissent à leurs frais messieurs les intendans   30

---

¹ *Matois*, pour *fin*, *rusé*, ne se dit guère que dans le style familier.

² Édition de 1642 et suivantes, *il faut prendre le temps*.

³ Boileau, satire IV, a dit le même :

    Que l'homme le moins sage
    Croit toujours avoir seul la sagesse en partage.

⁴ Métaphore, pour dire des gens qui se prétendent plus sublimes et plus élevés que les autres dans leurs pensées. *Larcanciel*, ainsi écrit dans les premières éditions pendant la vie de l'auteur, pour l'*arc-en-ciel*.

⁵ *Tous* sages, pour *tout* sages.

⁶ *Il ne m'importeroit*, de l'ancien verbe *chaloir*, qui n'est plus en usage.

SATYRE X.

A chaque bout de champ[1], si, souz ombre de chere,
Il ne m'en falloit point payer la folle enchere.
  Un de ces jours derniers, par des lieux destournez
Je m'en allois resvant, le manteau sur le nez,
L'ame bijarrement de vapeurs occupée,   35
Comme un poëte qui prend les vers à la pipée :
En ces songes profonds où flottoit mon esprit,
Un homme par la main hazardément me prit,
Ainsi qu'on pourroit prendre un dormeur par l'oreille,
Quand on veut qu'à minuict en sursaut il s'esveille.   40
Je passe outre d'aguet, sans en faire semblant,
Et m'en vois[2] à grand pas, tout froid et tout tremblant,
Craignant de faire encore, avecq' ma patience,
Des sottises d'autruy nouvelle pénitence[3].
Tout courtois il me suit, et, d'un parler remis[4] :   45
Quoi! monsieur, est-ce ainsi qu'on traite ses amis?
Je m'arreste, contraint; d'une façon confuse,
Grondant entre mes dents, je barbotte[5] une excuse.
De vous dire son nom il ne sert de rien,
Et vous jure au surplus qu'il est homme de bien;   50
Que son cœur convoiteux d'ambition ne crève,
Et pour ses factions qu'il n'ira point en grève :
Car il aime la France, et ne souffriroit point,
Le bon seigneur qu'il est, qu'on la mist en pourpoint.
Au compas[6] du devoir il règle son courage,   55

---

[1] A chaque instant, à chaque moment.

[2] Édition de 1642 et suivantes, *et m'en vais à grands pas;* correction moderne.

[3] Allusion à la satire huitième, où il a décrit l'ennui mortel que lui avoit causé un importun.

[4] D'un ton doux et flatteur : *Demissâ voce.*

[5] *Barbotter,* parler confusément, et les paroles à demi formées. Clément Marot s'est servi du même terme, au même sens, épitre XXXI :

    Fait neuf grand tours, entre les dents *barbotte,*
    Tout à part luy, d'agios une hotte.

[6] Manière de parler fort ancienne, pour dire selon la règle,

Et ne laisse en dépost pourtant son advantage.
Selon le temps, il met ses partis en avant.
Alors que le roy passe il gaigne le devant ;
Et dans la gallerie[1] encor' que tu lui parles,
Il te laisse au roy Jean, et s'en court au roy Charles[2] : 60
Mesme aux plus avancez demandant le pourquoy,

selon la mesure. Elle est souvent dans Clément Marot, et en d'autres anciens poëtes.

[1] Dans la galerie du Louvre.

[2] Tel est le caractère d'un étourdi, qui, ayant commencé un discours avec quelqu'un, le laisse là brusquement, pour courir au premier venu : ce qui arrive tous les moments à la cour. L'auteur du *Glossaire bourguignon*, au mot *Jacque*, dit que Régnier avoit écrit *Charle* en cet endroit. *Et dans la galerie, encor' que je lui parle, il me laisse au roy Jean, et s'en court au roy Charle ;* ce que des correcteurs peu sensés ont mal à propos réformé de cette sorte, *Encor que tu lui parles, il te laisse au roy Jean, et s'en court au roy Charles :* ne faisant pas réflexion, ajoute M. de la Monnoye, qu'il faut toujours représenter le texte des auteurs tel qu'il est. » Cet illustre auteur, que j'ai consulté là-dessus, autorise son sentiment par cette note de Thomas Corneille, sur les *Remarques de Vaugelas*, tom. II, pag. 660. « Voici ce que M. Chapelain a écrit sur cette remarque : (M. le Maistre dit *Charle* sans *s*. Nos anciens ont dit également *Philippes* et *Philippe*, et jamais *Charle* : Régnier l'a mis pour la rime.) Ce passage fait voir, dit M. de la Monnoye, que Chapelain avoit lu dans son exemplaire : *encor' que je lui parle.* » J'ai de la peine à croire que Chapelain eût un exemplaire de Régnier, où l'on lût *Charles* sans *s*, et *encor' que je luy parle :* car tous les exemplaires que j'ai vus donnent le texte tel que je l'ai conservé. Le père Garasse, contemporain et admirateur de Régnier, cite ces deux vers dans sa *Recherche des Recherches*, pag. 178, et les cite tels qu'ils sont ici. D'ailleurs, notre poëte avoit écrit *Charles* avec un *s*, dans un autre endroit où il n'étoit point gêné par la rime : c'est dans le premier mot de la satire VIII, adressée à *Charles* de Beaumanoir ; où toutes les éditions, tant anciennes que nouvelles, sans exception, font lire *Charles*. Enfin, dans ces deux vers, la justesse demande que l'on mette le discours à la seconde personne, *encor' que tu luy parles*, plutôt qu'à la première, *encor' que je luy parle ;* parce que la seconde personne est ici employée dans une signification indéfinie et indéterminée, comme s'il y avoit :

Encor que l'on lui parle,
vous laisse au roi Jean, et s'en court au roi Charle.

Il se met sur un pied, et sur le quant à moy ;
Et seroit bien fasché, le prince assis à table,
Qu'un autre en fust plus près, ou fist plus l'agréable ;
Qui plus suffisamment entrant sur le devis[1],   65
Fist mieux le philosophe, ou dist mieux son avis ;
Qui de chiens ou d'oyseaux eust plus d'expérience,
Ou qui décidast mieux[2] un cas de conscience :
Puis dites, comme un sot, qu'il est sans passion.

    Sans gloser plus avant sur sa perfection,   70
Avecq' maints hauts discours, de chiens, d'oyseaux, de bottes,
Que les valets de pied sont fort subjects aux crottes ;
Pour bien faire du pain, il faut[3] bien enfourner,
Si don Pèdre est venu, qu'il s'en peut retourner[4] :
Le ciel nous fit ce bien qu'encor' d'assez bonne heure   75
Nous vinsmes au logis où ce monsieur demeure,
Où, sans historier le tout par le menu,
Il me dit : Vous soyez, monsieur, le bien-venu.
Après quelques propos, sans propos[5] et sans suite,
Avecq' un froid adieu je minute ma fuite,   80
Plus de peur d'accident que de discrétion.
Il commence un sermon de son affection,
Me rid, me prend, m'embrasse avecq' cérémonie :
Quoi ! vous ennuyez-vous en nostre compagnie ?
Non, non, ma foy, dit-il, il n'ira pas ainsi ;   85
Et, puisque je vous tiens, vous souperez icy.

---

[1] Édition de 1665 et suivantes, *et* plus suffisamment. Celle de 1617 : entrant *dans* le devis.

[2] Quelques éditions portent : *devidast mieux* : on dit bien *décider un cas de conscience*, mais je doute qu'on ait jamais dit correctement, *devider un cas de conscience*.

[3] Édition de 1655 et suivantes, *qu'il faut*.

[4] Don Pedro Manriquez, connétable de Castille, allant en Flandre, traversa la France, et fit quelque séjour à Paris, à la fin de 1603. La fierté de cet Espagnol ne fut pas au gré de la cour de France, où il fit mille fanfaronnades. (MATTHIEU, Hist. de Henri IV, tom. II, fol. 292. Mém. de Sully, part. II, chap. XXVI, pag. 524.)

[5] *Sans* raison *et sans suite*, qu'on lit dans l'édition de 1645, seroit meilleur.

Je m'excuse; il me force. O dieux! quelle injustice!
Alors, mais las ! trop tard, je cogneu mon supplice ;
Mais pour l'avoir cogneu, je ne peus l'esviter,
Tant le destin se plaist à me persécuter.   90

   A peine à ces propos eut-il fermé la bouche,
Qu'il entre à l'estourdi un sot fait à la fourche[1],
Qui, pour nous saluer, laissant cheoir son chapeau,
Fit comme un entrechat avec un escabeau,
Trébuchant par le cul, s'en va devant derrière,   95
Et, grondant, se fascha qu'on estoit sans lumière.
Pour nous faire, sans rire, avaller ce beau saut,
Le monsieur sur la veue excuse ce deffaut[2],
Que les gens de sçavoir ont la visière tendre[3].
L'autre se relevant devers nous se vint rendre,   100
Moins honteux d'estre cheut que de s'estre dressé[4];
Et luy demandast-il s'il s'estoit point blessé.

   Après mille discours, dignes d'un grand volume,
On appelle un valet, la chandelle s'allume :
On apporte la nappe, et met-on le couvert :   105
Et suis parmy ces gens comme un homme sans vert[5],
Qui fait, en rechignant, aussi maigre visage

---

[1] *A l'estourdie* seroit mieux et sauveroit l'hiatus. *Un sot fait à la fourche,* pour un homme mal bâti, mal tourné : manière trop populaire de parler. Il faut remarquer la rime de *fourche* avec *bouche* : ainsi l'auteur de la nouvelle tragédie d'*OEdipe,* Voltaire, fait rimer *frein* à *rien.*

[2] Le maître du logis rejette ce malheur sur la foiblesse de la vue du pédant.

[3] *Visière* se disoit autrefois, mais rarement, pour *vue.* On dit encore dans le familier, *rompre en visière à quelqu'un,* c'est-à-dire l'interrompre, le contredire.

[4] Les premiers sentiments dans un homme qui se laisse tomber sont la crainte et la douleur : la honte ne vient que quand il s'est relevé.

[5] Comme un homme pris au dépourvu. *Etre pris sans vert,* façon de parler populaire, tirée d'un jeu appelé *le jeu du vert.* Panurge, dans Rabelais, liv. III, chap. XI, dit que les dez sont *le verd du diable... Le diable me prendroit sans verd,* ajoute-t-il, *s'il me rencontroit sans dez.*

Qu'un renard que Martin porte au Louvre en sa cage[1].
Un long temps sans parler je regorgeois d'ennuy.
Mais, n'estant point garant des sottises d'autruy,   110
Je creu qu'il me falloit d'une mauvaise affaire
En prendre seulement ce qui m'en pouvoit plaire.
Ainsi considérant ces hommes et leurs soins,
Si je n'en disois mot, je n'en pensois pas moins ;
Et jugeai ce lourdaut, à son nez autentique[2],   115
Que c'estoit un pédant, animal domestique[3],
De qui la mine rogue, et le parler confus,
Les cheveux gras et longs, et les sourcils touffus,
Faisoient par leur sçavoir, comme il faisoit entendre,
La figue sur le nez au pédant d'Alexandre[4].   120
   Lors je fus asseuré de ce que j'avois creu
Qu'il n'est plus courtisan de la court si recreu[5],
Pour faire l'entendu, qu'il n'ait, pour quoy qu'il vaille,
Un poëte, un astrologue[6], ou quelque pédantaille,

---

[1] Aussi étonné qu'un renard en cage, que Martin ou quelque villageois porteroit au Louvre, pour amuser les laquais.

[2] Terme assez commun dans les anciens poëtes, où il a différentes significations. Mais ici il veut dire *bien étoffé, bien fourni, bien gros*. Dans Clément Marot, ce même terme veut dire *certains*. Dans le *Roman de la Rose*, vers 67, *fleurs autentiques*, pour fleurs grandes et bien formées.

[3] Dans cette description du pédant, Régnier a fait entrer presque toute la pièce du Caporali, poëte italien, intitulée *del Pedante*. Dans le premier tercet, il appelle son *Pédant, un animal domestique*.

   Un' animal domestico, che in casa
   D'altri più volte è stato per pedante.

[4] Aristote. — Le Caporali, au même endroit, terzetto 4 :

   Costui mi par' un si fatto compagno,
   C' havendol' voi potrete far le fica
   Al pedagogo d'Alessandro magno.

[5] Si dérangé, si médiocre. Ce terme, qui se trouve aussi dans le *Roman de la Rose*, y est susceptible de plusieurs explications.

[6] Du temps de Régnier, et longtemps auparavant, les astrologues et les devins étoient fort à la mode en France. La confiance

Qui, durant ses amours, avec son bel esprit, 125
Cousche de ses faveurs l'histoire par escrit.
Maintenant que l'on voit, et que je vous veux dire
Tout ce qui se fit là digne d'une satyre,
Je croirois faire tort à ce docteur nouveau,
Si je ne luy donnois quelque traict de pinceau[1]. 130
Mais estant mauvais peintre, ainsi que mauvais poëte,
Et que j'ay la cervelle et la main maladroite,
O muse[2]! je t'invoque. Emmielle-moy le bec,
Et bande de tes mains les nerfs de ton rebec[3];
Laisse-moy là Phœbus chercher son aventure; 135
Laisse-moy son B mol, prend la clef de nature;
Et vien, simple, sans fard, nue, et sans ornement,
Pour accorder ma fluste avecq' ton instrument.
Dy-moy comme sa race, autrefois ancienne[4],

que la reine Catherine de Médicis avoit eu en leurs vaines prédictions, et l'étude même que cette princesse avoit faite de leur art, aussi ridicule que criminel, avoit beaucoup contribué à mettre ces imposteurs en crédit.

[1] On donne, non pas des *traits*, mais des *coups* de pinceau; et l'on donne des traits de satire.

[2] Dans les éditions de 1616, 1617 et 1645, on a mis mal à propos, *or muse*. Rabelais, dans un sujet aussi grave que celui-ci, a fait une invocation pareille, l. II, chap. xxviii, à la fin : « O'qui pourra maintenant racompter comment se porta Pantagruel contre les trois cents géants? O ma muse, ma Calliope, ma Thalie, inspire moy à ceste heure, restaure mes esprits! car voicy le pont aux asnes de logique, voicy le trébuchet, voicy la difficulté de pouvoir exprimer l'horrible bataille que feut faite. »
Le Caporali, dans le même capitolo, terzetto 12 :

> Ma tu, Musa, ripiglia il tuo liuto,
> Poi che tanto ti piace haver in mano
> La chiave grossa del B molle acuto.

[3] Les cordes de ton violon.
[4] Le Caporali, tercets 13 et 14.

> E di col tuo natio gergo, Toscano,
> Com' il pedante mio de i suoi maggiori
> Si vanta, che fur di sangue Romano.
> E che di casa sua cinque pretori
> N' usciro, e duoi Martelli, e duoi Catoni,
> Senza i poeti illustri, e gli oratori.

Dedans Rome accoucha d'une patricienne, 140
D'où nasquit dix Catons, et quatre-vingts Préteurs,
Sans les historiens, et tous les orateurs.
Mais non, venons à luy, dont la maussade mine
Ressemble un de ces dieux des couteaux de la Chine[1],
Et dont les beaux discours, plaisamment estourdis, 145
Feroient crever de rire un saint de paradis[2].
Son teint jaune, enfumé, de couleur de malade[3],
Feroit donner au diable et céruse et pommade;
Et n'est blanc en Espaigne à qui ce cormoran[4]
Ne face renier la loy de l'Alcoran[5]. 150
Ses yeux, bordez de rouge, esgarez, sembloient estre
L'un à Montmartre, et l'autre au chasteau de Bicestre[6] :

[1] On s'est servi, pendant quelques temps, de couteaux dont le manche étoit figuré en marmouzet, ou terminé par quelque figure extraordinaire, comme une tête de Maure, et d'autres semblables; et on appeloit ces couteaux *des couteaux de la Chine*. Cette mode duroit encore en France vers la fin du siècle passé. Le sieur de Sygognes a dit dans une épître en coq-à-l'âne :

> Teste de manche de couteau,
> Et dos courbé comme un bateau.

[2] Le Caporali, tercet 19 :

> Prima dirà com' egli è fatto in guisa,
> Ch' à l'humor maninconico potria
> Al suo dispetto far morer le risa.

[3] Le même, tercet 22 :

> Prima la fronte d'allegrezza scossa,
> Rappresenta da longi un suo colore,
> Da spiritar' il minio, e la cirossa.

[4] Oiseau de rivière dont la chair est fort noire.

[5] Le blanc d'Espagne même ne sauroit le blanchir. La métaphore est un peu hardie : l'auteur personnifie la céruse, la pommade, et le blanc d'Espagne. Les deux premiers se donnent au diable, et le blanc d'Espagne renie la loi de Mahomet : jurement familier aux Espagnols, à cause de leur antipathie mortelle pour les Maures, qui ont occupé fort longtemps une partie de l'Espagne.

[6] Montmartre est au nord de Paris; et le château de Bicêtre est

Toutesfois, redressant leur entre-pas tortu,
Ils guidoient la jeunesse au chemin de vertu.
Son nez haut relevé sembloit faire la nique[1]   155
A l'Ovide Nason, au Scipion Nasique,
Où maints rubis balez[2], tous rougissans de vin,
Monstroient un *hac itur* à la Pomme de pin[3];
Et, preschant la vendange, asseuraient en leur trongne
Qu'un jeune médecin vit moins qu'un vieux yvrongne.   160
Sa bouche est grosse et torte, et semble, en son porfil[4],

au midi. Bicêtre a pris son nom d'un évêque de Winchester en Angleterre, qui, en 1290, fit bâtir un château en cet endroit. Aujourd'hui c'est un hospice. Le Caporali, tercet 35 :

> Et comme disse del signor Ferrante,
> Quel vostro amico hà di due gambe, l'una
> Volta a settentrion, l'altra a levante.

[1] Le Caporali, tercet 24 :

> Stassi il naso fecundo in se raccolto,
> Che fe stupir Nason, non che Nasica,
> E gridano : O che naso ! onde l'hai tolto ?

[2] On écrit et on prononce aujourd'hui *rubis balais*. Villon appelle ingénieusement ces boutons colorés, *des rubis de taverne*.

[3] Ancien et fameux cabaret de Paris, presque vis-à-vis l'église paroissiale de la Magdeleine, proche le pont Notre-Dame. Rabelais parle de la *Pomme de pin* comme d'un cabaret célèbre : « Puis cauponizons ès tabernes méritoires de la Pomme de pin, du Castel, etc. » Le poëte Villon en a fait mention dans son petit Testament, quatorzième couplet : *Le trou de la Pomme de pin;* et dans son grand Testament:

> Aller, sans chausse, en eschappins,
> Tous les matins quand il se lieve,
> Au trou de la Pomme de pin.

Il en est aussi parlé dans les *Repues franches*.

> L'ung fit emplir de belle eaue claire,
> Et vint à la Pomme de pin.

Boileau, dans sa troisième satire, parle de Crenet, ou Creney, qui tenoit ce cabaret.

[4] Le Caporali, tercet 25 :

> Torta, e grossa è la bocca, ove s'intrica
> Un' ordine di denti mal tessuto,
> Ove la roge infetta si nutrica.

Celle-là d'Alizon, qui, retordant du fil,
Fait la moue aux passans, et, féconde en grimace,
Bave comme au printemps une vieille limace.
Un rateau mal rangé pour[1] ses dents paroissoit,   165
Où le chancre et la rouille en monceaux s'amassoit ;
Dont pour lors je cogneus, grondant quelques paroles,
Qu'expert il en sçavoit crever ses éverolles[2] :
Qui me fit bien juger qu'aux veilles des bons jours
Il en souloit roigner ses ongles de velours.   170
Sa barbe, sur sa joue esparse à l'avanture[3],
Où l'art est en colère avecque la nature[4],
En bosquets s'eslevoit, où certains animaux,
Qui des pieds, non des mains, luy faisoient mille maux.

Quant au reste du corps, il est de telle sorte,
Qu'il semble que ses reins et son espaule torte   175
Facent guerre à sa teste, et par rebellion
Qu'ils eussent entassé Osse sur Pélion[5] ;

---

[1] On lit dans quelques éditions *par* ses dents.

[2] Nicot, au mot *Aérole*, dit « que plusieurs écrivent et prononcent *caurole, ampoule ;* et à la vérité c'est comme une petite ampoule, ou bouteille, et vessie pleine d'eau. » Oudin, dans son Dictionnaire françois-espagnol, dit, *caurole, aérole,* qu'il explique par ces mots espagnols, *calmaxarra, limeta.* Le même Caporali, tercet 26 :

> Et con questi sovente io l'ho veduto
> Hor franger le vesiche, e hor tosarsi
> L'ugna sua foderate di velluto.

[3] Caporali tercet 28 :

> Si ch'io possa scrivendo in vostro honore,
>   Rapresentar la costui barba in carte,
>   Non essendo io poeta, ne pittore.
> La qual rara e mal tinta si disparte,
>   Da le sudice gote con gl'irsuti
>   Mostacci, fregia la natura, e l'arte.
> Ivi certi animai tondi, e branchuti,
>   Con molta ostination piatano insieme,
>   I maggiori, i mezzani, e più minuti, etc.

[4] On est en colère contre quelqu'un, mais non pas avec quelqu'un.

[5] *Pélion* étoit écrit *Pellion* dans les éditions de 1612, et

Tellement qu'il n'a rien en tout son attelage[1]
Qui ne suive au galop la trace du visage[2].
Pour sa robbe, elle fut autre qu'elle n'estoit 180
Alors qu'Albert le Grand[3] aux festes la portoit ;
Mais toujours recousant pièce à pièce nouvelle,
Depuis trente ans c'est elle, et si ce n'est pas elle :
Ainsi que ce vaisseau des Grecs tant renommé [4],
Qui survescut au temps qui l'avoit consommé. 185

1613, faites pendant la vie de l'auteur. *Ossa* et *Pélion*, montagnes de Thessalie, qui servirent aux prétendus géants pour escalader le ciel.

> Pour détrôner les dieux, leur vaste ambition
> Entreprit d'entasser Osse sur Pélion,

dit Boileau. *Traité du Sublime*, chap. vi.

[1] *Attelage* regarde les chevaux, comme *équipage* regarde les hommes. Il est vrai néanmoins, comme il s'agit ici d'un animal domestique ennemi de l'homme, ce seroit lui faire trop d'honneur que de lui donner un *équipage* : c'est bien assez que de lui accorder un *attelage*.

[2] Le même Caporali, tercet 34 :

> L'altre sue membra, poi come le braccia,
> E'l petto, e'l collo, à passo non erranto
> Seguon del volto la difforme traccia.

[3] Fameux docteur de Paris, grand philosophe et grand théologien, de l'ordre de Saint-Dominique. Il florissait sous le règne de saint Louis, et mourut à Cologne, l'an 1280.

[4] C'est celui qui porta Thésée d'Athènes en l'île de Crète, pour aller combattre le Minotaure. Les Athéniens conservèrent ce vaisseau pendant plusieurs siècles, en substituant des planches neuves à celles qui tomboient en pourriture : ce qui donna enfin occasion aux philosophes de ce temps-là de disputer si ce vaisseau, ainsi radoubé et renouvelé, étoit le même, ou si c'en étoit un autre. (PLUT., Vie de Thésée.) Le sieur de Sygognes, qui vivoit du temps de Régnier, a imité cet endroit dans la satire sur le Pourpoint d'un courtisan :

> Pièce sur pièce on y reboute
> Tant de fois, qu'on puisse estre en doute
> S'il reste rien du vieux pourpoint.
> Ainsi la nef pégasienne,
> Bien que changée à l'ancienne,
> A sa forme qui ne meurt point.

Une taigne affamée estoit sur ses espaules[1],
Qui traçoit en arabe une carte des Gaules[2].
Les pièces et les trous, semez de tous costez,
Représentoient les bourgs, les monts et les citez.
Les filets séparez, qui se tenoient à peine,   190
Imitoient les ruisseaux coulans dans une plaine.
Les Alpes, en jurant, luy grimpoient au collet ;
Et Savoy' qui plus bas ne pend qu'à un filet.
Les puces et les poux, et telle autre quenaille[3],
Aux plaines d'alentour se mettoient en bataille,   195
Qui, les places d'autruy par armes usurpant,
Le titre disputoient au premier occupant.

[1] *Taigne*, ou plutôt *teigne*, dartre qui vient à la tête, et l'on dit *tigne*, pour signifier un ver qui ronge les étoffes et les livres. Satire intitulée le Chapeau d'un courtisan :

> La teigne, qui prend nourriture
> De la laine et de la teinture,
> Ne vous peut désormais ronger :
> Dans votre crasse et pourriture
> Elle trouve sa sépulture,
> Et s'étouffe au lieu de manger.

Le Caporali, tercet 52 :

> Ov' un tigno domestico s'en viene,
> E v'hà scritto in Arabico co'l dente ;
> Si è debile il filo à cui s'attiene.

[2] La description que Régnier fait dans les vers suivants semble être imitée du discours que tient frère Jean à Panurge dans Rabelais, liv. III, chap. xxviii : « Déjà vois-je ton poil grisonner en teste. Ta barbe, par les distinctions du gris, du blanc, du tanné et du noir, me semble une Mappemonde. Regarde ici : voilà l'Asie, ici sont Tigris et Euphrates ; voilà Africque, ici est la montagne de la lune. Veois-tu les palus du Nil ? Deçà est Europe. Veois-tu Thélème ? Ce toupet icy tout blanc, sont les monts Hyperborées. »

[3] *Quenaille* paroît une prononciation picarde. On dit aussi *quenaille* dans l'Angoumois (comme le marquent les vers que cite Balzac, p. 635 du tome II de ses œuvres in-fol.), en Saintonge et dans le pays d'Aunis. On a mis *canaille* dans l'édition de 1642, et dans les suivantes. Sans doute l'auteur a employé à dessein *quenaille*, comme un terme burlesque et corrompu, afin de rendre plus plaisante l'application qu'il en fait aux plus vils insectes, et pour marquer qu'il les trouve même indignes de

Or, dessouz ceste robbe illustre et vénérable,
Il avoit un jupon, non celuy de constable[1] ;
Mais un qui pour un temps suivit l'arrière-ban, 200

porter une injure qui convient quelquefois aux hommes. En effet, vers la fin de cette satire, il se sert du mot de *canaille*, en parlant des hommes : *Qui vouloit mettre barre entre celle canaille*.

[1] Le sieur de Sygognes commence ainsi une de ses épîtres en coq-à-l'âne :

> Il n'est rien plus beau ny plus stable,
> Qu'un teint de juppe de constable.

Le jupon étoit une espèce de grand pourpoint, ou de petit justaucorps qui avoit de longues basques. (Furetière.) On l'appeloit aussi *jupe*, que Monnet définit une espèce de hoqueton, ou saie, ample, ondoyant et volant. Il faut que cet habillement fût une marque de distinction; témoin ce que notre auteur ajoute, que ce *jupon* n'étoit pas *celui de constable*; témoin aussi ce passage de Rabelais, l. V, chap. XII : « Frère Jean, impatient de ce qu'avoit desduit Grippeminaud, dist : Hau! monsieur le diable *engiponné*, comment veux-tu qu'il responde d'ung cas lequel il ignore? » Il l'appelle *engiponné*, à cause du *jupon* que portoit Grippeminaud, archiduc des chats-fourrés, ou gens de chicane. Molière nous en fournit une autre preuve dans son *Tartufe*, acte V, sc. IV, où l'on dit à M. Loyal :

> Vous pourriez bien ici, sur votre noir jupon,
> Monsieur l'huissier à verge, attirer le bâton :

ce qui s'accorde bien avec ce que dit Furetière, au mot *connestable*, qu'en Angleterre, *connestable* signifie un sergent : en quoi néanmoins il se trompe. Le *connestable* en Angleterre (en anglois *constable*) est proprement ce qu'on appelle à Paris *commissaire* du quartier.

L'auteur du *Moyen de parvenir*, contemporain de Régnier, a dit dans son dernier chapitre : « J'ai quasi juré comme un connestable, et pris Dieu partout. »

Quoique dans la basse latinité on ait dit *constabularius*, on n'a jamais dit en françois *constable*, pour *connestable*. Régnier et Sygognes, satiriques contemporains, sont, à mon avis, les seuls qui aient employé ce mot en le joignant à celui de *jupon* ou de *jupe* : ce qui peut donner lieu à une conjecture assez singulière ; savoir, que quelqu'un de la maison illustre des *Constabili* de Ferrare, en françois *Constable*, ayant inventé cette sorte d'habillement, lui auroit donné son nom. C'est ainsi qu'on a appelé en France les *brandebourgs* et les *roquelaures* du nom de leurs inventeurs.

Quand en première nopce il servit de caban[1]
Au croniqueur Turpin[2] lors que par la campagne
Il portoit l'arbalestre au bon roy Charlemagne.
Pour asseurer si c'est ou laine, ou soye, ou lin[3],
Il faut en devinaille estre maistre Gonin[4].   205

[1] Espèce de manteau avec des manches. Ménage fait venir ce mot de *cappa*. Le Caporali, tercet 56 :

> Il saio che s'allaccia à la man dextra,
> Già fu gaban di monsignor Turpino,
> Che portava al re Carlo la balestra.

[2] Turpin, archevêque de Reims, accompagna Charlemagne dans la plupart de ses voyages; et, selon Trithème, il écrivit l'histoire de cet empereur, en deux livres. Dans la suite, un écrivain fabuleux et imposteur emprunta le nom de Turpin, qu'il mit à la tête d'un roman ridicule auquel il donna le titre d'*Histoire de Charlemagne*; ce qui a fait dire à Hottoman (*Franco-Gallia*, chap. v) que c'est l'ouvrage d'un ignorant, qui a écrit des fables, et non pas une histoire. M. Huet (*Origine des romans*) assure que le livre des faits de Charlemagne, attribué à l'archevêque Turpin, lui est postérieur de plus de 200 ans. On le prétend de la fin du onzième siècle. Il y en a des éditions faites à Paris en 1527 et en 1583, et même bien auparavant; et il a été inséré par Schardius dans un recueil de quatre anciens historiens ou chroniqueurs d'Allemagne.

[3] Le même Caporali, tercet 57 :

> Non è foggia di Greco, o di Latino,
> Fù uottou, fù velluto è poi fù raso.
> Et horà è più sottil che l'ormesino.

[4] Brantôme, sur la fin du premier volume de ses *Dames galantes*, parle d'un maître Gonin, fameux magicien, qui par des tours merveilleux de son art, divertissoit la cour de François Ier. Un autre maître Gonin, petit-fils du précédent, mais beaucoup moins habile, si l'on en croit Brantôme, vivoit sous Charles IX. Delrio, t. II de ses *Disquisitions magiques*, en rapporte un fait par où, s'il étoit véritable, il paroîtroit que le petit-fils ne cédoit en rien au grand-père. Nous avons aussi un livre en deux volumes sous le titre de *Tours de maître Gonin*, où, avec des choses assez médiocres, on a rassemblé d'assez jolis tours. Ce livre est du feu abbé Bordelon, à qui j'ai ouï dire plus d'une fois : « Je suis un mauvais auteur; mais, en récompense, je suis honnête homme. » Il avoit raison en tout sens : il étoit officieux, serviable, bon ami; aussi étoit-il aimé de tous ceux qui le connaissoient.

Sa ceinture honorable, ainsi que ses jartières [1],
Furent un drap du Seau [2], mais j'entends des lizières,
Qui sur maint cousturier [3] jouèrent maint rollet ;
Mais pour l'heure présente ils [4] sangloient le mulet.
 Un mouchoir et des gants, avecq' ignominie,   210
Ainsi que des larrons pendus en compagnie,
Luy pendoient au costé, qui sembloient, en lambeaux [5],
Crier en se mocquant : Vieux linges, vieux drapeaux [6] !
De l'autre, brimballoit [7] une clef fort honneste,
Qui tire à sa cordelle une noix d'arbaleste.   215
 Ainsi ce personnage, en magnifique arroy [8]
Marchant *pedetentim* [9], s'en vint jusques à moy,
Qui sentis à son nez, à ses lèvres décloses,
Qu'il fleuroit bien plus fort, mais non pas mieux que roses [10].

[1] On écrit *jarretières*.

[2] Ainsi nommé d'une petite ville appelée le *Seau*, dans le Berri. C'est un gros drap dont l'usage est fort bon ; mais les draps du Languedoc ont prévalu sur les draps du Seau. *Mais j'entends des lizieres*. De *lizières*, dans toutes les éditions avant 1642.

[3] *Qui* chez *maint*, éditions de 1642 et suivantes.

[4] *Elles*. la ceinture et les jarretières.

[5] J'ai vu de bonnes gens du temps jadis qui portoient encore les gants pendus à la ceinture.

[6] C'est le cri des revendeuses qui cherchent à acheter de vieilles hardes, de vieux chiffons.

[7] Terme burlesque, pour dire, qui branloit de côté et d'autre ; et Marot s'en est servi en ce sens dans l'épigramme du laid Tétin : *Tétin qui brimballe à tout coup*.

[8] En magnifique *équipage*.

[9] *Pedetentim*, mot latin, *pied à pied, tout doucement*. Ce mot avoit aussi été employé par le Caporali, dans le portrait de son pédant, tercet 38 :

Pedetentin s'accosta al dotto Scrinio.

Il est visible que le poëte italien et le poëte françois ont pensé à l'allusion que fait ce mot à celui de *pédant* ; ou même parce que ce mot représente très-bien la marche grave et lente d'un pédant, *qui marche* toujours

     à pas comptés
Comme un recteur suivi des quatre facultés.
     BOILEAU, sat. III.

[10] Régnier a emprunté cette expression proverbiale de Rabe-

Il me parle latin, il allègue, il discourt. 220
Il réforme à son pied les humeurs de la court :
Qu'il a pour enseigner une belle manière[1] ;
Qu'en son globe il a veu la matière première[2] ;
Qu'Épicure est yvrongne, Hyppocrate un bourreau,
Que Barthole et Jason ignorent le barreau ; 225
Que Virgile est passable, encor' qu'en quelques pages[3]
Il méritast au Louvre estre chifflé[4] des pages ;
Que Pline est inégal ; Térence un peu joly[5] :
Mais sur-tout il estime un langage poly[6].
    Ainsi sur chaque autheur il trouve de quoy mordre. 230
L'un n'a point de raison, et l'autre n'a point d'ordre ;
L'autre avorte avant temps des œuvres qu'il conçoit.
Or'[7] il vous prend Macrobe, et luy donne le foit.

lais, liv. I, chap. I. *Un... joly, petit, moisy, livret, plus, mais non mieux sentant que roses.*

[1] Boileau a cité ces douze vers, comme un beau portrait du pédant. Voyez dans sa cinquième réflexion critique sur Longin.

[2] Le même Caporali, tercet 40 :

    E qui divien perito, e qui si stima
      Haver leggendo certi commentari
      Viduto ignuda la materia prima,

[3]   Studia à stafetta il testo d'Hippocrate,
      E in quanto al suo giuditio in molti passi
      Et mertarebbe haver le staffilate.
          Le même, tercet 42.

[4] *Chiffler* se dit encore par la populace de quelques-unes de nos provinces.

[5]   Ogni buono scrittor latino affrappa,
      Hor nota Plinio, hor nota Juvenale,
      Hor la vuol con Macrobio à spada, e cappa.
          Le même, tercet 44.

[6]   Gli piaccion molto le lettre polite, etc.
          Le même, tercet 45.

    A mon gré le Corneille est joli quelquefois.
    En vérité, pour moi, j'aime le beau françois.
        BOILEAU, sat. III.

[7] *Or* pour *ore*, ou *ores*, maintenant.

Cicéron, il s'en taist, d'autant que l'on le crie
Le pain quotidien de la pédanterie.   235
Quant à son jugement, il est plus que parfait,
Et l'immortalité n'ayme que ce qu'il fait.
Par hazard disputant, si quelqu'un luy réplique [1],
Et qu'il soit à *quia :* Vous estes hérétique [2],
Ou pour le moins fauteur ; ou, Vous ne savez point   240
Ce qu'en mon manuscrit j'ay noté sur ce point.

   Comme il n'est rien de simple, aussi rien n'est durable :
De pauvre on devient riche, et d'heureux misérable.
Tout se change : qui fist qu'on changea de discours.
Après maint entretien, maints tours et maints retours,   245
Un valet, se levant le chapeau de la teste,
Nous vint dire tout haut que la souppe estoit preste [3].
Je cogneu qu'il est vray ce qu'Homère en escrit [4],
Qu'il n'est rien qui si fort nous resveille l'esprit ;
Car j'eus, au son des plats, l'ame plus altérée,   250
Que ne l'aurait un chien au son de la curée.

---

[1] Le Caporali, tercet 43 :

> Hor con gli amici disputando stassi,
>   E se per caso in qualche dubbio incappa,
>   Dice : Son luoghi heretici, io gli ho cassi.

[2] Accusation fort ordinaire en ce temps-là, depuis l'introduction du calvinisme.

[3] On servait alors la soupe au repas du soir, usage que l'on ne pratique plus depuis longtemps. *Cœna*, au contraire, qui signifie le *souper*, signifioit, selon *Festus*, le dîner chez les anciens.

[4] Rien, ce me semble, ne revient mieux dans tout Homère au sens de ce vers que l'endroit du dix-neuvième livre de l'*Iliade*, depuis le cent cinquante-cinquième jusqu'au cent soixante-dixième vers, où Ulysse, voyant Achille prêt à mener les Grecs au combat, lui représente qu'il n'est point à propos de les y mener à jeun ; parce que, dit-il, le pain et le vin, μένος ἐστὶ καὶ ἀλκή. Régnier interprète lui-même *réveiller l'âme,* par *réveiller l'esprit ;* et c'est le sens des mots ἦτορ et θυμός, au liv. IX de l'*Iliade,* v. 701, et dans l'*Odyssée,* soit au cinquième livre, vers 95, soit au quatorzième, vers 111. Ulysse dit encore merveille sur le boire et sur le manger, vers 215 et suivants du livre VII de l'*Odyssée.*

Mais, comme un jour d'hyver[1] où le soleil reluit,
Ma joie en moins d'un rien comme un esclair s'enfuit;
Et le ciel, qui des dents me rid à la pareille,
Me bailla gentiment le lièvre par l'oreille[2], 255
Et comme en une monstre[3], où les passe-volans,
Pour se monstrer soldats, sont les plus insolens;
Ainsi, parmy ces gens, un gros valet d'estable,
Glorieux de porter les plats dessus la table,
D'un nez de majordome[4], et qui morgue la faim, 260
Entra, serviette au bras, et fricassée en main;
Et, sans respect du lieu, du docteur, ni des sausses,
Heurtant table et tréteaux, versa tout sur mes chausses.
On le tance, il s'excuse; et moy, tout résolu,
Puis qu'à mon dam le ciel l'avoit ainsi voulu, 265
Je tourne en raillerie un si fascheux mystere[5] :
De sorte que monsieur m'obligea de s'en taire.

Sur ce point on se lave, et chacun en son rang
Se met dans une chaire[6], ou s'assied sur un banc,
Suivant ou son mérite, ou sa charge, ou sa race, 270
Des niais, sans prier, je me mets en la place[7],
Où j'estois résolu, faisant autant que trois,
De boire et de manger comme aux veilles des Rois.
Mais, à si beau dessein défaillant la matière,

---

[1] Dans toutes les éditions on lisoit : *Mais comme un jour d'esté*. Il est visible que l'auteur ou les imprimeurs avoient mis l'*esté* pour l'*hyver;* faute qui, s'étant glissée dans la première édition de 1608, s'est répandue dans toutes les éditions postérieures.

[2] *Rire des dents,* c'est se moquer. *Bailler le lièvre par l'oreille,* signifie faire semblant de donner une chose et l'ôter en même temps.

[3] C'est ce que nous appelons aujourd'hui Revue des troupes.

[4] Maître d'hôtel.

[5] *Mystère,* terme qui anciennement signifioit une comédie, ou représentation morale, comme *la farce* étoit une comédie joyeuse.

[6] Dans l'édition de 1642, et dans les suivantes, on a mis *chaise,* qui est le terme nouveau.

[7] *La place des niais,* la meilleure place.

Je fus enfin contraint de ronger ma littière, 275
Comme un asne affamé, qui n'a chardons ny foin,
N'ayant pour-lors de quoy me saouler au besoin.

Or, entre tous ceux-là qui se mirent à table,
Il n'en estoit pas un[1] qui ne fust remarquable,
Et qui, sans esplucher, n'avallast l'éperlan[2] ; 280
L'un en titre d'office exerçoit un berlan ;
L'autre estoit des suivans de madame Lipée[3] ;
Et l'autre chevalier de la petite espée[4] ;
Et le plus sainct d'entre eux (sauf le droict du cordeau)
Vivoit au cabaret, pour mourir au bordeau. 285

En forme d'eschiquier les plats rangés sur table
N'avaient ny le maintien, ny la grace accostable ;
Et, bien que nos disneurs mangeassent en sergens,
La viande pourtant ne prioit point les gens.
Mon docteur de menestre[5], en sa mine altérée, 290

---

[1] Dans l'édition de 1642, et dans les suivantes : *Il ne s'en trouva point.*

[2] Petit poisson de mer, ainsi nommé, selon Nicot, à cause de sa blancheur, qui imite celle la perle. *Avaler l'éperlan*, signifie manger goulument, avaler les morceaux tout entiers, sans éplucher et sans mâcher.

[3] Un parasite.

[4] Un filou, un coupeur de bourses, parce que les filous se servent de couteaux pour couper les bourses. Oudin, dans son Dictionnaire, au mot *Espée*, dit : *Compagnon, estafier, gentilhomme, officier de la courte espée.* 1. *Taglia-borse.* Le même Oudin, dans son Dictionnaire françois-espagnol, et dans ses *Curiosités françaises*, aux mots *Espée* et *Gentilhomme*, marque en termes exprès que c'est un proverbe vulgaire.

[5] Le mot italien *minestra* signifie une soupe ; d'où nous avons avons fait le proverbe, *un docteur de menestre.*

> L'ingrat époux lui fit tâter
> D'une menestre empoisonnée.
> SCARRON, satire contre un nommé Baron.

Ce vers de Régnier et les 27 suivants sont traduits d'une autre pièce du même Caporali, intitulée *Sopra la corte.*

> Mà il caso e che, s'incontro havea Pompeo.
> O il venerabil Cosia, ch' à la mensa,
> Havean più braccie e man che Briareo...

Avoit deux fois autant de mains que Briarée[1] ;
Et n'estoit, quel qu'il fust, morceau dedans le plat,
Qui des yeux et des mains n'eust un escheq et mat.
D'où j'aprins, en la cuitte, aussi bien qu'en la crue,
Que l'ame se laissoit piper comme une grue ; 295
Et qu'aux plats, comme au lict, avecq' lubricité,
Le péché de la chair tentoit l'humanité.

Devant moy justement on plante un grand potage,
D'où les mouches à jeun se sauvoient à la nage :
Le brouet estoit maigre ; et n'est Nostradamus 300
Qui, l'astrolabe en main, ne demeurast camus,
Si, par galanterie, ou par sottise expresse,
Il y pensoit trouver une estoile de gresse.
Pour moy, si j'eusse esté sur la mer de Levant[2],

> I rimasi tal volta stupefatto,
>   Che sempre ch' addocchiai qualche boccone,
>   Un di lor mi gli dava scacco matto.
> Si ch' all' hor m'accors' io, messer Trifone,
>   Che nella cotta, e nella cruda, il vitio
>   Della carne ci dà gran tentatione...
> Ecco di brodo piene la scudelle,
>   Dove non seppi mai d'unto o di grasso
>   Con l'astrolabio in man trovar due stelle.
> S'io fossi stato à quel naval fracasso,
>   Qual' hebbe il Turco, io potrei somigliare
>   La mia scudella al golfo di Patrasso.
> Pero ch' in essa si vedeano andare
>   A gala i corpi de le mosche lesse,
>   E i conversi in carbon, legni del mare.
> Qui, Trifon, se per caso alcun dicesse
>   Che la comparation non gisse à sesto,
>   E ch'io fossi obligato à l'interesse :
> Dite che legga Homero, ove in un testo
>   Fà una comparation di certe mosche,
>   Ne forse calza ben, si come in questo.
> Mà lasciam le question dubbiose, e fosche,
>   Hor che siamo à tinel, etc.

[1] Géant d'une énorme grandeur, à qui les poëtes ont donné cent bras et cinquante ventres. Sorel, dans le Banquet des dieux, inséré au troisième livre de son *Berger extravagant*, donne ingénieusement à ces dieux Briarée pour échanson.

[2] Comparaison magnifique d'un potage avec le golfe de Lépante, où l'armée navale des chrétiens confédérés remporta une

Où le vieux Louchali[1] fendit si bien le vent, 305
Quant Sainct-Marc s'habilla des enseignes de Thrace[2],
Je la comparerois au golphe de Patrasse[3] :
Pour ce qu'on y voyoit, en mille et mille parts,

célèbre victoire sur les infidèles, le 7 d'octobre 1571. Du Bartas a fait sur cette victoire un poëme françois, intitulé *Lépanthe*, traduit d'un poëme latin de Jacques VI, roi d'Écosse.

[1] *Louchali, Ucchiali, Ochiali*, ou *Uluzzali* (car on trouve ce nom écrit de ces quatre manières), fameux corsaire, renégat natif de la Calabre en Italie. Dès sa jeunesse, il avoit été fait esclave par les Turcs, et avoit renoncé au christianisme pour recouvrer sa liberté. Il parvint à la vice-royauté d'Alger, et amassa de grandes richesses. On l'appeloit ordinairement le *vieux Louchali*. Pendant la guerre de Chypre, *Louchali* se joignit à l'armée navale des infidèles, et commanda l'aile gauche à la bataille de Lépante. Durant le combat, *Louchali* prit le large pour venir charger la flotte chrétienne par derrière et dans les flancs; mais, ayant appris la mort de Hali, chef de la flotte des Ottomans, il s'enfuit à toutes rames, suivi de trente-deux galères. C'est pourquoi Régnier dit que *Louchali fendit si bien le vent*, avec d'autant plus de raison que le vent étoit devenu contraire à l'armée navale des Turcs dès le commencement du combat.

[2] Sélim II, empereur des Turcs, ayant résolu de faire la conquête de l'île de Chypre, qui appartenoit aux Vénitiens, leur déclara la guerre en 1570. Les Vénitiens armèrent pour leur défense, et opposèrent aux infidèles une puissante ligue, formée par le pape avec tous les princes d'Italie et le roi d'Espagne. Les Turcs se rendirent maîtres de Chypre, mais ils perdirent la bataille de Lépante, où la flotte chrétienne, commandée par don Juan d'Autriche, fils naturel de Charles-Quint, et armée pour la défense des Vénitiens, remporta la victoire. Les enseignes et étendards des Turcs furent portés à Venise, dans l'église de Saint-Marc, patron de la ville et de la république, où elles faisoient une espèce de tapisserie. La *Thrace* étoit autrefois cette grande province que nous appelons aujourd'hui *Romanie*, où est la ville de Constantinople, capitale de l'empire des Turcs [*].

[3] Le golfe de *Patrasse*, ou *Patras*, est le golfe de Lépante. Ce

[*] Ce vers m'a fait souvenir d'un mot de M. le prince de Conti, en entrant à Notre-Dame, au *Te Deum* qui devoit se chanter pour la victoire de Marsaille. Il tenoit M. de Luxembourg par la main, et cette cathédrale se trouvoit alors tendue d'un bout à l'autre des drapeaux que ce général avoit pris sur les ennemis à Fleurus, à Steinkerque, et tout récemment à Nervinde. *Messieurs*, dit le prince en écartant la foule qui embarrassoit la porte, *laissez passer le tapissier de Notre-Dame*. (J. B. Rousseau, lettre à Brossette, 4 mars 1730.)

Les mousches qui flottoient en guise de soldarts,
Qui morts semblaient encor', dans les ondes salées, 310
Embrasser les charbons des galeres bruslees.

J'oy, ce semble, quelqu'un de ces nouveaux docteurs,
Qui d'estoc et de taille estrillent les autheurs,
Dire que cette exemple est fort mal assortie[1].
Homère, et non pas moy, t'en doit la garantie, 315
Qui dedans ses escrits, en de certains effets,
Les compare peut-estre aussi mal que je faits[2].

Mais retournons à table, où l'esclanche en cervelle[3],
Des dents et du chalan séparoit la querelle ;
Et, sur la nappe allant, de quartier en quartier, 320
Plus dru qu'une navette au travers d'un mestier,
Glissoit de main en main, où sans perdre advantage,
Esbréchant le cousteau, tesmoignoit son courage :
Et durant que brebis elle fut parmy nous,
Elle sceut bravement se défendre des loups; 325
Et de se conserver elle mit si bon ordre,
Que, morte de vieillesse, elle ne sçavoit[4] mordre.

golfe prend son nom de la ville de *Patrazzo* dans la Morée, et de la ville de *Lépante* dans l'Achaïe, lesquelles sont situées sur ce golfe. C'est dans le même endroit que César-Auguste défit Marc-Antoine et la reine Cléopâtre, à la fameuse bataille d'Actium, qui décida de l'empire romain.

[1] A présent *exemple* est masculin dans ce sens.

[2] Homère emploie souvent les mouches dans ses comparaisons : *Iliade*, liv. IV, XVI, XVII, XIX, etc. Régnier n'est pas le seul critique qui l'en ait repris ; on peut voir ce qu'en a dit M. l'abbé Terrasson, cet implacable ennemi d'Homère, dans sa Dissertation critique sur l'*Iliade*, part. IV, ch. v. Mais il faut voir aussi ce qu'en a écrit madame Dacier, pour justifier ce grand poëte dont elle avoit fait son amant favori ; car elle ne laissoit pas de jeter quelquefois des regards favorables sur les autres Grecs et Latins.

[3] C'est-à-dire en mauvaise humeur, ou fort dure ; ou bien l'éclanche en mouvement, et passant de main en main, suspendoit la querelle des dents et du chalan ; c'est-à-dire la peine qu'on avoit à mâcher le pain chalan, qui étoit fort dur. On appelle à Paris *pain chalan* ou *chaland* une sorte de pain grossier.

[4] *Elle ne sçauroit*, dans toutes les éditions, avant celle de 1642.

A quoy, gloutton oyseau, du ventre renaissant
Du fils du bon Japet[1], te vas-tu repaissant?
Assez, et trop long-temps, son poulmon tu gourmandes : 330
La faim se renouvelle au change des viandes.
Laissant là ce larron, vien icy désormais,
Où la tripaille est frite en cent sortes de mets.
Or durant ce festin damoyselle Famine,
Avecq' son nez étique, et sa mourante mine,   335
Ainsi que la Cherté par esdict l'ordonna,
Faisoit un beau discours dessus la Lezina[2];
Et, nous torchant le bec, alléguoit Symonide[3],
Qui dict, pour estre sain, qu'il faut mascher à vuide.
Au reste, à manger peu, monsieur beuvoit d'autant   340
Du vin qu'à la taverne on ne payoit contant ;
Et se faschoit qu'un Jean, blessé de la logique,
Luy barbouilloit l'esprit d'un *ergo* sophistique[4].

[1] Prométhée, fils de Japet, fut enchaîné sur le mont Caucase, par ordre de Jupiter, et tous les jours un aigle lui venoit manger le foie qui renaissoit la nuit.

[2] Allusion à un ouvrage plaisant, composé en italien vers la fin du seizième siècle, et intitulé : *Della famosissima Compagnia della Lezina, Dialogo, Capitoli*, etc., par un nommé *Vialardi*. L'auteur de cette plaisanterie feint l'établissement d'une compagnie composée de plusieurs officiers, dont les noms et les emplois sont conformes à leur institut; et le but de cet établissement est l'épargne la plus sordide. Il y a des statûts qui portent la lésine au plus haut point de raffinement, jusqu'à ordonner de porter la même chemise aussi longtemps que l'empereur étoit à recevoir des lettres d'Égypte, c'est-à-dire 45 jours; de ne point jeter de sable sur les lettres fraîchement écrites, afin de diminuer d'autant le port de la lettre (Ricordi, 16 et 41), et plusieurs autres pratiques semblables. On a fait aussi en italien la *Contra-Lezina*, et une comédie intitulée *le Nozze d'Antilezina*, ouvrage traduit en françois, et imprimé à Paris, chez Saugrain, en 1604, in-12.

[3] Simonide, poëte lyrique grec.

[4] Le *monsieur*, dans cette satire, est celui qui donne à manger. Jean est ce *suivant de madame Lipée*, c'est-à-dire un parasite. Comme tous les convives sont caractérisés, le caractère de ce Jean étoit de faire le raisonneur, le dialecticien; et c'est de quoi se plaint le *monsieur*, qui, ne pouvant soudre les arguments de cet ergoteur, appelle plus loin le pédant à son secours.

SATYRE X.

Esmiant, quent à moy, du pain entre mes doigts,
A tout ce qu'on disoit doucet je m'accordois,   345
Leur voyant de piot¹ la cervelle eschauffée,
De peur, comme l'on dit, de courroucer la fée².

Mais à tant d'accidens l'un sur l'autre amassez,
Sçachant qu'il en falloit payer les pots cassez,
De rage, sans parler, je m'en mordois la lèvre;   350
Et n'est Job, de despit, qui n'en eust pris la chèvre.
Car un limier boiteux, de galles damassé,
Qu'on avoit d'huile chaude et de souffre graissé,
Ainsi comme un verrat enveloppé de fange,
Quand sous le corcelet³ la crasse luy démange,   355
Se bouchonne partout : de mesme, en pareil cas,
Ce rongneux las-d'aller⁴ se frottoit à mes bas;
Et, fust pour estriller⁵ ses galles et ses crottes,

---

¹ Terme populaire pour dire boisson ; de πιεῖν, mot grec qui signifie boire ; et j'ai vu un livre où il est fort parlé du roi des pions ou des buveurs.

² On dit en proverbe *qu'il ne faut pas courroucer la fée;* et ce proverbe s'explique par cet autre, *il ne faut pas réveiller le chat qui dort;* c'est-à-dire qu'il faut laisser en repos ceux qui nous peuvent faire du mal. Clément Marot a employé cette façon de parler dans sa quarante-deuxième épître, ou première du *Coq-à-l'âne :*

> Il fait bon être papelard,
> Et ne courroucer point les fées;
> Toutes choses qui sont coiffées
> Ont moult de lunes en la tête.

³ Le *corselet,* figurément, est pris pour le ventre; comme l'armet, ou le casque, pour la tête : le contenant, pour le contenu. La boue dans laquelle les pourceaux ont coutume de se vautrer fait sur eux une espèce de corselet ou de cuirasse.

⁴ *Las-d'aller* est un substantif : terme populaire : *Ce las-d'aller rogneux. Las-d'aller,* dans Rabelais, liv. I, ch. XXXVIII et XLV, est un des six pèlerins que Gargantua mangea en salade. Dans la passion par personnages, fol. 139, Nachor dit au valet Maucourant :

> Ça haut, saoul d'aller,
> Maucourant, vien bientost parler
> A monseigneur.

⁵ *Et voulant étriller,* ou bien, *et soit qu'il voulût étriller.*

De sa grace il graissa mes chausses pour mes bottes,
En si digne façon, que le fripier Martin, 360
Avecq' sa malle-tache, y perdroit son latin¹.
　　Ainsi qu'en ce despit le sang m'eschauffoit l'ame,
Le monsieur son pédant à son aide réclame²,
Pour soudre l'argument; quand d'un sçavant parler
Il est qui fait la moue aux chimères en l'air. 365
Le pédant, tout fumeux de vin et de doctrine,
Respond, Dieu sçait comment. Le bon Jean se mutine³ ;
Et sembloit que la gloire, en ce gentil assaut,
Fust à qui parleroit, non pas mieux, mais plus haut.
Ne croyez en parlant que l'un ou l'autre dorme. 370

¹ Furetière, au mot *male-bosse*, lit :

> Et le fripier Martin,
> Avec sa male-bosse, y perdroit son latin.

D'où il suivroit que Régnier auroit entendu parler d'un fripier bossu nommé Martin ; ce qui rend le vers plus intelligible qu'il n'est lorsqu'on dit *male-tache*. Mais comme vraisemblablement Furetière a cité de mémoire cet endroit, son exemple ne nous autorise pas à substituer *male-bosse* à *male-tache*, qu'on lit dans toutes les éditions. Il est vrai qu'au lieu de *sa male-tache*, il faudroit que tout au contraire il y eût, *avec son secret pour lever la male-tache*. Mais on peut sauver le contre-sens, en rapportant le pronom *sa*, non pas à *fripier*, mais à *limier*, en sorte que sa *male-tache* soit la male-tache du limier, c'est-à-dire la male-tache que le limier a faite ; comme en ces vers de la satire XVII :

> La playe de vos yeux est toujours incurable.

La plaie de vos yeux signifie la plaie que vos yeux ont faite. Du temps de Régnier on disoit absolument *la male-tache*, pour signifier le fripier, ou le dégraisseur, qui ôtoit les taches : témoin cette strophe de la satire de Sygognes, contre le pourpoint d'un courtisan :

> Maintefois le maistre bravache
> Eust appelé la male-tache,
> Pour ce vieux chiffon dégresser ;
> Mais faute d'un qui lui succède,
> Il n'y a point eu de remède
> Que son dos l'ait voulu laisser.

² Voyez la note 1, p. 182.
³ L'homme blessé de la logique, *le faiseur d'arguments*.

Comment! vostre argument, dit l'un, n'est pas en forme [1].
L'autre, tout hors du sens : Mais c'est vous, malautru [2],
Qui faites le sçavant, et n'estes pas congru.
L'autre : Monsieur le sot, je vous feray bien taire.
Quoi! comment! est-ce ainsi qu'on frappe Despautère [3]. 375
Quelle incongruïté! Vous mentez par les dents.
Mais vous?... Ainsi ces gens, à se picquer ardens,
S'en vindrent du parler à tic tac, torche, lorgne [4];
Qui casse le museau; qui son rival esborgne [5];
Qui jette un pain, un plat, une assiette, un couteau; 380
Qui pour une rondache [6] empoigne un escabeau.

[1] C'est le pédant qui parle. Il n'y a pas de plus grande injure pour un pédant que de lui faire un argument qui n'est pas en forme. Il faut remarquer le dialogue dans ce vers et dans les six vers suivants.

[2] *Malotru*, mal bâti, mal fait. Du latin *malè structus*.

[3] Le pédant reproche à l'autre qu'il *frappe Despautère*, c'est-à-dire qu'il pèche contre les règles de la grammaire; comme on disoit autrefois, *donner un soufflet à Ronsard*, quand on péchoit contre la pureté du langage. Ménage dans sa requête des Dictionnaires :

> Si bien que les petits grimauds
> Ne rencontrant point tous ces mots,
> Suivant notre ordre alphabétique,
> Qui retient l'orthographe antique,
> Entrent aussitôt en courroux,
> Et lors nous frappent à grands coups,
> Souffletant le Dictionnaire,
> Aussi bien que le Despautère.

Jean Despautère, célèbre grammairien, mourut en 1520. Il a composé des livres de grammaire d'un grand usage dans les collèges.

[4] Ces mots expriment le bruit que font plusieurs coups donnés et reçus dans une émeute. *Torche, lorgne*, signifie particulièrement *à tort et à travers*. Rabelais, liv. I, chap. xix, fait dire à maître Janotus de Bragmardo, à la fin de sa harangue : *Mais nac petetin petetac, ticque, torche lorgne*. Le même au chapitre xxix du livre II. *En frappant torche lorgne dessus le géant*. Et au livre IV, chapitre lvi, où M. le Duchat fait observer, que la plupart de ces mots sont pris de la célèbre chanson du musicien Jennequin, intitulée *La bataille ou défaite des Suisses à la journée de Marignan*.

[5] *L'un* casse le museau, *l'autre* éborgne son rival, etc.

[6] Sorte de bouclier, arme défensive qui étoit ronde.

144 POÉSIES DE RÉGNIER.

L'un faict plus qu'il ne peut, et l'autre plus qu'il n'ose.
Et pense[1], en les voyant, voir la métamorphose
Où les Centaures saouz, au bourg Attracien[2],
Voulurent, chauds de reins, faire nopces de chien ;   385
Et, cornus du bon père[3], encorner le Lapithe[4],
Qui leur fit à la fin enfiler la guerite,
Quand, avecques des plats, des tréteaux, des tisons,
Par force les chassant my-morts de ses maisons,
Il les fit gentiment, après la tragédie,   390
De chevaux devenir gros asnes d'Arcadie[5].

Nos gens en ce combat n'estoient moins inhumains,
Car chacun s'escrimoit et des pieds et des mains ;
Et, comme eux, tous sanglans en ces doctes alarmes,
La fureur aveuglée en main leur mit des armes[6].   395
Le bon Jean crie au meurtre, et ce docteur, Harault[7] !

[1] Et je pense.
[2] C'est ce bourg de la Thessalie, *Atrax* ou *Atracia*, où les Lapithes et les Centaures se battirent aux noces de Pirithoüs. Ovide a amplement décrit ce combat, au livre XII de ses *Métamorphoses*.
[3] Les cornes ayant passé de tout temps pour un symbole de force et de courage, Bacchus a été représenté cornu, parce que le vin donne de la force et du courage aux foibles et aux poltrons. Le *bon père*, dans ce vers, n'est autre que Bacchus. Ainsi les centaures *cornus du bon père* et les centaures *animés par le vin* sont la même chose. Voilà ce qui s'appelle une obscurité affectée : si un poëte latin l'avoit dit, on feroit force commentaire sur cet endroit, comme on le voit sur cet endroit d'Horace, qui, en apostrophant sa bouteille, ode xxi, du liv. III, lui dit : *Et addis cornua pauperi* ; ce qu'Ovide, liv. I, *de Arte amandi*, a imité lorsque, parlant des effets du vin, il s'en explique en ces termes : *Tunc veniunt risus, tunc pauper cornua sumit*.
[4] Pirithoüs, roi des Lapithes.
[5] Les centaures étoient moitié hommes et moitié chevaux.
[6]   Furor arma ministrat.
           Virg., *Æneid.*, lib. II.
[7] Il faut dire *Haro* : c'est un cri de justice fort usité en Normandie, qui a la force de faire arrêter prisonnier, tant celui qui le crie, que celui sur qui on le crie, jusqu'à ce qu'on leur ait rendu justice.

Le monsieur dict, Tout beau ! l'on appelle Girault.
A ce nom, voyant l'homme et sa gentille trongne,
En mémoire aussi-tost me tomba la Gascongne :
Je cours à mon manteau, je descends l'escalier, 400
Et laisse avecq' ses gens monsieur le chevalier[1],
Qui vouloit mettre barre entre ceste canaille[2].
Ainsi, sans coup férir, je sors de la bataille,
Sans parler de flambeau, ny sans faire autre bruit.
Croyez qu'il n'estoit pas. O nuict, jalouse nuict[3] ! 405
Car il sembloit qu'on eust aveuglé la nature ;
Et faisoit un noir brun, d'aussi bonne teinture
Que jamais on en vit sortir des gobelins[4].

Le chevalier de la petite épée, dont il est parlé page 176.

Quelques vers de Clément Marot, tirés de son *Enfer*, serviront ici de commentaire : c'est dans l'endroit où il parle des plaideurs.

> Encor (pour vrai) mettre on n'y peut tel ordre,
> Que tousjours l'un l'autre ne veuille mordre.
> Dont raison veut qu'ainsi on les embarre,
> Et qu'entre deux soit mis distance et barre,
> Comme aux chevaux en l'étable hargneux.

On sait qu'à l'audience, comme à l'écurie, on sépare les plaideurs et les chevaux par des barres.

[3] C'est le commencement d'une chanson de Desportes, oncle de Régnier. Voici le premier couplet de cette chanson, qui a été long-temps en vogue, et dont l'air se chante encore aujourd'hui :

> O nuict ! jalouse nuict, contre moi conjurée,
> Qui renflames le ciel de nouvelle clairté :
> T'ay-je donc aujourd'hui tant de fois desirée,
> Pour estre si contraire à ma félicité ?

Furetière, dans son *Roman bourgeois*, page 429, cite encore la même chanson, au sujet d'une personne fâchée d'être interrompue par l'arrivée de la nuit : « A son geste et à son regard parut assez son mécontentement ; sans doute que dans son âme elle dit plusieurs fois : O nuit ! jalouse nuit ! »

[4] Les *Gobelins*, maison située à l'extrémité du faubourg Saint-Marcel, et bâtie par *Gobelin*, fameux teinturier de la ville de Reims, sous le règne de François I*er*. L'hôtel des Gobelins appartient au roi ; et M. Colbert y établit en 1667 une manufacture royale des meubles de la couronne. Les eaux de la rivière de Bièvre, qui y passe, ont, à ce qu'on prétend, une qualité particulière pour la teinture des laines.

Argus pouvoit passer pour un des Quinze-Vingts[1].
Qui pis est, il pleuvoit d'une telle manière, 410
Que les reins, par despit, me servoient de gouttière;
Et du haut des maisons tomboit un tel dégout,
Que les chiens altérez pouvoient boire debout.
    Alors me remettant sur ma philosophie,
Je trouve qu'en ce monde, il est sot qui se fie, 415
Et se laisse conduire; et quant aux courtisans,
Qui, doucets et gentilz, font tant les suffisans,
Je trouve, les mettant en mesme patenostre,
Que le plus sot d'entr'eux est aussi sot qu'un autre.
Mais pour ce qu'estant là je n'estois dans le grain[2], 420
Aussi que mon manteau la nuict craint le serain;
Voyant que mon logis estoit loin, et peut-estre
Qu'il pourroit en chemin changer d'air et de maistre;
Pour éviter la pluye, à l'abry de l'auvent,
J'allois doublant le pas, comme un qui fend le vent : 425
Quand, bronchant lourdement en un mauvais passage,
Le ciel me fit jouer un autre personnage;
Car heurtant une porte, en pensant m'accoter,
Ainsi qu'elle obeyt, je vins à culbuter;
Et, s'ouvrant à mon heurt[3], je tombay sur le ventre. 430
On demande que c'est, je me relève, j'entre;
Et voyant que le chien n'aboyoit point la nuict,
Que les verroux graissez ne faisoient aucun bruit[4],

---

[1] Pour un aveugle.

[2] Je n'étois pas à mon aise. Métaphore empruntée des animaux que l'on nourrit de grain, et à qui on en donne plus qu'il ne leur en faut.

[3] *Heurt*, coup brusque et subit. Ce mot n'est plus usité; mais nous avons retenu *heurter*, pour dire frapper rudement.

[4] Quelle sage attention, quelle prudence d'avoir des gonds et des verrous qui ne font aucun bruit! Mais, après tout, cet usage n'étoit pas neuf, il étoit renouvelé des Latins, et peut-être même des Grecs. Tibulle n'avoit-il pas dit, liv. I, éleg. vii, vers 12 :

    Cardine nunc tacito vertere posse fores.

Horace, liv. I, ode xxv, dit au contraire que la porte d'une vieille

Qu'on me rioit au nez, et qu'une chambrière
Vouloit monstrer ensemble et cacher la lumière,   435
Je suy, je le voy bien... Je parle. L'on respond[1]...
Où, sans fleurs de bien dire, ou d'autre art plus profond[2],
Nous tombasmes d'accord. Le monde je contemple,
Et me trouve en un lieu de fort mauvais exemple.
Toutesfois il falloit, en ce plaisant malheur,   440
Mettre, pour me sauver, en danger mon honneur.

Puis donc que je suis là, et qu'il est près d'une heure,
N'espérant pour ce jour de fortune meilleure,
Je vous laisse en repos jusques à quelques jours,
Que, sans parler Phœbus, je feray le discours   445
De mon giste, où pensant reposer à mon aise,
Je tombay par malheur de la poisle en la braise.

coquette, qui s'ouvroit autrefois si facilement, demeure à présent toujours fermée.

> Amatque
> Janua limen,
> Quæ prius multum faciles movebat
> Cardines.

[1] Le troisième des vers suivants sert d'explication à celui-ci, dont le sens est suspendu, ce que j'ai marqué par des points..... Dans l'édition de 1642 et dans les suivantes, on a mis : *J'y suis, je te vois bien.*

[2] On lit dans les éditions de 1616, 1617, 1625 : *Où sans fleurs du bien dire.* La Fontaine a dit sur cette matière : *En beaux louis se content les fleurettes.*

NOUVELLES REMARQUES.

Vers 20. *Font les fautes plus lourdes;* le sens et la grammaire exigent les *plus lourdes.*

Vers 27. *Qu'ils ont si bon cerveau;* cette construction elliptique était familière à Régnier; si elle n'a pas été conservée, c'est parce qu'elle rend presque toujours l'expression obscure.

Vers 31. *Souz ombre de chere,* sous apparence de bon accueil.

Vers 48. *Je barbotte une excuse;* on dirait aujourd'hui *je marmotte.*

Vers 49. *Il ne garit de rien,* il ne sert de rien ; il est tout à fait inutile.

Vers 85. *Il n'ira pas ainsi;* il n'en sera pas ainsi.

Vers 105. *On apporte la nappe, et met-on le couvert;* le second *on* se plaçait élégamment après le verbe.

Vers 141. *D'où nasquit dix Catons, et quatre-vingts Préteurs :* c'est *naquirent* que le poëte devait écrire; le verbe ne peut être pris impersonnellement.

Vers 144. *Ressemble un de ces dieux;* nous dirions aujourd'hui *ressemble à un de ces dieux;* mais alors *ressembler* était employé comme verbe transitif ou actif.

Vers 161, 175. *Sa bouche est grosse et torte.* — *Il semble que ses reins et son espaulé torte.* — Ce féminin s'est encore conservé dans *jambe torte, bouche torte;* mais *jambe torse, bouche torse* est d'un meilleur usage.

Vers 185. *Depuis trente ans c'est elle, et si ce n'est pas elle;* c'est-à-dire : c'est elle et *pourtant* ce n'est pas elle.

Vers 203, 215. *Il portait l'arbalestre.* — *Une noix d'arbalestre.* — On ne dit plus aujourd'hui qu'*arbalète* : mais de la première forme il est resté le dérivé *arbalétrier.*

Vers 222. *Qu'il a...* construction elliptique que nous avons déjà signalée. Ici, et dans les vers qui suivent, elle ne présente aucune obscurité.

Vers 234. *Crie,* proclame, de cri, proclamation.

Vers 244. *Tout se change : qui fist qu'on changea de discours; ce* est encore ici supprimé ; cette ellipse de l'antécédent est depuis très-longtemps hors d'usage.

Vers 308. *Pour ce qu'on y voyoit,* attendu que, parce que.

Vers 431. *On demande que c'est;* on dit familièrement : *on demande qui c'est;* mais il faut dire : *on demande ce que c'est;* ainsi l'a voulu l'usage.

XI[1]

SUITE

LE MAUVAIS GISTE

Voyez que c'est du monde, et des choses humaines[1].
Toujours à nouveaux maux naissent nouvelles peines[2];
Et ne m'ont les destins, à mon dam trop constans,
Jamais, après la pluye, envoyé le beau temps.

---

[1] C'est principalement au sujet de cette satire que Boileau avoit reproché à Régnier d'avoir prostitué les Muses :

> Heureux, si moins hardi, dans ses vers pleins de sel,
> Il n'avoit point traîné les muses au bordel ;
> Et si du son hardi de ses rimes cyniques,
> Il n'alarmoit souvent les oreilles pudiques.

Mais Boileau, pour ne point commettre la même faute qu'il reprochoit à Régnier, changea les deux premiers vers de cette manière, tels qu'ils sont dans le second chant de son *Art poétique*:

> Heureux, si ses discours, craints du chaste lecteur,
> Ne se sentoient des lieux où fréquentoit l'auteur.

Sans vouloir justifier Régnier sur le choix du sujet de cette pièce, qui est extrêmement condamnable, on peut dire que le vice y est peint avec des couleurs les plus capables d'en donner de l'horreur.

Cette satire ne parut point dans l'édition de 1608; elle fut imprimée dans celle de 1612.

[2] Régnier reproduit la même pensée vers le milieu de cette satire :

> Toujours à nouveau mal nous vient nouveau soucy.

Estant né pour souffrir, ce qui me réconforte,   5
C'est que sans murmurer la douleur je supporte,
Et tire ce bonheur du malheur où je suis,
Que je fais en riant, bon visage aux ennuis¹ ;
Que le ciel affrontant je nazarde la lune,
Et voy sans me troubler l'une et l'autre fortune.   10
   Pour lors bien m'en vallut ; car contre ces assauts,
Qui font, lorsque j'y pense, encor' que je tressauts,
Pétrarque, et son remède², y perdant sa rondache,
En eust, de marrisson³, ploré comme une vache.
   Outre que de l'object la puissance s'esmeut,   15
Moy qui n'ay pas le nez d'estre Jean qui ne peut⁴,
Il n'est mal⁵ dont le sens la nature resveille,
Qui ribaut ne me prist ailleurs que par l'oreille.
Entré doncq' que je fus en ce logis d'honneur,

Martial avoit dit, liv. I, épigr. xvi :

    Expectant curæque, catenatique labores.

Sénèque, *Herc. fur.*, v. 208 :

    Finis alterius mali,
Gradus est futuri.

Marot, épître à François Iᵉʳ :

    On dit bien vray, la mauvaise fortune
    Ne vient jamais qu'elle n'en apporte une
    Ou deux, ou trois, avecques elle, sire.

1.   *Que je fais, en riant, bon visage aux ennuis.*
    Pars major lacrymas ridet, et intus habet.
                    MARTIAL, liv. X, épigr. LXXX.

² Pétrarque a fait un traité fort moral, *De remediis bonæ et malæ fortunæ.*

³ Ce mot a été aussi employé par Clément Marot dans sa quatrième ballade, pour *tristesse* et *chagrin.*

⁴ Terme du jeu de trictrac.

⁵ L'auteur appelle un *mal* ces tendres émotions qui *réveillent la nature.* Peut-être l'auteur avoit écrit, *il n'est main,* au lieu de : *il n'est mal,* expression qui n'offre pas un sens bien clair ni bien déterminé.

Pour faire que d'abord on me traite en seigneur, 20
Et me rendre en amour d'autant plus agréable,
La bourse desliant je mis pièces sur table;
Et guarissant leur mal du premier appareil,
Je fis dans un escu reluire le soleil [1].
De nuict dessus leur front la joye estincelante 25
Monstroit en son midy que l'ame estoit contente.
Deslors pour me servir chacun se tenoit prest;
Et murmuroient tout bas : L'honneste homme que c'est!
Toutes à qui mieux mieux, s'efforçoient de me plaire.
L'on allume du feu, dont j'avois bien affaire, 30
Je m'approche, me sied; et, m'aidant au besoing,
Jà tout apprivoisé je mangeois sur le poing [2],
Quand au flamber du feu trois vieilles rechignées
Vinrent à pas contez comme des airignées [3] :
Chacune sur le cul au foyer s'accropit, 35
Et sembloient, se plaignant, marmoter par despit.
L'une, comme un fantosme affreusement hardie,
Sembloit faire l'entrée en quelque tragédie;
L'autre, une Égyptienne, en qui les rides font
Contre-escarpes, rampards, et fossez sur le front; 40
L'autre, qui de soy-mesme estoit diminutive,
Ressembloit, transparente, une lanterne vive [4].

---

[1] Du temps de Régnier, il y avoit des écus d'or, qu'on appeloit *Écus au soleil,* parce qu'ils avoient un petit soleil à huit raies.

[2] Quand les oiseaux de fauconnerie mangent volontiers sur le poing, c'est une marque qu'ils sont entièrement assurés ou affaités, c'est-à-dire apprivoisés. Pendant un temps, ç'a été la mode en France, parmi les gens du bel air qui vouloient passer pour galants, *de porter tout le jour sur le poing un éprevier sans propos* (Loys Guyon, *Diverses leçons,* liv. II, chap. v); et ce temps étoit celui de la jeunesse de Régnier.

[3] On lit ainsi dans l'édition de 1613. Il y a *érignées* dans celle de 1612, et *araignées* dans la plupart des autres.

[4] Description des lanternes vivantes, que nous appellerions aujourd'hui lanternes mouvantes ou magiques. Avant l'établissement de la comédie en France, ces sortes de lanternes faisoient un

Dont quelque paticier amuse les enfans,
Où des oysons bridez, guenuches, éléfans,
Chiens, chats, lièvres, renards, et mainte estrange beste, 45
Courent l'une après l'autre : ainsi dedans sa teste
Voyoit-on clairement, au travers de ses os,
Ce dont sa fantaisie animoit ses propos ;
Le regret du passé, du présent la misère,
La peur de l'advenir, et tout ce qu'elle espère 50
Des biens que l'hypocondre en ses vapeurs promet,
Quand l'humeur ou le vin luy barbouillent l'armet[1].
L'une se plaint des reins, et l'autre d'un cotaire[2] ;
L'autre du mal des dents, et, comme en grand mystère,
Avec trois brins de sauge, une figue d'antan[3], 55
Un *va-t'en si tu peux*, un *si tu peux va-t'en*,
Escrit en peau d'oignon, entouroit sa machoire :
Et toutes, pour guarir, se reforçoient de boire.

Or j'ignore en quel champ d'honneur et de vertu,
Ou dessouz quels drapeaux elles ont combattu ; 60
Si c'estoit mal de sainct[4] ou de fièvre quartaine
Mais je sçay bien qu'il n'est soldat, ny capitaine,

---

des ornements du théâtre, dans ces temps grossiers où l'on jouoit les *mystères*, c'est-à-dire les histoires de l'Ancien et du Nouveau Testament. Les pâtissiers s'emparèrent ensuite des lanternes vivantes, qu'ils exposoient dans leurs boutiques pour attirer les passants.

[1] *L'armet* pour la tête, parce que cette arme défensive étoit employée pour garantir cette partie du corps.

[2] On écrit *cautère*.

[3] Une vieille figue ou une figue de l'année passée ; expression qui vient du latin *ante annum*. Ce mot est renouvelé de Villon ; car je ne l'ai pas lu dans Marot ni en d'autres bons auteurs. Villon a donc dit dans une assez jolie ballade :

Mais où sont les neiges d'antan ?

[4] Il y a plusieurs maladies auxquelles le peuple a donné le nom de quelque saint : ainsi il appelle l'épilepsie le mal Saint-Jean ; la rage, le mal Saint-Hubert ; la lèpre ou la gale, le mal Saint-Main ; l'érysipèle, le mal ou le feu Saint-Antoine.

Soit de gens de cheval, ou soit de gens de pié,
Qui dans la Charité¹ soit plus estropié.
Bien que maistre Denys², sçavant en la sculture, 65
Fist-il, avecq' son art, quinaude la nature³ ;
Ou, comme Michel-l'Ange⁴, eust-il le diable au corps,
Si ne pourroit-il faire, avecq' tous ses efforts,
De ces trois corps tronquez une figure entière,
Manquant à cet effect, non l'art, mais la matière. 70

En tout elles n'avoient seulement que deux yeux,
Encore bien flétris, rouges et chassieux ;
Que la moitié d'un nez, que quatre dents en bouche,
Qui, durant qu'il fait vent, branlent sans qu'on les touche.
Pour le reste, il estoit comme il plaisoit à Dieu. 75
En elles la santé n'avoit ny feu, ny lieu :
Et chacune, à part soy, représentoit l'idole
Des fièvres, de la peste, et de l'orde vérolle.

A ce piteux spectacle, il faut dire le vray,
J'eus une telle horreur, que, tant que je vivray, 80
Je croiray qu'il n'est rien au monde qui garisse

---

¹ La Charité est un des hôpitaux de Paris ; il n'y avoit pas long-temps qu'il étoit fondé.

² C'étoit apparemment un sculpteur du temps de notre poëte ; car il n'y a pas d'apparence que Régnier ait voulu parler d'un ancien sculpteur grec, appelé *Denys*, *Dionysius*, duquel, au rapport de Pline, liv. XXXVI, chap. x, on voyoit à Rome plusieurs ouvrages excellents : *Dionysius et Polycles, Timarchidis filii*.

³ *Faire quinaud*, se dit encore par les enfants lorsqu'ils ont trompé ou se sont moqués de quelqu'un.

⁴ *Michel l'Ange*, comme l'auteur l'a écrit, fait une équivoque, car il parle ici, non pas d'un ange, mais du fameux Michel-Ange Buonarroti, excellent peintre, sculpteur et architecte. On prononce Mikel-Ange. Il mourut à Rome, en 1564, dans sa quatre-vingt-neuvième année. Régnier le cite ici, parce que ce grand peintre, la plus vaste imagination qu'il y ait eu dans la peinture, avoit excellé dans ces figures grotesques, singulières, extravagantes, et même terribles et épouvantables, qu'il a si vivement représentées dans son *Jugement dernier*, l'un des plus vastes morceaux qui soient sortis de la main d'un peintre.

Un homme vicieux, comme son propre vice [1].

Toute chose depuis me fut à contre-cœur ;
Bien que d'un cabinet sortist un petit cœur,
Avecq' son chapperon [2], sa mine de poupée. 85
Disant : J'ai si grand' peur de ces hommes d'espée,
Que si je n'eusse veu qu'estiez un financier,
Je me fusse plus tost laissé crucifier,
Que de mettre le nez où je n'ay rien affaire,
Jean, mon mary, monsieur, il est apoticaire. 90
Surtout Vive l'amour ; et bran pour les sergens !
Ardez, voire, c'est mon : je me cognois en gens [3].
Vous estes, je voy bien, grand abbateur de quilles [4],
Mais au reste honneste homme, et payez bien les filles.

---

[1] Cette maxime est très-sensée. Dans un des dialogues de Lucien, intitulé *l'Ane de Lucien*, M. d'Ablancourt, son traducteur, a cité ainsi ces deux vers :

> Qu'il n'est rien qui punisse
> Un homme vicieux comme son propre vice.

[2] Sorte de coiffure usitée en ce temps-là, qui n'étoit cependant que pour les femmes du commun. Clémént Marot a dit d'une maîtresse ambulante qu'il suivoit de près :

> Elle vous avoit puis après..,
> Le chapperon fait en poupée
> Les cheveux en passe fillon, etc.

[3] *Bran, ardez, voire, c'est mon;* toutes manières de parler populaires, dont quelques-unes se sont conservées.

> Bren, laissez-moi, ce disoit une
> A un sot qui lui déplaisoit ;

c'est ce qu'a dit Marot, dans son épigramme 206.

> Bren de vous et de vos clistères ;

c'est ce que l'ingénieux *Sarasin* fait dire à Goulu dans son Testament.

[4] La Fontaine, conte des Lunettes :

> Garçon carré, garçon couru des filles,
> Bon compagnon, et beau joueur de quilles.

Cognoissez-vous ?... mais non ; je n'ose le nommer.   95
Ma foy, c'est un brave homme, et bien digne d'aymer.
Il sent tousjours si bon ! Mais quoi ! vous l'iriez dire.
  Cependant, de despit, il semble qu'on me tire
Par la queue un matou, qui m'escrit sur les reins,
Des griffes et des dents, mille alibis forains.   100
Comme un singe fasché j'en dy ma patenostre ;
De rage je maugrée et le mien et le vostre,
Et le noble vilain[1] qui m'avoit attrappé.
Mais, monsieur, me dit-elle, auriez-vous point soupé ?
Je vous pry, notez l'heure[2]. Eh bien, que vous en semble ? 105
Estes-vous pas d'advis que nous couchions ensemble ?
Moy, crotté jusqu'au cul, et mouillé jusqu'à l'os[3],
Qui n'avois dans le lict besoin que de repos,
Je faillis à me perdre, oyant que ceste lice,
Effrontément ainsi me présentoit la lice.   110
On parle de dormir ; j'y consens à regret.
La dame du logis me meine au lieu secret.
Allant, on m'entretient de Jeanne et de Macette ;
Par le vray Dieu, que Jeanne estoit et claire et nette ;
Claire comme un bassin, nette comme un denier ;   115
Au reste, fors monsieur, que j'estois le premier ;
Pour elle, qu'elle estoit niepce de dame Avoye ;
Qu'elle feroit pour moy de la fosse monnoye ;
Qu'elle eust fermé sa porte à tout autre qu'à moy ;
Et qu'elle m'aymoit plus mille fois que le roy.   120

Mais Clément Marot l'avoit mis longtemps avant. C'est dans l'épître XXVIII, au roi François Iᵉʳ, où il fait le portrait d'un valet, par lequel il avoit été dérobé,

> Sentant la hart de cent pas à la ronde...
> Prisé, loué, fort estimé des filles
> Par les bordeaux, et beau joueur de quilles.

[1] Personnage de la satire précédente.

[2] Une heure après minuit, selon la satire précédente. Édition de 1642 : *Je vous pri', notez l'heure.*

[3] Si on a dit autrefois *mouillé jusqu'à l'os*, on dit aujourd'hui mouillé jusqu'aux os.

Estourdy de caquet, je feignois de la croire.
Nous montons, et montant, d'un *c'est mon*, et d'un *voirc*,
Doucement en riant, j'appointois nos procez[1],
La montée estoit torte, et de fascheux accez ;
Tout branloit dessous nous, jusqu'au dernier estage.   125
D'eschelle en eschelon, comme un linot en cage,
Il falloit sauteller, et des pieds s'approcher[2],
Ainsi comme une chèvre en grimpant un rocher.
Après cent soubre-sauts, nous vinsmes en la chambre,
Qui n'avoit pas le goust de musc, civette, ou d'ambre.   130
La porte en estoit basse, et sembloit un guichet,
Qui n'avoit pour serrure autre engin[3] qu'un crochet.
Six douves de poinçon[4] servoient d'aix et de barre,
Qui bâillant grimassoient d'une façon bizarre ;
Et pour se reprouver de mauvais entretien,   135
Chacune par grandeur se tenoit sur le sien ;
Et loin l'une de l'autre, en leur mine altérée,
Monstroient leur saincte vie estroite et retirée.
   Or, comme il plut au ciel, en trois doubles plié,
Entrant je me heurté la caboche[5] et le pié ;   140
Dont je tombe en arrière, estourdy de ma chute,
Et du haut jusqu'au bas je fis la cullebute,
De la teste et du cul contant chaque degré.
Puis que Dieu le voulut, je prins le tout à gré.

---

[1] Pour je terminois, je vidois nos procès. *Appointer* pour terminer, se trouve trois ou quatre fois dans Clément Marot. Aujourd'hui c'est un terme de barreau, qui a une autre signification.

[2] Il faut mettre certainement *s'accrocher*, et non pas *s'approcher :* on le sent bien par la lecture et la comparaison.

[3] *Engin* pour instrument ne se dit plus. C'est aujourd'hui un erme d'art, de métier, il signifie aussi *piége, filet :*

De là naîtront *engins* à vous envelopper,
   Et lacets pour vous attraper.
      LA FONTAINE, liv. I, fab. VIII.

[4] Grand tonneau.

[5] Terme populaire, pour dire la *tête*.

Aussi qu'au mesme temps voyant cheoir ceste dame, 145
Par je ne sçay quel trou je luy vis jusqu'à l'ame,
Qui fit en ce beau sault, m'esclatant comme un fou,
Que je prins grand plaisir à me rompre le cou.
Au bruit Macette vint[1] : la chandelle on apporte ;
Car la nostre en tombant de frayeur estoit morte. 150
Dieu sçait comme on la veid et derrière et devant,
Le nez sur les carreaux, et le fessier au vent ;
De quelle charité l'on soulagea sa peine.
Cependant de son long, sans poulx et sans haleine,
Le museau vermoulu, le nez escarbouillé, 155
Le visage de poudre et de sang tout souillé,
Sa teste découverte, où l'on ne sait que tondre,
Et lors qu'on luy parloit qui ne pouvoit respondre ;
Sans collet, sans beguin, et sans autre affiquet,
Ses mules d'un costé, de l'autre son tocquet[2]. 160
En ce plaisant malheur, je ne sçaurois vous dire
S'il en falloit pleurer, ou s'il en falloit rire.
Après cet accident trop long pour dire tout,
A deux bras on la prend, et la met-on debout :
Elle reprend courage ; elle parle, elle crie ; 165
Et, changeant en un rien sa douleur en furie,
Dit à Jeanne, en mettant la main sur le roignon :
C'est, malheureuse, toy, qui me portes guignon.
A d'autres beaux discours la colère la porte.
Tant que Macette peut, elle la reconforte. 170
Cependant je la laisse, et, la chandelle en main,
Regrimpant l'escalier, je suy mon vieux dessein.
J'entre dans ce beau lieu, plus digne de remarque
Que le riche palais d'un superbe monarque.
Estant là, je furette aux recoins plus cachez, 175
Où le bon Dieu voulut que, pour mes vieux péchez,
Je sceusse le despit dont l'ame est forcenée,

---

[1] Voyez le commencement de la satire XIII.
[2] Coiffure pour les femmes du commun.

Lors que, trop curieuse, ou trop endemenée¹,
Rodant de tous costez, et tournant haut et bas,
Elle nous fait trouver ce qu'on ne cherche pas. 180
Or, en premier item, souz mes pieds je rencontre
Un chaudron ébresché, la bourse d'une montre,
Quatre boistes d'unguens, une d'alun bruslé,
Deux gands despariez, un manchon tout pelé ;
Trois fioles d'eau bleue, autrement d'eau seconde ; 185
La petite seringue, une esponge, une sonde,
Du blanc, un peu de rouge, un chifon de rabat,
Un balet, pour brusler en allant au sabat ;
Une vieille lanterne, un tabouret de paille,
Qui s'estoit sur trois pieds sauvé de la bataille : 190
Un baril défoncé, deux bouteilles sur cu,
Qui disoient, sans goulet, nous avons trop vescu ;
Un petit sac, tout plein de poudre de mercure ;
Un vieux chapperon gras de mauvaise teinture :
Et dedans un coffret qui s'ouvre avecq' enhan², 195
Je trouve des tisons du feu de la Sainct-Jean,
Du sel, du pain bénit, de la feugère, un cierge,
Trois dents de mort, pliez en du parchemin vierge :
Une chauve-souris, la carcasse d'un geay,
De la graisse de loup, et du beurre de may³. 200
Sur ce point Jeanne arrive, et faisant la doucette :
Qui vit céans, ma foy, n'a pas besongne faite ;
Tousjours à nouveau mal nous vient nouveau soucy :
Je ne sçay, quant à moy, quel logis c'est icy ;
Il n'est, par le vray Dieu, jour ouvrier, ni feste, 205
Que ces carongnes-là ne me rompent la teste.

¹ Trop inquiète, trop agitée. Ce terme n'est plus d'usage, mais nous ne l'avons pas entièrement perdu; il en est resté quelque chose dans le verbe *se démener*, pour se tourmenter, s'agiter.
² *Enhan*, ou plutôt *ahan*, terme qui exprime, par onomatopée, un effort accompagné de bruit.
³ Il y a encore des femmes qui préparent du beurre de mai pour le visage.

SATYRE XI.

Bien, bien, je m'en iray si tost qu'il sera jour.
On trouve dans Paris d'autres maisons d'amour.
   Je suis là, cependant, comme un que l'on nazarde[1].
Je demande que c'est. Hé! n'y prenez pas garde,   210
Ce me respondit-elle, on n'auroit jamais fait,
Mais bran, bran; j'ay laissé là-bas mon attifet.
Tousjours après souper ceste vilaine crie.
Monsieur, n'est-il pas temps? couchons-nous, je vous prie.
   Cependant, elle met sur la table les dras,   215
Qu'en bouchons tortillez elle avoit souz les bras.
Elle approche du lict, fait d'une estrange sorte :
Sur deux tréteaux boiteux se couchoit une porte,
Où le lict reposoit, aussi noir qu'un souillon.
Un garde-robe[2] gras servoit de pavillon;   220
De couverte un rideau, qui, fuyant (vert et jaune)
Les deux extrémitez, estoit trop court d'une aune.
   Ayant considéré le tout de point en point,
Je fis vœu ceste nuict de ne me coucher point.
Et de dormir sur pieds, comme un coq sur la perche.   225
Mais Jeanne tout en rut s'approche, et me recherche.
D'amour, ou d'amitié, duquel qu'il vous plaira.
Et moy : Maudit soit-il, m'amour, qui le fera.
Polyenne pour lors me vint en la pensée[3],

---

[1] *Nasarder*, c'est proprement donner des coups sur le nez. C'est en ce sens que Marot l'a placée dans son épitre LVI, contre Sagon :

> Çà ce nez, que je le nazarde,
> Pour t'apprendre avecque deux doits
> A porter honneur où tu dois.

Mais, au figuré, il veut dire se moquer, maltraiter par raillerie plutôt que par voie de fait.

[2] Garde-robe est ici du masculin, et signifie ce fourreau, cette enveloppe de toile qu'on porte sur les habits pour les conserver. Cette toile, qui étoit grasse à force d'avoir été portée, servoit de pavillon, c'est-à-dire de garniture au lit.

[3] L'aventure de Polyænos et de Circé est décrite dans Pétrone.

Qui sceut que vaut la femme en amour offensée[1], 230
Lors que, par impuissance, ou par mespris, la nuict
On fausse compagnie, ou qu'on manque au desduict.
C'est pourquoy j'eus grand' peur qu'on me troussast en malle,
Qu'on me fouettast, pour voir si j'avois point la galle,
Qu'on me crachast au nez, qu'en perche on me le mist, 235
Et que l'on me berçast si fort qu'on m'endormist;
Ou me baillant du *Jean, Jeanne vous remercie*,
Qu'on me tabourinast le cul d'une vessie.
Cela fut bien à craindre, et si je l'évité,
Ce fut plus par bonheur que par dextérité. 240
Jeanne non moins que Circe, entre ses dents murmure,
Sinon tant de vengeance, au moins autant d'injure.

Or, pour flatter enfin son mal-heur et le mien,
Je dis, Quand je fais mal, c'est quand je paye bien.
Et, faisant révérence à ma bonne fortune, 245
En la remerciant je le conté pour une.
Jeanne, rongeant son frein, de mine s'appaisa,
Et prenant mon argent, en riant me baisa :
Non, pour ce que j'en dis, je n'en parle pas, voire,
Mon maistre, pensez-vous? J'entends bien le grimoire; 250
Vous estes honneste homme, et sçavez l'entre-gent[2].
Mais, monsieur, croyez-vous que ce soit pour l'argent?
J'en fais autant d'estat comme de chenevottes[3].
Non, ma foy, j'ay encore un demy-ceint, deux cottes,

---

[1]   Notumque furens quid femina possit.
            VIRG., *Æneid.*, V, 6.

Sénèque, dans son *Hippolyte*, à la fin de l'acte second :

            Qui sinat inausum feminæ præceps furor?

[2] *Entregent*, pour savoir-vivre, connoissance du monde, se dit encore quelquefois dans le familier.

[3] C'est le tuyau sec du chanvre, dont on fait des allumettes; et Villon, parlant d'une vieille pauvre et malheureuse, dit qu'elle se chauffoit « à croupeton, à petit feu de chenevottes, « tost allumées, et tost esteintes. »

Une robe de serge, un chapperon, deux bas, 255
Trois chemises de lin, six mouchoirs, deux rabats,
Et ma chambre garnie auprès de Sainct-Eustache.
Pourtant, je ne veux pas que mon mary le sçache.
Disant cecy, tousjours son lict elle brassoit,
Et les linceuls trop courts par les pieds tirassoit: 260
Et fit à la fin tant, par sa façon adroite,
Qu'elle les fit venir à moitié de la coite[1].
Dieu sçait quels lacs d'amour, quels chiffres, quelles fleurs,
De quels compartimens, et combien de couleurs
Relevoient leur maintien, et leur blancheur naïfve, 265
Blanchie en un sivé, non dans une lescive.
   Comme son lict est faict : Que ne vous couchez-vous?
Monsieur n'est-il pas temps? Et moy de filer dous.
Sur ce point elle vient, me prend et me détache,
Et le pourpoint du dos par force elle m'arrache, 270
Comme si nostre jeu fust au roi despouillé.
J'y résiste pourtant, et, d'esprit embrouillé,
Comme par compliment, je trenchois de l'honneste :
N'y pouvant rien gaigner, je me gratte la teste.
A la fin je pris cœur, résolu d'endurer 275
Ce qui pouvoit venir, sans me désespérer.
Qui fait une folie, il la doit faire entière :
Je détache un soulier, je m'oste une jartière,
Froidement toutefois; et semble, en ce coucher,
Un enfant qu'un pédant contraint se détacher ; 280
Que la peur tout ensemble esperonne et retarde :
A chacune esguillette il se fasche, et regarde,
Les yeux couverts de pleurs, le visage d'ennuy,
Si la grace du ciel ne descend point sur luy.
   L'on heurte sur ce point; Catherine on appelle. 285
Jeanne, pour ne respondre, esteignit la chandelle.
Personne ne dit mot. L'on refrappe plus fort,

---

[1] Lit de plume. Ce terme se trouve aussi dans Villon. Il vient du latin *culcitra*.

Et faisoit-on du bruit pour resveiller un mort.
A chaque coup de pied toute la maison tremble, 290
Et semble que le feste¹ à la cave s'assemble.
Bagasse, ouvriras-tu? c'est cestuy-ci, c'est mon.
Jeanne, ce temps pendant, me faisoit un sermon.
Que diable aussi, pourquoy? que voulez-vous qu'on face?
Que ne vous couchiez-vous? Ces gens, de la menace 295
Venant à la prière, essayoient tout moyen.
Ore ils parlent soldat, et ores citoyen.
Ils contrefont le guet, et de voix magistrale :
Ouvrez, de par le roy. Au diable un qui dévale.
Un chacun, sans parler, se tient clos et couvert. 300
  Or, comme à coups de pieds l'huis s'estoit presque ouvert,
Tout de bon le guet vint. La quenaille fait gille².
Et moy, qui jusques là demeurois immobile,
Attendant estonné le succez de l'assaut,
Ce pensé-je, il est temps que je gaigne le haut, 305
Et, troussant mon pacquet, de sauver ma personne.
Je me veux r'habiller, je cherche, je tastonne,
Plus estourdy de peur que n'est un hanneton.
Mais quoi! plus on se haste, et moins avance-t-on.
Tout, comme par despit, se trouvoit souz ma pate. 310
Au lieu de mon chappeau je prends une savate;
Pour mon pourpoint, ses bas; pour mes bas, son collet;
Pour mes gands, ses souliers; pour les miens un ballet.
Il sembloit que le diable eût fait ce tripotage³.
Or, Jeanne me disoit, pour me donner courage, 315

---

¹ Le *feste* pour le *faîte*, le haut de la maison.

² Édition de 1642 et suivantes, *la canaille;* de même qu'un peu plus bas. Voyez satire x.

³ *Tripotage*, terme burlesque, pour dire les menées ou la conduite en matière joyeuse. Clément Marot, qui est un de mes répertoires pour ces sortes de mots, s'en sert aussi dans sa ballade première :

> Trancher du brave et du mauvais garçon,
> Aller de nuit sans faire aucun outrage,
> Se retirer, voilà le tripotage.

SATYRE XI.

Si mon compère Pierre est de garde aujourd'huy,
Non, ne vous faschez point, vous n'aurez point d'ennuy.
Cependant, sans délay, messieurs frappent en maistre.
On crie, Patience; on ouvre la fenestre.
  Or, sans plus m'amuser après le contenu, 520
Je descends doucement, pied chaussé, l'autre nu ;
Et me tapis d'aguet derrière une muraille.
On ouvre, et brusquement entra ceste quenaille,
En humeur de nous faire un assez mauvais tour.
Et moy, qui ne leur dis ny bon soir, ny bon jour, 525
Les voyant tous passez, je me sentis alaigre :
Lors, dispos du talon, je vais comme un chat maigre,
J'enfile la venelle; et, tout léger d'effroy,
Je cours un fort long temps sans voir derrière moy ;
Jusqu'à tant que trouvant du mortier, de la terre, 530
Du bois, des estançons, maints platras, mainte pierre,
Je me sentis plustot au mortier embourbé,
Que je ne m'aperceus que je fusse tombé.
  On ne peut esviter ce que le ciel ordonne.
Mon ame cependant de colère frissonne; 535
Et prenant, s'elle eust pu, le destin à party[1],
De despit, à son nez, elle l'eust dementy ;
Et m'asseure qu'il eust réparé mon dommage.
  Comme je fus sus pied, enduit comme une image,
J'entendis qu'on parloit; et, marchant à grands pas, 540
Qu'on disoit : Hastons-nous, je l'ay laissé fort bas.
Je m'approche, je voy, desireux de cognoistre.
Au lieu d'un médecin, il lui faudroit un prestre,
Dict l'autre, puisqu'il est si proche de sa fin.
Comment ! dict le valet, estes-vous médecin ? 545
Monsieur, pardonnez-moy, le curé je demande.
Il s'en court, et disant, à Dieu me recommande[2],

---

[1] *S'elle* pour *si elle; à party* pour *à partie.*
[2] Il faut lire, *A Dieu vous recommande,* puisque ce valet parle au médecin.

164   POÉSIES DE RÉGNIER.

Il laisse là monsieur, fasché d'estre deceu.
Or comme, allant toujours, de près je l'apperceu,
Je cogneus que c'estoit nostre amy ; je l'approche :   350
Il me regarde au nez, et riant me reproche :
Sans flambeau, l'heure indue ! Et de près, me voyant
Fangeux comme un pourceau, le visage effroyant,
Le manteau souz le bras, la façon assoupie :
Estes-vous travaillé de la licantropie[1] ?   355
Dist-il, en me prenant pour me taster le pous.
Et vous, dy-je, monsieur, quelle fièvre avez-vous?
Vous, qui trenchez du sage, ainsi parmy la rue !
Faites-vous sus un pied toute la nuit la grue ?
Il voulut me conter comme on l'avoit pipé ;   360
Qu'un valet, du sommeil ou de vin occupé,
Souz couleur d'aller voir une femme malade,
L'avoit galentement payé d'une cassade.
Il nous faisoit bon voir tous deux bien estonnez,
Avant jour par la rue, avecq' un pied de nez ;   365
Luy, pour s'estre levé, espérant deux pistoles,
Et moy, tout las d'avoir receu tant de bricolles.
Il se met en discours, je le laisse en riant :
Aussi que je voyois, aux rives d'Oriant,
Que l'Aurore, s'ornant de saffran et de roses,   370
Se faisant voir à tous, faisoit voir toutes choses ;
Ne voulant, pour mourir, qu'une telle beauté
Me vist, en se levant, si sale et si croté,
Elle qui ne m'a veu qu'en mes habits de feste.
Je cours à mon logis ; je heurte, je tempeste ;   375
Et croyez à frapper que je n'estois perclus.
On m'ouvre ; et mon valet ne me recognoist plus.
Monsieur n'est pas icy : que diable ! à si bonne heure !

---

[1] La lycanthropie est une maladie ou fureur qui fait croire à ceux qui en sont atteints qu'ils sont transformés en loups. Ils sortent de leurs maisons, et courent les rues ou les champs, en hurlant et en se jetant comme des furieux sur ceux qu'ils rencontrent ; c'est pourquoi le peuple les appelle *loups-garoux*.

Vous frappez comme un sourd. Quelque temps je demeure,
Je le vois; il me voit, et demande, estonné, 380
Si le Moine-bourru[1] m'avoit point promené.
Dieu! comme estes-vous fait! Il va : moy de le suivre;
Et me parle en riant, comme si je fusse yvre.
Il m'allume du feu, dans mon lict je me mets,
Avec vœu, si je puis, de n'y tomber jamais, 385
Ayant à mes despens appris ceste sentence :
Qui gay fait une erreur, la boit à repentance;
Et que quand on se frotte avecq' les courtisans,
Les branles de sortie en sont fort desplaisans.
Plus on pénètre en eux, plus on sent le remeugle[2]. 390
Et qui, troublé d'ardeur, entre au bordel aveugle,
Quand il en sort, il a plus d'yeux, et plus aigus[3],
Que Lyncé l'Argonaute, ou le jaloux Argus[4].

[1] Fantôme qu'on fait craindre au peuple, lequel s'imagine que c'est une âme en peine qui court les rues pendant les avents de Noël, et qui maltraite les passants. (Furetière.)

[2] L'auteur avoit écrit *remeugle*, pour rimer avec *aveugle*, quoiqu'on dise *remugle*, comme on lit dans l'édition de 1613, et dans toutes celles qui sont venues après.

[3] La césure auroit été plus régulière, si l'auteur avoit mis : *Il a quand il en sort*.

[4] Selon la fable, *Argus* avoit cent yeux, et *Lyncée* avoit la vue si perçante, qu'il voyait à travers une muraille. (Voyez Érasme, adag. LV.) Lyncée fut un des Argonautes, c'est-à-dire des héros qui allèrent avec Jason à la conquête de la Toison d'or. Régnier a dit *Lyncé* pour *Lyncée*, comme Ronsard et d'autres ont dit *Orphé, Proté, Thésé*, pour *Orphée, Protée, Thésée*.

NOUVELLES REMARQUES

Vers 27 et 28. *Chacun se tenoit prest; et murmuroient tout bas;* c'est-à-dire, *tous murmuroient;* on trouve la même construction elliptique dans cette même satire, vers 36.

Vers 65 et suiv. *Bien que maistre Denys, sçavant en la*

sculture, fist-il avecq son art... eust-il le diable au corps, si ne pourroit-il faire; c'est-à-dire quand bien même il feroit, il auroit, etc., malgré cela, il ne pourroit faire.

Vers 71. *En tout elles n'avoient seulement que deux yeux;* entre elles toutes, pour elles toutes.

Vers 96. *Ma foy, c'est un brave homme, et bien digne d'aymer;* équivoque; c'est bien digne d'être aimé, ou qu'on l'aime, que le sens exige.

Vers 181. *En premier item,* en premier lieu, d'abord; cette locution familière est encore en usage.

Vers 184. *Despariez,* de *par,* pair sans pair; aujourd'hui *dépareillé.*

Vers 211. *Ce me respondit-elle;* dans cette construction et les constructions analogues, *ce* est explétif.

Vers 277. *Qui fait une folie, il la doit faire entière;* cette construction se trouve encore dans quelques poëtes; mais *il* après *qui* employé par ellipse de *celui* serait aujourd'hui un pléonasme vicieux.

Vers 282. *A chacune esguillette;* on employait encore du temps de Régnier *chacun* pour *chaque;* on le considérait comme pronom et comme adjectif.

Vers 293. *Ce temps pendant,* pendant ce temps, ou mieux *cependant.*

Vers 330. *Jusqu'à tant que,* jusqu'à ce que ; cette locution est encore usitée dans le langage familier.

Vers 338. *Et m'asseure que,* et je suis assuré, certain que.

Vers 353. *Effroyant,* formé régulièrement d'*effroi,* comme *effroyable,* qui s'est conservé.

XII[1]

RÉGNIER APOLOGISTE DE SOY-MESME

A M. FRÉMINET[2]

On dit que le grand peintre[3], ayant fait un ouvrage,
Des jugemens d'autruy tiroit cest avantage,
Que, selon qu'il jugeoit qu'ils estoient vrais ou faux,
Docile à son profit, réformoit ses défaux.
Or c'estoit du bon temps que la hayne et l'envie   5
Par crimes supposez n'attentoient à la vie ;
Que le vray du propos[4] estoit cousin-germain,
Et qu'un chacun parloit le cœur dedans la main.

---

[1] Dans cette satire, qui étoit la dixième et dernière de l'édition faite en 1608, Régnier fait son apologie. Comme il convient d'avoir censuré les vices des hommes, il veut bien que les hommes censurent aussi les siens.

[2] Martin Fréminet, né à Paris, étoit peintre ordinaire du roi Henri IV, pour lequel il commença à peindre la chapelle de la maison royale de Fontainebleau, et la continua sous Louis XIII. Ces deux rois lui donnèrent successivement des marques de leur estime, et Louis XIII l'honora de l'ordre de Saint-Michel. Il mourut en 1619, âgé de cinquante-deux ans, laissant un fils de même nom, Martin Fréminet, qui étoit aussi un peintre habile.

[3] Apelles. Régnier, adressant cette satire à un peintre, débute par un exemplaire tiré de l'histoire d'un peintre, et même du peintre le plus fameux de l'antiquité.

[4] Pour dire que la vertu se trouvoit jusque dans les moindres propos, ou les moindres discours.

Mais que serviroit-il maintenant de prétendre
S'amender par ceux-là qui nous viennent reprendre, 10
Si selon l'intérest tout le monde discourt,
Et si la vérité n'est plus femme de court;
S'il n'est bon courtisan, tant frisé peut-il être,
S'il a bon apétit, qu'il ne jure à son maistre,
Dès la pointe du jour, qu'il est midy sonné, 15
Et qu'au logis du roy tout le monde a disné?
Estrange effronterie en si peu d'importance!
Mais de ce costé-là je leur donrois[1] quittance,
S'ils vouloient s'obliger d'espargner leurs amis,
Où, par raison d'Estat, il leur est bien permis[2]. 20
 Cecy pourroit suffire à refroidir une ame
Qui n'ose rien tenter pour la crainte du blasme,
A qui la peur de perdre enterre le talent :
Non pas moy, qui me ry d'un esprit nonchalant
Qui, pour ne faillir point, retarde de bien faire. 25
C'est pourquoy maintenant je m'expose au vulgaire,
Et me donne pour butte aux jugements divers.
Qu'un chacun taille, rongne, et glose sur mes vers;
Qu'un resveur insolent d'ignorance m'accuse,
Que je ne suis pas net, que trop simple est ma Muse, 30
Que j'ay l'humeur bizarre, inesgal le cerveau,
Et, s'il luy plaist encor, qu'il me relie en veau[3].

---

[1] Du temps de notre poëte, et longtemps auparavant, l'usage étoit pour *donrois, lairrois*, au lieu de *donnerois, laisserois*, etc., comme on le voit écrit en plusieurs endroits de l'*Amadis de Gaule*, du sieur Des Essarts, l'écrivain le plus poli de son temps; dans Marot, et dans Rabelais. Ronsard, dans son *Abrégé de l'art poétique*, chap. de l'*H*, regarde ces abréviations comme des licences permises. « Tu acourciras aussi (je dis, autant que tu y seras con-
« traint) les verbes trop longs : comme *donra* pour *donnera; sautra* pour *sautera*, etc. » Vaugelas et MM. de l'Académie ont condamné ces licences.

[2] Ils peuvent épargner leurs amis dans les choses où l'État n'est point intéressé.

[3] Allusion au mot de *veau*, qui, dans notre ancienne langue,

Avant qu'aller si viste, au moins je le supplie
Sçavoir que le bon vin ne peut estre sans lie ;
Qu'il n'est rien de parfaict en ce monde aujourd'huy ; 35
Qu'homme, je suis subject à faillir comme luy ;
Et qu'au surplus, pour moy qu'il se face paroistre
Aussy vray que pour luy je m'efforce de l'estre.
    Mais sçais-tu, Fréminet, ceux qui me blasmeront?
Ceux qui dedans mes vers leurs vices trouveront ; 40
A qui l'ambition la nuict tire l'oreille ;
De qui l'esprit avare en repos ne sommeille ;
Tousjours s'alambiquant après nouveaux partis ;
Qui pour dieu ny pour loy n'ont que leurs appétis ;
Qui rodent toute nuict, troublez de jalousie ; 45
A qui l'amour lascif règle la fantaisie ;
Qui préfèrent, vilains, le profit à l'honneur ;
Qui par fraude ont ravy les terres d'un mineur.
    Telles sortes de gens vont après les poètes,
Comme après les hiboux vont criant les chouettes [1]. 50
Leurs femmes vous diront : Fuyez ce mesdisant ;
Fascheuse est son humeur, son parler est cuisant.
Quoy ! monsieur, n'est-ce pas cest homme à la satyre,
Qui perdroit son amy plustôt qu'un mot pour rire?
Il emporte la pièce. Et c'est là, de par Dieu, 55
(Ayant peur que ce soit celle-là du milieu)
Où le soulier les blesse ; autrement je n'estime
Qu'aucune eust volonté de m'accuser de crime.
    Car, pour elles, depuis qu'elles viennent au point,
Elles ne voudroient pas que l'on ne le sceust point. 60
Un grand contentement mal-aisément se celle [2].
Puis c'est des amoureux la règle universelle,

---

signifie un sot, un innocent, un imbécile ; comme on l'a pu voir ci-dessus.

[1] Voici le seul vers où Régnier ait fait ce dernier mot de trois syllabes : partout ailleurs il ne le fait que de deux.

[2]   L'allégresse du cœur s'augmente à la répandre.
        Molière, *École des Femmes*, acte IV, scène vi.

De déférer si fort à leur affection,
Qu'ils estiment honneur leur folle passion [1].

 Et quant est de l'honneur de leurs maris, je pense [2]   65
Qu'aucune à bon escient n'en prendroit la deffence,
Sçachant bien qu'on n'est pas tenu par charité
De leur donner un bien qu'elles leur ont osté.
 Voilà le grand-mercy que j'auray de mes peines.
C'est le cours du marché des affaires humaines,   70
Qu'encores qu'un chacun vaille icy-bas son pris,
Le plus cher toutefois est souvent à mespris.
 Or, amy, ce n'est point une humeur de médire :
Qui m'ait fait rechercher [3] ceste façon d'écrire ;
Mais mon père m'apprit que des enseignemens   75
Les humains apprentifs formoient leurs jugemens ;
Que l'exemple d'autruy doit rendre l'homme sage :
Et guettant à propos les fautes au passage,
Me disoit : Considère où cest homme est réduict
Par son ambition : Cet autre, toute nuict,   80
Boit avec des putains, engage son domaine :
L'autre, sans travailler, tout le jour se promeine :
Pierre le bon enfant aux dez a tout perdu :
Ces jours le bien de Jean par décret fut vendu :
Claude ayme sa voisine, et tout son bien lui donne.   85
Ainsi me mettant l'œil sur chacune personne,
Qui valloit quelque chose, ou qui ne valloit rien,
M'aprenoit doucement et le mal et le bien ;

---

[1] C'est ainsi qu'il faut lire, suivant l'édition de 1608, et non pas *qu'ils estiment l'honneur,* comme dans les éditions de 1612, 1613, et dans la plupart des anciennes.

[2] Marot, Épitre au roi, pour avoir été dérobé :

> Quand tout est dit, aussi mauvaise bague
> (Ou peu s'en faut) que femme de Paris,
> Saulve l'honneur d'elles et leurs maris.

[3] C'est *Qui m'a fait rechercher* que Régnier devoit mettre ; mais apparemment que tel étoit de son temps le tour de notre langue.

Affin que, fuyant l'un, l'autre je recherchasse,
Et qu'aux despens d'autruy sage je m'enseignasse. 90
  Sçais-tu si ces propos me sceurent esmouvoir,
Et conténir mon ame en un juste devoir,
S'ils me firent penser à ce que l'on doit suivre
Pour bien et justement en ce bas monde vivre?
  Ainsi que d'un voisin le trespas survenu 95
Fait résoudre un malade, en son lict détenu,
A prendre malgré luy tout ce qu'on luy ordonne,
Qui, pour ne mourir point, de crainte se pardonne[1] :
De mesme les esprits débonnaires et doux
Se façonnent, prudens, par l'exemple des foux ; 100
Et le blasme d'autruy leur fait ces bons offices
Qu'il leur apprend que c'est de vertus et de vices.
  Or, quoy que j'aye fait, si m'en sont-ils restez[2]
Qui me pourroient par l'âge à la fin estre otez,
Ou bien de mes amis avecq' la remonstrance, 105
Ou de mon bon démon suivant l'intelligence.
Car, quoy qu'on puisse faire, estant homme, on ne peut
Ny vivre comme on doit, ny vivre comme on veut.
En la terre icy-bas il n'habite point d'anges :
Or, les moins vicieux méritent des louanges, 110
Qui, sans prendre l'autruy, vivent en bon chrestien,
Et sont ceux qu'on peut dire et saincts et gens de bien.
  Quand je suis à part moy[3] souvent je m'estudie
(Tant que faire se peut) après la maladie

---

[1] Ce vers ne rend pas bien le sens de celui d'Horace,

..... Mortisque metu sibi parcere cogit ;

c'est-à-dire, l'oblige à se ménager, afin de ne pas mourir.

[2] *Si m'en est-il resté* (des vices) *qui me pourroient*, etc.

[3] En mon particulier; et c'est ainsi qu'il faut écrire; et cette correction a été faite dans les éditions qui ont paru depuis 1642, Voyez le vers 42 de la sat. XIII.

..... Aut me
Porticus excepit, desum mihi : Rectius hoc est ;
Hoc faciens, vivam meliùs : sic dulcis amicis

Dont chacun est blessé : je pense à mon devoir ; 115
J'ouvre les yeux de l'ame, et m'efforce de voir
Au travers d'un chacun : de l'esprit je m'escrime,
Puis, dessus le papier, mes caprices je rime
Dedans une satyre, où d'un œil doux-amer,
Tout le monde s'y voit, et ne s'y sent nommer. 120
 Voilà l'un des péchés où mon ame est encline.
On dit que pardonner est une œuvre divine.
Celuy m'obligera qui voudra m'excuser ;
A son goust toutesfois chacun en peut user.
Quant à ceux du mestier, ils ont de quoy s'ébattre : 125
Sans aller sur le pré nous nous pouvons combattre,
Nous monstrant seulement de la plume ennemis.
En ce cas-là, du roy les duels sont permis :
Et faudra que bien forte ils facent la partie,
Si les plus fins d'entre eux s'en vont sans repartie. 130
 Mais c'est un satyrique, il le faut laisser là.
Pour moy, j'en suis d'avis, et cognois à cela
Qu'ils ont un bon esprit. Corsaires à corsaires,
L'un l'autre s'attaquant, ne font pas leurs affaires [1].

> Occurram : Loc quidam non belle : numquid ego illi
> Imprudens olim faciam simile ? Hæc ego mecum
> Compressis agito labris, ubi quid datur oti,
> Illudo chartis. Hoc est mediocribus illis
> Ex vitiis unum.
>   Horat., lib. I, sat. iv.

[1] C'est un proverbe espagnol : *De cosario a cosario no se llevan que los barrilles :* De corsaire à corsaire, il n'y a que des barils d'eau à prendre.

> Qu'eût-il fait ? c'eût été lion contre lion ;
> Et le proverbe dit : Corsaires à corsaires,
> L'un l'autre s'attaquant, ne font pas leurs affaires.
>   La Fontaine, lib. IV, fable xii.

> Apprenez un mot de Régnier,
> Notre célèbre devancier :
> Corsaires attaquant corsaires
> Ne font pas, dit-il, leurs affaires.
>   Boileau, épigr.

NOUVELLES REMARQUES

Vers 2 et 3. *Des jugements d'autrui.* — *Selon qu'il jugeoit.* Ce rapprochement est une de ces négligences que Régnier se permettait rarement.

Vers 4. *Réformoit ses défauts;* l'ellipse du sujet *il* rend la construction obscure.

Vers 14. *Qu'il ne jure à son maistre;* c'est la leçon que donnent toutes les éditions; *qui ne jure* nous semble, au double point de vue de l'idée et du sens, la seule construction admissible.

Vers 23. *A qui la peur de perdre enterre le talent;* on dirait aujourd'hui *en qui.*

Vers 30. *Que je ne suis pas net;* ellipse que nous avons déjà signalée; pour *qu'il dise que je ne suis pas net.*

Vers 35. *Qu'homme, je suis suject à faillir comme luy;* cette construction n'est plus admise; le pronom ne peut être mis en rapport qu'avec un mot pris dans un sens déterminé.

Vers 37. *Et qu'au surplus, pour moy qu'il se face paroistre;* et qu'au surplus, en somme, tout ce que je demande, c'est qu'il se montre pour moi, etc. — Ces formes elliptiques, multipliées dans notre auteur, rendent pénible la lecture de ses satires à ceux qui ne sont pas familiarisés avec les tours et les constructions des meilleurs écrivains du seizième siècle.

Vers 40. *Ceux qui dedans mes vers leurs vices trouveront;* ce sont ceux qui dans mes vers, etc.

Vers 86. *Ainsi me mettant l'œil sur chacune personne.* — *Voy.* sat. XI, Nouvelles remarques, vers 282.

Vers. 102. *Il leur apprend que c'est de vertus et de vices;* ce qu'il en est des vertus et des vices.

Vers 103. *Si m'en sont-ils restés,* quelques-uns cependant me sont restés; cette construction est tout à fait hors d'usage.

Vers 113 et 114. *Je m'estudie... après la maladie;* l'emploi de *après* avant un complément donne à l'expression plus d'énergie, comme on le peut remarquer dans plusieurs constructions analogues encore usitées; mais *s'étudier après* est aujourd'hui hors d'usage.

XIII[1]

MACETTE

ou

L'HYPOCRISIE DÉCONCERTÉE

La fameuse Macette, à la cour si connue,
Qui s'est aux lieux d'honneur en crédit maintenue,

[1] Dans cette satire sont décrits les discours pernicieux que Macette, vieille hypocrite, tint à la maîtresse de Régnier, pour la séduire. Ovide a fait une satire sur le même sujet; c'est la huitième du liv. Ier de ses *Amours;* et notre auteur en a imité quelques vers. Properce en a fait aussi une, qui est la cinquième du quatrième livre. Mais Ovide et Properce ne sont pas les seuls dont Régnier ait emprunté quelques pensées pour cette élégante et ingénieuse satire. Le roman de la Rose, ce vieux et antique répertoire de nos anciens poëtes, lui en a fourni d'assez brillantes. Il a su à la vérité les habiller à la moderne : mais le fond ne laisse pas de s'en trouver dans cet *Ennius* de notre poésie; c'est dans l'endroit où Jean de Meung fait parler une vieille qui endoctrine une tendre jouvencelle.
De toutes les satires de Régnier, celle-ci est la mieux versifiée, celle dont les vers sont les plus soutenus, les plus nombreux, les plus détachés les uns des autres, enfin les plus naturels et les plus beaux. D'ailleurs elle est purgée de ces expressions populaires dont Régnier sembloit faire ses délices. En un mot, si l'on juge de cette pièce indépendamment de son sujet, qui n'est ni fort noble ni fort édifiant, elle doit passer pour la plus belle satire de Régnier. Aussi, quand elle parut, elle fut reçue avec des applaudissements qui alloient à l'admiration; et peut-être eût-elle été capable toute seule de donner à Régnier la grande réputation qu'il conserve encore aujourd'hui parmi nous, et qu'il portera sans doute à la postérité.

Et qui, depuis dix ans[1] jusqu'en ses derniers jours,
A soutenu le prix en escrime[2] d'amours,
Lasse enfin de servir au peuple de quintaine, 5
N'estant passe-volant, soldat, ny capitaine,
Depuis les plus chétifs jusques aux plus fendans,
Qu'elle n'ait desconfit, et mis dessus les dents ;
Lasse, dy-je, et non soule, enfin s'est retirée[3],
Et n'a plus d'autre objet que la voute éthérée[4], 10
Elle qui n'eust, avant que plorer son délict,
Autre ciel pour object que le ciel de son lict,
A changé de courage[5], et, confitte en destresse,
Imite avecq' ses pleurs la saincte pécheresse[6] ;
Donnant des sainctes lois à son affection[7] ; 15
Elle a mis son amour à la dévotion.
Sans art elle s'habille ; et, simple en contenance,
Son teint mortifié presche la continence.
Clergesse[8] elle fait jà la leçon aux prescheurs :
Elle lict sainct Bernard, la Guide des Pécheurs[9], 20

---

[1] Depuis l'âge de dix ans.

[2] Édition de 1645, *aux escrimes.*

[3]   Et lassata viris, sed non satiata recessit.
             JUVEN., sat. VI, v. 129.

[4] *La voûte éthérée,* pour le ciel ; tirée du latin.

[5] Pour *cœur, conduite,* dans nos vieux livres ; mais aujourd'hui il n'a plus cette signification.

[6] Sainte Magdeleine.

[7] On n'a commencé à mettre *de saintes lois* que dans l'édition de 1642.

[8] Oudin explique fort bien ce mot en espagnol par *muger docta,* et en italien par *donna saccente, ò dotta,* femme savante. Selon Borel, on a dit *clergeresse,* pour *savante,* comme on a dit *clerc* pour *savant;* et *clergerie* pour *science, doctrine, savoir;* parce qu'il n'y avoit autrefois que les gens d'Église qui étudiassent. Voyez la note sur le dernier vers de la satire III. — *Prescheurs,* pour *Prédicateurs :* Villon s'est servi de ce terme au même sens. Je le laisse, dit-il, aux théologiens, car c'est office de prescheur. »

[9] Saint Bernard est un des plus grands et des plus illustres

Les Méditations de la mère Thérèse[1] ;
Sçait que c'est qu'hypostase avecque synderèse[2] ;
Jour et nuict elle va de convent en convent[3] ;
Visite les saincts lieux, se confesse souvent ;
A des cas réservés grandes intelligences ;   25
Sçait du nom de Jésus toutes les indulgences ;
Que valent chapelets, grains bénits enfilez,
Et l'ordre du cordon des pères Récollez.
Loin du monde elle fait sa demeure et son giste :
Son œil tout pénitent ne pleure qu'eau bénitte.   30
Enfin c'est un exemple, en ce siècle tortu,
D'amour, de charité, d'honneur, et de vertu.
Pour béate partout le peuple la renomme ;
Et la gazette mesme a déjà dit à Rome,
La voyant aymer Dieu, et la chair maistriser,   35
Qu'on n'attend que sa mort pour la canoniser.
Moy-mesme, qui ne croy de léger[4] aux merveilles,
Qui reproche[5] souvent mes yeux et mes oreilles,

---

pères de la vie spirituelle, et *la Guide des pécheurs* est de Louis de Grenade, Espagnol, illustre théologien de l'ordre de Saint-Dominique, célèbre par d'autres écrits. Sa *Guide des pécheurs* passe pour son chef-d'œuvre.

[1] Sainte Thérèse, fondatrice de l'ordre des Carmélites en Espagne, n'étoit pas encore canonisée ; mais elle avoit dès lors un grand crédit dans la vie spirituelle.

[2] *Hypostase*, terme de théologie, qui signifie *personne*. Il n'y a qu'une nature en Dieu, et il y a trois hypostases. (Trévoux.) — *Syndérèse*, remords.

[3] C'est ainsi qu'on écrivoit autrefois ; ce qui conservoit à ce mot son analogie de la langue latine, *conventus* : à présent on écrit *couvent*.

[4] *De léger*, pour *légèrement*. Jean Marot s'en est servi dans un de ses rondeaux,

Croire legier aussi n'est honnorable.

[5] *Reproche*, pour récuse, se dit encore en matière criminelle quand on fait des reproches contre ses témoins, ce qui est ordinairement un sujet de récusation.

La voyant si changée en un temps si subit,
Je creu qu'elle l'estoit d'ame comme d'habit ;   40
Que Dieu la retiroit d'une faute si grande ;
Et disois à part moy : Mal vit qui ne s'amende.
Jà des-jà[1] tout dévot, contrit et pénitent,
J'estois, à son exemple, esmeu d'en faire autant :
Quand, par arrest du ciel, qui hait l'hypocrisie.   45
Au logis d'une fille, où j'ay ma fantasie[2],
Ceste vieille chouette, à pas lents et posez,
La parole modeste, et les yeux composez,
Entra par révérence ; et resserrant la bouche,
Timide en son respect, sembloit saincte Nitouche[3],   50
D'un Ave Maria lui donnant le bon jour,
Et de propos communs, bien esloignez d'amour,
Entretenoit la belle, en qui j'ai la pensée
D'un doux imaginer[4] si doucement blessée,
Qu'aymans, et bien aymez, en nos doux passe-temps,   55

[1] Tout à coup.
[2] Après ce vers, dans la première édition de cette satire, 1612, il y en avoit trois que l'auteur retrancha dans l'édition de 1613 ; les voici :

> N'ayant pas tout-à-fait mis fin à ses vieux tours,
> La vieille me rendit tesmoin de ses discours.
> Tapis dans un recoin, et couvert d'une porte,
> J'entendy son propos, etc.

Dans l'édition de 1613, Régnier remplaça ces trois vers par dix-neuf autres, qui lui parurent nécessaires pour donner une juste étendue et plus de vraisemblance à sa narration. Ils commencent par celui-ci :

> Ceste vieille chouette, etc.,

et finissent ici,

> Enfin, me tapissant au recoin d'une porte,
> J'entendy, etc.

Fantasie, pour inclination, amour, se voit aussi dans Clément Marot.
[3] Certaines gens, qui ne sont pas au fait de ce mot, disent mal à propos *sainte Mitouche*; mais il faut dire *sainte Nitouche*; c'est-à-dire, qui paroit n'y pas toucher.
[4] Doux *imaginer*, pour douce *imagination*.

Nous rendons en amour jaloux les plus contens.
Enfin, comme en caquets ce vieux sexe fourmille,
De propos en propos, et de fil en esguille,
Se laissant emporter au flus de ses discours,
Je pense qu'il falloit que le mal eust son cours. 60
Feignant de m'en aller, d'aguet¹ je me recule
Pour voir à quelle fin tendoit son préambule ;
Moy qui, voyant son port si plein de saincteté,
Pour mourir², d'aucun mal ne me feusse doubté.
Enfin, me tapissant au recoin d'une porte³, 65
J'entendy son propos, qui fut de ceste sorte :
   Ma fille, Dieu vous garde, et vous vueille bénir⁴ !
Si je vous veux du mal, qu'il me puisse advenir !
Qu'eussiez-vous tout le bien dont le ciel vous est chiche,
L'ayant je n'en seroy plus pauvre ny plus riche : 70
Car n'estant plus du monde, au bien je ne prétens ;
Ou bien, si j'en desire, en l'autre je l'attends ;
D'autre chose icy-bas le bon Dieu je ne prie.
A propos, sçavez-vous ? on dit qu'on vous marie,
Je sçay bien vostre cas⁵ : un homme grand, adroit, 75
Riche, et Dieu sçait s'il a tout ce qu'il vous faudroit.
Il vous ayme si fort ! Aussi pourquoy, ma fille,
Ne vous aymeroit-il ? Vous estes si gentille,
Si mignonne et si belle, et d'un regard si doux,

---

¹ Doucement, et pour guetter et écouter.

² Espèce de serment ; l'on dit aujourd'hui, *Que je meure si cela est ou n'est pas.*

³   Fors me sermoni testem dedit. Illa monebat
    Talia. Me duplices occuluere fores.
              OVID., *Amor*, lib. I, eleg. VIII.

⁴ Molière, *École des femmes*, acte II, scène VI, a imité le discours de Macette. C'est Agnès qui parle :

    Le lendemain étant sur notre porte,
    Une vieille m'aborde, en parlant de la sorte :
    Mon enfant, le bon Dieu, etc.

⁵ Mot usité alors, pour dire *affaire*.

Que la beauté plus grande est laide auprès de vous. 80
Mais tout ne respond pas au traict de ce visage
Plus vermeil qu'une rose, et plus beau qu'un rivage.
Vous devriez, estant belle, avoir de beaux habits,
Esclater de satin, de perles, de rubis.
Le grand regret que j'ay! non pas, à Dieu ne plaise, 85
Que j'en ay'[1] de vous voir belle et bien à vostre aise :
Mais pour moy je voudrois que vous eussiez au moins
Ce qui peut en amour satisfaire à vos soins ;
Que cecy fust de soye et non pas d'estamine.
Ma foy, les beaux habits servent bien à la mine. 90
On a beau s'agencer, et faire les doux yeux,
Quand on est bien parée, on en est toujours mieux :
Mais, sans avoir du bien, que sert la renommée?
C'est une vanité confusément semée
Dans l'esprit des humains, un mal d'opinion, 95
Un faux germe, avorté dans nostre affection.
Ces vieux contes d'honneur dont on repaist les dames
Ne sont que des appas pour les débiles ames,
Qui, sans choix de raison, ont le cerveau perclus.
L'honneur est un vieux sainct que l'on ne chomme plus. 100
Il ne sert plus de rien, sinon d'un peu d'excuse[2],
Et de sot entretien pour ceux-là qu'on amuse,
Ou d'honneste refus, quand on ne veut aimer.
Il est bon en discours pour se faire estimer :
Mais au fond c'est abus, sans excepter personne. 105
La sage se sçait vendre où la sotte se donne[3].

---

[1] Abréviation usitée dans l'ancienne poésie pour *que j'en aye*.
[2] Édition de 1613, et quelques autres, ***sinon qu'un peu d'excuse***.
[3] Beaucoup d'éditions mettent :

    La sage *le* sçait vendre, où la sotte *le* donne :

mais cela ne forme pas un sens raisonnable : quoi vendre ou donner? l'honneur? cela ne dit rien. Au lieu que j'ai mis comme en quelques éditions :

    La sage *se* sçait vendre où la sotte *se* donne,

ce qui revient mieux à la suite du discours.

180 POÉSIES DE RÉGNIER.

Ma fille, c'est par là qu'il vous en faut avoir.
Nos biens, comme nos maux, sont en nostre pouvoir [1].
Fille qui sçait son monde a saison opportune.
Chacun est artisan de sa bonne fortune [2].   110
Le malheur, par conduite, au bonheur cédera.
Aydez-vous seulement, et Dieu vous aydera.
Combien, pour avoir mis leur honneur en sequestre,
Ont-elles en velours eschangé leur limestre [3],
Et dans les plus hauts rangs eslevé leurs maris !   115
Ma fille, c'est ainsi que l'on vit à Paris ;
Et la vefve aussi bien comme la mariée :
Celle est chaste, sans plus, qui n'en est point priée [4].
Toutes, au faict d'amour, se chaussent en un point :
Jeanne que vous voyez [5], dont on ne parle point,   120

---

[1] Les quatorze vers suivants manquent dans l'édition de 1613, faite pendant la vie de l'auteur, et dans celle de 1626.

[2] Cette sentence est d'Appius Cœcus, qui avoit dit dans un poëme, « Fabrum esse suæ quemque fortunæ. » Voyez Sallust. in Orat. I, ad Cæsarem.

[3] Dans la première édition de cette satire, il y avoit :

Ont-elles aux atours eschangé le limestre ?

Oudin, dans son Dictionnaire espagnol, au mot *limista*, a dit, *fin drap du limestre ;* et dans le Dictionnaire de Duez, *limestre* est expliqué par *specie di rascia, ò panno*. Ménage, *Dict. étymol.*, nous apprend que ce sont serges drapées, croisées, qui se font à Rouen et à Darnetal proche de Rouen, et qui se faisoient aussi autrefois en Espagne. Elles se font de fine laine d'Espagne. Rabelais, liv. IV, chap. VI, fait dire à Dindenaud : « De la toison de ces moutons se-
« ront faits les fins draps de Rouen ; les Louschets des balles de
« Limestre, auprès d'elle ne sont que bourre ; » et au liv. II, chap. XII : « Mais maintenant le monde est tout détravé de lou-
« chetz des balles de Lucestre. »

[4]   Ludite, formosæ : casta est quam nemo rogavit,
            Ovid., *Amor.*, lib. I, eleg. VIII.

[5] C'est ainsi qu'on lit dans les mêmes éditions, au lieu que d'autres éditions portent : *Et Jeanne que tu vois ;* mais Macette ne tutoie point ailleurs la personne à qui elle parle.

Qui fait si doucement la simple et la discrète,
Elle n'est pas plus sage, ains elle est plus secrète [1];
Elle a plus de respect, non moins de passion,
Et cache ses amours sous sa discrétion.
Moy-mesme, croiriez-vous, pour estre plus âgée,   125
Que ma part, comme on dit, en fust desjà mangée?
Non, ma foy, je me sens et dedans et dehors,
Et mon bas peut encore user deux ou trois corps.
Mais chaque âge a son temps. Selon le drap la robe.
Ce qu'un temps on a trop, en l'autre on le desrobe.   130
Estant jeune, j'ay sceu bien user des plaisirs [2]:
Ores j'ay d'autres soins en semblables desirs.
Je veux passer mon temps et couvrir le mystère.
On trouve bien la cour dedans un monastère;
Et, après maint essay, enfin j'ay reconnu   135
Qu'un homme comme un autre est un moine tout nu.
Puis, outre le sainct vœu, qui sert de couverture,
Ils sont trop obligés au secret de nature,
Et sçavent, plus discrets, apporter en aymant,
Avecques moins d'esclat, plus de contentement.   140
C'est pourquoy, desguisant les bouillons de mon ame,
D'un long habit de cendre enveloppant ma flame,
Je cache mon dessein aux plaisirs adonné.
Le péché que l'on cache est demy-pardonné.
La faute seulement ne gist en la deffence.   145
Le scandale, l'opprobre est cause de l'offence.
Pourveu qu'on ne le sçache, il n'importe comment.
Qui peut dire que non, ne pèche nullement.
Puis la bonté du ciel nos offenses surpasse.
Pourveu qu'on se confesse, on a tousjours sa grace.   150

---

[1] Édition de 1612 : *Elle n'est pas plus chaste.* — Ains pour *mais* ne se dit plus.

[2] Properce, lib. IV, eleg. v, fait dire à une Macette de son temps :

> Dum vernat sanguis, dum rugis integer annus,
> Utere, ne quis eat liber amore dies.

Il donne quelque chose à nostre passion ;
Et qui, jeune, n'a pas grande dévotion,
Il faut que, pour le monde, à la feindre il s'exerce.
« C'est entre les dévots un estrange commerce,
Un trafic par lequel, au joly temps qui court,   155
Toute affaire fascheuse est facile à la court. »
Je sçay bien que vostre âge, encore jeune et tendre,
Ne peut, ainsi que moy, ces mystères comprendre :
Mais vous devriez, ma fille, en l'âge où je vous voy,
Estre riche, contente, avoir fort bien de quoy ;   160
Et, pompeuse en habits, fine, accorte et rusée,
Reluire de joyaux, ainsi qu'une espousée.
Il faut faire vertu de la nécessité.
Qui sçait vivre icy-bas n'a jamais pauvreté.
Puisqu'elle vous deffend des dorures l'usage,   165
Il faut que les brillans soient en vostre visage ;
Que vostre bonne grace en acquière pour vous.
« Se voir du bien, ma fille, il n'est rien de si doux.
S'enrichir de bonne heure est une grand' sagesse.
Tout chemin d'acquérir se ferme à la vieillesse,   170
A qui ne reste rien, avecq' la pauvreté,
Qu'un regret espineux d'avoir jadis esté. »
Où, lors qu'on a du bien, il n'est si décrépite
Qui ne trouve (en donnant) couvercle à sa marmite.
Non, non, faites l'amour, et vendez aux amans   175
Vos accueils, vos baisers, et vos embrassemens.
C'est gloire, et non pas honte, en ceste douce peine,
Des acquests de son lict accroistre son domaine.
Vendez ces doux regards, ces attraicts, ces appas :
Vous-mesme vendez-vous, mais ne vous livrez pas.   180
Conservez-vous l'esprit ; gardez vostre franchise ;
Prenez tout, s'il se peut ; ne soyez jamais prise.
Celle qui par amour s'engage en ces malheurs,
Pour un petit plaisir a cent mille douleurs.
Puis un homme au desduit ne vous peut satisfaire ; 185
Et quand, plus vigoureux, il le pourroit bien faire,

Il faut tondre sur tout, et changer à l'instant.
L'envie en est bien moindre, et le gain plus contant.
Surtout soyez de vous la maistresse et la dame.
Faites, s'il est possible, un miroir de vostre ame, 190
Qui reçoit tous objets, et tout contant les pert;
Fuyez ce qui vous nuit, aymez ce qui vous sert.
Faites profit de tout, et mesme de vos pertes.
A prendre sagement ayez les mains ouvertes;
Ne faites, s'il se peut, jamais présent ny don, 195
Si ce n'est d'un chabot pour avoir un gardon [1].
Parfois on peut donner pour les galans attraire :
A ces petits présens je ne suis pas contraire,
Pourveu que ce ne soit que pour les amorcer.
Les fines, en donnant, se doivent efforcer 200
A faire que l'esprit, et que la gentillesse
Face estimer les dons, et non pas la richesse.
Pour vous, estimez plus qui plus vous donnera.
Vous gouvernant ainsi, Dieu vous assistera.
Au reste, n'espargnez ny Gaultier ny Garguille [2] : 205
Qui se trouvera pris, je vous pry' qu'on l'estrille.
Il n'est que d'en avoir : le bien est tousjours bien,
Et ne vous doit chaloir ny de qui, ny combien :
Prenez à toutes mains, ma fille, et vous souvienne
Que le gain a bon goust, de quelque endroit qu'il vienne [3], 210

---

[1] *Chabot*, espèce de petit poisson de rivière.

[2] Gaultier et Garguille étoient deux bouffons qui jouoient dans les farces, avant que le théâtre françois se fût perfectionné. Leurs noms ont passé en proverbe, pour signifier des personnes méprisables et sans distinction. L'auteur du *Moyen de parvenir* a dit au même sens : *Venez, mes amis, mais ne m'amenez ni Gautier ni Guillaume.* Mais cette façon de parler est encore plus ancienne; car on trouve *Gautier* et *Garguille* dans le premier des contes imprimés sous le nom de Bonaventure des Periers, dont la permission d'imprimer est de l'an 1557. « Riez seulement, *dit-il*, et ne vous chaille « si ce fut Gaultier ou si ce fut Garguille. »

[3] C'est un mot de Vespasien. Juvénal, sat. xiv, v. 204 :

  Lucri bonus est odor, ex re
  Qualibet.

Estimez vos amans selon le revenu :
Qui donnera le plus, qu'il soit le mieux venu.
Laissez la mine à part; prenez garde à la somme.
Riche vilain vaut mieux que pauvre gentilhomme.
Je ne juge, pour moy, les gens sur ce qu'ils sont, 215
Mais selon le profit et le bien qu'ils me font.
Quand l'argent est meslé, l'on ne peut recognoistre
Celuy du serviteur d'avecq' celuy du maistre.
L'argent d'un cordon-bleu n'est pas d'autre façon
Que celuy d'un fripier, ou d'un aide à maçon. 220
Que le plus et le moins y mette différence,
Et tienne seulement la partie en souffrance [1],
Que vous restablirez du jour au lendemain ;
Et tousjours retenez le bon bout à la main ;
De crainte que le temps ne destruise l'affaire, 225
Il faut suivre de près le bien que l'on diffère,
Et ne le différer qu'en tant que l'on le peut,
Ou se puisse aisément restablir quand on veut [2].
Tous ces beaux suffisants dont la cour est semée
Ne sont que triacleurs et vendeurs de fumée. 230
Ils sont beaux, bien peignez, belle barbe au menton :
Mais quand il faut payer, au diantre le teston;
Et faisant des mourans [3], et de l'ame saisie,
Ils croyent qu'on leur doit pour rien la courtoisie.

---

[1] Terme de financier et de finance. L'on tient en souffrance, c'est-à-dire qu'on n'alloue point, ou l'on ne passe pas en compte une partie de dépense dont l'emploi n'est pas justifié par des ordres et des quittances dans les formes.

[2] Le sens est embarrassé. C'est pourquoi, dans l'édition de 1642, on a ainsi corrigé ces deux vers :

> Et ne le différer qu'en tant que l'on le peut
> Aisément restablir aussi tost qu'on le veut.

[3] J'ai mis *mourans*, au lieu de *mouvans*, qui étoit dans toutes les éditions, et qui ne signifioit rien, au lieu que faire le mourant sont ces amoureux transis dont Régnier a fait ailleurs un portrait : ce sont ceux qui se ruinent en fleurettes, et qu'il ne faut aussi payer qu'en espérances.

Mais c'est pour leur beau nez. Le puits n'est pas com-
Si j'en avois un cent, ils n'en auraient pas un. [mun : 235
   Et ce poète croté ¹ avecq' sa mine austère,
Vous diriez à le voir que c'est un secrétaire.
Il va mélancolique, et les yeux abaissez,
Comme un sire qui plaint ses parens trespassez. 240
Mais Dieu sçait, c'est un homme aussy bien que les autres.
Jamais on ne luy voit aux mains des patenostres.
Il hante en mauvais lieux : gardez-vous de cela;
Non, si j'estoy de vous, je le planteroy là.
Eh bien ! il parle livre ² ; il a le mot pour rire : 245
Mais au reste, après tout, c'est un homme à satyre.
Vous croiriez à le voir qu'il vous deust adorer ³.
Gardez, il ne faut rien pour vous déshonorer.
Ces hommes mesdisans ont le feu souz la lèvre;
Ils sont matelineurs ⁴, prompts à prendre la chèvre, 250
Et tournent leurs humeurs en bizarres façons;
Puis, ils ne donnent rien, si ce n'est des chansons.
Mais non, ma fille, non : qui veut vivre à son aise,
Il ne faut simplement un amy qui vous plaise,
Mais qui puisse au plaisir joindre l'utilité. 255
En amours, autrement, c'est imbécilité.
Qui le fait à crédit n'a pas grande ressource :
On y fait des amis, mais peu d'argent en bourse.
Prenez-moy ces abbez, ces fils de financiers,
Dont, depuis cinquante ans, les pères usuriers, 260
Volans à toutes mains, ont mis en leur famille,

---

¹ C'est Régnier lui-même. Ovide, dans la même élégie, v. 57 :

> Ecce, quid iste tuus, præter nova carmina, vates
> Donat? amatoris millia multa leges.

² C'est-à-dire, il parle comme un livre ; il parle savamment.

³ Dans l'édition de 1642, on lit : *Qu'il vous veut adorer :* mais ce changement affoiblit l'expression.

⁴ On prononçoit, et même on écrivoit *matelineux*, mot formé de *Matelin*, dit par corruption de *Maturin*, saint auquel, par allusion à *matto*, l'on a, dit-on, coutume de vouer les fous.

Plus d'argent que le roy n'en a dans la Bastille [1].
C'est là que vostre main peut faire de beaux coups.
Je sçay de ces gens-là qui languissent pour vous :
Car, estant ainsi jeune, en vos beautez parfaictes, 265
Vous ne pouvez sçavoir tous les coups que vous faites :
Et les traits de vos yeux haut et bas eslancez,
Belle, ne voyent pas tous ceux que vous blessez.
Tel s'en vient plaindre à moy, qui n'ose vous le dire :
Et tel vous rit de jour, qui toute nuict souspire, 270
Et se plaint de son mal, d'autant plus véhément,
Que vos yeux sans dessein le font innocemment.
En amour l'innocence est un sçavant mystère,
Pourveu que ce ne soit une innocence austère,
Mais qui sçache, par art, donnant vie et trespas, 275
Feindre avecque douceur qu'elle ne le sçait pas [2].
Il faut aider ainsi la beauté naturelle;
L'innocence autrement est vertu criminelle :
Avecq' elle il nous faut et blesser et garir,
Et parmy les plaisirs faire vivre et mourir. 280
Formez-vous des desseins dignes de vos mérites :
Toutes basses amours sont pour vous trop petites ;
Ayez dessein aux dieux : pour de moindres beautez,

---

[1] Un auteur contemporain de Régnier nous apprend que le trésor des rois de France a été gardé tantôt au Temple, puis au Louvre, après dans une tour près de la chambre du trésor, en la cour du palais ; et à présent (1611) il est gardé, dit-il, dans la Bastille Saint-Antoine. (Miraumont, Mémoires sur les Cours et Justices étant dans l'enclos du Palais : chap. des Trésors de France, p. 508.) Henri IV avait 7 millions d'or dans la Bastille en 1604. (Mémoires de Sully, part. II, chap. xxxix.) Et en 1610, qui est l'année en laquelle ce grand roi mourut, il avoit, disent les Mémoires de Sully, « quinze millions huit cent soixante-dix mille livres d'argent comp-
« tant, dans les chambres voûtées, coffres et caques étant en la
« Bastille. » (Part. IV, ch. li, p. 547.)

[2]   Erubuit, decet alba quidem pudor ora : sed iste,
    Si simules, prodest ; verus obesse solet.
              Ovid., *Amor.*, lib. I, eleg. viii.

Ils ont laissé jadis les cieux deshabitez [1].

Durant tous ces discours, Dieu sçait l'impatience ! 285
Mais comme elle a tousjours l'œil à la deffiance,
Tournant deçà delà vers la porte où j'estois,
Elle vit en sursaut comme je l'escoutois.
Elle trousse bagage; et faisant la gentille :
Je vous verrai demain; à Dieu, bon soir, ma fille. 290
 Ha ! vieille, dy-je lors, qu'en mon cœur je maudis,
Est-ce là le chemin pour gaigner paradis?
Dieu te doint pour guerdon [2] de tes œuvres si sainctes,
Que soient avant ta mort tes prunelles esteinctes;
Ta maison descouverte, et sans feu tout l'hyver, 295
Avecques tes voisins jour et nuict estriver [3];
Et traisner, sans confort [4], triste et désespérée,
Une pauvre vieillesse, et tousjours altérée !

[1] Vieux mot, pour dire, inhabités, solitaires.
[2] Récompense.
[3] On prononce étriver : disputer, être en querelle, en procès.
[4] Consolation, soutien, soulagement.

NOUVELLES REMARQUES.

Vers 50 et 53. *Sembloit, entretenoit;* ces deux verbes, sans rapport avec un sujet exprimé, rendent ce passage, non pas obscur, mais très-embarrassé dans sa marche.

Vers 57. *Ce vieux sexe*, pour les vieilles femmes, est une expression impropre; mais elle exprime ici une certaine âcreté d'humeur qui jusqu'à certain point en justifie l'emploi. On disait du temps de Régnier, comme on dit encore aujourd'hui, *le beau sexe* pour les femmes en général, mais *le vieux sexe* pour les vieilles femmes est une expression qui lui appartient en propre.

Vers 63, 64. *Moy qui, voyant son port... d'aucun mal ne me feusse doubté;* deux sujets pour un seul verbe; construction tout à fait vicieuse que reproduisent toutes les éditions, et qui pourrait très-bien résulter d'une faute d'impression; l'accumulation désagréable en quelques vers des participes *laissant, feignant, voyant, tapissant*, nous porte à croire que Régnier a écrit *voyois* et construit ainsi ces vers :

> Moy, qui voyais son port si plein de saincteté,
> Pour mourir, d'aucun mal ne me feusse doubté.

Vers 68. *Si je vous veux du mal, qu'il me puisse advenir!* que tout le mal que je vous veux m'arrive; façon de dire qu'elle ne lui souhaite rien que d'heureux.

Vers 69. *Qu'eussiez-vous tout le bien,* si vous aviez, quand vous auriez.

Vers 80. *Que la beauté plus grande,* pour *la plus grande,* construction familière à Régnier.

Vers 113, 114. *Combien..... Ont-elles,* etc. *Elles* forme ici un pléonasme depuis longtemps hors d'usage.

Vers 173. *Où, lorsqu'on a du bien,* etc. *Où,* pour dans la vieillesse, rend la construction embarrassée et obscure.

Vers 285. *Durant tous ces discours,* etc. Aujourd'hui *durant* ne s'emploie plus qu'avec un complément exprimant le temps... *Durant un mois, une année* et *pendant ce discours.*

Vers 295, 296. *Ta maison descouverte, et sans feu tout l'hyver, Avecques tes voisins jour et nuict estriver; Et traisner,* etc. Les deux infinitifs *estriver* et *traisner* figurent ici en vertu de l'ellipse d'un verbe dont l'énonciation était indispensable à la clarté, **Puisses-tu.**

XIV[1]

LA FOLIE EST GÉNÉRALE

J'ay pris cent et cent fois la lanterne en la main[2],
Cherchant en plein midy, parmi le genre humain,
Un homme qui fust homme et de faict et de mine,
Et qui pust des vertus passer par l'étamine.
Il n'est coin et recoin que je n'aye tenté,　　　　　　　5
Depuis que la nature icy-bas m'a planté :
Mais tant plus je me lime, et plus je me rabote,
Je crois qu'à mon advis tout le monde radote,
Qu'il a la teste vuide et sans dessus dessouz,
Ou qu'il faut qu'au rebours je sois l'un des plus fous;　10
C'est de nostre folie un plaisant stratagesme,
Se flatant, de juger les autres par soy-mesme.

Ceux qui pour voyager s'embarquent dessus l'eau
Voyent aller la terre, et non pas leur vaisseau.
Peut-estre, ainsi trompé, que faussement je juge.　　　15
Toutesfois, si les fous ont leur sang pour refuge,
Je ne suis pas tenu de croire aux yeux d'autruy :
Puis j'en sçay pour le moins autant ou plus que luy.

---

[1] Cette satire parut pour la première fois dans l'édition de 1613, avec les trois satires suivantes. Le dessein de l'auteur est de faire voir dans celle-ci que tous les hommes sont fous, et qu'en agissant contre la raison ils ne laissent pas d'agir suivant leur raison. De là, par l'argument des contraires, il prend occasion de louer un grand ministre d'État, qu'il ne nomme point, quoiqu'il lui adresse directement son discours. C'étoit apparemment le duc de Sully, Maximilien de Béthune.

[2] C'est ce que faisoit Diogène, fameux philosophe d'Athènes.

Voilà fort bien parlé, si l'on me vouloit croire.
Sotte présomption, vous m'enyvrez sans boire ! 20
Mais après, en cherchant, avoir autant couru
Qu'aux advens de Noel fait le moine bourru [1],
Pour retrouver un homme envers qui la satyre,
Sans flater, ne trouvast que mordre et que redire,
Qui sçust d'un choix prudent toute chose èsplucher, 25
Ma foi, si ce n'est vous, je n'en veux plus chercher.
Or, ce n'est point pour estre eslevé de fortune :
Aux sages, comme aux fous, c'est chose assez commune;
Elle avance un chacun sans raison et sans choix;
Les fous sont aux échets les plus proches des roys. 30
Aussi mon jugement sur cela ne se fonde ;
Au compas [2] des grandeurs je ne juge le monde :
L'esclat de ces clinquans ne m'esblouit les yeux.
Pour estre dans le ciel je n'estime les dieux,
Mais pour s'y maintenir, et gouverner de sorte 35
Que ce tout en devoir réglément se comporte,
Et que leur providence également conduit
Tout ce que le soleil en la terre produit.
Des hommes, tout ainsi, je ne puis recognoistre
Les grands, mais bien ceux-là qui méritent de l'estre, 40
Et de qui le mérite, indomptable en vertu,
Force les accidens, et n'est point abattu.
Non plus que des farceurs je n'en puis faire conte;
Ainsi que l'un descend on voit que l'autre monte,
Selon ou plus ou moins que dure le rollet [3], 45
Et l'habit fait, sans plus, le maistre ou le valet.
De mesme est de ces gens dont la grandeur se joue :
Aujourd'hui gros, enflez, sur le haut de la roue,
Ils font un personnage; et demain renversez,
Chacun les met au rang des péchez effacez. 50

[1] Voyez satire XI, note sur le vers 389.
[2] A proportion, à la mesure des grandeurs. Nous avons déjà expliqué cet ancien terme.
[3] Vieux mot, pour *le rôle*.

La faveur ¹ est bizarre, à traiter indocile,
Sans arrest, inconstante, et d'humeur difficile;
Avecq' discrétion il la faut caresser ² :
L'un la perd bien souvent pour la trop embrasser,
Ou pour s'y fier trop; l'autre par insolence, 55
Ou pour avoir trop peu ou trop de violence,
Ou pour se la promettre, ou se la dénier :
Enfin c'est un caprice estrange à manier.
Son amour est fragile, et se rompt comme un verre ³,
Et fait aux plus matois donner du nez en terre. 60
   Pour moy, je n'ay point veu, parmy tant d'avancez,
Soit de ces temps-icy, soit des siècles passez,
Homme ⁴ que la fortune ait tasché d'introduire,
Qui durant le bon vent ait sceu se bien conduire.
Or d'estre cinquante ans aux honneurs eslevé ⁵, 65
Des grands et des petits dignement approuvé,
Et de sa vertu propre aux malheurs faire obstacle,
Je n'ay point veu de sots avoir fait ce miracle.
Aussi, pour discerner le bien d'avecq' le mal,
Voir tout, cognoistre tout, d'un œil tousjours égal, 70
Manier dextrement les desseins de nos princes,
Respondre à tant de gens de diverses provinces,

---

¹ La faveur est mise pour la fortune.

² Ausone a dit, il y a longtemps, épig. VIII : *Fortunam reverenter habe.*

³   Fortuna vitrea est : tum cum splendet, frangitur.
                    PUBLIUS MIMUS.

   Et comme elle a l'éclat du verre,
   Elle en a la fragilité.
      CORNEILLE, *Polyeucte*, acte IV, scène II.

⁴ Il auroit été plus régulier de dire : *Pour moi, je n'ai point vu d'homme*, etc.

⁵ Ceci ne peut guère convenir qu'au duc de Sully, lequel, étant né en 1559, s'étoit attaché dès sa jeunesse à Henri d'abord prince et depuis roi de Navarre, et ensuite roi de France, qui l'honora de sa confiance la plus intime, et le combla de biens et d'honneurs.

Estre des estrangers pour oracle tenu,
Prévoir tout accident avant qu'estre advenu,
Destourner par prudence une mauvaise affaire, 75
Ce n'est pas chose aisée, ou trop facile à faire.
Voilà comme on conserve avecques jugement
Ce qu'un autre dissipe et perd imprudemment,
Quand on se brusle au feu que soy-mesme on attise,
Ce n'est point accident, mais c'est une sottise. 80
Nous sommes du bonheur de nous mesme artisans,
Et fabriquons nos jours ou fascheux, ou plaisans.
La fortune est à nous, et n'est mauvaise ou bonne,
Que selon qu'on la forme, ou bien qu'on se la donne.

 A ce point le malheur, ami, comme ennemy, 85
Trouvant au bord d'un puits un enfant endormy,
En risque d'y tomber, à son aide s'avance,
En lui parlant ainsy le resveille et le tance :
Sus, badin, levez-vous; si vous tombiez dedans,
De douleur vos parents, comme vous imprudens, 90
Croyant en leur esprit que de tout je dispose,
Diroient en me blasmant que j'en serois la cause.

 Ainsi nous séduisant d'une fausse couleur,
Souvent nous imputons nos fautes au malheur,
Qui n'en peut mais : mais quoy! l'on le prend à partie, 95
Et chacun de son tort cherche la garentie ;
Et nous pensons bien fins, soit véritable ou faux,
Quand nous pouvons couvrir d'excuses nos deffauts.
Mais ainsi qu'aux petits, aux plus grands personnages,
Sondez tout jusqu'au fond : les fous ne sont pas sages. 100

 Or, c'est un grand chemin jadis assez frayé,
Qui des rimeurs françois ne fut oncq' essayé :
Suivant les pas d'Horace entrant en la carrière [1],

---

[1] Régnier avoit pourtant dit, sat. II :

  Il faut suivre un sentier qui soit moins rebattu
  Et, conduit d'Apollon, reconnoistre la trace
  Du libre Juvénal : trop discret est Horace
  Pour un homme piqué...

Je trouve des humeurs de diverse manière,
Qui me pourroient donner subject de me mocquer : 105
Mais qu'est-il de besoin de les aller choquer?
Chacun, ainsi que moy, sa raison fortifie,
Et se forme à son goust une philosophie :
Ils ont droit en leur cause; et de la contester,
Je ne suis chicaneur, et n'ayme à disputer. 110

    Gallet [1] a sa raison; et qui croira son dire,
Le hazard pour le moins luy promet un empire :
Toutesfois, au contraire, estant leger et net [2],
N'ayant que l'espérance, et trois dez au cornet,
Comme sur un bon fonds de rente et de receptes, 115
Dessus sept ou quatorze il assigne ses dettes [3],
Et trouve sur cela qui luy fournit de quoy [4].

---

[1] Gallet, fameux joueur de dés, vivoit du temps de Régnier. Le commentateur de Boileau, sat. VIII, v. 81, a dit, sur la foi de la tradition et de Ménage dans ses *Orig.nes*, que Gallet fit bâtir l'hôtel de Sully, et qu'il le perdit au jeu. C'est le duc de Sully, surintendant des finances sous Henri IV, qui avoit fait bâtir l'hôtel qui porte son nom. Il est vrai que Gallet avoit une maison tout auprès, dans laquelle étoit un cabaret, qu'on appeloit aussi *l'hôtel de Sully*, et Gallet la vendit pour payer ses créanciers.

[2] C'est-à-dire léger et net d'argent. On dit encore familièrement *léger d'argent*.

[3] Au jeu de la chance, ou des trois dés, les chances les plus difficiles à amener, ou qui viennent le plus rarement, sont celles de *sept* et de *quatorze*; et quand le joueur emprunte de l'argent pour jouer, *il assigne la dette*, à en payer une certaine partie toutes les fois qu'il lui viendra *sept* ou *quatorze*. Boileau a désigné ce jeu, sat. IV :

> Attendant son destin d'un quatorze ou d'un sept,
> Voit sa vie ou sa mort sortir de son cornet.

Régnier fait ici la peinture de deux fous, d'un joueur qui croit s'enrichir au jeu, et d'un usurier qui lui prête volontiers de grosses sommes pour jouer, parce qu'il en tire vingt pour cent d'intérêt. La raison du joueur consiste dans l'espérance de gagner; la raison de l'usurier, dans le profit immense qu'il tire de son argent.

[4] C'est-à-dire, *Et trouve sur cela* (un usurier) *qui lui fournit*

Ils ont une raison qui n'est raison pour moi [1],
Que je ne puis comprendre, et qui bien l'examine.
Est-ce vice ou vertu qui leur fureur domine? 120
L'un, alléché d'espoir de gagner vingt pour cent,
Ferme l'œil à sa perte, et librement consent
Que l'autre le despouille, et ses meubles engage
Mesme, s'il est besoin, baille son héritage.
   Or, le plus sot d'entr'eux [3], je m'en rapporte à luy, 125
Pour l'un il perd son bien, l'autre celuy d'autruy.
Pourtant c'est un traffic qui suit tousjours sa route,
Ou, bien moins qu'à la place, on a fait banqueroute,

de quoi. Le poëte condamne et la raison du joueur et la raison de l'usurier.

   Ils ont une raison qui n'est raison pour lui.

   Il ne peut comprendre leur conduite ; mais quoiqu'il la traite de *fureur*, il ne sait néanmoins si, à cause de la bonne foi réciproque qu'il y reconnoît, il la doit appeler *vice* ou *vertu*.
   J'ai cru qu'il y avoit ici une transposition dans le texte, que le portrait de l'usurier, *L'un alléché d'espoir*, etc., étoit déplacé, et qu'il devoit suivre immédiatement celui du joueur, de cette manière :

   Gallet a sa raison, etc.
   Dessus sept ou quatorze il assigne ses dettes.
   L'un alléché d'espoir de gagner vingt pour cent,
   Ferme l'œil à sa perte, et librement consent
   Que l'autre le despouille, et ses meubles engage,
   Mesme, s'il est besoin, baille son héritage,
   Et trouve sur cela qui luy fournit de quoy.
   Ils ont une raison, etc.

Des personnes fort judicieuses, et entre autres M. de La Monnoye, et M. de Saint-Fonds, qui ont pris la peine de revoir mes notes, n'ont pas approuvé ce changement, et ont trouvé que le texte étoit disposé suivant son ordre naturel, dans l'original.

[1]   Ainsi votre raison n'est pas raison pour moi.
         CORNEILLE, le *Cid*, act. II, sc. vi.

[2] C'est l'usurier qui engage ses meubles, et même ses fonds, pour trouver l'argent qu'il prête au joueur.

[3] C'est encore l'usurier, parce qu'il perd véritablement son bien, au lieu que le joueur ne perd que celui d'autrui.

Et qui dans le brelan ¹ se maintient bravement,
N'en desplaise aux arrests de nostre parlement ². 130
Pensez-vous, sans avoir ses raisons toutes prestes,
Que le sieur de Provins persiste en ses requestes,
Et qu'il ait, sans espoir d'estre mieux à la court ³,
A son long balandran changé son manteau court,
Bien que, depuis vingt ans, sa grimace importune 135
Ait à sa défaveur obstiné la fortune?
Il n'est pas le Cousin ⁴ qui n'ait quelque raison.
De peur de réparer, il laisse sa maison;
Que son lict ne défonce, il dort dessus la dure;
Et n'a, crainte du chaud, que l'air pour couverture : 140
Ne se pouvant munir encontre tant de maux
Dont l'air intempéré fait guerre aux animaux,
Comme le chaud, le froid, les frimas et la pluye,
Mil autres accidens ⁵ bourreaux de nostre vie;

¹ On lit *brelan* dans la première édition de cette satire, 1613, et c'est ainsi qu'il est dans Nicot, imprimé en 1606. Les éditions de 1616 et 1617 portent *barlan*, mot que je n'ai point vu ailleurs. Il y a *berlan* dans toutes les éditions suivantes; mais l'on ne dit plus que *brelan*, qui s'entend ici de ces académies où l'on s'assemble pour jouer aux cartes et aux dés.

² Peu de temps avant que Régnier publiât cette satire, le roi Louis XIII avoit donné deux déclarations portant défenses *de tenir brelans*: l'une du 30 mai 1611, vérifiée au parlement le 23 juin suivant; et l'autre du 20 décembre 1612, aussi vérifiée le 24 janvier 1613. Le 13 juin 1614, le parlement rendit encore un arrêt solennel, pour réitérer les défenses de tenir des brelans et académies.

³ Le sieur de Provins, pour se donner l'air d'un homme d'épée, avoit changé son manteau court en un long balandran, tel que les gens de guerre en portoient; car le balandran étoit une espèce de manteau ou de surtout. Boileau, en citant cet endroit dans son Discours sur la satire, a pris le sens de Régnier à rebours.

⁴ Autre fou, ainsi nommé, parce que, parlant de Henri IV, il disoit, *Le roi mon cousin* : en quoi il ressembloit à Triboulet, qui cousinoit François Iᵉʳ, comme on voit, p. 212 du *Recueil des plaisantes nouvelles*, imprimé à Lyon, l'an 1555.

⁵ Toutes les éditions portent : *Et mille autres accidens*. Mais ce demi-vers a une syllabe de trop; c'est pourquoi, dans l'édition

Luy, selon sa raison, souz eux il s'est soumis, 145
Et, forçant la nature, il les a pour amys.
Il n'est point enrummé pour dormir sur la terre;
Son poulmon enflamé ne tousse le caterre;
Il ne craint ny les dents, ni les défluxions,
Et son corps a, tout sain, libres ses fonctions. 150
En tout indifférent, tout est à son usage,
On dira qu'il est fou; je croy qu'il n'est pas sage;
Que Diogène aussi fust un fou de tout point,
C'est ce que le Cousin, comme moi, ne croit point.
Ainsi ceste raison est une estrange beste : 155
On l'a bonne selon qu'on a la bonne teste,
Qu'on imagine bien, du sens, comme de l'œil,
Pour grain ne prenant paille, ou Paris pour Corbeil.

Or, suivant ma raison et mon intelligence,
Mettant tout en avant, et soin, et diligence, 160
Et criblant mes raisons pour en faire un bon chois,
Vous estes à mon gré l'homme que je cherchois.
Afin doncq' qu'en discours le temps je ne consomme,
Ou vous estes le mien, ou je ne veux point d'homme,
Qu'un chacun en ait un ainsi qui luy plaira. 165
Rosette, nous verrons qui s'en repentira.
Un chacun en son sens selon son choix abonde.
Or, m'ayant mis en goust des hommes et du monde,
Réduisant brusquement le tout en son entier,
Encor' faut-il finir par un tour du mestier [1]. 170
    On dit que Jupiter, roi des dieux et des hommes,

---

de 1642 et dans les trois suivantes, on a mis : *Et mille autre accidens*, pour conserver la mesure du vers, aux dépens des règles de la grammaire. La syllabe *et* étant ici de trop, il est visible qu'il faut lire : *Mille autres accidens*, ou plutôt *mal*, comme l'auteur l'avoit écrit.

[1] Par un trait de satire. Cela fait comprendre que la fable allégorique qui suit, de Minos et de Tantale, indiquoit deux personnes de la cour, dont celle qui étoit déguisée sous le nom de Minos étoit sans doute le sage ministre à qui Régnier adresse cette satire.

Se promenant un jour en la terre où nous sommes,
Reçut en amitié deux hommes apparens,
Tous deux d'âge pareils, mais de mœurs différens [1] :
L'un avoit nom Minos, l'autre avoit nom Tantale [2].   175
Il les eslève au ciel; et d'abord leur estale,
Parmy les bons propos, les grâces et les ris,
Tout ce que la faveur départ aux favoris :
Ils mangeoient à sa table, avaloient l'ambrosie [3],
Et des plaisirs du ciel soûloient leur fantaisie;   180
Ils estoient comme chefs de son conseil privé;
Et rien n'estoit bien fait qu'ils n'eussent approuvé.
Minos eut bon esprit, prudent, accort et sage [4],
Et sceut, jusqu'à la fin, jouer son personnage :

[1] Édition de 1645 :

> Tous deux d'âge pareils, mais d'*humeurs* différents.

[2] *Minos*, fils de Jupiter et d'Europe, donna des lois aux peuples de Crète, dont il étoit roi, et les gouverna avec tant d'équité qu'on a feint qu'il avoit été établi juge des enfers.
Tantale, autre fils de Jupiter, et roi de Phrygie, qui fut chassé du ciel pour avoir révélé aux hommes les secrets des dieux. Dans les enfers il souffre une faim et une soif continuelles, au milieu des eaux et des mets les plus exquis.

[3] Viande exquise, qui, selon les anciens, étoit la nourriture de leurs dieux. Régnier semble ici prendre l'ambrosie pour une liqueur. Athénée produit deux passages, l'un de Sapho, l'autre d'Anaxandride, par où il paroit que l'ambrosie est prise pour la boisson des dieux. Alcman est cité au même endroit, touchant le nectar pris pour leur viande ; d'où il s'ensuivroit que l'ambrosie seroit leur breuvage. Aussi Muret, sur le dixième sonnet du I*er* livre des *Amours* de Ronsard, dit que le nectar et l'ambrosie se prennent l'un pour l'autre par les poëtes. Cependant Homère a distingué fort nettement l'ambrosie du nectar. *Odyssée*, liv. V, v. 92.

[4] Pour confirmer le parallèle de Minos et du duc de Sully, on peut mettre ici ce que dit Moréri ; que ce seigneur mourut *avec l'éloge d'avoir été bon gentilhomme, sage, discret, et très-exact à tenir ce qu'il avoit promis* : éloge qui lui avoit été donné par Henri IV, dans une lettre que ce roi lui écrivit de sa main, le 10 avril 1603. *Mém. de Sully*, part. II, chap. xv, p. 243.

Accort, liant, souple, docile, avec qui on peut traiter aisément.

L'autre fut un langard, révélant les secrets [1]
Du ciel et de son maistre aux hommes indiscrets.
L'un, avecques prudence, au ciel s'impatronise;
Et l'autre en fut chassé comme un péteux d'église [2].

[1] Voy. plus haut la note sur Tantale.
> Quærit aquas in aquis, et poma fugacia captat
> Tantalus : hoc illa garrula lingua dedit.
>   OVIDE, *Amor.*, lib. II, eleg. II, v. 43.
>
> Sic aret mediis taciti vulgator in undis.
>   OVID., *Amor.*, lib. III, eleg. VII.
>
> Si, dis-je, cette dame Élise,
> Comme de vrais péteurs d'église,
> Les eût chassés de son état.
>   SCARRON, *Virgile travesti*, liv. I.

NOUVELLES REMARQUES.

Vers 17 et 18. *Je ne suis pas tenu de croire aux yeux d'autruy; Puis j'en sçay pour le moins autant ou plus que* LUY; la relation établie entre les deux pronoms *luy* et *autruy* produit ici une certaine obscurité; *luy* et tous les pronoms personnels ne doivent être mis en rapport qu'avec un mot pris dans un sens déterminé.

Vers 21. *Mais après, en cherchant, avoir autant couru;* la préposition, séparée de son complément par *en cherchant*, rend le vers dur; cette construction d'ailleurs est contraire aux habitudes de notre syntaxe.

Vers 36. *Que ce tout en devoir réglément se comporte*, c'est-à-dire la totalité des choses créées, l'univers.

Vers 47. *De mesme est de ces gens*, etc.; il en est de même de ces gens, etc.

Vers 74. *Prévoir tout accident avant qu'estre advenu. Avant qu'il soit advenu* serait plus clair et plus exact.

Vers 111, 112. *Et* QUI *croira son dire, le hazard pour le moins* LUY *promet*, etc. A cette construction vive et rapide, la grammaire a substitué celle-ci qui est beaucoup plus claire et plus correcte : *à qui croira, le hasard promet*, etc.

XV

LE POETE MALGRÉ SOY [1]

Ouy, j'escry rarement, et me plais de le faire [2] :
Non pas que la paresse en moy soit ordinaire ;
Mais si-tost que je prends la plume à ce dessein,
Je croy prendre en galère une rame en la main ;
Je sens, au second vers que la muse me dicte, 5
Que contre sa fureur ma raison se dépite [3].

Or, si parfois j'escry, suivant mon ascendant,
Je vous jure, encor' est-ce à mon corps défendant,
L'astre qui de naissance à la muse me lie
Me fait rompre la teste après cette folie, 10
Que je reconnois bien : mais pourtant, malgré moi,
Il faut que mon humeur face joug à sa loy,
Que je demande en moy ce que je me desnie :
De mon ame et du ciel estrange tyrannie !
Et qui pis est, ce mal, qui m'afflige au mourir, 15

---

[1] L'auteur se plaint de la verve poétique, qui le contraint à faire des vers malgré lui, toutes les fois qu'elle s'empare de son esprit ; mais il ajoute que son humeur libre et incapable du moindre déguisement l'oblige aussi à dire la vérité avec franchise, à rendre justice au mérite, à blâmer le vice, et à louer la vertu.

[2]   Sic rarò scribis, ut toto non quater anno
   Membranam poscas.
       HORAT., lib. II, sat. III.

[3] Dans toutes les éditions qui ont précédé celle de 1642, on lisoit : *Et contre*, etc. Les poëtes un peu exacts n'approuveront pas cette rime, *dicte, dépite* ; mais elle étoit d'usage dans notre ancienne poésie.

S'obstine aux récipez¹, et ne se veut garir :
Plus on drogue ce mal, et tant plus il s'empire ;
Il n'est point d'ellébore assez en Anticyre²;
Revesche à mes raisons, il se rend plus mutin,
Et ma philosophie y perd tout son latin.   20
Or, pour estre incurable, il n'est pas nécessaire,
Patient en mon mal, que je m'y doive plaire :
Au contraire, il m'en fasche, et m'en déplaist si fort,
Que, durant mon accez je voudrois être mort :
Car lorsqu'on me regarde, et qu'on me juge un poëte, 25
Et qui par conséquent a la teste mal faite,
Confus en mon esprit, je suis plus désolé
Que si j'estois maraut, ou ladre ou vérolé.

  Encor si le transport dont mon ame est saisie
Avoit quelque respect durant ma frénésie,   30
Qu'il se réglast selon les lieux moins importans,
Ou qu'il fist choix des jours, des hommes, ou du temps,
Et que lorsque l'hyver me renferme en la chambre,
Aux jours les plus glacez de l'engourdy novembre,
Apollon m'obsédast; j'aurois en mon malheur,   35
Quelque contentement à flater ma douleur.

  Mais aux jours les plus beaux de la saison nouvelle,

---

¹ Aux remèdes, aux ordonnances des médecins, parce qu'elles commencent toujours par ce mot *Recipe*, ou seulement *R*, qui signifie la même chose. L'on voit, dans la nouvelle édition de Clément Marot, t. II, *in-4°*, page 380, un *remède contre la peste*, qui commence à la manière des ordonnances des médecins :

> Récipé, assis sur un banc,
> De Meance le bon jambon,
> Avec la pinte de vin blanc
> Ou de clairet, mais qu'il soit bon, etc.

² Les premières éditions portent, *élebore, Anticire :* mauvaise orthographe. L'ellébore est une plante dont les anciens médecins se servoient dans le traitement de la folie. Cette plante croissoit particulièrement dans l'île d'Anticyre; c'est pourquoi on y envoyoit les fous.

Que Zéphyre en ses rets surprend Flore la belle,
Que dans l'air les oiseaux, les poissons en la mer,
Se plaignent doucement du mal qui vient d'aymer [1], 40
Ou bien lors que Cérès de fourment [2] se couronne,
Ou que Bacchus soupire amoureux de Pomone;
Ou lors que le saffran, la dernière des fleurs [3],
Dore le Scorpion de ses belles couleurs;
C'est alors que la verve insolemment m'outrage, 45
Que la raison forcée obéit à la rage [4],
Et que, sans nul respect des hommes, ou du lieu,
Il faut que j'obéisse aux fureurs de ce Dieu [5].
Comme en ces derniers jours, les plus beaux de l'année,
Que Cybèle [6] est partout de fruits environnée; 50
Que le paysant recueille, emplissant à milliers
Greniers, granges, chartis [7] et caves et celliers ;
Et que Junon [8], riant d'une douce influence,
Rend son œil favorable aux champs qu'on ensemence;
Que je me resoudois [9], loin du bruit de Paris, 55
Et du soin de la cour, ou de ses favoris,
M'esgayer au repos que la campagne donne,
Et sans parler curé, doyen chantre, ou Sorbonne,

[1] *Mer, aimer*, cette rime est appelée *normande*, parce que les Normands, aussi bien que les Gascons, prononcent les finales des infinitifs en *er*, comme si on les écrivoit *air*. *Mal d'aimer* pour mal d'amour, ancienne phrase qui pourroit se dire encore dans le familier.

[2] On disoit autrefois *fourment*, et ce n'est que depuis l'édition de 1642 qu'on a mis froment.

[3] Le safran ne fleurit qu'au mois d'octobre, pendant lequel le soleil entre dans le signe du scorpion.

[4] *Rage*, ou fureur poétique.

[5] D'Apollon. Avant l'édition de 1642, il y avoit, *Qu'il faut*.

[6] La terre.

[7] C'est le lieu où l'on met à couvert les charrettes. Nicot et Monet écrivent *chareti*. C'est ce qu'on pourroit nommer aujourd'hui un *hangar*.

[8] La déesse de l'air.

[9] *Résoudrois*, édition de 1626; *Résolvois*, édition de 1652 et suivantes.

D'un bon mot faire rire [1] en si belle saison,
Vous, vos chiens et vos chats, et toute la maison [2] :   60
Et là, dedans ces champs que la rivière d'Oise [3]
Sur des arènes d'or en ses bords [4] se dégoise,
(Séjour jadis si doux à ce roy qui deux fois [5]
Donna Sidon en proye à ses peuples françois),
Faire maints soubre-sauts, libre de corps et d'ame;   65
Et, froid aux appétits d'une amoureuse flame,
Estre vuide d'amour comme d'ambition,
Des galands de ce temps horrible passion.

   Mais à d'autres revers ma fortune est tournée :
Dès le jour que Phœbus nous montre la journée,   70
Comme un hibou qui fuit la lumière et le jour,
Je me lève, et m'en vais dans le plus creux séjour
Que Royaumont [6] recelle en ses forests secrettes,

---

[1] Régnier étoit fertile en bons mots, et en reparties vives et plaisantes. On en voit une preuve naïve, quoique grossière, dans ce sixain, gravé sous le portrait de *Gros Guillaume*, acteur de la comédie italienne, du temps de Régnier :

> Tel est, dans l'hôtel de Bourgoigne,
> Gros Guillaume avecque sa troigne,
> Enfariné comme un meusnier :
> Son minois et sa rhétorique
> Valent les bons mots de Regnier
> Contre l'humeur mélancolique.

[2] Ces paroles s'adressent à un ami de Régnier, chez qui il étoit à Royaumont, dont il est parlé un peu plus loin ; et cet ami étoit vraisemblablement l'abbé même de Royaumont, Philippe Hurault de Chiverny, évêque de Chartres, au lieu de la naissance de Régnier.

[3] *Où la rivière d'Oise* seroit plus régulier.

[4] *En ses bras*, dans les éditions de 1616 et 1617.

[5] Saint Louis alla deux fois dans la terre sainte, pour y faire la guerre aux Sarrasins. *Sidon*, aujourd'hui *Seide*, ville de Phénicie.

[6] Riche et belle abbaye de Bernardins, ou plutôt de l'ordre de Citeaux, dans l'île de France, près de la rivière d'Oise, à huit lieues de Paris. C'est dans cette même église que Régnier a été enterré. Il mourut à Rouen ; mais son corps, ayant été mis dans un cercueil de plomb, fut porté à Royaumont, comme il l'avoit ordonné.

Des renards et des loups les ombreuses retraites;
Et là, malgré mes dents, rongeant et ravassant [1], 75
Polissant les nouveaux, les vieux rapetassant,
Je fais des vers, qu'encor' qu'Apollon les avoue,
Dedans la cour peut-estre on leur fera la moue;
Ou s'ils sont, à leur gré, bien faits et bien polis,
J'aurai pour récompense : Ils sont vraiment jolis. 80
Mais moy, qui ne me règle aux jugemens des hommes,
Qui dedans et dehors connois ce que nous sommes,
Comme le plus souvent ceux qui sçavent le moins
Sont témérairement et juges et témoins,
Pour blasme, ou pour louange, ou pour froide parole, 85
Je ne fay de léger banqueroute à l'escole
Du bon homme Empédocle [2], où son discours m'apprend
Qu'en ce monde il n'est rien d'admirable et de grand
Que l'esprit desdaignant une chose bien grande,
Et qui, roy de soy-mesme, à soy-mesme commande [3]. 90
    Pour ceux qui n'ont l'esprit si fort, ny si trempé [4]
Afin de n'estre point de soy-mesme trompé,
Chacun se doit cognoistre : et, par un exercice,
Cultivant sa vertu, déraciner son vice;
Et, censeur de soy-mesme, avecq' soin corriger 95
Le mal qui croist en nous, et non le négliger;
Esveiller son esprit troublé de resverie.
Comme donc je me plains de ma forcenerie,
Que par art je m'efforce à régler ses accez,
Et contre mes deffauts que j'intente un procez, 100

---

[1] Dans l'édition de 1642 et suivantes, on lit *rêvassant*, mot qui a succédé à *ravassant*, de *ravasser*, qu'on employoit du temps de Régnier.

[2] Ancien philosophe et poëte, comme étoient tous ces premiers sages, qui mettoient en vers les maximes de leur philosophie, pour les faire sans doute plus facilement retenir.

[3] Cette sentence est attribuée à Platon.

[4] Comparaison tirée de l'acier, que l'on endurcit par la trempe; c'est-à-dire en le plongeant tout rouge dans de l'eau préparée à cet effet.

Comme on voit, par exemple, en ces vers où j'accuse
Librement le caprice où me porte la Muse,
Qui me repaist de baye ¹ en ses fous passe-temps,
Et, malgré moy, me fait aux vers perdre le temps ;
Ils devoient à propos tascher d'ouvrir la bouche, 105
Mettant leur jugement sur la pierre de touche,
S'estudier de n'estre en leurs discours tranchans,
Par eux-mesmes jugez ignares ou meschans,
Et ne mettre sans choix, en égale balance,
Le vice, la vertu, le crime, l'insolence. 110
Qui me blasme aujourd'hui, demain il me louera,
Et peut-estre aussi-tost il se désavouera.
La louange est à prix, le hasard la débite,
Et le vice souvent vaut mieux que le mérite :
Pour moy, je ne fais cas ny ne puis me vanter 115
Ny d'un mal ny d'un bien que l'on me peut oster.

 Avecq' proportion se despart ² la louange;
Autrement c'est pour moi du baragouin estrange.
Le vrai me fait dans moy recognoistre le faux,
Au poids de la vertu je juge les deffaux. 120
J'assigne l'envieux cent ans après la vie,
Où l'on dit qu'en amour se convertit l'envie.
Le juge sans reproche est la postérité.
Le temps qui tout découvre en fait la vérité,
Puis la montre à nos yeux; ainsi dehors la terre 125
Il tire les trésors, et puis les y resserre.
Doncq' moy, qui ne m'amuse à ce qu'on dit icy,
Je n'ay de leurs discours ny plaisir ny soucy;
Et ne m'esmeus non plus, quand leur discours fourvoye,
Que d'un conte d'Urgande ³, et de ma mère l'Oye. 130

---

¹ C'est-à-dire, qui me repaît d'air ou de vent ; parce que *bayer* en terme populaire est proprement tenir la bouche ouverte. On dit encore en style familier *bayer aux corneilles* pour dire occuper son esprit et ses yeux de bagatelles.

² Se doit départir.

³ Urgande, fameuse magicienne, dont il est parlé dans le roman d'Amadis.

SATYRE XV.

Mais puis que tout le monde est aveugle en son fait,
Et que dessouz la lune il n'est rien de parfait,
Sans plus se controller, quant à moy je conseille
Qu'un chacun doucement s'excuse à la pareille.
Laissons ce qu'en resvant ces vieux fous ont escrit ; 135
Tant de philosophie embarrasse l'esprit.
Qui se contraint au monde, il ne vit qu'en torture,
Nous ne pouvons faillir suivant nostre nature.
Je t'excuse, Pierrot; de mesme excuse-moi;
Ton vice est de n'avoir ny dieu, ni foy, ni loy : 140
Tu couvres tes plaisirs avecq' l'hypocrisie.
Chupin se taisant veut couvrir sa jalousie [1];
Rison [2] accroist son bien d'usure et d'intérêts;
Selon ou plus ou moins Jan [3] donne ses arrests,
Et comme au plus offrant desbite la justice. 145
Ainsi, sans rien laisser, un chacun a son vice.
Le mien est d'estre libre, et ne rien admirer,
Tirer le bien du mal, lors qu'il s'en peut tirer;
Sinon adoucir tout par une indifférence,
Et vaincre le malheur avec la patience; 150
Estimer peu de gens, suivre mon vercoquin [4],
Et mettre à mesme taux le maistre et le coquin.

D'autre part, je ne puis voir un mal sans m'en plaindre;

---

[1] Dans les premières éditions il y a, *Chupin se faisant*, qui ne signifie rien. On a mis dans l'édition de 1642, *Chupin en se taisant couvre sa jalousie :* vers où la césure est beaucoup mieux marquée que dans celui de notre auteur.

[2] *Rison* est l'anagramme de *Rosni*; mais il n'y a pas la moindre apparence que le poëte ait voulu désigner M. de Rosni, surintendant des finances, dont il avoit parlé si avantageusement dans la satire sixième. Dans les éditions de 1617 et 1645, il y a *Raison*, au lieu de *Rison*.

[3] On a commencé à mettre *Jean* dans l'édition de 1642. Je crois que le poëte en veut ici à un premier magistrat qui, du temps de Henri IV, vendoit la justice. Le roi ne fit pas difficulté de s'en plaindre à ce même magistrat, mais cela n'y changea rien. On prétend que c'étoit le chancelier même.

[4] Mon humeur, mon caprice.

Quelque part que ce soit je ne me puis contraindre.
Voyant un chicaneur riche d'avoir vendu 155
Son devoir à celui qui dust estre pendu ;
Un avocat instruire en l'une et l'autre cause¹ ;
Un Lopet ² qui partis dessus partis propose ;
Un médecin remplir les limbes d'avortons ;
Un banquier qui fait Rome ici pour six testons ; 160
Un prélat, enrichi d'intérest et d'usure,
Plaindre son bois saisi pour n'estre de mesure³ ;
Un Jan, abandonnant femme, filles et sœurs,
Payer mesmes en chair jusques aux rotisseurs ;
Rousset ⁴ faire le prince, et tant d'autre mystère : 165
Mon vice est, mon amy, de ne m'en pouvoir taire.

Or, des vices où sont les hommes attachez,
Comme les petits maux font les petits péchez :
Ainsi les moins mauvais sont ceux dont tu retires
Du bien, comme il advient le plus souvent des pires, 170
Au moins estimez tels ; c'est pourquoi, sans errer,
Au sage bien souvent on les peut désirer,
Comme aux prescheurs l'audace à reprendre le vice,
La folie aux enfans, aux juges l'injustice.

¹ Ce sont les procureurs, et non pas les avocats, qui font l'instruction des procès ; et il arrive quelquefois à des procureurs trop avides d'occuper pour les deux parties : témoin le fameux Rolet, qui occupoit pour l'appelant et pour l'intimé, suivant ce qui est rapporté dans le *Roman Bourgeois* de Furetière.

² *Lopet* est le nom renversé de *Polet*, qui étoit un fameux partisan, sous le règne de Henri IV. Charles Paulet a rendu son nom immortel par l'édit que le roi fit publier en 1604, pour l'hérédité des offices, moyennant le soixantième denier de droit annuel. Ce droit fut nommé *la Paulette*, du nom de ce partisan, qui en fut l'inventeur et le premier traitant.

³ La mesure du bois qui se vend à Paris, tant pour bâtir que pour brûler, a été réglée par les anciennes ordonnances, particulièrement par celle de Charles VI, du 19 septembre 1439, et par un arrêt du parlement, du 12 octobre 1579.

⁴ On lit *Rossel* dans l'édition de 1642 et dans les suivantes. *Rosset* étoit un des médecins de Henri IV.

Vien doncq'; et regardant ceux qui faillent le moins, 175
Sans aller rechercher ny preuve ny témoins,
Informons de nos faits, sans haine et sans envie,
Et jusqu'au fond du sac espluchons nostre vie.
 De tous ces vices-là, dont ton cœur entaché
S'est veu [1] par mes escrits si librement touché,   180
Tu n'en peux retirer que honte et que dommage,
En vendant la justice, au ciel tu fais outrage,
Le pauvre tu destruis, la vefve et l'orphelin,
Et ruynes chacun avecq' ton patelin [2].
Ainsi conséquemment de tout dont je t'offence [3],   185
Et dont je ne m'attends d'en faire pénitence :
Car parlant librement, je prétends t'obliger
A purger tes deffauts, tes vices corriger.
Si tu le fais, enfin, en ce cas je mérite,
Puis qu'en quelque façon mon vice te profite..   190

[1] C'est ainsi qu'il faut lire, et non pas *N'est veu*, qu'on trouve dans toutes les éditions qui ont précédé celle de 1642.
[2] Avec ton *patelinage*, mot employé par Rabelais, liv. III, chap. XXXIII. *Je ne ris oncques tant, que je feis à ce patelinage.* C'est la farce de Patelin qui a introduit ces termes dans notre langue.
[3] C'est-à-dire, il en est de même de tous les autres vices dont le récit que je fais t'offense.

NOUVELLES REMARQUES.

Vers 15. *Ce mal, qui m'afflige au mourir*, qui m'afflige vivement; qui me fait ressentir de mortelles douleurs. Cette façon de parler, d'une naïveté charmante, est tombée en désuétude; l'emploi des infinitifs, comme noms, est circonscrit, dans la langue moderne, à un certain nombre de locutions familières.

Vers 17. *Plus on drogue ce mal, et tant plus il empire;* cette forme comparative est depuis longtemps abandonnée; le peuple en fait cependant encore usage.

Vers 26. *Et qui par conséquent a la teste mal faite;* construction elliptique, pour On me juge, par conséquent, un homme qui a la tête mal faite.

Vers 70. *Dès le jour que Phœbus nous montre la journée;* ce vers singulier et assez obscur est conforme à toutes les éditions : le rapprochement de *jour* et de *journée* est tout à fait étrange ; et *montrer la journée* ne s'entend pas. Nous avons cherché quel mot Régnier avait pu écrire au lieu de *journée*, et nous avouons, en toute humilité, que nous n'avons pu le trouver.

Vers 77 et 78. *Qu'encor' qu'Apollon les avoue, Dedans la cour peut-estre on leur fera la moue* ; le premier *que* est de trop et rend la phrase vicieuse.

Vers 164. *Payer mesmes en chair*, etc.; nous avons déjà signalé la double orthographe de *même*, employé comme adverbe.

Vers 165. *Et tant d'autre mystère;* la rime n'a pas permis au poëte d'employer le pluriel qu'ici le sens exige, *tant d'autres mystères*.

XVI

NY CRAINTE NY ESPÉRANCE[1]

N'avoir crainte de rien, et ne rien espérer,
Amy, c'est ce qui peut les hommes bien-heurer[2].
J'aime les gens hardis, dont l'âme non commune[3],
Morgant les accidens, fait teste à la fortune,
Et voyant le soleil de flamme reluisant, 5
La nuict au manteau noir les astres conduisant,
La lune se masquant de formes différentes,
Faire naistre les mois en ses courses errantes,
Et les cieux se mouvoir par ressorts discordans,
Les uns chauds, tempérez, et les autres ardans; 10

---

[1] Le sujet de cette satire, qui est remplie de beaucoup de sens, se trouve expliqué dans les deux premiers vers. Elle étoit la dix-huitième * dans les précédentes éditions; et parut pour la première fois dans l'édition de 1652, faite par Jean et Daniel Elzevier, à Leyden.

[2] Rendre heureux. C'est un ancien terme qu'on a banni de notre langue **.

[3] Tout ce commencement est imité des deux premières strophes de cette belle ode d'Horace :

> Justum et tenacem propositi virum,
> Non civium ardor prava jubentium,
> Non vultus instantis tyranni,
> Mente quatit solidâ, etc.

* Les dix-neuf satires des éditions antérieures à celle de 1729 se réduisent à seize, parce que l'auteur a jugé à propos de placer parmi les épîtres les satires xvi, xvii, xix.

** Tout le commencement de la sixième épître du premier livre d'Horace, *nil admirari*, etc., a beaucoup de rapport à celui de cette satire.
J. B. Rousseau, *Lettre à Brossette*, du 4 mars

12.

Qui, ne s'esmouvant point, de rien n'ont l'ame attainte[1],
Et n'ont, en les voyant, esperance ny crainte.
Mesme, si pesle-mesle avecq' les élémens
Le ciel d'airain tomboit jusques aux fondemens,
Et que tout se froissast d'une estrange tempeste,   15
Les esclats sans frayeur leur fraperoient la teste.

 Combien moins les assauts de quelque passion,
Dont le bien et le mal n'est qu'une opinion,
Ny les honneurs perdus, ny la richesse acquise,
N'auront sur leur[2] esprit ny puissance ny prise !   20

 Dy-moy, qu'est-ce qu'on doit plus chèrement aymer
De tout ce que nous donne ou la terre ou la mer;
Ou ces grands diamans, si brillans à la veue,
Dont la France se voit à mon gré trop pourveue;
Ou ces honneurs cuisans que la faveur despart   25
Souvent moins par raison que non pas par hazard;
Ou toutes ces grandeurs après qui l'on abbaye,
Qui font qu'un président dans les procez s'égaye?
De quel œil, trouble, ou clair, dy-moy, les doit-on voir,
Et de quel appétit au cœur les recevoir?   30

 Je trouve, quant à moy, bien peu de différence
Entre la froide peur et la chaude espérance :
D'autant que mesme doute également assaut
Nostre esprit, qui ne sçait au vray ce qu'il luy faut.

 Car estant la fortune en ses fins incertaine,   35
L'accident non prévu nous donne de la peine;

---

[1] Ceci se rapporte aux *gens hardis* du troisième vers.

[2] Dans toutes les éditions, il y a, *N'auront sur son esprit*; mais c'est une faute, car ce vers se rapporte aux *gens hardis* dont il est parlé dans le troisième vers : ainsi, il faut mettre *leur esprit*, et non pas *son esprit*. La faute est venue sans doute de ce que l'auteur, plein de l'idée du beau vers d'Horace qu'il venoit de traduire, *Impavidum ferient ruinæ*, ne se souvenoi pas qu'il avoit commencé sa période par le pluriel, en disant : *J'aime les gens hardis;* quoique Horace, son modèle, eût commencé la sienne par le singulier.

Le bien inespéré nous saisit tellement,
Qu'il nous gèle le sang, l'ame et le jugement,
Nous fait frémir le cœur, nous tire de nous-mesmes.
Ainsi diversement saisis des deux extresmes, 40
Quand le succez du bien au désir n'est égal,
Nous nous sentons troublez du bien comme du mal;
Et trouvant mesme effect en un subject contraire,
Le bien fait dedans nous ce que le mal peut faire.

Or doncq' que gagne-t-on de rire ou de pleurer, 45
Craindre confusément, bien ou mal espérer;
Puisque mesme le bien, excédant nostre attente,
Nous saisissant le cœur, nous trouble et nous tourmente,
Et nous désobligeant nous-mesme en ce bonheur,
La joye et le plaisir nous tient lieu de douleur? 50
Selon son rolle on doit jouer son personnage.
Le bon sera meschant, insensé l'homme sage;
Et le prudent sera de raison devestu,
S'il se monstre trop chaud à suivre la vertu.
Combien plus celuy-là dont l'ardeur non commune 55
Esleve ses desseins jusqu'au ciel de la lune,
Et, se privant l'esprit de ses plus doux plaisirs,
A plus qu'il ne se doit laisse aller ses désirs!

Va doncq' et, d'un cœur sain voyant le pont au Change[1],
Desire l'or, brillant souz mainte pierre estrange, 60
Ces gros lingots d'argent qu'à grands coups de marteaux
L'art forme en cent façons de plats et de vaisseaux;
Et devant que le jour aux gardes se descouvre[2],
Va, d'un pas diligent, à l'Arsenal, au Louvre[3];
Talonne un président, suis-le comme un valet; 65

---

[1] Un des ponts de Paris, sur lequel étoient plusieurs boutiques d'orfévres et de joailliers.

[2] *Aux gardes* qui sont en faction au Louvre et à l'Arsenal.

[3] Le roi Henri IV se retiroit souvent à l'Arsenal, pour y travailler avec quelques-uns de ses ministres, principalement avec le duc de Sully.

Mesme, s'il est besoin, estrille son mulet [1].
Suis jusques au conseil les maistres des requestes;
Ne t'enquiers curieux s'ils sont hommes ou bestes,
Et les distingue bien : les uns ont le pouvoir
De juger finement un procez sans le voir;   70
Les autres, comme dieux, près le soleil résident,
Et, démons de Plutus, aux finances président;
Car leurs seules faveurs peuvent, en moins d'un an,
Te faire devenir Chalange, ou Montauban [2].
Je veux encore plus; démembrant ta province,   75
Je veux, de partisan, que tu deviennes prince :
Tu seras des badauts en passant adoré,
Et sera jusqu'au cuir ton carrosse doré;
Chacun en ta faveur mettra son espérance;
Mille valets souz toy désoleront la France;   80
Tes logis, tapissés en magnifique arroy [3],
D'esclat aveugleront ceux-là mesme du roy.
Mais si faut-il enfin que tout vienne à son conte,
Et, soit qu'avecq' l'honneur, ou soit qu'avecq' la honte,
Il faut, perdant le jour, esprit, sens et vigueur,   85
Mourir comme Enguerrand, ou comme Jacques Cœur [4],

---

[1] Du temps de Régnier, la voiture ordinaire des magistrats et des médecins étoit une mule. Il indique ici quelque plaideur qui, pour faire sa cour à son juge, s'étoit abaissé jusqu'à panser sa mule. M. Tardieu, lieutenant-criminel de Paris, si fameux par son avarice, exigeoit des plaideurs qui le venoient solliciter, qu'ils menassent sa mule à l'abreuvoir, car il la pansoit lui-même, ne voulant point avoir de domestique à sa charge.

[2] Riches partisans.

[3] En magnifique équipage.

[4] Ces deux favoris sont célèbres dans notre histoire par leurs richesses et par leur disgrâce. *Enguerrand de Marigny*, surintendant des finances sous Philippe le Bel, dont il avoit été le principal ou premier ministre, fut condamné sous Louis X dit Hutin, en 1315, à être attaché au gibet de Montfaucon, qu'il avoit fait dresser lui-même.

Jacques Cœur, aussi principal ministre et *argentier* de Charles VII, fut condamné comme coupable de plusieurs crimes, par arrêt du 19 mai 1453, et fut banni du royaume. Il se retira en de l'île

Et descendre là-bas, où, sans choix de personnes,
Les écuelles de bois s'égalent aux couronnes[1].

   En courtisant pourquoi perdroy-je tout mon tems,
Si de bien et d'honneur mes esprits sont contens ?   90
Pourquoy d'ame et de corps faut-il que je me peine,
Et qu'estant hors de sens, aussi bien que d'haleine,
Je suive un financier, soir, matin, froid et chaud,
Si j'ay du bien pour vivre autant comme il m'en faut ?
Qui n'a point de procez, au palais n'a que faire.   95
Un président pour moi n'est non plus qu'un notaire.
Je fais autant d'estat du long comme du court,
Et mets en la vertu ma faveur et ma court.

   Voilà le vrai chemin, franc de crainte et d'envie,
Qui doucement nous meine à ceste heureuse vie,   100
Que, parmy les rochers et les bois désertez,
Jeusne, veille, oraison, et tant d'austéritez,
Ces hermites jadis, ayant l'esprit pour guide,
Cherchèrent si longtemps dedans la Thébaïde.
Adorant la vertu, de cœur, d'ame et de foy,   105
Sans la chercher si loin, chacun l'a dedans soy,
Et peut, comme il luy plaist, luy donner la teinture,
Artisan de sa bonne ou mauvaise aventure.

Chypre, où il amassa encore des biens très-considérables. Il mourut hors de sa patrie. L'histoire d'Enguerrand de Marigny se trouve détaillée dans l'*Histoire des ministres d'État* du baron d'Auteuil. Bussy-Rabutin en touche quelque chose dans son discours à ses enfants.

[1] Diogène, content de son tonneau et de son écuelle de bois, méprisoit les richesses d'Alexandre le Grand. Voyez le chap. xxx du liv. II de Rabelais, où cet auteur feint que, dans les enfers, « Alexandre le Grand repetassoit de vieilles chausses ; et ainsi « gagnoit sa pauvre vie. » Il ajoute plus bas que « Diogène se pré- « lassoit en magnificence, avec une grande robe de pourpre, et « un sceptre en sa dextre ; et faisoit enrager Alexandre le Grand « quand il n'avoit bien repetassé ses chausses, et le payoit de grands coups de bâton. » Il n'est pas impossible que cette plaisanterie de Rabelais ne soit l'original de la pensée de Régnier.

NOUVELLES REMARQUES.

Vers 1 à 16. Ce début, sans manquer précisément de clarté, n'a pas la franchise d'allure habituelle à Régnier; la période se développe d'une façon pénible, et se termine plus malheureusement encore.

Vers 68. *Ne t'enquiers curieux*, etc. Cette construction toute latine, est très-vive et très-heureuse; aussi est-elle souvent employée par les poëtes modernes.

Vers 84. *Et, soit qu'avecq' l'honneur, ou soit qu'avecq' la honte;* ellipse un peu forcée; l'auteur veut dire *soit que tout vienne avec* l'honneur ou avec la honte.

FIN DES SATYRES

ÉPISTRES

I

DISCOURS AU ROY [1]

Il estoit presque jour, et le ciel souz-riant
Blanchissoit de clairté les peuples d'Orient;
L'Aurore, aux cheveux d'or, au visage de roses,
Desjà, comme à demy, descouvroit toutes choses;
Et les oiseaux, perchez en leur feuilleux séjour, 5
Commençoient, s'esveillant, à se plaindre d'amour :
Quand je vis en sursaut une beste effroyable [2]
Chose estrange à conter, toutefois véritable,
Qui, plus qu'une hydre affreuse à sept gueules meuglant,
Avoit les dents d'acier, l'œil horrible et sanglant, 10
Et pressoit à pas torts une nymphe fuyante [3].
Qui, réduite aux abois, plus morte que vivante,
Haletante de peine, en son dernier recours,

---

[1] Dans ce discours allégorique, l'auteur loue Henri le Grand d'avoir dissipé la Ligue et étouffé les guerres civiles qui désoloient le royaume de France. Cette pièce parut dès la première édition, en 1608.

[2] C'est-à-dire quand je songeai que je voyois en sursaut, avec frayeur. — Une bête effroyable, la Ligue.

[3] La France. Malherbe avoit de l'aversion pour les fictions poétiques; et, après avoir lu cette pièce, il demanda à Régnier en quel temps cela étoit arrivé, disant qu'il avoit toujours demeuré en France depuis cinquante ans, et qu'il ne s'étoit point aperçu que la France se fût enlevée hors de sa place. *Vie de Malherbe*, page 14. Mais, n'en déplaise à Malherbe, ce ne sont point là de ces allégories obscures, difficiles et embarrassées.

Du grand Mars des François[1] imploroit le secours,
Embrassoit ses genoux, et, l'appelant aux armes, 15
N'avoit d'autre discours que celuy de ses larmes.
   Ceste nymphe estoit d'âge, et ses cheveux meslez
Flottoient au gré du vent, sur son dos avalez.
Sa robe estoit d'azur, où cent fameuses villes
Eslevoient leurs clochers sur des plaines fertiles, 20
Que Neptune arrosoit de cent fleuves espars,
Qui dispersoient le vivre aux gens de toutes parts.
Les villages espais fourmilloient par la plaine;
De peuple et de bestial la campagne estoit pleine,
Qui, s'employant aux arts, mesloient diversement[2] 25
La fertile abondance avecques l'ornement.
Tout y reluisoit d'or, et sur la broderie
Esclatoit le brillant de mainte pierrerie.
   La mer aux deux côtés cet ouvrage bordoit:
L'Alpe de la main gauche en biais s'espandoit, 30
Du Rhein jusqu'en Provence; et le mont qui partage
D'avecques l'espagnol le françois héritage[3],
De Leucate[4] à Bayonne en cornes se haussant,
Monstroit son front pointu de neiges blanchissant.
   Le tout estoit formé d'une telle manière 35
Que l'art ingénieux excédoit la matière.
Sa taille estoit auguste, et son chef, couronné,
De cent fleurs de lis d'or estoit environné.
Ce grand prince, voyant le soucy qui la grève[5],
Touché de piété, la prend et la relève; 40

---

[1] Henri le Grand.

[2] C'est ainsi qu'on lit dans la première édition de 1608.
celles de 1612 et 1613, il y a :

    Qui s'employoient aux arts, mesloient diversement.

[3] Les Pyrénées.

[4] Toutes les éditions faites pendant la vie de l'auteur portent
l'Aucate, avec une apostrophe.

[5] *Grève*, pour afflige, inquiète, vient de *grever*, qui n'est plus
d'usage dans notre langue.

Et de feux estouffant ce funeste animal,
La délivra de peur aussi-tost que de mal;
Et purgeant le venin dont elle estoit si pleine,
Rendit en un instant la nymphe toute saine.
 Ce prince, ainsi qu'un Mars, en armes glorieux,   45
De palmes ombrageoit son chef victorieux,
Et sembloit de ses mains au combat animées,
Comme foudre, jeter la peur dans les armées.
Ses exploits achevés en ses armes vivoient :
Là, les champs de Poictou d'une part s'eslevoient,   50
Qui, superbes, sembloient s'honorer en la gloire
D'avoir premiers chanté sa première victoire [1].
 Dieppe, de l'autre part, sur la mer s'allongeoit,
Où par force il rompoit le camp qu'il assiégeoit,
Et poussant plus avant ses troupes espanchées,   55
Le matin en chemise il surprit les tranchées [2];
Là, Paris délivré de l'espagnole main [3]
Se deschargeoit le col de son joug inhumain.
 La campagne d'Ivry [4] sur le flanc cizelée
Favorisoit son prince au fort de la meslée;   60
Et de tant de ligueurs par sa dextre vaincus
Au dieu de la bataille [5] appendoit les escus.

[1] Régnier parle ici de la célèbre journée de Coutras en Poitou, où Henri, pour lors roi de Navarre, battit et défit entièrement, l'an 1587, le duc de Joyeuse, l'un des mignons de Henri III.

[2] Henri IV, s'étant campé sous le canon de Dieppe, avec quatre mille cinq cents hommes, empêcha la prise de cette place, et battit le duc de Mayenne, qui vouloit l'attaquer avec dix-huit mille hommes, dans ses retranchements. Ce fut un mardi matin, 20 de septembre 1589, six semaines après la mort de Henri III.

[3] Le roi d'Espagne s'étant déclaré ouvertement pour la Ligue, le 8 mars 1590, Henri IV assiégea Paris au mois de mai suivant; et cette ville fut remise au pouvoir de Sa Majesté, par le comte de Brissac, qui en étoit le gouverneur, le 22 mars 1594.

[4] La bataille d'Ivry, près de Mantes, fut gagnée par le roi, sur le duc de Mayenne, le 14 mars 1590. Du Bartas a fait un cantique sur la victoire d'Ivry.

[5] On dit bien *le dieu des batailles;* mais je ne crois pas qu'on dise, même en vers, *le dieu de la bataille.*

Plus haut estoit Vendosme, et Chartres, et Pontoise,
Et l'Espagnol desfait à Fontaine-Françoise [1],
Où la valeur du foible, emportant le plus fort,   65
Fit voir que la vertu ne craint aucun effort.
   Plus bas, dessus le ventre, au naïf contrefaite,
Estoit, près d'Amiens, la honteuse retraite
Du puissant archiduc [2], qui, craignant son pouvoir,
Creut que c'estoit en guerre assez que de le voir.   70
   Deçà, delà, luitoit mainte trouppe rangée,
Mainte grande cité gémissoit assiégée,
Où sitost que le fer l'en rendoit possesseur [3]
Aux rebelles vaincus il usoit de douceur :
Vertu rare au vainqueur, dont le courage extresme   75
N'a gloire en la fureur qu'à se vaincre soy-mesme !
   Le chesne et le laurier cest ouvrage ombrageoit [4]
Où le peuple devot souz ses lois se rangeoit :
Et de vœux et d'encens au ciel faisoit prière
De conserver son prince en sa vigueur entière.   80
   Maint puissant ennemy, domté par sa vertu,
Languissoit dans les fers sous ses pieds abbatu,
Tout semblable à l'Envie, à qui l'estrange rage
De l'heur de son voisin enfielle le courage [5]
Hideuse, bazanée, et chaude de rancœur [6]   85

---

[1] Ville de Bourgogne, près de laquelle Henri IV, avec environ deux cents chevaux, défit quinze mille hommes, commandés par le duc de Mayenne et par le connétable de Castille, le 3 de juin 1595.

[2] La ville d'Amiens ayant été surprise par les Espagnols, Henri IV en forma le siége. L'archiduc d'Autriche parut pour la secourir, avec une armée de dix-huit mille hommes de pied, et de quatre mille chevaux ; mais il fut vigoureusement repoussé : les assiégés capitulèrent, et cette place revint au pouvoir du roi, en 1597.

[3] Il faut lire, *l'en rendoit possesseur*, comme il y a dans la première édition, et non pas, *s'en rendoit*, qui est dans toutes les autres.

[4] La couronne de chêne étoit décernée à celui qui avoit sauvé la vie à ses concitoyens, *ob cives servatos*.

[5] Remplit le cœur de fiel et d'amertume.

[6] *Rancœur*, pour colère, n'est plus d'usage.

Qui ronge ses poulmons, et se masche le cœur.

 Après quelque prière en son cœur prononcée,
La nymphe, en le quittant, au ciel s'est eslancée;
Et son corps dedans l'air demeurant suspendu,
Ainsi comme un milan sur ses aisles tendu,   90
S'arreste en une place, où, changeant de visage,
Un bruslant aiguillon lui picque le courage :
Son regard estincelle, et son cerveau tremblant,
Ainsi comme son sang, d'horreur se va troublant :
Son estomac pantois[1] souz la chaleur frissonne;   95
Et chaude de l'ardeur qui son cœur espoinçonne,
Tandis que la faveur précipitoit son cours,
Véritable prophète elle fait ce discours :

 Peuple, l'objet piteux du reste de la terre,
Indocile à la paix, et trop chaud à la guerre,   100
Qui, fécond en partis, et léger en desseins,
Dedans ton propre sang souilles tes propres mains,
Entens ce que je dis, attentif à ma bouche,
Et qu'au plus vif du cœur ma parole te touche.

 Depuis qu'irrévérant envers les immortels,   105
Tu taches de mespris l'Eglise et ses autels;
Qu'au lieu de la raison gouverne l'insolence;
Que le droit altéré n'est qu'une violence;
Que par force le foible est foulé du puissant;
Que la ruse ravit le bien à l'innocent;   110
Et que la vertu saincte, en public mesprisée[2],
Sert aux jeunes de masque, aux plus vieux de risée
(Prodige monstrueux!), et, sans respect de foy,
Qu'on s'arme ingratement au mespris de son roy :
La Justice et la Paix, tristes et désolées,   115

---

[1] C'est-à-dire tout essoufflé, qui a de la peine à respirer. Terme hors d'usage aujourd'hui, dans cette acception.

[2] Régnier dit ici de la vertu ce qu'il avoit dit de la science, satire III.

  Si la science pauvre, affreuse, et mesprisée,
  Sert au peuple de fable, aux plus grands de risée.

D'horreur se retirant, au ciel s'en sont volées :
Le bonheur aussi-tost à grands pas les suivit,
Et depuis le Soleil de bon œil ne te vit.
   Quelque orage tousjours qui s'eslève à ta perte
A comme d'un brouillas ta personne couverte,   120
Qui, tousjours prest à fondre, en eschec te retient;
Et malheur sur malheur à chaque heur te vient.
   On a veu tant de fois la jeunesse trompée
De tes enfans passez au tranchant de l'espée;
Tes filles sans honneur errer de toutes parts;   125
Ta maison et tes biens saccagez des soldarts [1];
Ta femme insolemment d'entre tes bras ravie;
Et le fer tous les jours s'attacher à ta vie.
   Et cependant aveugle en tes propres effets,
Tout le mal que tu sens, c'est toy qui te le fais;   130
Tu t'armes à ta perte, et ton audace forge
L'estoc dont, furieux, tu te coupes la gorge.
   Mais quoi! tant de malheurs te suffisent-ils pas?
Ton prince, comme, un Dieu, te tirant du trespas,
Rendit de tes fureurs les tempestes si calmes,   135
Qu'il te fait vivre en paix à l'ombre de ses palmes.
Astrée en sa faveur demeure en tes citez:
D'hommes et de bestial les champs sont habitez :
Le paysant, n'ayant peur des bannières estranges,
Chantant coupe ses bleds, riant fait ses vendanges [2];   140
Et le berger, guidant son troupeau bien nourry,
Enfle sa cornemuse en l'honneur de Henry.
Et toy seul cependant, oubliant tant de grâces,
Ton aise trahissant, de ces biens tu te lasses.

---

[1] Quand Régnier a besoin pour la rime de mettre *soldart*, il n'y manque pas. Partout ailleurs il écrit soldat, comme nous le faisons aujourd'hui.

[2] Ces deux vers sont ainsi parodiés dans le *Traité de la poésie pastorale* de M. l'abbé Genêt, de l'Académie françoise, page 244 :

    Partout le villageois, entonnant tes louanges,
    Riant coupe ses blés, chantant fait ses vendanges.

Vien, ingrat, respon-moy, quel bien espères-tu ? 145
Après avoir ton prince en ses murs combatu ;
Après avoir trahi, pour de vaines chimères,
L'honneur de tes ayeux, et la foy de tes pères :
Après avoir cruel, tout respect violé,
Et mis à l'abandon ton pays désolé ? 150
 Attens-tu que l'Espagne, avecq' son jeune prince[1],
Dans son monde nouveau te donne une province,
Et qu'en ses trahisons, moins sage devenu,
Vers toy, par ton exemple, il ne soit retenu,
Et qu'ayant démenty ton amour naturelle, 155
A luy, plus qu'à ton prince, il t'estime fidèle ?
Peut-estre que ta race, et ton sang violent,
Issu, comme tu dis, d'Oger ou de Rolland,
Ne te veut pas permettre, encore jeune d'âge,
Qu'oisif en ta maison se rouille ton courage ; 160
Et rehaussant ton cœur, que rien ne peut ployer,
Te fait chercher un roy qui te puisse employer ;
Qui, la gloire du ciel et l'effroy de la terre,
Soit, comme un nouveau Mars, indomtable à la guerre,
Qui sçache en pardonnant, les discords estouffer ; 165
Par clémence aussi grand comme il est par le fer.
 Cours tout le monde entier de province en province :
Ce que tu cherches loing habite en nostre prince.
 Mais quels exploits si beaux a faits ce jeune roy,
Qu'il faille pour son bien que tu faulses ta foy, 170
Trahisses ta patrie, et que d'injustes armes,
Tu la combles de sang, de meurtres et de larmes ?
 Si ton cœur convoiteux est si vif et si chaud,
Cours la Flandre, où jamais la guerre ne deffaut ;
Et plus loing, sur les flancs d'Austriche et d'Alemagne, 175
De Turcs et de turbans enjonche la campagne[2]

---

[1] Philippe III, qui succéda à Philippe II son père, en 1598.
[2] C'est ce que fit le duc de Mercœur, qui se retira en Allemagne, et alla servir contre les Turcs.

Puis, tout chargé de coups, de vieillesse et de biens,
Revien en ta maison mourir entre les tiens.
Tes fils se mireront en si belles despouilles ;
Les vieilles au foyer, en filant leurs quenouilles,   180
En chanteront le conte; et, brave en argumens,
Quelque autre Jean de Meung en fera des romans [1].

Ou si, trompant ton roy tu cours autre fortune,
Tu trouveras, ingrat, toute chose importune.
A Naples, en Sicile, et dans ces autres lieux,   185
Où l'on t'assignera, tu seras odieux ;
Et l'on te fera voir, avecq' ta convoitise,
Qu'après les trahisons les traistres on mesprise.
Les enfans estonnez s'enfuiront te voyant,
Et l'artisan mocqueur, aux places t'effroyant,   190
Rendant par ses brocards ton audace flétrie,
Dira : Ce traistre-icy nous vendit sa patrie [2],
Pour l'espoir d'un royaume en chimères conceu ;
Et pour tous ses desseins du vent il a receu.

Ha ! que ces paladins [3] yivans dans mon histoire,   195
Non comme toy touchez d'une bastarde gloire,
Te furent différens, qui, courageux par-tout,
Tinrent fidellement mon enseigne debout ;
Et qui, se respendant ainsi comme un tonnerre,
Le fer dedans la main, firent trembler la terre,   200
Et tant de rois payens sous la Croix desconfis
Asservirent vaincus aux pieds du crucifix,

---

[1] Jean de Meung, ainsi nommé parce qu'il étoit natif de Meung-sur-Loire, et surnommé *Clopinel* parce qu'il étoit boiteux, a été le continuateur du *Roman de la Rose*.

[2]   Vendidit hic auro patriam...
       Virg., *Æneid.*, lib. VI, v. 621.

[3] J'ai conservé *paladins*, qui se trouve dans les éditions de 1608 et 1612, préférablement à *palatins*, qu'on lit dans celle de 1613, et qui de là a passé dans toutes les suivantes. Le mot *preux*, qui est dans le vers 206, semble confirmer la leçon de *paladins*, tous termes d'ancienne chevalerie.

Dont les bras retroussez, et la tête penchée,
De fers honteusement au triomphe attachée,
Furent de leur valeur tesmoins si glorieux, 205
Que les noms de ces preux en sont escrits aux cieux!
　Mais si la piété de ton cœur divertie,
En toy, pauvre insensé, n'est du tout amortie;
Si tu n'as tout-à-fait rejetté[1] loin de toy
L'amour, la charité, le devoir et la foy; 210
Ouvre tes yeux sillez, et vois de quelle sorte,
D'ardeur précipité, la rage te transporte,
T'enveloppe l'esprit, t'esgarant insensé;
Et juge l'avenir par le siècle passé.
　Si-tost que ceste nymphe, en son dire enflamée, 215
Pour finir son propos eut la bouche fermée,
Plus haute s'eslevant dans le vague des cieux[2],
Ainsi comme un esclair disparut à nos yeux;
Et se monstrant déesse en sa fuite soudaine[3],
La place elle laissa de parfum toute pleine, 220
Qui, tombant en rosée aux lieux les plus prochains,
Reconforta le cœur et l'esprit des humains.
　Henry, le cher subject de nos sainctes prières,
Que le ciel réservoit à nos peines dernières,
Pour restablir la France au bien non limité 225
Que le destin promet à son éternité,
Après tant de combats et d'heureuses victoires,
Miracles de nos temps, honneurs de nos histoires,
Dans le port de la paix, grand prince, puisses-tu,
Malgré tes ennemis, exercer ta vertu! 230
Puisse estre à ta grandeur le destin si propice,
Que ton cœur de leurs traicts rebouche la malice!

---

[1] Ce mot est dans la première édition. Dans toutes les autres on a mis *retiré*.

[2] Quelques éditions portent, *Dans* la *vague des cieux*.

[3] L'édition de 1645 a changé ainsi ce vers :

　　Et de ses vestements tout ainsi qu'une reine.

Et s'armant contre toy, puisses-tu d'autant plus
De leurs efforts domter le flus et le reflus;
Et comme un sainct rocher opposant ton courage, 235
En escume venteuse en dissiper l'orage;
Et brave, t'eslevant par-dessus les dangers,
Estre l'amour des tiens, l'effroy des estrangers!

   Attendant que ton fils [1] instruit par ta vaillance,
Dessouz tes estendards sortant de son enfance, 240
Plus fortuné que toy, mais non pas plus vaillant,
Aille les Othomans jusqu'au Caire assaillant;
Et que, semblable à toy, foudroyant les armées,
Il cueille avecq' le fer les palmes idumées [2].
Puis, tout flambant de gloire en France revenant, 245
Le ciel mesme là-haut de ses faicts s'estonnant,
Qu'il espande à tes pieds les despouilles conquises,
Et que de leurs drapeaux il pare nos églises.

   Alors rajeunissant, au récit de ses faits,
Tes désirs et tes vœux en ses œuvres parfaits, 250
Tu ressentes d'ardeur ta vieillesse eschauffée,
Voyant tout l'univers nous servir de trophée!

   Puis, n'estant plus icy chose digne de toy,
Ton fils du monde entier restant paisible roy,
Souz tes modelles saincts et de paix et de guerre, 255
Il régisse, puissant en justice, la terre,
Quand après un long temps, ton esprit glorieux
Sera des mains de Dieu couronné dans les cieux!

---

[1] Le jeune Dauphin, né en 1601, ensuite roi sous le nom de Louis XIII.

[2] L'Idumée est une province de la Palestine fertile en palmiers,

    Primus Idumæas referam tibi, Mantua, palmas.
                Virg., *Georg.*, lib. III, v. 12.

NOUVELLES REMARQUES

Vers 17. *Ceste nymphe estoit d'âge ;* cette expression s'est conservée dans le langage familier ; on dit : *une personne d'âge* pour dire *une personne âgée;* un *homme d'un certain âge* pour un *homme d'un âge déjà avancé.*

Vers 87. *Après quelque prière, en son cœur prononcée;* expression impropre : *prononcer* comme *proférer*, indique une action dont l'effet est tout extérieur ; on ne *prononce* pas pour soi, mais pour les autres. — La période qui suit est embarrassée et péniblement écrite ; les fictions ne convenaient pas au génie de Régnier ; c'est dans la peinture du vrai qu'il excelle ; là, son vers est toujours net et limpide, et sa phrase claire et correcte.

Vers 115 et 116. *La Justice et la Paix... au ciel s'en sont volées;* on écrivait autrefois *s'en voler* comme nous écrivons *s'en aller;* la construction *s'en sont volées* est donc très-correcte ; nous disons aujourd'hui *s'en sont allés* et non *se sont en allés*, forme vicieuse que se permettent seulement ceux qui parlent ou écrivent au hasard.

Vers 132. *L'estoc dont, furieux, tu te coupes la gorge;* estoc signifie *épée*, de *stock*, tige, tronc d'arbre (allemand) ; il s'est pris ensuite pour la pointe seulement, sens qu'il a dans la locution encore en usage *d'estoc et de taille.*

Vers 211. *Ouvre tes yeux sillez*, etc. Ce terme est emprunté au langage de la fauconnerie ; *des yeux sillés* sont les yeux d'un oiseau dont on a cousu les paupières pour qu'il ne se débatte pas. Ce mot est inusité dans la langue vulgaire, mais son composé *dessillé* est d'un emploi très-fréquent.

Vers 244. *Tout flambant de gloire;* cette expression figurée est encore usitée aujourd'hui, mais seulement dans le langage très-familier ; on dit *tout flambant neuf*, en parlant d'un vêtement, pour tout brillant de sa première fraîcheur.

II[1]

A M. DE FORQUEVAUS[2]

Puisque le jugement nous croist par le dommage,
Il est temps, Forquevaus, que je devienne sage;
Et que par mes travaux j'apprenne à l'avenir
Comme, en faisant l'amour, on se doit maintenir.
Après avoir passé tant et tant de traverses,
Avoir porté le joug de cent beautés diverses,
Avoir en bon soldat combattu nuict et jour,
Je dois estre routier[3] en la guerre d'amour,

---

[1] Dans les précédentes éditions on avoit inséré cette pièce parmi les satires; mais c'est une véritable épître.
L'auteur y parle plutôt en jeune libertin qu'en homme d'un âge où la modestie doit être particulièrement la règle de nos discours, aussi bien que de nos actions. En un mot, cette pièce porte les lecteurs raisonnables à n'avoir pas meilleure opinion de la pureté de ses mœurs et de la noblesse de ses sentiments que de la délicatesse de son esprit. Horace a traité le même sujet, dans la satire seconde du livre premier, et ne l'a pas traité avec plus de modestie.

[2] M. de Forquevaus n'est connu que par un recueil de satires, qu'il fit imprimer en 1619, avec le titre d'*Espadon satirique*, par *le sieur de Forquevaus*, et qui fut réimprimé en 1623 et 1626, sous le nom *du sieur Desternod*.

[3] *Routier* veut dire soldat dans notre vieux langage. On assure que Philippe-Auguste, roi de France, forma des troupes réglées d'aventuriers appelés *Routiers*. *Route* vouloit dire aussi compagnie de soldats, ainsi qu'il se voit au *Testament de Jean de Meung*, vers 1581; nous en avons formé *déroute*, pour dire des soldats mis en confusion, et qui nesont plus unis en corps de troupes. On dit encore familièrement un *vieux routier*, pour indiquer un homme expérimenté et rusé.

Et, comme un vieux guerrier blanchy dessouz les armes,
Sçavoir me retirer des plus chaudes alarmes ;   10
Destourner la fortune, et, plus fin que vaillant,
Faire perdre le coup au premier assaillant ;
Et sçavant devenu par un long exercice,
Conduire mon honneur avecq' de l'artifice ;
Sans courir comme un fol saisi d'aveuglement,   15
Que le caprice emporte, et non le jugement.
Car l'esprit en amour sert plus que la vaillance ;
Et tant plus on s'efforce, et tant moins on avance.
Il n'est que d'être fin, et de soir, ou de nuict,
Surprendre, si l'on peut, l'ennemy dans le lict.   20
    Du temps que ma jeunesse, à l'amour trop ardente,
Rendoit d'affection mon ame violente,
Et que de tous costez, sans choix ou sans raison,
J'allois comme un limier après la venaison,
Souvent, de trop de cœur, j'ay perdu le courage ;   25
Et, picqué des douceurs d'un amoureux visage,
J'ay si bien combattu, serré flanc contre flanc,
Qu'il ne m'en est resté une goutte de sang[1].
Or, sage à mes dépens, j'esquive la bataille ;
Sans entrer dans le champ j'attends que l'on m'assaille ; 30
Et pour ne perdre point le renom que j'ay eu[2],
D'un bon mot du vieux tems je couvre tout mon jeu ;
Et, sans estre vaillant, je veux que l'on m'estime.
Ou si par fois encor' j'entre en la vieille escrime,
Je gouste le plaisir sans en estre emporté,   35
Et prens de l'exercice au prix de ma santé.

---

[1] Il y a un hiatus dans l'hémistiche. L'auteur pouvoit aisément sauver cette négligence en mettant :

    Qu'il ne m'en est resté nulle goutte de sang.

[2] Notre poëte fait rimer ce dernier mot *eu* avec *jeu*, qui est à la fin du vers suivant. Les deux mêmes rimes sont répétées un peu plus bas dans cette épitre, ce qui fait connoître qu'on prononçoit alors *j'ai eu*, et non pas *j'ai û*, comme on le prononce aujourd'hui. On retrouve encore les mêmes rimes ci-après dans le dialogue.

Je résigne aux plus forts ces grands coups de maistrise.
Accablé souz le faix, je fuy toute entreprise,
Et, sans plus m'amuser aux places de renom,
Qu'on ne peut emporter qu'à force de canon, 40
J'ayme une amour facile et de peu de défense.
Si je vois qu'on me rit, c'est là que je m'avance,
Et ne me veux chaloir du lieu, grand ou petit.
La viande ne plaist que selon l'appétit.
Toute amour a bon goust, pourveu qu'elle récrée; 45
Et s'elle est moins louable, elle est plus asseurée :
Car quand le jeu desplaist, sans soupçon, ou danger
De coup ou de poison, il est permis changer.
Aymer en trop haut lieu une dame hautaine,
C'est aymer en soucy le travail et la peine, 50
C'est nourrir son amour de respect et de soin.
Je suis saoul de servir le chapeau dans le poing;
Et fuy plus que la mort l'amour d'une grand' dame.
Tousjours, comme un forçat, il faut estre à la rame,
Naviger jour et nuict, et, sans profit aucun, 55
Porter tout seul le faix de ce plaisir commun.

Ce n'est pas, Forquevaus, cela que je demande;
Car si je donne un coup, je veux qu'on me le rende,
Et que les combatants, à l'égal colérez,
Se donnent l'un à l'autre autant de coups fourez. 60
C'est pourquoy je recherche une jeune fillette[1]
Experte dès longtemps à courir l'esguillette[2];

---

[1] Telle étoit la *Quartilla* de Pétronne; telle cette *Alix* dont il semble que Régnier ait eu en vue l'épitaphe qui commence ainsi dans Clément Marot :

Ci git, qui est une grand' perte, etc.

[2] « De manière que si nature ne leur eust arrosé le front d'un
« peu de honte, vous les voyrriez, comme forcenées, courir l'aiguil-
« lette. » Rabelais, liv. III, ch. xxxii.
Les habitants de Beaucaire, en Languedoc, avoient institué une course où les prostituées du lieu, et celles qui y viendroient, à la foire de la Madeleine, courroient en public la veille de cette foire; et celle des filles qui auroit le mieux couru auroit pour récom-

Qui soit vive et ardente au combat amoureux,
Et pour un coup reçu qui vous en rende deux.
La grandeur en amour est vice insupportable ; 65
Et qui sert hautement est tousjours misérable :
Il n'est que d'estre libre, et en deniers contants
Dans le marché d'amour acheter du bon tems ;
Et pour le prix commun choisir sa marchandise ;
Ou si l'on n'en veut prendre, au moins on en devise. 70
L'on taste, l'on manie ; et, sans dire combien,
On se peut retirer, l'object n'en couste rien.
Au savoureux trafic de ceste mercerie
J'ay consumé les jours les plus beaux de ma vie ;
Marchand des plus rusez, et qui, le plus souvent, 75
Payoit ses créanciers de promesse et de vent.

 Et encore, n'estoit le hazard et la perte,
J'en voudrois pour jamais tenir boutique ouverte :
Mais le risque m'en fasche, et si fort m'en desplaist,
Qu'au malheur que je crains je postpose[1] l'acquest : 80
Si bien que, redoutant la vérolle et la goutte,
Je bannis ces plaisirs et leur fais banqueroute,
Et résigne aux mignons, aveuglez en ce jeu,
Avecque les plaisirs, tous les maux que j'ay eu ;
Les boutons du printemps, et les autres fleurettes 85
Que l'on cueille au jardin des douces amourettes.
Le mercure et l'eau fort[2] me sont à contre-cœur :
Je hais l'eau de gayac, et l'estouffante ardeur
Des fourneaux enfumez où l'on perd sa substance,
Et où l'on va tirant un homme en quintessence. 90

---

pense quelques paquets d'aiguillettes, sorte de lacets. L'auteur des Remarques sur Rabelais cite Jean Michel, de Nismes, page 59, édition d'Amsterdam, 1700, qui, dans son *Embarras de la foire de Beaucaire*, parle de cette course, comme d'un usage qui se pratiquoit encore de son temps.

[1] *Je polspose*, pour *je fais suivre* ; terme qui sent trop son latin pour devenir jamais bon françois.

[2] C'est ce que Clément Marot appelle de l'eau ferrée.

C'est pourquoi tout-à-coup je me suis retiré,
Voulant dorénavant demeurer asseuré;
Et, comme un marinier eschappé de l'orage,
Du havre seurement contempler le naufrage.
Ou si par fois encor' je me remets en mer, 95
Et qu'un œil enchanteur me contraigne d'aymer,
Combattant mes esprits par une douce guerre,
Je veux en seureté naviger sur la terre,
Ayant premièrement visité le vaisseau,
S'il est bien calfeutré, ou s'il ne prend point l'eau. 100
Ce n'est pas peu de cas de faire un long voyage ;
Je tiens un homme fou qui quitte le rivage,
Qui s'abandonne aux vents, et, pour trop présumer,
Se commet aux hazards de l'amoureuse mer.
Expert en ses travaux, pour moi je la déteste, 105
Et la fuy tout ainsi comme je fuy la peste.

Mais aussi, Forquevaus, comme il est mal-aisé
Que nostre esprit ne soit quelquefois abusé
Des appas enchanteurs de cet enfant volage,
Il faut un peu baisser le cou souz le servage, 110
Et donner quelque place aux plaisirs savoureux :
Car c'est honte de vivre et de n'estre amoureux.
Mais il faut, en aymant, s'aider de la finesse,
Et sçavoir rechercher une simple maistresse,
Qui, sans vous asservir, vous laisse en liberté, 115
Et joigne le plaisir avecq' la seureté;
Qui ne sçache que c'est que d'estre courtisée;
Qui n'ait de mainte amour la poictrine embrasée;
Qui soit douce et nicette[1]; et qui ne sçache pas,
Apprentive au mestier, que valent les appas. 120
Que son œil et son cœur parlent de même sorte;
Qu'aucune affection hors de soy ne l'emporte;
Bref, qui soit tout à nous, tant que la passion

---

[1] *Nicette*, novice, innocente. *Nice* étoit autrefois fort en usage dans ce sens.

Entretiendra nos sens en ceste affection.
Si parfois son esprit, ou le nostre se lasse, 125
Pour moy, je suis d'avis que l'on change de place,
Qu'on se range autre part; et sans regret aucun
D'absence ou de mespris, que l'on ayme un chacun.
Car il ne faut jurer aux beautez d'une dame,
Ains changer, par le temps, et d'amour et de flame, 130
C'est le change qui rend l'homme plus vigoureux,
Et qui jusqu'au tombeau le fait estre amoureux.
Nature se maintient pour estre variable,
Et pour changer souvent son estat est durable :
Aussi l'affection dure éternellement, 135
Pourveu, sans se lasser, qu'on change à tout moment.
De la fin d'une amour l'autre naist plus parfaite,
Comme on voit un grand feu naistre d'une bluette.

NOUVELLES REMARQUES

Vers 80. *Je postpose l'acquest*. Ce mot est l'opposé de *préférer*. Un écrivain de ce temps-ci, Théophile Gautier, a fait le mot *postmeur*, opposé de *primeur ;* nous craignons que ce néologisme, comme celui de Régnier, ne reste la propriété exclusive de son auteur, quoique, comme *postposer*, il n'ait pas d'équivalent dans la langue.

Vers 120. *Apprentive au mestier*, etc., féminin régulier du masculin *apprentif;* l'un et l'autre sont aujourd'hui inusités.

III[1]

Perclus d'une jambe et des bras,
Tout de mon long entre deux dras
Il ne me reste que la langue
Pour vous faire ceste harangue.
Vous sçavez que j'ay pension [2]   5
Et que l'on a prétention,
Soit par sottise, ou par malice,
Embarrassant le bénéfice,
Me rendre, en me torchant le bec,
Le ventre creux comme un rebec [3].   10
On m'en baille en discours de belles;
Mais de l'argent point de nouvelles.
Encore, au lieu de payement,
On parle d'un retranchement,
Me faisant au nez grise mine :   15
Que l'abbaye est en ruyne,
Et ne vaut pas, beaucoup s'en faut,
Les deux mille francs qu'il me faut.
Si bien que je juge, à son dire,
Malgré le feu roy nostre sire,   20

---

[1] Cette épître, en vers de huit syllables, étoit la satire xix dans les éditions anciennes. Le poëte y décrit les divers caprices et les idées extravagantes qui lui passoient par l'esprit pendant une maladie qui le retenoit au lit : *Velut ægri somnia*. Cette épître tient un peu du caractère de celles du *Coq-à-l'âne* de Clément Marot.

[2] Le roi lui avoit accordé une pension de deux mille livres, sur l'abbaye des Vaux-de-Cernay.

[3] Comme un violon.

Qu'il désireroit volontiers
Laschement me réduire au tiers.
Je laisse à part ce fascheux conte :
Au printemps que la bile monte
Par les veines dans le cerveau, 25
Et que l'on sent au renouveau
Son esprit fécond en sornettes,
Il fait mauvais se prendre aux poëtes.
Toutesfois je suis de ces gens
De toutes choses négligens, 30
Qui, vivant au jour la journée.
Ne controllent leur destinée,
Oubliant, pour se mettre en paix,
Les injures et les bienfaits,
Et s'arment de philosophie. 35
Il est pourtant fou qui s'y fie;
Car la dame indignation
Est une forte passion.
 Estant donc en mon lit malade,
Les yeux creux, et la bouche fade, 40
Le teint jaune comme un espy,
Et non pas l'esprit assoupy,
Qui dans ses caprices s'esgaye,
Et souvent se donne la baye [1],
Se feignant, pour passer le temps, 45
Avoir cent mille escus contans,
Avecq' cela large campagne :
Je fais des chasteaux en Espagne ;
J'entreprens partis sur partis.
Toutesfois je vous avertis, 50
Pour le sel [2], que je m'en desporte,
Que je n'en suis en nulle sorte,

---

[1] *Donner une baye*, expression populaire, signifie amuser, faire prendre le change.
[2] La ferme des gabelles.

Non plus que du droict annuel [1] :
Je n'ayme point le casuel.
J'ay bien un advis d'autre estoffe,
Dont Du Luat [2] le philosophe
Désigne rendre au consulat
Le nez fait comme un cervelat [3].
Si le conseil ne s'y oppose,
Vous verrez une belle chose.
Mais, laissant là tous ces projects,
Je ne manque d'autres subjects
Pour entretenir mon caprice
En un fantastique exercice.
Je discours des neiges d'antan [4];
Je prends au nid le vent d'autan [5];
Je pette contre le tonnerre;
Aux papillons je fais la guerre;
Je compose almanachs nouveaux;

---

[1] Le *droit annuel* est la finance que les officiers payent pour jouir de l'hérédité de leurs offices ; et, quand ils ont négligé de payer ce droit pendant leur vie, l'office tombe aux parties casuelles, et appartient au roi, à l'exclusion de leurs héritiers.

[2] Ange Cappel, fils de Jacques Cappel, avocat général sous les rois François Ier, Henri II, etc. Cet Ange Cappel, sieur Du Luat, secrétaire du roi, étoit connu dès l'an 1578, par sa traduction françoise du traité de Sénèque, *de Clementia.* Il traduisit divers autres ouvrages de Sénèque, entre autres son traité *de la Colère,* en 1585, ce qui acquit au traducteur le titre de *philosophe*, et servit en même temps à le distinguer d'avec son frère le médecin, nommé Guillaume Cappel.

[3] Comme vraisemblablement le prévôt des marchands et les échevins étoient compris dans la taxe dont on vient de parler, ils demandoient d'en être déchargés ; mais Du Luat prétendoit faire avoir un pied de nez au consulat.

[4] Pour les vieilles neiges, les neiges des années précédentes: *antan* vient du latin *ante annum.* Ce mot, *Nais où sont les neiges d'antan,* est fort célèbre dans le poëte Villon, qui en a fait une ballade sur la vanité des choses de ce bas monde. Le refrain de la ballade est, *Nais où sont les neiges d'antan?*

[5] Le vent du midi.

De rien je fais brides à veaux [1];
A la Sainct-Jean je tens aux grues;
Je plante des pois par les rues;
D'un baston je fais un cheval;
Je vois courir la Seine aval;
Et beaucoup de choses, beau sire,
Que je ne veux et n'ose dire.
Après cela, je peins en l'air;
J'apprens aux asnes à voler;
Du bordel je fais la chronique;
Aux chiens j'apprens la rhétorique;
Car enfin, ou Plutarque ment,
Ou bien ils ont du jugement.
Ce n'est pas tout : je dy sornettes;
Je desgoise des chansonnettes,
Et vous dy qu'avecq' grand effort
La nature pastit très fort.
Je suis si plein que je regorge.
Si une fois je rens ma gorge,
Esclattant ainsi qu'un pétard,
On dira : Le diable y ait part.
Voilà comme le temps je passe.
Si je suis las, je me délasse;
J'escry, je ly, je mange et boy,
Plus heureux cent fois que le roy
(Je ne dy pas le roy de France),
Si je n'estois court de finance.
Or, pour finir, voilà comment
Je m'entretiens bizarrement.
Et prenez-moy les plus extresmes
En sagesse, ils vivent de mesmes,
N'estant l'humain entendement

---

[1] Selon le dictionnaire de Trévoux, on appelle *brides à veaux* les raisons qui persuadent les sots, et dont se moquent les gens éclairés.

Qu'une grotesque seulement.
Vuidant les bouteilles cassées,
Je m'embarrasse en mes pensées;
Et quand j'y suis bien embrouillé, 105
Je me couvre d'un sac mouillé.
Faute de papier, *bona sere*[1];
Qui a de l'argent, si le serre.
Vostre serviteur à jamais,
Maistre Janin du Pont-Alais[2]. 110

[1] *Bon soir*, pour *buona sera*, italien.
[2] Régnier s'est appliqué ce nom, comme d'un homme qui a été le Momus de son temps. Du Verdier, page 749 de sa Bibliothèque, en parle ainsi : « Jean du Pont-Alais, chef et maistre des joueurs « de moralitez et farces à Paris, a composé plusieurs jeux, mys- « tères, moralitez, sotyses et farces, qu'il a fait réciter publi- « quement sur eschafaud, en la dite ville; aucunes desquelles ont « été imprimées, et les autres non. »

NOUVELLES REMARQUES

Vers 16 *Que l'abbaye est en ruyne*, elliptiquement pour *On dit que l'abbaye est en ruine*.

Vers 99-100. *Et prenez-moy les plus extresmes En sagesse, ils vivent de mesmes;* nous retrouvons ici une nouvelle preuve de la double orthographe de *même*.

Vers 101-102. *N'estant l'humain entendement Qu'une grotesque seulement*, c'est-à-dire *qu'une chose grotesque*. Aujourd'hui les adjectifs pris substantivement pour désigner une chose s'employent toujours au masculin.

ÉLÉGIES

I[1]

Non, non, j'ay trop de cœur pour laschement me rendre.
L'Amour n'est qu'un enfant dont l'on se peut deffendre;
Et l'homme qui fleschit souz sa jeune valeur
Rend, par ses laschetez, coupable son malheur.
Il se desfait soy-mesme, et soy-mesme s'outrage,　　5
Et doit son infortune à son peu de courage.
Or moy, pour tout l'effort qu'il face à me domter[2],
Rebelle à sa grandeur, je le veux affronter[3];
Et bien qu'avecq' les dieux on ne doive desbattre,
Comme un nouveau Titan si le veux-je combattre.　　10
Avecq' le désespoir je me veux asseurer :
C'est salut aux vaincus de ne rien espérer[4].
  Mais, hélas ! c'en est fait : quand les places sont prises,
Il n'est plus temps d'avoir recours aux entreprises :

---

[1] C'est Henri IV qui parle dans cette pièce. Notre poëte eut l'honneur de prêter ici sa plume à ce prince pour flatter une nouvelle passion dont il étoit épris, et il exprime sa tendresse avec autant de respect que de vivacité.

[2] Il auroit été plus régulier de dire : « Or moy, pour quelque « effort qu'il fasse à me dompter » ; ou, « Or moy, pour tout « l'effort qu'il fait, » etc.

[3] On lit *effronter* en quelques éditions, mais mal à propos. Celle de 1642 et les suivantes mettent *affronter*; les plus anciennes portent *effronter* : nous suivons les modernes.

[4] Ce vers est traduit de Virgile, *Æneid.*, II, v. 354 :

　　Una salus victis nullam sperare salutem.

Et les nouveaux desseins d'un salut prétendu 15
Ne servent plus de rien lorsque tout est perdu.
Ma raison est captive en triomphe menée;
Mon ame, desconfite, au pillage est donnée;
Tous mes sens m'ont laissé seul et mal-adverty,
Et chacun s'est rangé du contraire party. 20
Et ne me reste plus de la fureur des armes
Que des cris, des sanglots, des soupirs et des larmes,
Dont je suis si troublé, qu'encor' ne sçay-je pas
Où, pour trouver secours, je tourneray mes pas :
Aussi pour mon salut que doy-je plus attendre, 25
Et quel sage conseil en mon mal puy-je prendre,
S'il n'est rien icy-bas de doux et de clément
Qui ne tourne visage à mon contentement;
S'il n'est astre esclairant en la nuict solitaire,
Ennemy de mon bien, qui ne me soit contraire, 30
Qui ne ferme l'oreille à mes cris furieux?
Il n'est pour moy là-haut ny clémence ny dieux.
Au ciel, comme en la terre, il ne faut que j'attende
Ny pitié, ny faveur au mal qui me commande ;
Car, encor' que la dame en qui seule je vy 35
M'ait avecques douceur sous ses loix asservy;
Que je ne puisse croire, en voyant son visage,
Que le ciel l'ait formé si beau pour mon dommage;
Ny moins qu'il soit possible, en si grande beauté,
Qu'avecques la douceur loge la cruauté. 40
Pourtant toute espérance en mon esprit chancelle :
Il suffit, pour mon mal, que je la trouve belle.
Amour, qui pour object n'a que mes déplaisirs,
Rend tout ce que j'adore ingrat à mes desirs.
Toute chose en aymant est pour moi difficile, 45
Et, comme mes soupirs, ma peine est infertile.
D'autre part, sçachant bien qu'on y doit aspirer,
Aux cris j'ouvre la bouche, et n'ose soupirer ;
Et ma peine, estouffée avecques le silence,
Estant plus retenue, a plus de violence ! 50

ÉLÉGIE I.   239

Trop heureux si j'avois, en ce cruel tourment,
Moins de discrétion et moins de sentiment,
Ou, sans me relascher à l'effort du martyre,
Que mes yeux, ou ma mort, mon amour pussent dire !
Mais ce cruel enfant, insolent devenu,   55
Ne peut estre à mon mal plus longtemps retenu :
Il me contraint aux pleurs, et par force m'arrache
Les cris qu'au fond du cœur la révérence cache.
  Puis donc que mon respect peut moins que sa douleur,
Je lasche mon discours [1] à l'effort du malheur ;   60
Et, poussé des ennuis dont mon ame est atteinte,
Par force je vous fais ceste piteuse plainte [2],
Qu'encores ne rendrois-je, en ces derniers efforts,
Si mon dernier soupir ne la jettoit dehors [3].
Ce n'est pas toutesfois que, pour m'escouter plaindre,   65
Je tasche par ces vers à pitié vous contraindre,
Ou rendre par mes pleurs vostre œil moins rigoureux :
La plainte est inutile à l'homme malheureux.
Mais puisqu'il plaist au ciel par vos yeux que je meure,
Vous direz que mourant je meurs à la bonne heure [4],   70
Et que d'aucun regret mon trespas n'est suivy,
Si-non de n'estre mort le jour que je vous vy
Si divine et si belle, et d'attraits si pourvue.
Ouy, je devois mourir des traits de vostre vue,
Avecq' mes tristes jours mes misères finir,   75
Et par feu, comme Hercule, immortel devenir [5] :

---

[1] Dans toutes les anciennes éditions, même dans celle de 1615, faite pendant la vie de l'auteur, il y a, *ton discours*; ce qui est une faute qu'on a voulu corriger dans l'édition de 1642, en mettant, *je lasche ce discours*. Dans celle de 1645, on a mis, *mon discours*, qui est la bonne leçon.

[2] Il s'adresse à sa dame.

[3] C'est ainsi qu'il faut lire, et non pas, *ne la jette*, comme portent toutes les éditions avant celle de 1642.

[4] Vous direz que ma mort vous est indifférente ; car cette façon de parler, *à la bonne heure*, est un signe d'indifférence.

[5] Hercule se brûla lui-même sur le mont Œta.

J'eusse, bruslant là-haut en des flames si claires,
Rendu de vos regards tous les dieux tributaires,
Qui, servant, comme moy, de trophée à vos yeux,
Pour vous aymer en terre eussent quitté les cieux. 80
Eternissant partout ceste haute victoire,
J'eusse engagé là-haut leur honte et vostre gloire;
Et comme, en vous servant au pied de vos autels,
Ils voudraient, pour mourir, n'estre point immortels,
Heureusement ainsi j'eusse pu rendre l'ame, 85
Après si bel effect d'une si belle flame.
Aussi bien, tout le temps que j'ay vescu depuis,
Mon cœur gesné d'amour n'a vescu qu'aux ennuis.
Depuis, de jour en jour s'est mon ame enflamée,
Qui n'est plus que d'ardeur et de peine animée, 90
Sur mes yeux esgarez ma tristesse se lit;
Mon âge avant le temps, par mes maux s'envieillit,
Au gré des passions mes amours sont contraintes,
Mes vers bruslants d'amour ne résonnent que plaintes;
De mon cœur tout flétry l'allégresse s'enfuit; 95
Et mes tristes pensers comme oyseaux de la nuit,
Volent dans mon esprit, à mes yeux se présentent,
Et comme ils font du vrai, du faux ils m'épouvantent [1];
Et tout ce qui repasse à mon entendement
M'apporte de la crainte et de l'étonnement. 100
Car, soit que je vous pense ingrate ou secourable,
La playe de vos yeux est tousjours incurable [2];

---

[1] Ils m'épouvantent du faux comme du vrai. Voyez note 5, satire IV.

[2] *Playe* est ici de deux syllabes, contre l'usage présent. Ce mot est employé dans la signification active; c'est-a-dire *la plaie que vos yeux m'ont faite*. Virgile a dit de même : la plaie d'Ulysse, pour la plaie qu'Ulysse avoit faite.

. . . . . . Pelias et vulnere tardus Ulyssis.
Æneid., lib. II, v. 416.

Voyez Aulu-Gelle, *Noct. Att.*, lib. IX, c. XII.

Tousjours faut-il, perdant la lumière et le jour,
Mourir dans les douleurs ou les plaisirs d'amour.
 Mais tandis que ma mort est encore incertaine,   105
Attendant qui des deux mettra fin à ma peine,
Ou les douceurs d'amour, ou bien vostre rigueur,
Je veux sans fin tirer les soupirs de mon cœur;
Et, devant que mourir ou d'une ou d'autre sorte,
Rendre, en ma passion si divine et si forte,   110
Un vivant tesmoignage à la postérité
De mon amour extresme et de vostre beauté;
Et, par mille beaux vers que vos beaux yeux m'inspirent,
Pour vostre gloire atteindre où les sçavants aspirent;
Et rendre mémorable aux siècles à venir   115
De vos rares vertus le noble souvenir.

NOUVELLES REMARQUES.

Vers 7. *Or moy, pour tout l'effort qu'il face à me domter*, ancienne construction équivalant à *quelque, si grand que soit l'effort*.

Vers 21. *Et ne me reste plus;* il ne me reste plus, serait plus correct.

Vers 28. *Qui ne tourne visage;* on dit aujourd'hui dans le même sens *tourner le dos*.

Vers 29. *S'il n'est astre esclairant*, etc.; c'est-à-dire brillant, lumineux.

Vers 39. *Ny moins qu'il soit possible;* ellipse très-forte, pour : *Et que je ne puisse moins encore penser, croire*, etc.

II

ÉLÉGIE ZÉLOTYPIQUE[1]

Bien que je sçache au vray tes façons et tes ruses[2],
J'ay tant et si longtemps excusé tes excuses;
Moy-mesme je me suis mille fois démenty,
Estimant que ton cœur, par douceur diverty,
Tiendroit ses laschetés à quelque conscience :   5
Mais enfin ton humeur force ma patience.
J'accuse ma foiblesse, et, sage à mes despens,
Si je t'aymay jadis, ores[3] je m'en repens;
Et brisant tous ces nœuds dont j'ay tant fait de conte,
Ce qui me fut honneur m'est ores une honte.   10
Pensant m'oster l'esprit, l'esprit tu m'as rendu;
J'ay regagné sur moy ce que j'avois perdu.

---

[1] Cette pièce et celle qui suit parurent pour la première fois dans l'édition de 1613. Celle-ci est beaucoup plus belle que la suivante; il y a plus de tours, plus de caractère, et elle montre bien la situation d'un homme également agité d'amour et de jalousie. Elles sont l'une et l'autre imitées d'Ovide, du moins en partie, et contiennent les plaintes et les reproches d'un amant jaloux : c'est ce que signifie *Zélotypique*. On peut voir les élégies III et IV du l. II de Desportes.

[2] Multa diuque tuli : vitiis patientia victa est.
    Cede fatigato pectore, turpis amor.
    Scilicet asserui jam me, fugique catenas,
      Et quæ depuduit ferre, tulisse pudet.
    Vicimus, et domitum pedibus calcamus amorem :
      Venerunt capiti cornua sera meo.
              Ovide, *Amor.* Lib. III, eleg. II.

[3] A présent.

ÉLÉGIE II.

Je tire un double gain d'un si petit dommage;
Si ce n'est que trop tard je suis devenu sage.
Toutesfois le bonheur nous doit rendre contens; 15
Et pourveu qu'il nous vienne, il vient tousjours à tems.
  Mais j'ay donc supporté de si lourdes injures!
J'ay donc creu de ses yeux les lumières parjures,
Qui, me navrant le cœur, me promettoient la paix,
Et donné de la foy à qui n'en eut jamais! 20
J'ay donc leu d'autre main ses lettres contrefaites!
J'ay donc sceu ses façons, recogneu ses deffaites,
Et comment elle endort de douceur sa maison,
Et trouve à s'excuser quelque fausse raison!
Un procez, un accord, quelque achat, quelques ventes, 25
Visites de cousins, de frères et de tantes;
Pendant qu'en autre lieu, sans femmes et sans bruit,
Souz prétexte d'affaire elle passe la nuit.
Et cependant, aveugle en ma peine enflamée,
Ayant sceu tout cecy, je l'ay tousjours aymée. 30
Pauvre sot que je suis! Ne devois-je à l'instant
Laisser là ceste ingrate, et son cœur inconstant?
  Encor' seroit ce peu, si, d'amour emportée,
Je n'avois à son teint et sa mine affectée
Leu de sa passion les signes évidens 35
Que l'amour imprimoit en ses yeux trop ardens.
Mais qu'est-il de besoin d'en dire davantage?
Iray-je rafraischir sa honte et mon dommage?
A quoy de ses discours diray-je le deffaut :
Comme, pour me piper, elle parle un peu haut; 40
Et comme bassement, à secrettes volées,
Elle ouvre de son cœur les flames recelées;
Puis, sa voix rehaussant en quelques mots joyeux,
Elle pense charmer les jaloux curieux;
Fait un conte du roy, de la reyne et du Louvre, 45
Quand, malgré que j'en aye, amour me le descouvre;
Me deschiffre aussi-tost son discours indiscret
(Hélas! rien aux jaloux ne peut estre secret);

Me fait voir de ses traits l'amoureux artifice,
Et qu'aux soupçons d'amour trop simple est sa malice ; 50
Ces heurtemens de pieds en feignant de s'asseoir¹;
Faire sentir ses gands, ses cheveux, son mouchoir;
Ces rencontres de mains, et mille autres caresses
Qu'usent à leurs amans les plus douces maistresses ²,
Que je tais par honneur, craignant qu'avec le sien, 55
En un discours plus grand, j'engageasse le mien.

   Cherche donc quelque sot, au tourment insensible,
Qui souffre ce qu'il m'est de souffrir impossible;
Car pour moy j'en suis las, ingrate, et je ne puis
Durer plus longuement en la peine où je suis. 60
Ma bouche incessamment aux plaintes est ouverte.
Tout ce que j'apperçoy semble jurer ma perte.
Mes yeux tousjours pleurans de tourment esveillez,
Depuis d'un bon sommeil ne se sont veus sillez.
Mon esprit agité fait guerre à mes pensées; 65
Sans avoir reposé vingt nuits se sont passées;
Je vais comme un lutin deçà delà courant,
Et, ainsi que mon corps, mon esprit est errant.

   Mais tandis qu'en parlant du feu qui me surmonte ³
Je despeins en mes vers ma douleur et ta honte, 70
Amour dedans le cœur m'assaut si vivement,
Qu'avecques tout desdain je perds tout jugement.

   Vous autres, que j'employe à l'espier sans cesse,
Au logis, en visite, au sermon, à la messe,
Cognoissant que je suis amoureux et jaloux, 75
Pour flatter ma douleur, que ne me mentez-vous ?

---

¹   Quid juvenum tacitos inter convivia nutus,
   Verbaque compositis dissimulata notis.
                      Ovide, *Amor.* Lib. III, eleg. II.

² Il aurait été plus régulier de dire :
   Que font à leurs amans les plus douces maitresses.

³ Il y avoit *au feu* dans toutes les éditions.

Ha! pourquoi m'estes-vous à mon dam si fidelles?
Le porteur est fascheux de fascheuses nouvelles.
Déférez à l'ardeur de mon mal furieux;
Feignez de n'en rien voir, et vous fermez les yeux. 80
Si dans quelque maison sans femme elle s'arreste,
S'on luy fait au palais quelque signe de teste,
S'elle rit à quelqu'un, s'elle appelle un vallet,
S'elle baille en cachette ou reçoit un poullet,
Si dans quelque recoin quelque vieille incognue, 85
Marmottant un pater, luy parle et la salue;
Desguisez-en le fait : parlez-m'en autrement,
Trompant ma jalousie et vostre jugement.
Dites-moy qu'elle est chaste, et qu'elle en a la gloire;
Car, bien qu'il ne soit vray, si ne le puis-je croire? 90
De contraires efforts mon esprit agité,
Douteux, s'en court de l'une à l'autre extrémité.
La rage de la haine et l'amour me transporte;
Mais j'ay grand' peur enfin que l'amour soit plus forte.
Surmontons par mespris ce desir indiscret : 95
Au moins, s'il ne se peut, l'aimeray-je à regret.
Le bœuf n'ayme le joug que toutesfois il traisne;
Et, meslant sagement mon amour à la haine,
Donnons-luy ce que peut ou que doit recevoir
Son mérite, esgalé justement au devoir. 100
 En conseiller d'estat de discours je m'abuse.
Un amour violent aux raisons ne s'amuse.
Ne sçay-je que son œil, ingrat à mon tourment,
Me donnant ce desir, m'osta le jugement;
Que mon esprit blessé nul bien ne se propose; 105
Qu'aveugle, et sans raison, je confonds toute chose,
Comme un homme insensé qui s'emporte au parler,
Et dessigne avecq' l'œil mille chasteaux en l'air?
 C'en est fait pour jamais, la chance en est jetée.
D'un feu si violent mon ame est agitée, 110
Qu'il faut, bon gré, mal gré, laisser faire au destin;
Heureux si par la mort j'en puis estre à la fin,

Et si je puis, mourant en ceste frénésie,
Voir mourir mon amour avecq' ma jalousie !
  Mais, Dieu! que me sert-il de pleurs me consommer [1],
Si la rigueur du ciel me contraint de l'aymer ? [115
Où le ciel nous incline à quoy sert la menace ?
Sa beauté me rappelle où son deffaut me chasse [2] :
Aymant et desdaignant, par contraires efforts,
Les façons de l'esprit et les beautez du corps. 120
Ainsi je ne puis vivre avec elle et sans elle.
Ha Dieu ! que fusses-tu ou plus chaste, ou moins belle !
Ou pusses-tu cognoistre et voir, par mon trespas,
Qu'avecques ta beauté mon humeur ne sied pas !
Mais si ta passion est si forte et si vive, 125
Que des plaisirs des sens ta raison soit captive,
Que ton esprit blessé ne soit maistre de soy,
Je n'entens en cela te prescrire une loy;
Te pardonnant par moy ceste fureur extresme,
Ainsi comme par toy je l'excuse en moy-mesme : 130
Car nous sommes tous deux, en nostre passion,
Plus dignes de pitié que de punition.
Encore, en ce malheur où tu te précipites,
Dois-tu par quelque soin t'obliger tes mérites,
Cognoistre ta beauté, et qu'il te faut avoir, 135
Avecques ton amour, esgard à ton devoir.
Mais, sans discrétion, tu vas à guerre ouverte;
Et, par sa vanité [3] triomphant de ta perte,
Il monstre tes faveurs, tout haut il en discourt;
Et ta honte et sa gloire entretiennent la court. 140
Cependant, me jurant, tu m'en dis des injures.

---

[1] C'est *consumer* qui est le vrai terme, et non pas *consommer*; ce dernier a une autre signification.

[2] Nequitiam fugio, fugientem forma reducit.
OVIDE.

[3] L'auteur parle de son rival, que, par mépris, il affecte de ne point nommer.

O dieux, qui sans pitié punissez les parjures,
Pardonnez à ma dame, ou, changeant vos effects,
Vengez plustost sur moy les péchez qu'elle a faicts.
S'il est vray, sans faveur, que tu l'escoutes plaindre, 145
D'où vient pour son respect que l'on te voit contraindre?
Que tu permets aux siens lire en tes passions,
De veiller jour et nuict dessus tes actions ;
Que tousjours d'un vallet ta carosse est suivie,
Qui rend, comme espion, conte exact de ta vie, 150
Que tu laisse [1] un chacun pour plaire à ses soupçons;
Et que, parlant de Dieu, tu nous fais des leçons,
Nouvelle Magdeleine au désert convertie ;
Et jurant que ta flame est du tout amortie,
Tu prestens finement, par ceste mauvaitié [2], 155
Luy donner plus d'amour, à moy plus d'amitié ;
Et, me cuidant [3] tromper, tu voudrois faire accroire,
Avecques faux serments, que la neige fust noire?
Mais, comme tes propos, ton art est descouvert,
Et chacun, en riant, en parle à cœur ouvert 160
(Dont je crève de rage) ; et, voyant qu'on te blasme,
Trop sensible en ton mal [4], de regret je me pasme ;
Je me ronge le cœur, je n'ay point de repos ;
Et voudrois estre sourd, pour l'estre à ces propos.
Je me hais de te voir ainsi mésestimée. 165
T'aymant si dignement, j'ayme ta renommée ;
Et si je suis jaloux, je le suis seulement
De ton honneur, et non de ton contentement.

---

[1] Il falloit écrire *que tu laisses*; c'est pourquoi on a mis, *que tu laisses chacun*, depuis l'édition de 1742.

[2] *Mauvaistié*, dans l'édition de 1642 et les suivantes ; et c'est ainsi qu'on l'écrivoit toujours, quand ce mot étoit en usage dans le sens de méchanceté, malice.

[3] *Et me pensant tromper* : correction nouvelle dans la même édition de 1642, et dans celles qui ont suivi.

[4] C'est ainsi qu'on lit dans les anciennes éditions. Celles de 1652, 1655, 1667, etc., portent, *trop sensible à ton mal*, qui est la bonne leçon ; 1642, et 1645, *à mon mal*.

Fay tout ce que tu fais, et plus s'il se peut faire;
Mais choisy pour le moins ceux qui se peuvent taire. 170
Quel besoin peut-il estre, insensée en amour,
Ce que tu fais la nuit, qu'on le chante le jour[1];
Ce que fait un tout seul, tout un chacun [2] le sçache?
Et monstres [3] en amour ce que le monde cache?

Mais puisque le destin à toy m'a sceu lier, 175
Et qu'oubliant ton mal je ne puis t'oublier,
Par ces plaisirs d'amour tout confits en délices [4],
Par tes appas, jadis à mes vœux si propices;
Par ces pleurs que mes yeux et les tiens ont versez;
Par mes soupirs au vent sans profit dispersez; 180
Par les dieux, qu'en pleurant tes serments appellèrent;
Par tes yeux, qui l'esprit par les miens me volèrent,
Et par leurs feux si clairs, et si beaux à mon cœur,
Excuse, par pitié, ma jalouse rancœur :
Pardonne, par mes pleurs, au feu qui me commande. 185
Si mon péché fut grand, ma repentance est grande.
Et vois, dans le regret dont je suis consommé [5],
Que j'eusse moins failly si j'eusse moins aymé.

---

[1] Édition de 1642 et suivantes : *qu'on le conte le jour*.

[2] Édition de 1642, *tout que chacun*; 1652 et suivantes, *que tout chacun*.

[3] Édition de 1642, et celles qui ont suivi : *Et montrer...*

[4]
    Parce per o lecti socialia jura, per omnes,
      Qui dent fallendos se tibi sæpe, deos;
    Perque tuam faciem, magni mihi numinis instar;
      Perque tuos oculos, qui rapuere meos.
    Quidquid eris, mea semper eris, etc.
                    OVIDE, *Amor.*, lib. III, eleg. xiv

[5] *Consommé* pour *consumé*.

NOUVELLES REMARQUES

Vers 39. *A quoy de ses discours diray-je le deffaut?* c'est-à-dire, *A quoi bon, dans quel but, pourquoi?*

Vers 55 et 56. *Que je tais par honneur, craignant qu'avec le sien, En un discours plus grand, j'engageasse le mien.* L'imparfait *j'engageasse* est très-correct ; il résulte d'un rapport de dépendance avec un verbe sous-entendu. Régnier veut dire *Craignant qu'avec son honneur, si je me laissais aller en un discours plus grand, j'engageasse aussi le mien.*

Vers 82, 83 et 84. *S'on, s'elle ;* l'élision de l'*i* de *si* n'est autorisée aujourd'hui qu'avant *il ;* anciennement il s'élidait avant tous les autres pronoms.

Vers 118. *Sa beauté me rappelle où son deffaut me chasse,* pour que la construction fût conforme aux habitudes de notre syntaxe qui admet l'ellipse de l'antécédent et non celle du conséquent, lorsqu'ils représentent des compléments en rapports différents ; l'auteur aurait dû dire : *d'où son deffaut me chasse ;* mais l'*e* muet qui termine le premier hémistiche ne le lui a pas permis.

Vers 134. *Dois-tu par quelque soin l'obliger tes mérites ;* on devine ce que l'auteur a voulu dire, mais l'expression est tout à fait obscure.

III

SUR LE MÊME SUJET

Aymant comme j'aymois, que ne devois-je craindre?
Pouvois-je estre asseuré qu'elle se deust contraindre,
Et que, changeant d'humeur au vent qui l'emportoit,
Elle eust pour moi cessé d'estre ce qu'elle estoit;
Que, laissant d'estre femme, et sa foi mensongère, 5
Son cœur, traistre à l'amour, inconstante et légère,
Se rendant en un lieu l'esprit plus arresté,
Peust, au lieu du mensonge, aymer la vérité?
 Non, je croyois tout d'elle, il faut que je le die;
Et tout m'estoit suspect, hormis la perfidie. 10
Je craignois tous ses traits que j'ay sceus du depuis,
Ses jours de mal de teste, et ses secrettes nuits,
Quand, se disant malade et de fièvre enflamée,
Pour moy tant seulement sa porte estoit fermée.
Je craignois ses attraits, ses ris et ses courroux, 15
Et tout ce dont Amour allarme les jaloux.
 Mais, la voyant jurer avecq' tant d'asseurance,
Je l'advoue, il est vray, j'estois sans deffiance.
Aussi, qui pourroit croire, après tant de sermens,
De larmes, de soupirs, de propos véhémens, 20
Dont elle me juroit que jamais de sa vie
Elle ne permettroit d'un autre estre servie;
Qu'elle aymoit trop ma peine, et qu'en ayant pitié,
Je m'en devois promettre une ferme amitié;
Seulement, pour tromper le jaloux populaire, 25
Que je devois, constant, en mes douleurs me taire,
Me feindre tousjours libre, ou me bien captiver;
Et, quelque autre perdant, seule la conserver?

ÉLÉGIE III.

Cependant, devant Dieu, dont elle a tant de crainte,
Au moins comme elle dit, sa parole estoit feinte; 30
Et le ciel luy servit, en ceste trahison,
D'infidelle moyen pour tromper ma raison.
Et puis il est des dieux tesmoins de nos paroles !
Non, non, il n'en est point : ce sont contes frivoles
Dont se repaist le peuple, et dont l'antiquité 35
Se servit pour tromper nostre imbécilité.
S'il y avoit des dieux, ils se vengeroient d'elle,
Et ne la voiroit-on si fière ny si belle ;
Ses yeux s'obscurciroient, qu'elle a tant parjurez;
Son teint seroit moins clair, ses cheveux moins dorez; 40
Et le ciel, pour l'induire à quelque pénitence,
Marqueroit sur son front son crime et leur vengeance.
Ou s'il y a des dieux, ils ont le cœur de chair;
Ainsi que nous d'amour ils se laissent toucher;
Et de ce sexe ingrat excusant la malice, 45
Pour une belle femme ils n'ont point de justice.

NOUVELLES REMARQUES

Vers 5, 6, 7, 8. *Que, laissant d'estre femme, et sa foi mensongère*, etc.; ces vers sont mal construits et obscurs ; *le cœur se rendant en un lieu l'esprit plus arresté*, pour *le cœur s'attachant fortement à un objet*, est du plus mauvais style.

Vers 29 et suivants. *Cependant devant Dieu*, etc. Nous retrouvons notre poëte; ces vers et l'imprécation qui les suit sont de la plus belle facture; ici tout est poétique, la pensée, l'expression et le mouvement.

Vers 42. *Marqueroit sur son front son crime et leur vengeance;* la construction est sylleptique : *leur* se rapporte à *dieux* exprimé plus haut.

Vers 43, 44, 45, 46. Ces quatre vers terminent malheureusement cette pièce : ils expriment une idée fausse et de très-mauvais goût.

IV

IMPUISSANCE

Quoy ! ne l'avois-je assez en mes vœux desirée ?
N'estoit-elle assez belle, ou assez bien parée ?
Estoit-elle à mes yeux sans grace et sans appas ?
Son sang estoit-il point issu d'un lieu trop bas ?
Sa race, sa maison, n'estoit-elle estimée ? 5
Ne valoit-elle point la peine d'estre aymée ?
Inhabile au plaisir, n'avoit-elle de quoy ?
Estoit-elle trop laide ou trop belle pour moy ?
Ha ! cruel souvenir ! Cependant je l'ay eue,
Impuissant que je suis, en mes bras toute nue, 10
Et n'ay peu, le voulant tous deux également,
Contenter nos desirs en ce contentement !

[1] Cette pièce est imitée d'Ovide, liv. III des *Amours*, élégie VII, qui commence ainsi, *At non formosa est*, etc. Elle fut publiée pour la première fois dans l'édition de 1613, l'année même de la mort de Régnier ; mais elle fut imprimée sur une copie très-défectueuse, comme on le verra dans les remarques : ce qui fait présumer que la copie étoit d'une main étrangère et ignorante ; et que l'auteur, peut-être prévenu par la mort, n'avoit pas revu son propre ouvrage. On attribue au grand Corneille une pièce à peu près pareille, qui débute ainsi, *Un jour le malheureux Lisandre ;* et l'on dit que ce fut pour lui faire faire pénitence de cette poésie trop licencieuse qu'un confesseur lui ordonna de mettre en vers l'*Imitation de Jésus-Christ*. Mais je doute de toute cette histoire, puisque la même pièce attribuée à Corneille se trouve dans les poésies de M. de Cantenac, imprimées à Paris, avec privilége du Roi. Ainsi cette pièce n'ayant jamais été avouée par Corneille et se trouvant adoptée par Cantenac, elle doit sans doute appartenir à ce dernier.

ÉLÉGIE IV.

Au surplus, à ma honte, Amour, que te dirai-je ?
Elle mit en mon col ses bras plus blancs que neige,
Et sa langue mon cœur par ma bouche embrasa; 15
Bref, tout ce qu'ose Amour, ma déesse l'osa [1];
Me suggérant la manne en sa lèvre amassée,
Sa cuisse se tenoit en la mienne enlassée;
Les yeux lui petilloient d'un desir langoureux,
Et son âme exhaloit maint soupir amoureux; 20
Sa langue, en bégayant d'une façon mignarde,
Me disoit : Mais, mon cœur, qu'est-ce qui vous retarde ?
N'aurois-je point en moy quelque chose qui peust
Offenser vos desirs, ou bien qui vous dépleust ?
Ma grace, ma façon, ha dieu, ne vous plaist-elle ? 25
Quoy ! n'ay-je assez d'amour ? ou ne suis-je assez belle ?
Cependant, de sa main animant ses discours,
Je trompois, impuissant, sa flame et mes amours;
Et comme un tronc de bois, charge lourde et pesante,
Je n'avois rien en moy de personne vivante. 30
Mes membres languissans, perclus et refroidis,
Par ses attouchemens n'estoient moins engourdis.
Mais quoy ! que deviendray-je en l'extresme vieillesse,
Puisque je suis retif au fort de ma jeunesse [2],
Et si, las [3] ! je ne puis, et jeune et vigoureux, 35
Savourer la douceur du plaisir amoureux ?
Ha ! j'en rougis de honte, et despite mon âge,

---

[1] Il y a grande apparence que ce vers n'est pas de Régnier. Dans la première édition, faite en 1613, il manquoit ici un vers qui n'avoit point été rétabli dans les éditions suivantes; et ce n'a été que dans celle de 1642 qu'on a rempli cette lacune par le vers dont il s'agit.

[2] Ce vers a encore été inséré dans l'édition de 1642, à la place de celui de Régnier, qui manquoit dans toutes les éditions précédentes.

[3] *Las !* pour *hélas !* comme le mettoient nos anciens poëtes. Le vers auroit été plus harmonieux, et exempt de l'épuivoque que font ces mots, *et si las,* s'il avoit été ainsi tourné : *Hélas! si je ne puis.*

Age de peu de force et de peu de courage,
Qui ne me permet pas, en cet accouplement,
Donner ce qu'en amour peut donner un amant. 40
Car, dieux ! ceste beauté, par mon deffaut trompée,
Se leva le matin de ses larmes trempée
Que l'amour de despit escouloit par ses yeux.
Ressemblant à l'Aurore, alors qu'ouvrant les cieux
Elle sort de son lit hargneuse et despitée [1], 45
D'avoir, sans un baiser, consommé la nuitée,
Quand, baignant tendrement la terre de ses pleurs,
De chagrin et d'amour elle enjette ses fleurs [2].

Pour flatter mon deffaut, mais que me sert la gloire [3],
De mon amour passée, inutile mémoire, 50
Quand aymant ardemment, et ardemment aymé,
Tant plus je combattois, plus j'estois animé ?
Guerrier infatigable en ce doux exercice,
Par dix ou douze fois je rentrois en la lice,
Où, vaillant et adroit, après avoir brisé [4], 55
Des chevaliers d'amours j'estois le plus prisé.
Mais de cest accident je fais un mauvais conte,
Si mon honneur passé m'est ores une honte [5],
Et si le souvenir, trop prompt à m'outrager,
Par le plaisir receu ne me peut soulager. 60

O ciel ! il falloit bien qu'ensorcelé je feusse,
Ou, trop ardent d'amour, que je ne m'apperceusse

---

[1] Les poëtes ont feint que Tithon, mari de l'Aurore, étant fort âgé, cette déesse se levoit tous les matins avant le jour. — Dans les éditions faites depuis 1642, on a substitué *honteuse* à *hargneuse*, terme bas et populaire.

[2] *Enjette*, pour *arrose*, tiré du verbe composé *enjeter*, qui est hors d'usage, et dont nous n'avons retenu que le simple *jeter*.

[3] Dans l'édition de 1645, on a mis *de quoy me sert la gloire*; correction qui a été adoptée dans toutes les éditions suivantes.

[4] Il faut sous-entendre *plusieurs lances*.

[5] Édition de 1642 et suivantes :

Si mon honneur passé *maintenant est ma honte*

ÉLÉGIE IV.

Que l'œil d'un envieux nos desseins empeschoit [1]
Et sur mon corps perclus son venin espanchoit !
Mais qui pourroit atteindre au point de son mérite,   65
Veu que toute grandeur pour elle est trop petite ?
Si par l'esgal ce charme a force contre nous,
Autre que Jupiter n'en peut estre jaloux.
Luy seul, comme envieux d'une chose si belle,
Par l'esmulation seroit seul digne d'elle.   70
Hé quoy ! là-haut au ciel mets-tu les armes bas ?
Amoureux Jupiter, que ne viens-tu çà-bas
Jouir d'une beauté sur les autres aimable ?
Assez de tes amours n'a caqueté la fable ?
C'est ores que tu dois, en amour vif et promt,   75
Te mettre encore un coup les armes sur le front [2];
Cacher ta déité dessouz un blanc plumage [3];
Prendre le feint semblant d'un Satyre sauvage [4],
D'un serpent, d'un cocu; et te respandre encor,
Alambiqué d'amour, en grosses gouttes d'or;   80
Et puis que sa faveur, à moy seule octroyée,
Indigne que je suis, fut si mal employée :
Faveur qui de mortel m'eust fait égal aux dieux,
Si le ciel n'eust esté sur mon bien envieux.

Mais encor' tout bouillant en mes flames premières,   85
De quels vœux redoublez et de quelles prières
Iray-je derechef les dieux sollicitant,
Si d'un bienfaict nouveau j'en attendois autant;
Si mes deffauts passez leurs beautez [5] mescontentent,
Et si de leurs bienfaicts je crois qu'ils se repentent ?   90

---

[1] Dans la première édition de 1613, on lisoit ici *ennuyeux*, faute qui avoit été répétée six vers plus bas.

[2] Jupiter prit la figure d'un taureau pour enlever Europe.

[3] Il se changea en cygne pour tromper Léda, femme de Tyndare.

[4] Autres métamorphoses de Jupiter, qui sont décrites dans Ovide, liv. VI des *Métamorphoses*, v. 103 et suivants.

[5] *Leurs bontés* paroitroit plus juste.

Or quand je pense, ô dieux ! quel bien m'est advenu !
Avoir veu dans un lict ses beaux membres à nu,
La tenir languissante entre mes bras couchée,
De mesme affection la voir estre touchée,
Me baiser, haletant d'amour et de desir, 95
Par ses chatouillemens resveiller le plaisir :
Ha dieux ! ce sont des traits si sensibles aux ames,
Qu'ils pourroient l'Amour mesme eschauffer de leurs
Si plus froid que la mort ils ne m'eussent trouvé, [flames,
Des mystères d'amour amant trop réprouvé. 100
Je l'avois cependant vive d'amour extresme;
Mais si je l'eus ainsi, elle ne m'eut de mesme :
O malheur ! et de moy elle n'eut seulement
Que des baisers d'un frère, et non pas d'un amant.
En vain cent et cent fois je m'efforce à luy plaire, 105
Non plus qu'à mon desir je n'y puis satisfaire;
Et la honte pour lors, qui me saisit le cœur,
Pour m'achever de peindre esteignit ma vigueur.
   Comme elle recognut, femme mal satisfaite,
Qu'elle perdoit son temps, du lict elle se jette, 110
Prend sa jupe, se lace; et puis, en se mocquant,
D'un ris et de ces mots elle m'alla picquant :
Non, si j'estois lascive, ou d'amour occupée [1],
Je me pourrois fascher d'avoir esté trompée;
Mais, puis que mon désir n'est si vif ny si chaud, 115
Mon tiède naturel m'oblige à ton deffaut.
Mon amour satisfaite ayme ton impuissance,
Et tire de ta faute assez de récompence,
Qui, tousjours dilayant, m'a fait, par le desir,
Esbattre plus long-temps à l'ombre du plaisir. 120
   Mais, estant la douceur par l'effort divertie,
La fureur à la fin rompit sa modestie,

---

[1] Ce vers et les suivants sont une paraphrase du commencement de la lettre de Circé à Polyænos, dans Pétrone : « Si libidi-
« nosa essem, quererer decepta : nunc etiam languori tuo gratias
« ago. In umbra voluptatis diutius lusi. »

ÉLÉGIE IV.

Et dit, en esclatant : Pourquoi me trompes-tu?
Ton impudence à tort a vanté ta vertu [1],
Si en d'autres amours ta vigueur s'est usée, 125
Quel honneur reçois-tu de m'avoir abusée,
  Assez d'autres propos le despit luy dictoit.
Le feu de son desdain par sa bouche sortoit.
Enfin, voulant cacher ma honte et sa colère,
Elle couvrit son front d'une meilleure chère ; 130
Se conseille au miroir; ses femmes appela;
Et, se lavant les mains, le faict dissimula.

  Belle, dont la beauté, si digne d'estre aymée,
Eust rendu des plus morts la froideur enflamée,
Je confesse ma honte; et, de regret touché, 135
Par les pleurs que j'espands j'accuse mon péché :
Péché d'autant plus grand que grande est ma jeunesse.
Si homme j'ay failly, pardonnez-moy, déesse.
J'avoue estre fort grand le crime que j'ay fait :
Pourtant jusqu'à la mort si n'avois-je forfait, 140
Si ce n'est à présent, qu'à vos pieds je me jette.
Que ma confession vous rende satisfaicte.
Je suis digne des maux que vous me prescrirez.
J'ay meurtry, j'ay volé, j'ay des vœux parjurez,
Trahy les dieux benins [2]. Inventez à ces vices, 145
Comme estranges forfaicts, des estranges supplices.
O beauté ! faites en tout ainsi qu'il vous plaist.
Si vous me commandez, à mourir je suis prest.
La mort me sera douce, et d'autant plus encore
Si je meurs de la main de celle que j'adore. 150
Avant qu'en venir là, au moins souvenez-vous

---

[1] Ce qui suit est imité de la réponse de Polyænos à Circé.
[2] Dans toutes les éditions avant celle de 1642, ce vers étoit ainsi :

  Trahy les dieux : venins, inventez à ces vices.

Faute grossière, qui fait comprendre à quel point la première copie étoit corrompue.

Que mes armes, non moy, causent votre courroux;
Que, champion d'amour, entré dedans la lice,
Je n'eus assez d'haleine à si grand exercice;
Que je ne suis chasseur, jadis tant approuvé,   155
Ne pouvant redresser un deffaut retrouvé.
Mais d'où viendroit cecy? Seroit-ce point, maistresse,
Que mon esprit du corps précédast la paresse;
Ou que, par le désir trop prompt et violent,
J'allasse, avecq' le temps, le plaisir consommant?   160
Pour moy, je n'en sçay rien : en ce fait tout m'abuse.
Mais enfin, ô beauté! recevez pour excuse [1],
S'il vous plaist derechef que je rentre en l'assaut,
J'espère avecq' usure amender mon deffaut.

[1] Édition de 1642 et suivantes : *Recevez mon excuse*. L'une et l'autre leçon peuvent être admises.

NOUVELLES REMARQUES

Vers 48. *Elle enjette ses fleurs;* de ce mot inusité nous avons fait *injecter*, qui du langage scientifique a passé dans la langue familière.

Vers 74. *Assez de tes amours n'a caqueté la fable?* Ce vers a une forme interrogative et équivaut à *Est-ce que la fable ne s'est pas assez entretenue de tes amours?*

Vers 147. *O beauté! faictes en tout ainsi qu'il vous plaist.* Le sens est : *Agissez en tout, en toutes choses, selon votre fantaisie, à votre convenance;* d'où résulte un vers brisé et sans hémistiche, c'est-à-dire une ligne de prose tout à fait désagréable à l'oreille.

ÉLÉGIE V[1]

L'homme s'oppose en vain contre la destinée.
Tel a dompté sur mer la tempeste obstinée,
Qui, deceu dans le port, esprouve en un instant
Des accidens humains le revers inconstant,
Qui le jette au danger, lors que moins il y pense. 5
Ores à mes despens j'en fais l'expérience,
Moy qui, tremblant encor' du naufrage passé,
Du bris de mon navire au rivage amassé
Bastissois un autel aux dieux légers des ondes;
Jurant mesme la mer et ses vagues profondes, 10
Instruit à mes despens, et prudent au danger,
Que je me garderois de croire de léger[2];
Sçachant qu'injustement il se plaint de l'orage,
Qui, remontant sur mer, fait un second naufrage.
 Cependant ay-je à peine essuyé mes cheveux, 15
Et payé dans le port l'offrande de mes vœux,
Que d'un nouveau desir le courant me transporte;
Et n'ay pour l'arrester la raison assez forte.
Par un destin secret mon cœur s'y voit contraint,
Et par un si doux nœud si doucement estreint, 20
Que, me trouvant espris d'une ardeur si parfaite,
Trop heureux en mon mal je bénis ma deffaite;
Et me sens glorieux, en un si beau tourment,
De voir que ma grandeur serve si dignement[3].

---

[1] Cette élégie fut composée pour Henri IV.
[2] *De croire de léger*, de concevoir des espérances mal fondées.
[3] *Serve*, soit sujette, soit assujettie.

Changement bien estrange en une amour si belle ! 25
Moy, qui rangeois au joug la terre universelle,
Dont le nom glorieux, aux astres eslevé,
Dans le cœur des mortels par vertu s'est gravé;
Qui fis de ma valeur le hazard tributaire;
A qui rien, fors l'Amour, ne put estre contraire; 30
Qui commande partout, indomptable en pouvoir;
Qui sçay donner des loix, et non les recevoir :
Je me vois prisonnier aux fers d'un jeune maistre,
Où je languis esclave, et fais gloire de l'estre;
Et sont à le servir tous mes vœux obligez. 35
Mes palmes, mes lauriers en myrthes sont changez,
Qui, servant de trophée aux beautez que j'adore,
Font, en si beau subject, que ma perte m'honore [1].

Vous qui dès le berceau de bon œil me voyez,
Qui du troisième ciel mes destins envoyez [2], 40
Belle et saincte planète, astre de ma naissance,
Mon bonheur plus parfait, mon heureuse influence,
Dont la douceur préside aux douces passions,
Vénus, prenez pitié de mes affections;
Soyez-moi favorable, et faites à ceste heure, 45
Plustost que descouvrir mon amour, que je meure;
Et que ma fin tesmoigne, en mon tourment secret,
Qu'il ne vescut jamais un amant si discret;
Et qu'amoureux constant, en un si beau martyre,
Mon trespas seulement mon amour puisse dire. 50
Ha ! que la passion me fait bien discourir !
Non, non, un mal qui plaist ne fait jamais mourir.
Dieux ! que puis-je donc faire au mal qui me tourmente?
La patience est foible, et l'amour violente;
Et me voulant contraindre en si grande rigueur, 55
Ma plainte se desrobe, et m'eschappe du cœur.

---

[1] *Ma perte*, ma défaite.
[2] L'auteur apostrophe Vénus, qui est la troisième des planètes.

ÉLÉGIE V.

Semblable à cet enfant que sa mère en colère,
Après un chastiment veut forcer à se taire :
Il s'efforce de crainte à ne point soupirer;
A grand'peine ose-t-il son haleine tirer; 60
Mais nonobstant l'effort, dolent en son courage,
Les sanglots à la fin desbouchent le passage;
S'abandonnant aux cris, ses yeux fondent en pleurs,
Et faut que son respect défère à ses douleurs [1].
De mesme je m'efforce au tourment qui me tue : 65
En vain de le cacher mon respect s'évertue;
Mon mal, comme un torrent, pour un temps retenu,
Renversant tout obstacle, est plus fier devenu.
  Or, puis que ma douleur n'a pouvoir de se taire,
Et qu'il n'est ny désert ny rocher solitaire 70
A qui de mon secret je m'osasse fier,
Et que jusqu'à ce point je ne dois m'oublier
Que de dire ma peine en mon cœur si contrainte,
A vous seule, en pleurant, j'adresse ma complainte.
Aussi puis que vostre œil m'a tout seul asservy, 75
C'est raison que luy seul voye comme je vy;
Qu'il voye que ma peine est d'autant plus cruelle,
Que seule en l'univers je vous estime belle :
Et si de mes discours vous entrez en courroux,
Songez qu'ils sont en moy, mais qu'ils naissent de vous; 80
Et que ce seroit estre ingrate en vos deffaites,
Que de fermer les yeux aux playes que vous faites.
  Donc, beauté plus qu'humaine, object de mes plaisirs,
Délices de mes yeux et de tous mes desirs,
Qui régnez sur les cœurs d'une contrainte aimable, 85
Pardonnez à mon mal, hélas! trop véritable;
Et lisant dans mon cœur que valent vos attraits,
Le pouvoir de vos yeux, la force de vos traits,

---

[1] *Et faut que son respect défère à ses douleurs*, c'est-à-dire, quelque effort qu'il fasse pour obéir, il ne peut contenir sa douleur.

La preuve de ma foy, l'aigreur de mon martyre,
Pardonnez à mes cris de l'avoir osé dire. 90
Ne vous offencez point de mes justes clameurs,
Et si, mourant d'amour, je vous dis que je meurs.

NOUVELLES REMARQUES

Vers 8. *Du bris de mon navire*, des débris de mon navire. *Bris* n'est aujourd'hui usité qu'en terme de palais ; *bris de scellés*.

Vers 13. *Sçachant qu'injustement il se plaint de l'orage, Qui, remontant sur mer, fait un second naufrage.* Cette construction est un latinisme ; on dirait aujourd'hui : *Il se plaint injustement de l'orage, celui qui,* etc.

Vers 87. *Et lisant dans mon cœur que valent* etc.; autre latinisme pour *ce que valent*.

FIN DES ÉLÉGIES

ODES

I[1]

Jamais ne pouray-je bannir
Hors de moy l'ingrat souvenir
De ma gloire si-tost passée ?
Toujours pour nourrir mon soucy,
Amour, cet enfant sans mercy,
L'offrira-t-il à ma pensée !

Tyran implacable des cœurs,
De combien d'amères langueurs
As-tu touché ma fantaisie !
De quels maux m'as-tu tourmenté !
Et dans mon esprit agité
Que n'a point fait la jalousie !

---

[1] Cette ode, qui est belle, fut aussi imprimée pour la première fois dans le même recueil de 1611, et fut insérée dans l'édition de 1642. L'auteur y exprime les regrets d'un homme usé par les plaisirs, qui invective contre les peines de l'amour. Marot a fait quelque chose d'approchant dans cette jolie épigramme.

> Plus ne suis ce que j'ay esté,
> Et ne le sçaurois jamais estre ;
> Mon beau printemps et mon esté
> Ont fait le saut par la fenestre.
> Amour, tu as esté mon maistre,
> Je t'ay servi sur tous les dieux ;
> O si je pouvois deux fois naistre,
> Comme je te servirois mieux !

Pour consoler mon mal et flatter mes ennuis,
Hélas! respondez-moy, qu'est-elle devenue?

Où sont ces deux beaux yeux? que sont-ils devenus?
Où sont tant de beautez, d'Amours et de Vénus,
Qui régnoient dans sa veue, ainsi que dans mes veines
    Les soucis et les peines?

Hélas! fille de l'air [1], qui sens, ainsi que moy,
Dans les prisons d'Amour ton ame détenue,
Compagne de mon mal, assiste mon émoy [2],
Et responds à mes cris, qu'est-elle devenue?

Je voy bien en ce lieu, triste et désespéré,
Du naufrage d'amour ce qui m'est demeuré :
Et bien que loin d'icy le Destin l'ait guidée,
    Je m'en forme l'idée.

Je vois dedans ces fleurs les trésors de son teint
La fierté de son ame en la mer toute esmeue :
Tout ce qu'on voit icy vivement me la peint;
Mais il ne me peint pas ce qu'elle est devenue.

Las! voicy bien l'endroit où premier je la vy,
Où mon cœur, de ses yeux si doucement ravy,
Rejettant tout respect, descouvrit à la belle
    Son amitié fidelle.

Je revoy bien le lieu, mais je ne revoys pas
La reyne de mon cœur, qu'en ce lieu j'ay perdue :
O bois! ô prez! ô monts! ses fidelles esbats [3]!
Hélas! respondez-moy, qu'est-elle devenue?

[1] L'écho.
[2] Vieux mot fort usité jadis pour dire, *peine, chagrin, affliction*.
[3] C'est-à-dire qui faisiez sa joie et ses délices. *Esbats*, pour *plaisir*, quoique vieux, se peut employer dans la poésie familière.

PLAINTE.

Durant que son bel œil ces lieux embellissoit,
L'agréable printemps souz ses pieds florissoit;
Tout rioit auprès d'elle, et la terre parée,
    Estoit enamourée.

Ores que le malheur nous en a sceu priver,
Mes yeux, toujours mouillez d'une humeur continue,
Ont changé leurs saisons en la saison d'hyver,
N'ayant sceu descouvrir ce qu'elle est devenue.

Mais quel lieu fortuné si long-temps la retient?
Le soleil, qui s'absente, au matin nous revient:
Et, par un tour réglé, sa chevelure blonde
    Esclaire tout le monde.

Si tost que sa lumière à mes yeux se perdit,
Elle est, comme un esclair, pour jamais disparue;
Et quoy que j'aye fait, malheureux et maudit,
Je n'ay peu descouvrir ce qu'elle est devenue.

Mais, dieux! j'ay beau me plaindre, et tousjours soupirer;
J'ay beau de mes deux yeux deux fontaines tirer;
J'ay beau mourir d'amour et de regret pour elle;
    Chacun me la recelle.

O bois! ô prez! ô monts! ô vous qui la cachez,
Et qui, contre mon gré, l'avez tant retenue,
Si jamais de pitié vous vous vistes touchez,
Hélas! respondez-moy, qu'est-elle devenue?

Fut-il jamais mortel si malheureux que moy?
Je lis mon infortune en tout ce que je voy;
Tout figure ma perte; et le ciel et la terre
    A l'envy me font guerre.

Le regret du passé cruellement me point;
Et rend l'object présent ma douleur plus aiguë:

Mais, las! mon plus grand mal est de ne sçavoir point,
Entre tant de malheurs, ce qu'elle est devenue !

Ainsy de toutes parts je me sens assaillir ;
Et, voyant que l'espoir commence à me faillir,
Ma douleur se rengrége¹, et mon cruel martyre
    S'augmente, et devient pire.

Et si quelque plaisir s'offre devant mes yeux,
Qui pense consoler ma raison abbatue,
Il m'afflige ; et le ciel me seroit odieux
Si là-haut j'ignorois ce qu'elle est devenue.

Gesné de tant d'ennuis, je m'estonne comment
Environné d'amour et du fascheux tourment
Qu'entre tant de regrets son absence me livre,
    Mon esprit a peu vivre.

Le bien que j'ay perdu me va tyrannisant ;
De mes plaisirs passez mon ame est combattue ;
Et ce qui rend mon mal plus aigre et plus cuisant,
C'est qu'on ne peut sçavoir ce qu'elle est devenue.

Et ce cruel penser, qui sans cesse me suit,
Du trait de sa beauté me picque jour et nuit,
Me gravant en l'esprit la misérable histoire
    D'une si courte gloire.

Et ces biens qu'en mes maux encore il me faut voir,
Rendroient d'un peu d'espoir mon ame entretenue,
Et m'y consolerois, si je pouvois sçavoir
Ce qu'ils sont devenus, et qu'elle est devenue ².

---

[1] Vieux terme qui avoit diverses significations ; mais ici il veut dire *se fortifie, s'augmente.*
[2] Édition de 1642 :
    Ce qu'ils sont devenus, ce qu'elle est devenue.

Plaisirs si-tost perdus, hélas! où estes-vous?
Et vous, chers entretiens qui me sembliez si doux,
Où estes-vous allez? hé! où s'est retirée
    Ma belle Cythérée?

Ha! triste souvenir d'un bien si-tôt passé[1]!
Las! pourquoy ne la vois-je? ou pourquoy l'ay-je veue?
Ou pourquoy mon esprit, d'angoisses oppressé,
Ne peut-il descouvrir ce qu'elle est devenue?

En vain, hélas! en vain la vas-tu despeignant,
Pour flatter ma douleur, si le regret poignant
De m'en voir séparé d'autant plus me tourmente
    Qu'on me la représente.

Seulement au sommeil j'ay du contentement,
Qui la fait voir présente à mes yeux toute nue,
Et chatouille mon mal d'un faux ressentiment;
Mais il ne me dit pas ce qu'elle est devenue.

Encor' ce bien m'afflige, il n'y faut plus songer.
C'est se paistre de vent, que la nuit s'alléger
D'un mal qui tout le jour me poursuit et m'outrage
    D'une impiteuse rage.

Retenu dans des nœuds qu'on ne peut deslier,
Il faut, privé d'espoir, que mon cœur s'évertue
Ou de mourir bientost, ou bien de l'oublier,
Puis qu'on ne peut sçavoir ce qu'elle est devenue.

---

[1] On connoît ces vers de Bertaut, qui sont si célèbres:

    Félicité passée
    Qui ne peut revenir,
    Tourment de ma pensée,
Que n'ai-je en te perdant perdu le souvenir.

Comment! que je l'oublie! ha dieux! je ne le puis.
L'oubly n'efface point les amoureux ennuis
Que ce cruel tyran a gravez dans mon ame
    En des lettres de flame.

Il me faut par la mort finir tant de douleurs.
Ayons donc à ce point l'ame bien résolue;
Et finissant nos jours, finissons nos malheurs,
Puisqu'on ne peut sçavoir ce qu'elle est devenue.

Adieu donc, clairs soleils, si divins et si beaux;
Adieu l'honneur sacré des forests et des eaux;
Adieu monts, adieu prez, adieu campagne verte,
    De ses beautez déserte.

Las! recevez mon ame en ce dernier adieu.
Puis que de mon malheur ma fortune est vaincue,
Misérable amoureux, je vais quitter ce lieu,
Pour sçavoir aux enfers ce qu'elle est devenue.

Ainsi dit Amiante, alors que de sa voix
Il entama les cœurs des rochers et des bois,
Pleurant et soupirant la perte d'Yacée,
    L'object de sa pensée.

Afin de la trouver, il s'encourt au trespas;
Et comme sa vigueur peu à peu diminue,
Son ombre pleure, crie, en descendant là-bas:
Esprits, hé! dites-moy, qu'est-elle devenue?

POÉSIES DIVERSES

PLAINTE[1]

STANCES

En quel obscur séjour le ciel m'a-t-il réduit ?
Mes beaux jours sont voilez d'une effroyable nuit;
Et, dans un mesme instant, comme l'herbe fauchée,
    Ma jeunesse est séchée.

Mes discours sont changez en funèbres regrets ;
Et mon ame d'ennuis est si fort eperdue,
Qu'ayant perdu ma dame en ces tristes forests,
Je crie, et ne sçay point ce qu'elle est devenue.

O bois ! ô prez ! ô monts ! qui me fustes jadis,
En l'avril de mes jours, un heureux paradis,
Quand de mille douceurs la faveur de ma dame
    Entretenoit mon ame ;

Or' que la triste absence, en l'enfer où je suis,
D'un piteux souvenir me tourmente et me tue;

---

[1] Cette pièce, qui contient des regrets sur l'absence d'une maîtresse, parut pour la première fois dans un recueil imprimé en 1611, à Rouen, chez Raphaël du Petit-Val, intitulé, le *Temple d'Apollon, ou nouveau Recueil des plus excellens vers de ce temps*. Elle fut ensuite insérée parmi les autres œuvres de Régnier, dans l'édition de 1642, avec quelques légers changemens. D'ailleurs, on peut assurer que cette pièce est une des plus tendres et des plus délicates de celles que Régnier a faites dans le genre érotique.

Mes yeux, aux pleurs accoutumez,
Du sommeil n'estoient plus fermez ;
Mon cœur frémissoit souz la peine :
A veu' d'œil mon teint jaunissoit ;
Et ma bouche qui gémissoit,
Des soupirs estoit tousjours pleine.

Aux caprices abandonné,
J'crrois d'un esprit forçené,
La raison cédant à la rage :
Mes sens, des desirs emportez,
Flottoient, confus, de tous costez,
Comme un vaisseau parmy l'orage.

Blasphemant la terre et les cieux,
Mesmes je m'estois odieux,
Tant la fureur troubloit mon âme :
Et bien que mon sang amassé
Autour de mon cœur fust glacé,
Mes propos n'estoient que de flame.

Pensif, frenétique et resvant,
L'esprit troublé, la teste au vent,
L'œil hagard, le visage blesme,
Tu me fis tous maux esprouver ;
Et sans jamais me retrouver,
Je m'allois cherchant en moy-mesme.

Cependant lors que je voulois,
Par raison enfraindre tes loix,
Rendant ma flame refroidie,
Pleurant, j'accusay ma raison,
Et trouvay que la guerison
Est pire que la maladie.

Un regret pensif et confus
D'avoir esté, et n'estre plus [1],
Rend mon ame aux douleurs ouverte;
A mes despens, las! je vois bien
Qu'un bonheur comme estoit le mien
Ne se cognoist que par la perte.

[1] Édition de 1642 :

    D'avoir esté, sans estre plus.

II

CONTRE UNE VIEILLE M..........[1]

Esprit errant, ame idolastre,
Corps vérolé couvert d'emplastre;
Aveuglé d'un lascif bandeau;
Grande nymphe à la harlequine,
Qui s'est brisé toute l'eschine
Dessus le pavé du bordeau;

Dy-moy pourquoy, vieille maudite,
Des rufiens la calamite.
As-tu sitost quitté l'enfer?
Vieille, à nos maux si préparée,
Tu nous ravis l'age dorée,
Nous ramenant celle de fer.

Retourne donc, ame sorcière,
Des Enfers estre la portière;
Pars et t'en-va, sans nul delay,
Suivre ta noire destinée,
Te sauvant par la cheminée,
Sur ton espaule un vieil balay.

Je veux que partout on t'appelle
Louve, chienne et ourse cruelle,
Tant deçà que delà les monts;
Je veux de plus qu'on y adjoute :

Voilà le grand diable qui jouste
Contre l'Enfer et les demons.

Je veux qu'on crie emmy[1] la rue,
Peuple, gardez-vous de la grue
Qui destruit tous les esguillons,
Demandant si c'est advanture,
Ou bien un effect de nature
Que d'accoucher des ardillons.

De cent clous elle fut formée;
Et puis, pour en estre animée
On la frotta de vif-argent.
Le fer fut première matière;
Mais meilleure en fut la dernière,
Qui fit son cul si diligent.

Depuis, honorant son lignage,
Elle fit voir un beau ménage
D'ordure et d'impudicitez ;
Et puis, par l'excez de ses flames,
Elle a produit filles et femmes
Au champ de ses lubricitez.

De moy tu n'auras paix ny tresve
Que je ne t'aye veue en Gresve
La peau passée en maroquin,
Les os brisez, la chair meurtrie,
Preste à porter à la voirie,
Et mise au fond d'un manequin.

Tu mérites bien davantage,
Serpent dont le maudit langage
Nous perd un autre paradis :
Car tu changes le diable en ange,

---

[1] Au milieu des rues. *Emmy*, tiré du latin *in medio*.

Nostre vie en la mort tu change,
Croyant cela que tu nous dis.

Ha dieu! que je te verray souple,
Lors que le bourreau couple à couple
Ensemble pendra tes putains !
Car alors tu diras au monde
Que malheureux est qui se fonde
Dessus l'espoir de ses desseins.

Vieille sans dent, grand' hallebarde,
Vieux baril à mettre moutarde,
Grand morion [1], vieux pot cassé,
Plaque de lict, corne à lanterne,
Manche de lut, corps de guiterne [2],
Que n'es-tu desjà *in pace*.

Vous tous qui, malins de nature,
En desirez voir la peinture,
Allez-vous-en chez le bourreau ;
Car, s'il n'est touché d'inconstance,
Il la fait voir à la potence,
Ou dans la salle du bordeau.

[1] Espèce de casque.
[2] C'est ainsi que l'on appeloit autrefois une guitare.

III

LA DOULEUR D'AMOUR.

Infasme bastard de Cythère,
Fils ingrat d'une ingrate mère,
Avorton, traistre et desguisé;
Si je t'ay servy dès l'enfance,
De quelle ingrate récompence
As-tu mon service abusé !

Mon cas, fier de mainte conqueste,
En Espagnol portoit la teste,
Triomphant, superbe et vainqueur,
Que nul effort n'eust sceu rabattre :
Maintenant lasche, et sans combattre,
Fait la cane, et n'a plus de cœur.

De tes autels une prestresse
L'a réduit en telle destresse,
Le voyant au choc obstiné,
Qu'entouré d'onguent et de linge,
Il m'est advis de voir un singe
Comme un enfant embéguiné.

De façon robuste et raillarde
Pend l'oreille et n'est plus gaillarde
Son teint vermeil n'a point d'esclat ;
De pleurs il se noye la face
Et fait aussi laide grimace
Qu'un boudin crevé dans un plat.

Aussi penaut qu'un chat qu'on chastre,
Il demeure dans son emplastre,
Comme en sa cocque un limaçon.
En vain d'arrasser il essaye ;
Encordé comme une lampraye,
Il obéit au caveçon.

Une salive mordicante
De sa narine distillante
L'ulcère si fort par-dedans,
Que, crachant l'humeur qui le picque,
Il bave comme un pulmonique
Qui tient la mort entre ses dents.

Ha ! que ceste humeur languissante
Du temps jadis est différente,
Quand brave, courageux et chaud,
Tout passoit au fil de sa rage,
N'estant si jeune pucelage
Qu'il n'enfilast de prime assaut !

Apollon, dès mon âge tendre,
Poussé du courage d'apprendre
Auprès du ruisseau Parnassin,
Si je t'invoquay pour poète,
Ores, en ma douleur secrette,
Je t'invoque pour medecin.

Sévère roy des destinées,
Mesureur des vites années,
Cœur du monde, œil du firmament,
Toy qui présides à la vie,
Guéry mon cas, je te supplie,
Et le conduis à sauvement.

Pour récompense, dans ton temple,
Servant de mémorable exemple
Aux jousteurs qui viendront après,
J'appendray la mesme figure
De mon cas malade en peinture,
Ombragé d'ache et de cyprès.

STANCES

CONTRE UN AMOUREUX TRANSY[1]

Pourquoy perdez-vous la parole
Aussi-tost que vous rencontrez
Celle que vous idolastrez,
Devenant vous-mesme une idole?
Vous êtes là sans dire mot,
Et ne faites rien que le sot.

Par la voix amour vous suffoque;
Si vos soupirs vont au-devant,
Autant en emporte le vent,
Et vostre déesse s'en mocque,
Vous jugeant de mesme imparfaict
De la parole et de l'effect.

Pensez-vous la rendre abbatue
Sans vostre fait lui déceler?
Faire les doux yeux sans parler,
C'est faire l'amour en tortue.
La belle fait bien de garder
Ce qui vaut bien le demander.

Voulez-vous en la violence
De vostre longue affection,

---

[1] Cette pièce ne parut qu'en 1616, après la mort de Régnier, et elle ne contenoit que les cinq premières stances.

Monstrer une discrétion?
Si on la voit par le silence,
Un tableau d'amoureux transy
Le peut bien faire tout ainsi.

Souffrir mille et mille traverses,
N'en dire mot, prestendre moins,
Donner ses tourmens pour tesmoins
De toutes ses peines diverses,
De coups n'estre point abbatu,
C'est d'un asne avoir la vertu [1].

L'effort fait plus que le mérite :
Car, pour trop mériter un bien,
Le plus souvent on n'en a rien ;
Et, dans l'amoureuse poursuite,
Quelquefois l'importunité
Fait plus que la capacité.

J'approuve bien la modestie ;
Je hay les amans effrontez.
Esvitons les extrémitez.
Mais des dames une partie,
Comme estant sans élection,
Juge en discours l'affection.

En discourant à sa maistresse,
Que ne promet l'amant subtil?
Car chacun, tant pauvre soit-il,
Peut estre riche de promesse.
« Les grands, les vignes, les amans,
« Trompent tousjours de leurs sermens. »

---

[1] Les sept stances suivantes furent ajoutées dans l'édition de 1642.

Mais vous ne trompez que vous-mesme,
En faisant le froid à dessein.
Je crois que vous n'estes pas sain ;
Vous avez le visage blesme.
Où le front a tant de froideur,
Le cœur n'a pas beaucoup d'ardeur.

Vostre belle, qui n'est pas lourde,
Rit de ce que vous en croyez.
Qui vous void, pense que soyez
Ou vous muet, ou elle sourde.
Parlez, elle vous oyra [1] bien ;
Mais elle attend, et n'entend rien

Elle attend, d'un desir de femme,
D'ouyr de vous quelques beaux mots
Mais s'il est vray qu'à nos propos
On recognoist quelle est nostre ame,
Elle vous croit, à ceste fois,
Manquer d'esprit comme de voix.

Qu'un honteux respect ne vous touche :
Fortune aime un audacieux [2].
Pensez, voyant Amour sans yeux,
Mais non pas sans mains, ny sans bouche,
Qu'après ceux qui font des présens
L'Amour est pour les bien-disans.

---

[1] Édition de 1667 et suivantes :
    Parlez, elle vous orra bien.

[2] C'est la version du latin :
    Audaces Fortuna juvat, timidosque repellit.

STANCES

SUR LA CH........

Ma foy, je fus bien de la feste,
Quand je fis chez vous ce repas;
Je trouvay la poudre à la teste,
Mais le poivre estoit vers le bas.

Vous me montrez un dieu propice.
Portant avecq' l'arc un brandon.
Appellez-vous la ch........
Une flesche de Cupidon?

Mon cas, qui se lève et se hausse,
Bave d'une estrange façon;
Belle, vous fournistes la sausse,
Lors que je fournis le poisson.

Las! si ce membre eut l'arrogance
De fouiller trop les lieux sacrez,
Qu'on luy pardonne son offence,
Car il pleure assez ses péchez.

DISCOURS

D'UNE VIEILLE M.........

Philon, en t'ayant irrité,
Je m'en suis allé despité,
Voire aussi remply de colère
Qu'un voleur qu'on mène en galère,
Dans un lieu de mauvais renom, 5
Où jamais femme n'a dit Non :
Et là je ne vis que l'hostesse ;
Ce qui redoubla ma tristesse,
Mon amy, car j'avois pour lors
Beaucoup de graine dans le corps. 10
Ceste vieille, branlant la teste,
Me dit : Excusez ; c'est la feste
Qui fait que l'on ne trouve rien ;
Car tout le monde est gens de bien :
Et si j'ay promis en mon ame 15
Qu'à ce jour, pour n'entrer en blasme,
Ce péché ne seroit commis.
Mais vous estes de nos amis,
Parmanenda[1] je le vous jure :
Il faut, pour ne vous faire injure, 20
Après mesme avoir eu le soin
De venir chez nous de si loin,
Que ma chambrière j'envoye
Jusques à l'Escu de Savoye :

---

[1] C'est un jurement de la populace de quelques-unes de nos provinces.

Là, mon amy, tout d'un plein saut,   25
On trouvera ce qu'il vous faut.
Que j'ayme les hommes de plume !
Quand je les vois mon cœur s'allume.
Autrefois je parlois latin.
Discourons un peu du destin :   30
Peut-il forcer les prophéties ?
Les pourceaux ont-ils deux vessies ?
Dites-nous quel auteur escrit
La naissance de l'Antechrist.
O le grand homme que Virgile !   35
Il me souvient de l'évangile
Que le prestre a dit aujourd'huy.
Mais vous prenez beaucoup d'ennuy.
Ma servante est un peu tardive ;
Si faut-il vrayment qu'elle arrive   40
Dans un bon quart-d'heure d'icy ;
Elle me sert tousjours ainsi.
En attendant prenez un siége.
Vos escarpins n'ont point de liége !
Vostre collet fait un beau tour !   45
A la guerre de Montcontour
On ne portoit point de rotonde.
Vous ne voulez pas qu'on vous tonde ?
Les choses longs sont de saison.
Je fus autrefois de maison,   50
Docte, bien parlante et habile,
Autant que fille de la ville :
Je me faisois bien décroter ;
Et nul ne m'entendoit péter
Que ce ne fust dedans ma chambre.   55
J'avois tousjours un collier d'ambre,
Des gands neufs, des souliers noircis :
J'eusse peu captiver Narcis.
Mais, hélas ! estant ainsi belle,
Je ne fus pas longtemps pucelle.   60

Un chevalier d'autorité
Acheta ma virginité ;
Et depuis, avecq' une drogue,
Ma mère, qui faisoit la rogue
Quand on me parloit de cela, 65
En trois jours me renpucela.
J'estois faite à son badinage.
Après, pour servir au ménage,
Un prélat me voulut avoir :
Son argent me mit en devoir 70
De le servir et de luy plaire :
Toute peine requiert salaire.
Puis après, voyant en effet
Mon pucelage tout refait,
Ma mère, en son mestier sçavante, 70
Me mit une autre fois en vente ;
Si bien qu'un jeune trésorier
Fut le troisième aventurier
Qui fit bouillir nostre marmite.
J'appris autrefois d'un hermite, 75
Tenu pour un sçavant parleur.
Qu'on peut desrober un voleur
Sans se charger la conscience.
Dieu m'a donné ceste science.
Cet homme, aussi riche que laid, 80
Me fit espouser son valet,
Un bon sot qui se nommoit Blaise.
Je ne fus oncq' tant à mon aise,
Qu'à l'heure que ce gros manant
Alloit les restes butinant, 85
Non pas seulement de son maistre,
Mais du chevalier et du prestre.
De ce costé j'eus mille francs ;
Et j'avois jà, depuis deux ans,
Avecq' ma petite pratique, 90
Gagné de quoy lever boutique

De cabaret à Montléry,
Où nasquit mon pauvre mary.
Hélas ! que c'estoit un bon homme !
Il avoit esté jusqu'à Rome ; 100
Il chantoit comme un rossignol ;
Il sçavoit parler espagnol.
Il ne recevoit point d'escornes ;
Car il ne portoit pas les cornes
Depuis qu'avecques luy je fus. 105
Il avoit les membres touffus :
Le poil est un signe de force,
Et ce signe a beaucoup d'amorce
Parmy les femmes du mestier.
Il estoit bon arbalestier : 110
Sa cuisse estoit de belle marge ;
Il avoit l'espaule bien large ;
Il estoit ferme de roignons,
Non comme ces petits mignons 115
Qui font de la saincte Nitouche ;
Aussi-tost que leur doigt vous touche,
Ils n'osent pousser qu'à demy :
Celui-là poussoit en amy,
Et n'avoit ny muscle ny veine 120
Qui ne poussast sans prendre haleine ;
Mais tant et tant il a poussé,
Qu'en poussant il est trespassé.
Soudain que son corps fut en terre,
L'enfant Amour me fit la guerre ; 125
De façon que, pour mon amant,
Je pris un basteleur normant,
Lequel me donna la vérole ;
Puis luy prestay, sur sa parole,
Avant que je cognusse rien 130
A son mal, presque tout mon bien.
Maintenant nul de moy n'a cure :
Je fleschis aux lois de nature,

Je suis aussi sèche qu'un os ;
Je ferois peur aux huguenots 135
En me voyant ainsi ridée,
Sans dents, et la gorge bridée,
S'ils ne mettoient nos visions
Au rang de leurs dérisions.
Je suis vendeuse de chandelles : 140
Il ne s'en voit point de fidelles
En leur estat, comme je suis ;
Je cognois bien ce que je puis.
Je ne puis aymer la jeunesse
Qui veut avoir trop de finesse ; 145
Car les plus fines de la cour
Ne me cachent point leur amour.
Telle va souvent à l'église,
De qui je cognois la feintise ;
Telle qui veut son fait nier 150
Dit que c'est pour communier ;
Mais la chose m'est indiquée :
C'est pour estre communiquée
A ses amys par mon moyen,
Comme Héleine fit au Troyen. 155
Quand la vieille, sans nulle honte,
M'eut achevé son petit conte,
Un commissaire illec passa,
Un sergent la porte poussa,
Sans attendre la chambrière ; 160
Je sortis par l'huis de derrière
Et m'en allay chez le voisin,
Moitié figue, moitié raisin,
N'ayant ny tristesse ny joye
De n'avoir point trouvé la proye. 165

DIALOGUE

CLORIS ET PHILIS

CLORIS.

Philis, œil de mon cœur, et moitié de moi-mesme,
Mon amour, qui te rend le visage si blesme?
Quels sanglots, quels soupirs, quelles nouvelles pleurs,
Noyent de tes beautez les graces et les fleurs?

PHILIS.

Ma douleur est si grande, et si grand mon martyre, 5
Qu'il ne se peut, Cloris, ny comprendre, ny dire.

CLORIS.

Ces maintiens esgarez, ces pensers esperdus,
Ces regrets et ces cris par ces bois espandus,
Ces regards languissans en leurs flames discrettes,
Me sont de ton amour les parolles secrettes. 10

PHILIS.

Ha dieu! qu'un divers mal diversement me point!
J'ayme : hélas! non, Cloris; non, non, je n'ayme poin

CLORIS.

La honte ainsi desment ce que l'amour décelle;
La flame de ton cœur par tes yeux estincelle;
Et ton silence mesme, en ce profond malheur,
N'est que trop éloquent à dire ta douleur.
Tout parle en ton visage; et, te voulant contraindre,
L'Amour vient, malgré toy, sur ta lèvre se plaindre.
Pourquoy veux-tu, Philis, aymant comme tu fais,
Que l'Amour se démente en ses propres effets? 20

Ne sçais-tu que ces pleurs, que ces douces œillades,
Ces yeux qui, se mourant, font les autres malades,
Sont théastres du cœur, où l'Amour vient jouer
Les pensers que la bouche a honte d'avouer?
N'en fais donc point la fine, et vainement ne cache 25
Ce qu'il faut malgré toy que tout le monde sçache,
Puis que le feu d'amour, dont tu veux triompher,
Se monstre d'autant plus qu'on le pense estouffer.
L'amour est un enfant, nud, sans fard et sans crainte,
Qui se plaist qu'on le voye, et qui fuit la contrainte. 30
Force donc tout respect, ma chère fille, et croy
Que chacun est subject à l'amour comme toy.
En jeunesse j'aymay; ta mère fit de mesme;
Lycandre aima Lysis, et Félisque Phylesme[1] :
Et si l'âge esteignit leur vie et leurs soupirs, 35
Par ces plaines[2] encore on en sent les zéphyrs.
Ces fleuves sont encor' tout enflez de leurs larmes,
Et cés prez tout ravis de tant d'amoureux charmes
Encore oyt-on l'écho redire leurs chansons,
Et leurs noms sur ces bois gravez en cent façons. 40
Mesmes que penses-tu? Bérénice la belle,
Qui semble contre Amour si fière et si cruelle,
Me dit tout franchement en pleurant, l'autre jour,
Qu'elle estoit sans amant, mais non pas sans amour.
Telle encor' qu'on me voit, j'ayme de telle sorte, 45
Que l'effect en est vif, si la cause en est morte.
Ez cendres d'Alexis Amour nourrit le feu
Que jamais par mes pleurs esteindre je n'ai peu.
Mais comme d'un seul trait nostre ame fut blessée,
S'il n'avoit qu'un désir, je n'eus qu'une pensée. 50

---

[1] La cadence du vers demandoit qu'il fût tourné ainsi :

Lycandre aima Lysis, Félisque aima Phylesme.

[2] Presque toutes les éditions portent :

Par ces plaintes, etc.

PHILIS.

Ha! n'en dy davantage, et, de grace, ne rends
Mes maux plus douloureux, ny mes ennuis plus grands.

CLORIS.

D'où te vient le regret dont ton ame est saisie?
Est-ce infidélité, mespris, ou jalousie?

PHILIS.

Ce n'est ny l'un ny l'autre; et mon mal rigoureux   55
Excède doublement le tourment amoureux.

CLORIS.

Mais ne peut-on sçavoir le mal qui te possède?

PHILIS.

A quoy serviroit-il, puisqu'il est sans remède?

CLORIS.

Volontiers les ennuis s'allégent aux discours.

PHILIS.

Las! je ne veux aux miens ny pitié, ny secours.   60

CLORIS.

La douleur que l'on cache est la plus inhumaine.

PHILIS.

Qui meurt en se taisant semble mourir sans peine.

CLORIS.

Peut-estre en la disant te pourray-je guérir.

PHILIS.

Tout remède est fascheux alors qu'on veut mourir.

CLORIS.

Au moins avant la mort dis où le mal te touche.   65

PHILIS.

Le secret de mon cœur ne va point en ma bouche.

CLORIS.

Si je ne me déçois, ce mal te vient d'aymer.

17

PHILIS.
Cloris, d'un double feu je me sens consumer.

CLORIS.
La douleur, malgré toy, la langue te desnoue.

PHILIS.
Mais faut-il à ma honte, hélas! que je l'avoue,   70
Et que je nie un mal pour qui, jusques icy,
J'eus la bouche fermée, et le cœur si transy,
Qu'estouffant mes soupirs, aux bois, aux prez, aux plaines,
Je ne pus ny n'osay discourir de mes peines?

CLORIS.
Avecq' toy mourront donc tes ennuis rigoureux!   75

PHILIS.
Mon cœur est un sépulcre honorable pour eux.

CLORIS.
Je crois lire en tes yeux quelle est ta maladie.

PHILIS.
Si tu la vois, pourquoy veux-tu que je la die?
Auray-je assez d'audace à dire ma langueur?
Ha! perdons le respect où j'ay perdu le cœur.   80
J'ayme, j'ayme, Cloris; et cet enfant d'Éryce[1],
Qui croit que c'est pour moy trop peu que d'un supplice,
De deux traits qu'il tira des yeux de deux amants,
Cause en moy ces douleurs et ces gémissements:
Chose encore inouïe, et toutesfois non feinte,   85
Et dont jamais bergère à ces bois ne s'est plainte!

CLORIS
Seroit-il bien possible?

PHILIS.
A mon dam tu le vois.

---

[1] L'Amour, fils de Vénus, surnommée Érycine, du mont Éryx en Sicile, où cette déesse avoit un temple.

CLORIS.
Comment! Qu'on puisse aymer deux hommes à la fois!
PHILIS.
Mon malheur en cecy n'est que trop véritable ;
Mais, las! il est bien grand, puisqu'il n'est pas croyable. 90
CLORIS.
Qui sont ces deux bergers dont ton cœur est espoint?
PHILIS.
Amynte et Philémon : ne les cognois-tu point?
CLORIS.
Ceux qui furent blessez lorsque tu fus ravie?
PHILIS.
Ouy, ces deux dont je tiens et l'honneur et la vie.
CLORIS.
J'en sçay tout le discours ; mais dy-moy seulement 95
Comme Amour, par leurs yeux, charma ton jugement.
PHILIS.
Amour, tout despité de n'avoir point de flesche
Assez forte pour faire en mon cœur une bresche,
Voulant qu'il ne fust rien dont il ne fust vainqueur,
Fit par les coups d'autrui ceste playe en mon cœur : 100
Quand ces bergers, navrez, sans vigueur et sans armes,
Tout moites de leur sang, comme moy de mes larmes,
Près du Satyre mort, et de moy, que l'ennuy
Rendoit en apparence aussi morte que luy,
Firent voir à mes yeux, d'une piteuse sorte, 105
Qu'autant que leur amour leur valeur estoit forte,
Ce traistre, tout couvert de sang et de pitié,
Entra dedans mon cœur souz couleur d'amitié,
Et n'y fut pas plustost, que, morte, froide et blesme,
Je cessay, tout en pleurs, d'estre plus à moy-mesme. 110
J'oubliay père et mère, et troupeaux, et maison.
Mille nouveaux desirs saisirent ma raison.

J'errois deçà, delà, furieuse, insensée :
De pensers en pensers s'esgara ma pensée ;
Et, comme la fureur estoit plus douce en moy, 115
Réformant mes façons, je leur donnois la loy.
J'accommodois ma grace, agençois mon visage ;
Un jaloux soin de plaire excitoit mon courage ;
J'allois plus retenue, et composois mes pas ;
J'apprenois à mes yeux à former des appas ; 120
Je voulois sembler belle, et m'efforçois à faire
Un visage qui pust également leur plaire :
Et lors qu'ils me voyoient par hazard tant soit peu,
Je frissonnois de peur, craignant qu'ils eussent veu
(Tant j'estois en amour innocemment coupable!) 125
Quelque façon en moy qui ne fust agréable.
Ainsy, tousjours en trance en ce nouveau soucy,
Je disois à part moy : Las! mon Dieu! qu'est cecy :
Quel soin, qui de mon cœur s'estant rendu le maistre,
Fait que je ne suis plus ce que je soulois estre ? 130
D'où vient que jour et nuict je n'ay point de repos ;
Que mes soupirs ardents traversent mes propos ;
Que loin de la raison tout conseil je rejette ;
Que je suis, sans subject, aux larmes si subjecte?
Ha! sotte, respondois-je après, en me tançant, 135
Non, ce n'est que pitié que ton ame ressent
De ces bergers blessez. Te fasches-tu, cruelle,
Aux doux ressentiments d'un acte si fidelle ?
Serois-tu pas ingrate en faisant autrement?
Ainsi je me flattois en ce faux jugement, 140
Estimant en ma peine, aveugle et langoureuse,
Estre bien pitoyable, et non pas amoureuse.
Mais, las! en peu de temps je cognus mon erreur.
Tardive cognoissance à si prompte fureur !
J'apperçus, mais trop tard, mon amour véhémente. 145
Les cognoissant amants, je me cognus amante.
Aux rayons de leur feu, qui luit si clairement,
Hélas! je vis leur flame et mon embrasement,

Qui, croissant par le temps, s'augmenta d'heure en heure,
Et croistra, c'ay-je peur, jusqu'à tant que je meure. 150
Depuis, de mes deux yeux le sommeil se bannit,
La douleur de mon cœur mon visage fannit.
Du soleil, à regret, la lumière m'esclaire,
Et rien que ces bergers au cœur ne me peut plaire.
Mes flesches et mon arc me viènnent à mespris ; 155
Un choc continuel fait guerre à mes esprits;
Je suis du tout en proye à ma peine enragée;
Et pour moy, comme moy, toute chose est changée.
Nos champs ne sont plus beaux ; ces prez ne sont plus
Ces arbres ne sont plus de feuillages couverts; [verts; 160
Ces ruisseaux sont troublez des larmes que je verse ;
Ces fleurs n'ont plus d'esmail en leur couleur diverse ;
Leurs attraits si plaisants sont changez en horreur;
Et tous ces lieux maudits n'inspirent que fureur.
Icy, comme autrefois, ces pastis ne fleurissent; 165
Comme moy, de mon mal, mes troupeaux s'amaigrissent :
Et mon chien, m'abayant, semble me reprocher
Que j'ay ore à mespris ce qui me fut si cher.
Tout m'est à contre-cœur, hormis leur souvenance.
Hélas ! je ne vis point, sinon lors que j'y pense, 170
Ou lors que je les vois, et que, vivante en eux,
Je puise dans leurs yeux un venin amoureux.
Amour, qui pour mon mal me rend ingénieuse,
Donnant tresve à ma peine ingrate et furieuse,
Les voyant, me permet l'usage de raison, 175
Afin que je m'efforce après leur guérison,
Me fait panser leurs maux. Mais, las ! en vain j'essaye,
Par un mesme appareil, pouvoir guérir ma playe.
Je sonde de leurs coups l'estrange profondeur,
Et ne m'estonne point pour en voir la grandeur. 180
J'estuve de mes pleurs leurs blessures sanglantes :
Hélas ! à mon malheur blessures trop blessantes,
Puis que vous me tuez, et que, mourant par vous,
Je souffre en vos douleurs, et languis de vos coups!

CLORIS.

Bruslent-ils comme toy d'amour démesurée ? 185

PHILIS.

Je ne sçay; toutesfois j'en pense estre asseurée.

CLORIS.

L'amour se persuade assez légèrement.

PHILIS.

Mais ce que l'on desire on le croit aisément.

CLORIS.

Le bon amour pourtant n'est point sans deffiance.

PHILIS.

Je te diray sur quoy j'ay fondé ma croyance. 190
Un jour, comme il advint qu'Amynte estant blessé,
Et qu'estant de sa playe et d'amour oppressé,
Ne pouvant clore l'œil, esveillé du martyre,
Se plaignoit en pleurant d'un mal qu'il n'osoit dire,
Mon cœur qui du passé, le voyant, se souvint, 195
A ce piteux object toute pitié revint ;
Et, ne pouvant souffrir de si rudes alarmes,
S'ouvrit à la douleur, et mes deux yeux aux larmes.
Enfin comme ma voix, ondoyante à grands flots,
Eut trouvé le passage entre mille sanglots, 200
Me forçant en l'accez du tourment qui me gresve,
J'obtins de mes douleurs à mes pleurs quelque tresve.
Je me mis à chanter; et le voyant gémir,
En chantant, j'invitois ses beaux yeux à dormir;
Quand luy, tout languissant, tournant vers moy sa teste, 205
Qui sembloit un beau lys battu de la tempeste,
Me lançant un regard qui le cœur me fendit,
D'une voix rauque et casse ainsi me respondit :
Philis, comme veux-tu qu'absent de toy je vive ;
Ou bien qu'en te voyant, mon ame, ta captive, 210
Trouve, pour endormir son tourment furieux,
Une nuict de repos au jour de tes beaux yeux ?

Alors toute surprise en si prompte nouvelle,
Je m'enfuis de vergongne où Philémon m'appelle,
Qui, navré, comme luy, de pareils accidents, 215
Languissoit en ses maux trop vifs et trop ardents.
Moy, qu'un devoir esgal à mesme soin invite,
Je m'approche de luy, ses playes je visite ;
Mais, las ! en m'apprestant à ce piteux dessein,
Son beau sang qui s'esmeut jaillit dessus mon sein, 220
Tombant esvanouy, toutes ses playes s'ouvrent,
Et ses yeux, comme morts, de nuages se couvrent.
Comme avecques mes pleurs je l'eus fait revenir,
Et me voyant sanglante en mes bras le tenir,
Me dit : Belle Philis, si l'amour n'est un crime, 225
Ne mesprisez le sang qu'espand ceste victime.
On dit qu'estant touché de mortelle langueur,
Tout le sang se resserre et se retire au cœur.
Las ! vous estes mon cœur, où, pendant que j'expire,
Mon sang brusle d'amour, s'unit, et se retire. 230
Ainsi de leurs desseins je ne puis plus douter;
Et lors, moy, que l'Amour oncques ne sçut dompter,
Je me sentis vaincue, et glisser en mon ame,
De ses propos si chauds et si bruslants de flame,
Un rayon amoureux, qui m'enflama si bien, 235
Que tous mes froids desdains n'y servirent de rien.
Lors je m'en cours de honte où la fureur m'emporte,
N'ayant que la pensée et l'Amour pour escorte ;
Et suis comme la biche, à qui l'on a percé
Le flanc mortellement d'un garot [1] traversé, 240
Qui fuit dans les forests, et tousjours avecq'elle
Porte, sans nul espoir, sa blessure mortelle.
Las ! je vais tout de mesme, et ne m'apperçois pas,
O malheur ! qu'avecq' moy je porte mon trespas.
Je porte le tyran qui de poison m'enyvre, 245

---

[1] Espèce de gros trait, dont on se servoit dans le temps que les arbalètes étoient en usage.

Et qui, sans me tuer, en ma mort me fait vivre.
Heureuse, sans languir si long-temps aux abbois,
Si j'en puis eschapper pour mourir une fois !

CLORIS.

Si d'une mesme ardeur leur ame est enflamée,
Te plains-tu d'aymer bien et d'estre bien aymée ? 250
Tu les peux voir tous deux, et les favoriser.

PHILIS.

Un cœur se pourroit-il en deux parts diviser ?

CLORIS.

Pourquoy non ? c'est erreur de la simplesse humaine ;
La foy n'est plus au cœur qu'une chimère vaine.
Tu dois, sans t'arrester à la fidélité, 255
Te servir des amants comme des fleurs d'esté,
Qui ne plaisent aux yeux qu'estant toutes nouvelles.
Nous avons, de nature, au sein doubles mamelles,
Deux oreilles, deux yeux, et divers sentiments;
Pourquoy ne pourrions-nous avoir divers amants? 260
Combien en cognoissé-je à qui tout est de mise,
Qui changent plus souvent d'amants que de chemise !
La grace, la beauté, la jeunesse et l'amour,
Pour les femmes ne sont qu'un empire d'un jour,
Encor' que d'un matin; car, à qui bien y pense, 265
Le midy n'est que soin, le soir que repentance.
Puis donc qu'Amour te fait d'amants provision,
Use de ta jeunesse et de l'occasion :
Toutes deux, comme un traict de qui l'on perd la trace,
S'envolent, ne laissant qu'un regret en leur place. 270
Mais si ce procéder encore t'est nouveau,
Choisy lequel des deux te semble le plus beau.

PHILIS.

Ce remède ne peut à mon mal satisfaire.
Puis Nature et l'Amour me deffend de le faire.
En un choix si douteux s'esgare mon desir. 275
Ils sont tous deux si beaux, qu'on n'y peut que choisir.

Comment, beaux ! Ha ! Nature, admirable en ouvrages,
Ne fit jamais deux yeux, ny deux si beaux visages :
Un doux aspect qui semble aux amours convier.
L'un n'a rien qu'en beauté l'autre puisse envier. 280
L'un est brun, l'autre blond; et son poil qui se dore
En filets blondissants est semblable à l'Aurore,
Quand, tout eschevelée, à nos yeux souriant,
Elle esmaille de fleurs les portes d'Orient.
Ce teint blanc et vermeil où l'Amour rit aux Graces; 285
Cet œil qui fond des cœurs les rigueurs et les glaces,
Qui foudroye en regards, esblouit la raison,
Et tue, en basilic, d'un amoureux poison;
Ceste bouche si belle et si pleine de charmes,
Où l'Amour prend le miel dont il trempe ses armes; 290
Ces beaux traits de discours, si doux et si puissants,
Dont l'Amour par l'oreille assujettit mes sens,
A ma foible raison font telle violence,
Qu'ils tiennent mes desirs en égale balance :
Car si de l'un des deux je me veux départir, 295
Le ciel non plus que moy ne peut y consentir
L'autre, pour estre brun, aux yeux n'a moins de flames :
Il sème, en regardant, du soufre dans les ames,
Donne aux cœurs aveuglez la lumière et le jour :
Ils semblent deux soleils en la sphère d'Amour. 300
Car si l'un est pareil à l'Aurore vermeille,
L'autre, en son teint plus brun, a la grace pareille
A l'astre de Vénus, qui doucement reluit,
Quand le soleil tombant dans les ondes s'enfuit,
Sa taille haute et droite, et d'un juste corsage, 305
Semble un pin qui s'élève au milieu d'un bocage;
Sa bouche est de corail, où l'on voit au-dedans,
Entre un plaisant souris, les perles de ses dents,
Qui respirent un air embaumé d'une haleine
Plus douce que l'œillet ny que la marjolaine. 310
D'un brun meslé de sang son visage se peint.
Il a le jour aux yeux, et la nuict en son teint,

Où l'amour, flamboyant entre mille étincelles,
Semble un amas brillant des estoiles plus belles,
Quand une nuict sereine, avecq' ses bruns flambeaux,   315
Rend le soleil jaloux en ses jours les plus beaux.
Son poil noir et retors en gros flocons ondoye,
Et, crespelu, ressemble une toison de soye.
C'est enfin, comme l'autre, un miracle des cieux.
Mon ame, pour les voir, vient toute dans mes yeux;   320
Et, ravie en l'object de leurs beautez extresmes,
Se retrouve dans eux, et se perd en soy-mesmes.
Las ! ainsy je ne sçay que dire ou que penser.
De les aymer tous deux, n'est-ce les offenser?
Laisser l'un, prendre l'autre, ô dieux ! est-il possible ?   325
Ce seroit, les aymant, un crime irrémissible.
Ils sont tous deux égaux de mérite et de foy.
Las ! je n'ayme rien qu'eux, ils n'ayment rien que moy.
Tous deux pour me sauver hazardèrent leur vie;
Ils ont mesme dessein, mesme amour, mesme envie.   330
De quelles passions me senté-je esmouvoir !
L'amour, l'honneur, la foy, la pitié, le devoir,
De divers sentiments également me troublent,
Et, me pensant aider, mes angoisses redoublent.
Car si, pour essayer à mes maux quelque paix,   335
Parfois oubliant l'un, en l'autre je me plais,
L'autre, tout en colère, à mes yeux se présente,
Et, me monstrant ses coups, sa chemise sanglante,
Son amour, sa douleur, sa foy, son amitié,
Mon cœur se fend d'amour et s'ouvre à la pitié.   340
Las ! ainsy combattue en ceste estrange guerre,
Il n'est grace pour moy au ciel ny sur la terre.
Contre ce double effort débile est ma vertu.
De deux vents opposez mon cœur est combattu;
Et reste ma pauvre ame entre deux étouffée,   345
Misérable dépouille, et funeste trophée[1] !

[1] Cette pièce, qui paroît n'être pas achevée, est un des plus beaux morceaux qui soient sortis de la plume de Régnier.

NOUVELLES REMARQUES

Vers 114. *De pensers en pensers s'esgara ma pensée;* ce vers ne résulte pas d'une négligence; l'auteur a cru pouvoir rapprocher ces homonymes dont le sens est complétement distinct.

Vers 150. *Et croistra, c'ay-je peur*, etc., de cela ai-je peur; nous disons aujourd'hui, j'en ai peur.

Vers 261. *Combien en cognoissé-je;* voilà une de ces formes anomales dont parle Rabelais, une de ces modifications tout à fait arbitraires qu'on faisait si souvent subir du temps de Régnier à la conjugaison des verbes. — Voir même Dialogue vers 331.

SONNET

SUR LA MORT DE M. PASSERAT [1]

Passerat, le séjour et l'honneur des Charites,
Les délices du Pinde, et son cher ornement,
Qui, loing du monde ingrat que, bienheureux, tu quittes,
Comme un autre Apollon reluis au firmament !

Afin que mon devoir s'honore en tes mérites,
Et mon nom par le tien vive éternellement,
Que dans l'éternité ces paroles écrites
Servent à nos neveux comme d'un testament :

Passerat fut un dieu souz humaine semblance,
Qui vit naistre et mourir les Muses en la France,
Qui de ses doux accords leurs chansons anima.

Dans le champ de ses vers fut leur gloire semée :
Et, comme un mesme sort leur fortune enferma,
Ils ont, à vie égale, égale renommée.

[1] Jean Passerat de Troyes, professeur royal en éloquence à Paris, excellent orateur, et poëte françois et latin, mourut en 1602, âgé de soixante-treize ans. Il a toujours conservé un grand crédit et beaucoup de réputation, quoiqu'on ne lise guère ses ouvrages.

SONNET

SUR LA MORT DE M. RAPIN[1]

Passant, cy-gist Rapin, la gloire de son age,
Superbe honneur de Pinde et de ses beaux secrets,
Qui, vivant, surpassa les Latins et les Grecs,
Soit en profond sçavoir, ou douceur de langage.

Eternisant son nom avecq' maint haut ouvrage,
Au futur il laissa mille poignants regrets
De ne pouvoir atteindre, ou de loin, ou de près,
Au but où le porta l'étude et le courage.

On dit, et je le crois, qu'Apollon fut jaloux,
Le voyant, comme un dieu, révéré parmy nous,
Et qu'il mist de rancœur si tost fin à sa vie.

Considère, passant, quel il fust icy-bas,
Puisque sur sa vertu les dieux eurent envie,
Et que tous les humains y pleurent son trespas.

---

[1] Ce sonnet n'avoit encore paru parmi les œuvres de Régnier que dans une des dernières éditions de Hollande : il est inséré à la fin des œuvres de Rapin, imprimées à Paris, en 1610, in-4. Nicolas Rapin, poëte françois, mourut le 15 de février 1603, âgé de soixante-huit ans. Voyez la première note de la satire IX.

ÉPIGRAMMES

I

SUR LE PORTRAIT D'UN POÈTE COURONNÉ

GRAVEUR, vous deviez avoir soin
De mettre dessus ceste teste,
Voyant qu'elle estoit d'une beste,
Le lien d'un botteau de foin.

II

RESPONSE A LA PRÉCÉDENTE

Ceux qui m'ont de foin couronné
M'ont fait plus d'honneur que d'injure :
Sur du foin Jésus-Christ est né;
Mais ils ignorent l'Ecriture.

III

RÉPLIQUE A LA SECONDE

Tu as, certes, mauvaise grace :
Le foin, dont tu fais si grand cas,
Pour Dieu n'estoit en ceste place,
Car Jésus-Christ n'en mangeoit pas;
Mais bien pour servir de repas
Au premier asne de ta race.

IV

LES LOUPS AUX JAMBES

Si des maux qui vous font la guerre
Vous voulez guérir désormais,
Il faut aller en Angleterre,
Où les loups ne viennent jamais.

V

LES PSAULMES DE MAROT ET DE BEZE.

Je n'ay rien pu voir qui me plaise
Dedans les psaulmes de Marot :
Mais j'ayme bien ceux-là de Beze,
En les chantant sans dire mot.

VI

SE MODÉRER EN AMOURS

Je crois que vous avez fait vœu
D'aymer et parent et parente :
Mais puis que vous aymez la tante,
Espargnez au moins le neveu.

VII

LA FEMME FARDÉE

Ceste femme à couleur de bois
En tout temps peut faire potage ;
Car dans sa manche elle a des poix,
Et du beurre sur son visage.

VIII

Vialart, plein d'hypocrisie,
Par sentences et contredits,
S'estoit mis dans la fantaisie
D'avoir mon bien et paradis.
Dieu me gard' de chicanerie!
Pour cela, je le sçay fort bien,
Qu'il n'aura ma chanoinerie[1];
Pour paradis, je n'en sçay rien.

IX

LE DIEU D'AMOUR

Le dieu d'Amour se pourroit peindre
Tout aussi grand qu'un autre dieu,
N'estoit qu'il luy suffit d'atteindre
Jusqu'à la pièce du milieu.

X

FLUXION D'AMOUR

L'amour est une affection
Qui, par les yeux, dans le cœur entre,
Et par forme de fluxion[2],
S'écoule par le bas du ventre.

---

[1] Vialart étoit compétiteur de Régnier dans la poursuite d'un canonicat de Chartres, dont Régnier s'étoit fait pourvoir par dévolu.

[2] VAR. Puis par une défluxion.

XI

MAGDELON, VRAYMENT MAGDELON

Magdelon n'est point difficile
Comme un tas de mignardes sont :
Bourgeois, et gens sans domicile,
Sans beaucoup marchander luy font :
Un chacun qui veut la recoustre.
Pour raison elle dit un point :
Qu'il faut estre putain tout outre,
Ou bien du tout ne l'estre point.

XII

LA LANGUE QUI FOURCHE.

Hier la langue me fourcha,
Devisant avecq' Antoinette ;
Je dis f.....; et ceste finette
Me fit la mine, et se fascha.
Je deschus de tout mon crédit,
Et vis, à sa couleur vermeille,
Qu'elle aymoit ce que j'avois dit,
Mais en autre part qu'en l'oreille.

XIII

LES CONTRETEMPS.

Lorsque j'estois comme inutile
Au plus doux passetemps d'amour,
J'avois un mary si habile
Qu'il me caressoit nuict et jour.

Ores celuy qui me commande
Comme un tronc gist dedans le lict ;

Et maintenant que je suis grande,
Il se repose jour et nuict.

L'un fut trop vaillant en courage,
Et l'autre est trop alangoury.
Amour, rens-moy mon premier age,
Ou me rens mon premier mary.

XIV

LIBERTÉ DANS LE CHEMIN DU ROY

Dans un chemin un pays traversant
Perrot tenoit sa Jeannette accollée ·
Sur ce de loing advisant un passant,
Il fut d'advis de quitter la meslée.
Pourquoy fais-tu, dit la garce affollée,
Tresve du cul? Ha! dit-il, laisse-moy;
Je vois quelqu'un: c'est le chemin du roy.
Ma foy, Perrot, peu de cas te desbauche;
Il n'est pas fait plustot, comme je croy,
Pour un piéton, que pour un qui chevauche.

XV

LISETTE TUÉE PAR ROBI

Lisette, à qui l'on faisoit tort,
Vint à Robin tout esplorée,
Et luy dit : Donne-moy la mort,
Que tant de fois j'ay desirée.
Luy, qui ne la refuse en rien,
Tire son... vous m'entendez bien,
Puis au bas du ventre la frappe.
Elle, qui veut finir ses jours,
Luy dit : Mon cœur, pousse toujours,

De crainte que je n'en reschappe.
Mais Robin, las de la servir,
Craignant une nouvelle plainte,
Lui dit: Haste-toi de mourir,
Car mon poignard n'a plus de pointe.

XVI

CONTRE UN JEUNE HOMME DÉBAUCHÉ[1]

Tes beaux jours, l'argent et ta femme
T'ont fait ensemble un mauvais tour :
Car tu pensois au premier jour
Que Clarinde dût rendre l'ame ;
Et qu'étant jeune et avenant
Tu tromperois incontinent
Pour son argent une autre dame.
Mais il en va bien autrement ;
Car ta jeunesse s'est passée,
Ton argent s'en va doucement,
Et ta vieille n'est trespassée.

[1] Cette épigramme, qu'on n'avoit pas encore donnée dans les œuvres de Régnier, se trouve imprimée sous son nom dans un recueil du temps, intitulé *le Jardin des Muses*.

POÉSIES SPIRITUELLES

STANCES[1]

Quand sur moy je jette les yeux[2],
A trente ans me voyant tout vieux,
Mon cœur de frayeur diminue :
Estant vieilly dans un moment,
Je ne puis dire seulement
Que ma jeunesse est devenue.

Du berceau courant au cercueil,
Le jour se dérobe à mon œil,
Mes sens troublez s'évanouissent.
Les hommes sont comme des fleurs,
Qui naissent et vivent en pleurs,
Et d'heure en heure se fanissent[3].

Leur age, à l'instant écoulé
Comme un trait qui s'est envolé,
Ne laisse après soy nulle marque ;
Et leur nom, si fameux icy,
Si-tost qu'ils sont morts meurt aussi,
Du pauvre autant que du monarque.

---

[1] Cette pièce et les cinq suivantes furent insérées dans l'édition de 1652.

[2] L'auteur déplore la perte de sa santé, et revient à Dieu par des sentiments de pénitence.

[3] Aujourd'hui on dit *se fanent*.

N'aguères, verd, sain et puissant,
Comme un aubespin florissant,
Mon printemps estoit délectable.
Les plaisirs logeoient en mon sein ;
Et lors estoit tout mon dessein
Du jeu d'amour et de la table.

Mais, las ! mon sort est bien tourné,
Mon age en un rien s'est borné·
Foible languit mon espérance.
En une nuict, à mon malheur,
De la joye et de la douleur
J'ay bien appris la différence.

La douleur aux traits vénéneux,
Comme d'un habit épineux,
Me ceint d'une horrible torture.
Mes beaux jours sont changez en nuits ;
Et mon cœur, tout flétry d'ennuis,
N'attend plus que la sépulture.

Enyvré de cent maux divers,
Je chancelle, et vais de travers,
Tant mon ame en regorge pleine :
J'en ay l'esprit tout hébesté ;
Et si peu qui m'en est resté,
Encor' me fait-il de la peine.

La mémoire du temps passé,
Que j'ay follement dépensé,
Espand du fiel en mes ulcères ;
Si peu que j'ay de jugement
Semble animer mon sentiment,
Me rendant plus vif aux misères.

Ha ! pitoyable souvenir !
Enfin, que dois-je devenir ?

Où se réduira ma constance ?
Estant jà défailly de cœur,
Qui me don'ra de la vigueur
Pour durer en la pénitence ?

Qu'est-ce de moy ? foible est ma main ;
Mon courage, hélas ! est humain ;
Je ne suis de fer ny de pierre.
En mes maux montre-toy plus doux,
Seigneur ; aux traits de ton courroux
Je suis plus fragile que verre.

Je ne suis à tes yeux, sinon
Qu'un festu sans force et sans nom,
Qu'un hibou qui n'ose paroistre,
Qu'un fantosme icy-bas errant,
Qu'une orde escume de torrent,
Qui semble fondre avant que naistre :

Où toy, tu peux faire trembler
L'univers, et désassembler
Du firmament le riche ouvrage :
Tarir les flots audacieux,
Ou, les eslevant jusqu'aux cieux,
Faire de la terre un naufrage.

Le soleil fléchit devant toy ;
De toy les astres prennent loy ;
Tout fait joug dessouz ta parole ;
Et cependant tu vas dardant
Dessus moy ton courroux ardent,
Qui ne suis qu'un bourrier[1] qui vole.

Mais quoy ! si je suis imparfait,
Pour me deffaire m'as-tu fait ?

---

[1] Espèce de chardon dont la tête est couverte d'une houppe de duvet qui est emportée par le vent.

Ne sois aux pécheurs si sévère.
Je suis homme, et toy Dieu clément !
Sois donc plus doux au chastiment,
Et puny les tiens comme père.

J'ay l'œil scellé d'un sceau de fer ;
Et desjà les portes d'enfer
Semblent s'entr'ouvrir pour me prendre ;
Mais encore, par ta bonté,
Si tu m'as osté la santé,
O Seigneur ! tu me la peux rendre.

Le tronc de branches dévestu,
Par une secrette vertu
Se rendant fertile en sa perte,
De rejettons espère un jour
Ombrager les lieux d'alentour,
Reprenant sa perruque verte.

Où l'homme en la fosse couché,
Après que la mort l'a touché,
Le cœur est mort comme l'écorce :
Encor' l'eau reverdit le bois ;
Mais l'homme estant mort une fois,
Les pleurs pour luy n'ont plus de force [1].

---

[1] Ces stances, dans lesquelles Régnier fait une amende honorable si franche et si éloquente, lui attirèrent les railleries de quelques-uns de ses contemporains; Desternod dit dans l'*Espadon satirique:*

> Que Cygoignes, Régnier et l'abbé de Thiron,
> Firent à leur trépas comme le bon laron,
> Ils se sont repentis ne pouvant plus mal faire.

On croit difficilement à la sincérité des conversions et même des repentirs *in extremis.*

HYMNE

SUR

LA NATIVITÉ DE NOSTRE SEIGNEUR

Par le commandement du roy Louis XIII pour sa musique de la messe de minuit[1].

Pour le salut de l'univers
Aujourd'huy les cieux sont ouverts;
Et, par une conduite immense,
La grace descend dessus nous.
Dieu change en pitié son courroux,
Et sa justice en sa clémence.

Le vray fils de Dieu tout puissant,
Au fils de l'homme s'unissant
En une charité profonde,
Encor' qu'il ne soit qu'un enfant,
Victorieux et triomphant,
De fers affranchit tout le monde.

Dessouz sa divine vertu
Le péché languit abbatu;
Et de ses mains, à vaincre expertes,
Étouffant le serpent trompeur,
Il nous asseure en nostre peur,
Et nous donne gain de nos pertes.

[1] Cette hymne fut composée en 1611 ou 1612.

Ses oracles sont accomplis,
Et ce que, par tant de replis
D'age, promirent les prophètes
Aujourd'hui se finit en luy,
Qui vient consoler nostre ennuy,
En ses promesses si parfaites.

Grand roy, qui daignas en naissant
Sauver le monde périssant,
Comme père, et non comme juge,
De grace comblant nostre roy,
Fay qu'il soit des meschants l'effroy,
Et des bons l'asseuré refuge.

Qu'ainsi qu'en esté le soleil
Il dissipe, aux rays de son œil,
Toute vapeur et tout nuage;
Et qu'au feu de ses actions
Se dissipant les factions,
Il n'ait rien qui luy fasse ombrage.

SONNETS

I

O Dieu! si mes péchez irritent ta fureur,
Contrit, morne, et dolent j'espère en ta clémence.
Si mon deuil ne suffit à purger mon offense,
Que ta grace y supplée, et serve à mon erreur.

Mes esprits éperdus frissonnent de terreur;
Et, ne voyant salut que par la pénitence,
Mon cœur, comme mes yeux, s'ouvre à la repentance;
Et me hay tellement, que je m'en fais horreur.

Je pleure le présent, le passé je regrette;
Je crains à l'advenir la faute que j'ay faite:
Dans mes rebellions je lis ton jugement.

Seigneur, dont la bonté nos injures surpasse,
Comme de père à fils uses-en doucement.
Si j'avois moins failly, moindre seroit ta grace.

II

Quand dévot vers le ciel j'ose lever les yeux,
Mon cœur ravy s'émeut, et confus s'émerveille.
Comment, dis-je à part moy, ceste œuvre nompareille
Est-elle perceptible à l'esprit curieux?

Cet astre, ame du monde, œil unique des cieux,
Qui travaille en repos, et jamais ne sommeille,

Père immense du jour, dont la clarté vermeille
Produit, nourrit, recrée, et maintient ces bas lieux ?

Combien t'éblouis-tu d'une flame mortelle
Qui du soleil vivant n'est pas une estincelle,
Et qui n'est devant luy sinon qu'obscurité ?

Mais si de voir plus outre aux mortels est loisible,
Croy bien, tu comprendras mesme l'infinité,
Et les yeux de la foy te la rendront visible.

III

Cependant qu'en la croix, plein d'amour infinie,
Dieu pour nostre salut tant de maux supporta,
Que par son juste sang nostre ame il racheta
Des prisons où la mort la tenoit asservie ;

Altéré du désir de nous rendre la vie,
J'ay soif, dit-il aux Juifs. Quelqu'un lors apporta
Du vinaigre et du fiel, et le luy présenta ;
Ce que voyant sa mère en la sorte s'écrie :

Quoy ! n'est-ce pas assez de donner le trespas
A celuy qui nourrit les hommes icy-bas,
Sans frauder son désir d'un si piteux breuvage ?

Venez tirer mon sang de ses rouges canaux,
Ou bien prenez ces pleurs qui noyent mon visage ;
Vous serez moins cruels, et j'auray moins de maux.

COMMENCEMENT D'UN POËME SACRÉ

J'ay le cœur tout ravy d'une fureur nouvelle,
Or' qu'en un sainct ouvrage un sainct démon m'appelle,
Qui me donne l'audace, et me fait essayer
Un sujet qui n'a peu ma jeunesse effrayer.
Toy dont la providence, en merveilles profonde,   5
Planta dessus un rien les fondements du monde,
Et, baillant à chaque estre et corps et mouvements,
Sans matière donnas la forme aux éléments ;
Donne forme à ma verve, inspire mon courage :
A ta gloire, ô Seigneur ! j'entreprends cet ouvrage.   10
Avant que le soleil eust enfanté les ans ;
Que tout n'estoit qu'un rien ; et que mesme le temps,
Confus, n'estoit distinct en trois diverses faces ;
Que les cieux ne tournoient un chacun en leurs places ;
Mais seulement, sans temps, sans mesure et sans lieu,   15
Que, seul parfait en soy, régnoit l'esprit de Dieu,
Et que dans ce grand vuide, en majesté superbe,
Estoit l'estre de l'estre en la vertu du Verbe ;
Dieu, qui forma dans soy de tout temps l'univers,
Parla : quand, à sa voix, un mélange divers...   20

FIN DES ŒUVRES DE RÉGNIER.

ODE

SUR

UN COMBAT ENTRE RÉGNIER ET BERTHELOT

POËTES SATIRIQUES [1]

Inspire-moy, muse fantasque,
Escrivant un combat falot
Sur la peau d'un tambour de Basque,
A la gloire de Berthelot;
Et permets que, d'un pied de grive,
Avec les orteils je l'écrive.

En la saison que les cerises
Combattent la liqueur dès vins,
Régnier et luy vinrent aux prises
Vers le quartier des Quinze-Vingts,
Pour vuider une noise antique
Vaillamment en place publique.

Régnier ayant sur ses espaules
Satin, velours et taffetas,
Méditoit, pour le bien des Gaules,
D'estre envoyé vers les Estats,
Et mériter de la couronne
La pension qu'elle luy donne.

---

[1] On place ici cette pièce parce qu'elle se trouve dans la plupart des éditions de Régnier.

Il voit d'un œil plein de rudesse,
Semblable à celuy d'un jaloux
Regardant l'amant qui caresse
La femme dont il est époux,
Berthelot, de qui l'équipage
Est moindre que celuy d'un page.

Vers luy dédaigneux il s'avance,
Ainsi qu'un paon vers un oyson,
Ayant beaucoup plus de fiance
En sa valeur qu'en sa raison ;
Et d'abord luy dit plus d'injures
Qu'un greffier ne fait d'écritures.

Berthelot avecq' patience
Souffre ce discours effronté ;
Soit qu'il le fist par conscience,
Ou qu'il craignist d'estre frotté :
Mais à la fin Régnier se joue
D'approcher la main de sa joue.

Aussi-tost, de colère blesme,
Berthelot le charge en ce lieu
D'aussi bon cœur que, le caresme,
Sortant du service de Dieu,
Un petit cordelier se rue
Sur une pièce de morue.

Berthelot, de qui la carcasse
Pèse moins qu'un pied de poullet,
Prend soudain Régnier en la face,
Et, se jettant sur son collet,
Dessus ce grand corps il s'accroche
Ainsi qu'une anguille sous roche.

De fureur son ame bouillonne ;
Ses yeux sont de feu tout ardents ;

ODE.

A chaque gourmade qu'il donne,
De dépit il grince les dents,
Comme un magot à qui l'on jette
Un charbon pour une noisette.

Il poursuit tousjours et le presse,
Luy donnant des poings sur le nez ;
Et ceux qui voyent la foiblesse
De ce géant sont étonnez,
Pensant voir, en ceste deffaite,
Un corbeau souz une alouette.

Ce Goliat, tout plein de rage,
Avecq' ses pleurs répand son fiel,
Et son sang luy fait le visage
De la couleur de l'arc-en-ciel,
Ou bien de ceste étoffe fine
Que l'on apporte de la Chine.

Phœbus, dont les graces infuses
Honorent ces divins cerveaux,
Comment permets-tu que les muses
Gourmandent ainsi leurs museaux,
Et qu'un peuple ignorant se raille
De voir tes enfants en bataille?

Régnier, pour toute sa deffense,
Mordit Berthelot en la main,
Et l'eust mangé, comme l'on pense,
Si le bedeau de Sainct-Germain,
Qui revenoit des Tuileries,
N'eust mis fin à leurs batteries.

Mais ce vénérable bon père,
Preud'homme comme un pèlerin,
Dit à l'un d'eux : Bonne Gallère !
A l'autre : Bon Sainct-Mathurin !

Je vous ordonne ces voyages,
Mes amis, pour devenir sages.

Au bruit de ces grandes querelles,
Où Régnier eust les yeux pochez,
Une trouppe de macquerelles,
Conduites par les sept péchez,
Prestes de faire un bon office,
Luy vinrent offrir leur service.

Soudain qu'elles voyent sa face
Pleine de sang et de crachat,
Elles font plus laide grimace
Que la souris prise du chat;
Et leurs cris semblent aux oreilles
Une musique de corneilles.

Mais Régnier, en mordant sa lèvre,
Leur promet qu'il n'en mourra pas.
Berthelot s'enfuit comme un lièvre ;
Et le bedeau haste ses pas,
Ayant appaisé cette escrime,
Pour aller faire sonner prime.

SUPPLÉMENT

AUX

POÉSIES DE RÉGNIER

On a inséré, dans un très-grand nombre de recueils imprimés à Paris et en Hollande dans les deux derniers siècles, une foule de pièces attribuées à Régnier. La plupart ne reproduisent ni l'esprit, ni la manière, ni le style de notre auteur, et presque toutes sont d'une révoltante obscénité.

En attachant le grand nom de Régnier à ces œuvres misérables, on n'a pu avoir d'autre intention que de les protéger contre le mépris et l'oubli, et l'on a supposé sans doute qu'il pourrait se trouver plus tard un éditeur assez aveugle pour en admettre l'authenticité et pour les rattacher d'une manière définitive aux ouvrages du poëte. Jusqu'à ce jour cet espoir a été heureusement déçu, et le dégoût qu'inspirent de plus en plus les vers grossiers et licencieux semble devoir protéger à jamais Régnier contre un pareil outrage. Quant aux pièces que nous donnons ici, beaucoup de philologues les considèrent comme tout à fait authentiques, et croient y reconnaître le style et le tour d'esprit de notre poëte; nous les insérons à la suite des œuvres de Régnier, sans partager toutefois leurs sentiments ou leurs convictions.

PR. P.

SUPPLÉMENT

aux

POÉSIES DE RÉGNIER

L'ESLONGNEMENT DE LA COUR.

Marquis, puisque le sort désire
Que pour un temps je me retire
De la cour, où, près de deux ans,
J'ay courtisé les courtisans
Avec un soin inestimable,
Quand il s'est fallu mettre à table,
Je veux avant mon partement
Dire le mescontentement
Et la tristesse dont ma vie
A souvent esté poursuivie :
Sçachez donc qu'un tas de faquins,
M'estimant faiseur de pasquins,
Ont tous dit d'une voix inique
Que ma muse estoit satyrique;
Encor qu'un tel cas ne soit point,
Cela m'a fait en mon pourpoint
Plus de cent fois devenir blesme
Comme un qui jeusne le caresme;

Que pourtant je n'ay point jeusné
Depuis qu'au monde je suis né.

Si je dis quelque mot pour rire,
Soudain on le fait trouver pire
Mille fois que je ne l'ay dit,
Car mon nom a plus de crédit
Sur les faiseurs de médisances
Que le roy n'a sur les finances.
Quand je dors on me fait parler,
Si quelque discours veut voler
Contre les dames ou damoiselles,
Mon nom luy fait avoir des aisles
Sans m'en donner aucun advis.
Le diable emporte les devis
Des causeurs qui m'ont en leur bouche;
Leur langue est tout ce qui leur touche.
Berthelot, selon leur caquet,
A fait parler le perroquet
Dont il n'a jamais veu la cage;
En effet Berthelot fait rage,
Il acquiert ce qui n'est pas sien
Et fait tout, et s'il ne fait rien.

L'autre jour j'allois par la rüe
Ayant la poictrine férüe
Des traicts que l'amour fait sentir,
A quoy je pensois, sans mentir,
Lorsqu'un grand bougre mal habile,
Qui ne croit point en l'Evangile,
Me dit qu'au Louvre, tous les jours,
Je faisois de mauvais discours,
Et fait à son désavantage :
Je luy répons comme homme sage,
Monsieur, vous me prenez sans vert;
De quoy le Louvre est-il couvert,

De plomb, de thuyle ou bien d'ardoise?
Pour Dieu délaissons cette noise,
Et me dites s'il y fait bon ;
Alors, faisant du furibond,
Il me mit le poing sur la joue ;
Aussitost luy faisant la moue,
Je fis si bien qu'il fut battu
Ainsi qu'un homme de vertu.

Mais, pour venir à mon histoire,
Jamais de ma pauvre escritoire
Ne sont sortis des vers piquans
Contre cavaliers ou croquans ;
Si l'on m'en donne j'y renonce,
Fusse devant monsieur le nonce.
Pour suivre mon adversité
Une fille de la Cité,
Belle comme une belle opalle
Dont l'amour est toute royalle,
Me veut mal et ne sçay pourquoy
Mon cœur en est tout en esmoy ;
Chacun pour son sujet me blasme
Et l'innocence de mon ame
Fera voir un jour, en effect,
Qu'oncques ma plume n'a rien fait
Contre elle qui ne soit honnesté ;
Toutefois elle est tousjours preste,
Comme on faisoit au temps jadis,
De rechercher quelque Amadis,
Ou quelque Palmerin d'Olive,
Qui de vivre au monde me prive.

Vous devez croire qu'elle a tort,
Car elle perdroit à ma mort
Un serviteur de bon courage
Qui d'elle ne prend aucun gage.

Un grand nombre de rodomons,
Désireux d'esbranler les mons
Pour une beauté si divine,
Tesmoignent soudain à leur mine
Que ce sera tost fait de moy ;
Quand l'un d'eux la voit en esmoy,
Dont, Dieu me garde et saincte Luce,
Luy voyant sauter une puce
Sur la gorge, il la va saisir
Et luy dit avecques plaisir :
Je n'auray jamais de relasche
Que ce Berthelot qui vous fasche
Et dont vous dites tant de mal
Ne soit, comme cet animal,
Entre mes mains, afin qu'à l'heure,
Pour plaire à vos beaux yeux il meure.
L'autre, songeant et méditant,
Dit qu'il ne peut estre content
Qu'il ne m'ait, dans une civière,
Conduit jusques dans la rivière;
Et là, par son inimitié,
Me rendre digne de pitié.
Mes amis, sçachans ces vacarmes,
N'en jettent pas beaucoup de larmes,
Mais ils me disent seulement
Que c'est faute de jugement
Ou bien de bonté que le monde
Contre moy sa fureur abonde.
Mais cependant il n'en est rien,
Car je suis fort homme de bien ;
Et le malheur qui me talonne
Me vient d'avoir l'ame trop bonne.
Celuy que j'ay tant deffié,
En qui je me suis trop fié,
Pour un homme de Normandie,
Ce grand Apollon d'Arcadie,

Peut tesmoigner de ma bonté :
Pour le despit d'une donzelle
Cavalier au cœur indompté !
N'ayez pas l'ame si cruelle
De vouloir mal à celuy-là
Qui jamais de vous ne parla.

Si vous faictes quelque remarque
Dans les Illustres de Plutarque,
Vous trouverez qu'ils ont aymé
De voir leur esprit estimé
Par les Muses; et leur vaillance
Franchir le fleuve d'oubliance,
Et s'avancer par l'univers
Pour aymer les faiseurs de vers.
Ces coquettes qui vous supplient,
En deux jours vos bienfaits oublient,
Et donnent bien souvent à tous
Un bien que vous croyez si doux
Qui n'est bien qu'en tant qu'il est rare.
Si pour cela quelqu'un s'esgare,
Faisant une légèreté,
Il n'est pas plus réputé.
N'ayez point au cœur tant de flamme :
« L'on ne manque jamais de femme,
« Et tel veut pour toutes brusler
« Qu'il en faut peu pour se soûler;
« Car jamais cette marchandise
« Ne vaut autant comme on la prise. »

Mais de quoy me veux-je empescher,
L'on dira que je veux prescher
Les seigneurs de qui les moustaches
Sont plus grandes que les panaches;
Il ne leur faut point conseiller
De ne se pas embarbouiller

En amour, car la fantaisie
Dont on voit leur ame saisie
N'est point amour, mais vanité.
Si quelque prince s'est frotté
Au lard de quelque damoiselle,
Qui soit laide, gentille ou belle,
Un marquis, un comte, un baron,
Sera bientost à l'environ ;
Non point pour l'amour qu'il lui porte,
Car l'amour avec eux est morte :
Mais sans espérer aucun fruict,
Seulement pour avoir le bruict
De s'estre acquis la jouissance
D'une des plus rares de France,
Dont un prince est désespéré.
Pour rendre ce bruict avéré,
La nuict ils font mille passades,
Leurs pages sont en embuscades
Devant la porte d'un hostel,
Mal affublés de leur mantel ;
Et, par leurs courses importunes,
Invoquent les bonnes fortunes
De leur maistre, à qui le sommeil,
Avec le temps a fermé l'œil
Dans un carosse de la Grève,
Où de reposer il se crève
En attendant le poinct du jour :
Voilà comment ils font l'amour.
Je ne sçay, sur ma conscience,
S'ils auroient tant de patience
D'estre une nuict sans se coucher,
De veiller trop, de mal coucher,
Pour le service de leur prince
Ou pour deffendre leur province :
Au moins diray-je à tous hazars
Que ce ne sont point des Césars,

Et que leurs petites feintises
Ne sont, en effet, que sottises.

Laissons les marquis, c'est assez,
Quand ils seroient tous trespassez
Je n'en ferois pas pire chère,
Il faudroit s'en prendre à leur mère
De les avoir si mal nourris;
Et, s'ils se rendent favoris,
A la cour, où chacun s'esgare,
C'est que la fortune est bigeare.
Je quitte ce lieu mal content,
Hargneux, fascheux, non que pourtant
Ceste demeure me desplaise;
Mais je ne puis vivre à mon aise,
Parce que tout le monde croit
Que les pasquins viennent tout droit
De ma bouche, sans nulle peine,
Comme l'eau sort d'une fontaine.
Et si mon style desrouillé
N'en fut jamais despareillé.
Quel supplice le ciel me donne !
J'ayme la cour, je l'abandonne,
Je lis souvent et me plais fort
A ces vers du sieur de Bon-Port :
Heureux qui peut passer sa vie,
Entre les siens exempt d'envie,
Parmy les rochers et les bois
Esloigné des grands et des rois;
Son ame justement contente,
Ayant dix-mille escus de rente,
Sans avoir travail ny soucy,
Le faisoit caqueter ainsi.
Mais moy je dis, tout au contraire,
Bien heureux qui se peut distraire
D'habiter les champs et les bois

Et qui peut approcher des rois :
C'est là que les vertus fleurissent,
C'est là que les gueux s'enrichissent ;
C'est là, dis-je, que les plaisirs
Souvent surpassent les désirs,
Et tiens, que tout homme est sauvage
Qui ne peut gouster ce breuvage.

Le bien dont je me puis vanter,
Qui me faict encore arrester,
Est l'heur de vostre bienveillance ;
Car mes-huy toute espérance
Que prestend mon peu de vertu,
Je la donne pour un festu ;
Seulement je désire vivre
Un jour de tous ennuis délivre,
Vous voyant des prospéritez
Autant que vous en méritez.

ABRÉGÉ DE CONFESSION.

Puisque sept péchés de nos yeux
Ferment la barrière des cieux,
Révérend père, je vous jure
De les abhorrer en tout poinct,
Pourvu que je n'y trouve poinct
L'impatience et la luxure.

Ces deux sont naturels en moy,
Il n'y a ny rigueur de loy,
Ny beau discours qui m'en retire;
Et, quand un simple repentir
M'en voudroit enfin divertir,
Mon humeur les feroit desdire.

J'ay tasché de les éviter
Tous deux en disant mes *Pater*
Et lisant la saincte Escriture;
Mais, au milieu de mes combas,
Ces flatteurs me disent tout bas
Qu'ils sont enfans de la nature.

Ce n'est poinct Dieu qui les a mis
Au nombre de mes ennemys;
C'est quelque Pandore seconde,
Qui, pour affliger les humains,
A semé de ses propres mains
Cest mensonge par le monde.

Car je ne sçay point d'Augustin,
De Carme, ny de Célestin,
Tant soit-il ferme et plein de zelle,
Si remply de dévotion,
Qu'il puisse, entrant en action,
Tenir une loy si cruelle.

Faictes donc, ainsi que j'ay dict,
Que je puisse avoir ce crédit
Pour estre net de conscience
Comme les vieux saincts l'ont esté,
D'estre de ce nombre arresté
La luxure et l'impatience.

STANCES

Le tout-puissant Jupiter
Se sert de l'aigle à porter
Son foudre parmy la nue,
Et Junon du haut des cieux,
Sur ses paons audacieux,
Est souvent icy venue.

Saturne a pris le corbeau,
Noir messager du tombeau·
Mars l'épervier se réserve ;
Phœbus les cygnes a pris ;
Les pigeons sont à Cypris
Et la chouette à Minerve.

Ainsi les dieux ont escleu
Tels oyseaux qui leur ont pleu :
Priappe qui ne voit goutte,
Haussant son rouge museau
A taston pour son oyseau,
Print un asnon qui void goutte.

ÉPIGRAMMES

I

Jeunes esprits qui ne pouvez comprendre
Comme il vous faut gaigner le jeu d'aymer,
Le jeu de paulme à tous vous peut apprendre
Qu'amour se doit pour la belle estimer.
Le premier coup que quinze il faut nommer,
C'est le devis, puis le baiser le trente,
Et puis toucher du tetin à la fente,
Quarente cinq doit conter l'amoureux;
Mais pour gaigner le jeu qui tant contente,
Il faut frapper tout droit dans l'entredeux.

II

Hélas, ma sœur, ma mie, j'en mourrois,
Disoit Alix qu'on vouloit marier;
Au premier coup vaincue je serois :
Rien n'en feray, ma mère a beau crier.
Sa sœur respond : Alix, ne te courrousse
Et de cela ne prends aucun esmoy,
Car si tu veux que t'aide à la rescousse,
Les premiers coups j'endureray pour toy.

III

Ce disoit une jeune dame
A un vieillard; vous me faschez

Et vous tuez le corps et l'ame
Pour néant à ce que tachez;
Allez faire ailleurs vos marcnez,
Mal vous sied ceste mignardise,
Car quant à moi je suis promise,
Pas ny voyez cler à demy,
Pour vous rien n'est sous ma chemise,
Cela n'est deu qu'à mon amy.

IV

Margot s'endormit sur un lict,
Une nuict toute descouverte.
Robin qui pour lors la surprit
Voyant sa lanterne estre ouverte,
Mit sa chandelle au plus profond.
Robin, ta chandelle se fond.
Non faict, dit-il, c'est une goutte
Qu'en l'allumant elle dégoutte,
Ce qui la faict ainsi fumer.
Vien, Robin, quand on ne voit goutte,
Souvent ta chandelle allumer.

V

Par un matin une fille escoutoit
Un cordelier qui décrotoit sa mère,
La décrotant si fort la tourmentoit
Que la fillette en eust douleur amère,
Qui s'escriant : « Hola! hola! beau père,
Que faictes-vous, la voulez-vous tuer?
Las je vous pry, autant qu'on peut prier,
Que pour ce coup votre ire se desporte,
Car quand j'entends ma mère ainsi crier,
Souffrir voudrois la douleur qu'elle porte. »

VI

Un bon vieillard qui n'avoit que le bec
Se trouvant court près d'une jeune dame,
Du désir prou, mais de cela à sec.
« Ne suis-je pas, ce dict-il, bien infâme ! »
Pour tout discours luy chante cette game;
Il taste, il monte assez pour l'écacher
Plus de cent fois et ne peut délascher,
Dont se mocquant dit la dame faschée :
« L'esprit est prompt, mais infirme est la chair,
Nostre curé souvent m'en a preschée. »

VII

Un galland le fit et refit
A une fille en s'esbatant,
Et puis après la satisfit
D'un bel escu d'or tout contant.
« Ma foy, je n'en auray point tant,
Dict la fillette, c'est beaucoup,
Serrez cela, dict-il à coup;
Lors ce dict la fille au corps gent,
Faictes-le donc encore un coup
Pour le surplus de vostre argent. »

PRIVILEGE DU ROY

Louys, par la grâce de Dieu roy de France et de Navarre, à nos amez et féaux conseillers, les gens tenans nostre cour de parlement de Paris prévost du dit lieu, séneschaux de Lyon, Poitou, en leurs lieutenans, et à tous autres nos juges et officiers qu'il appartiendra, salut. Nostre bien-aymé Anthoine du Brueil, marchand libraire juré en nostre bonne ville de Paris, nous a humblement fait remonstrer qu'il a avec fraiz recouvert un livre intitulé : *Les satyres et autres œuvres de feu le sieur Régnier*, reveues, corrigées, augmentées de plusieurs pièces de pareille estoffe, tant des sieurs de Sigogne, Motin, Touvant et Berthelot, qu'autres des plus beaux esprits de ce temps. Lequel livre il désireroit imprimer ou faire imprimer, vendre et distribuer; mais craignant qu'après avoir fait les fraix qu'il conviendra faire pour ladite impression, quelques autres marchands libraires et imprimeurs le voulussent aussi imprimer ou faire imprimer, ce qui seroit le frustrer du fruit qu'il espère de ses labeurs, et luy faire recevoir perte et dommage, nous, pour ces causes, et autres considérations à ce nous mouvans, désirans que ledit du Brueil ne soit frustré de ses peines et travaux, luy avons permis et permettons iceluy livre imprimer, vendre et distribuer en cestuy royaume en tel volume et caractère que bon luy semblera, et ce, pendant l'espace de six ans, à commencer du jour que ledit livre sera achevé d'imprimer, sans que pendant ledit temps aucuns autres puissent l'imprimer, vendre ny distribuer en cestuy nostre royaume, sans le consentement dudit du Brueil, et ce à peine de cinq cents livres d'amende, applicables moitié aux pauvres, moitié audit suppliant, et confiscation de tous exemplaires qui se trouveront d'autre impression, et de tous despens, dommages et interest. Si nous mandons à chacun de vous, que du contenu au présent privilége, vous fassiez et souffriez entièrement jouyr ledit du Brueil, sans permettre qu'il luy soit fait empeschement ny trouble, voulant que mettant par luy bref extrait dudit privilége au commencement ou à la fin de chaque exemplaire il soit tenu pour deüement signifié. Car tel est nostre plaisir, nonobstant opposition quelconque.

Donné à Paris le 23 septembre l'an mil six-cent-seize et de nostre règne le septiesme.

Par le conseil :

Signé DE VERNESON.

INDEX

DES MOTS VIEILLIS OU HORS D'USAGE

Abayer, v., désirer; s. iii, v. 170.
Accort, adv., accortement, à propos; s. iii, v. 111; — s. vii, p. 137.
Accropir (se), v., s'accroupir, s. xi, v. 35.
Acquest, acquisition; ép. ii, v. 86.
Advouer, v., approuver; s. viii, v. 131.
Adultériser, v., altérer, abâtardir; s. v, v. 251.
Affoler, v., incommoder, blesser; s. ii, v. 40.
Aguet (d'), adv., adroitement; s. vi, v. 129; — s. viii, v. 150;— s. x. v. 41.
Aguets, v. m. pl., embûches; s. i, v. 27.
Ains, conj., mais; s. vii, v. 163.
Alourder, v., fatiguer; s. ii, v. 136.
Aménuisé, ée, adj., décharné; s. ii, v. 9.
Anguillade, n. f., coups donnés avec une peau d'anguille; s. viii, v. 156.
Appris, ise, adj., instruit; s. vi, 77.
Armet, n. m., tête; s. xi, v. 52.
Arroy, n. m., appareil; s. xvi, v. 81.

Arser (Faire), v., relever, redresser; s. viii, v. 45.
Attenter, v. parvenir à; s. i, v. 102.
Antan, n. m., l'an précédent; ép. iii, v. 65.

Bander (se), v. fig., se roidir; s. iii, v. 40.
Barisel, n. m., officier de police, archer; s. vi, v. 150.
Berlan, n. m., brelan; s. iii, v. 34.
Bien-heurer, v., rendre heureux; s. xvi, v. 2.
Bizarrement, adv., bizarrement; s. vi, v. 8; — s. x, v. 35.
Blanque, n. f., banque; s. iii, v. 36.
Blesmy, adj., blême, pâle; s. vii, v. 6.
Bonadiez, n. m., (bona dies); lat., bonjour; s. iii, v. 124.
Bonneter, v., ôter souvent son bonnet pour saluer; s. viii, v. 175.
Bordeau, n. m., bordel; s. iv, v. 137; — s. vi, v. 147.
Bras, n. m., manche; s. i, v. 37.

BRIMBALLER, v. branler, vaciller; s. x. v. 214.
BROUILLAS, n. m., brouillard; .1, v. 120.

CABAS, adv., ici bas; élég. IV, v. 72.
CARROUSSE (FAIRE), faire débauche de vin ; s. II, v. 173.
CHAIRE, n. f., chaise; s. x, v. 269.
CHARTI, n. m., hangar; s. XV; v. 52.
CHAUDROIT, du v. *chaloir*, importer; s. x, v. 29.
CHAUT, du v. *chaloir*, importer, intéresser; s. VI, v. 54.
CHAUVIR, v., baisser; s. VIII, v. 87.
CHEUT, du v. *choir*; s. x, v. 101.
CHEUT, p. pass., du v. *cheoir*, tombé; s. x, v. 101.
CHÈRE, n. f., visage; s. II, v. 24.
CHIFFLÉ, adj., gifflée; s. x, v. 227.
CHOPPER, v., commettre une faute; s. VII, v. 36.
CHUETTE, n. f., chouette; s. XII, v. 40.
CIGOIC·E, n. f., cigogne; s. VI, v. 197.
CIL, pr. celui; s. VI, v. 84, 186.
CLERGESSE, n. f., femme savante; s. XIII, v. 19.
CŒUR, n. m., âme, conduite, sat. XIII, v. 13.
COLÉRÉ, ÉE, adj. courroucé, ép. II, v. 59.
CONFORT, n. m., consolation, soulagement ; s. XIII, v. 297.
CONVENANT, adj., convenable à; s. I, v. 89.
CONVOITEUX, adj., plein de convoitise; s. x, v. 51.
CORRIVAL, n. m., rival; s. VIII, v. 95.
CRESPELU, adj., crepé; dialog., v. 320.
COUPEAU, n. m., sommet; s. II, v. 201.

COURAGE, n. m. Ep., 1, v. 84.
COURANTE, m. f., courant, penchant, s. VII, v. 28.
COURT, n. f., cour; s. III, v. 151, 170 ; — s. VI, v. 107.
CUIDER, v., penser, croire; s. IX, v. 205.
CUPIDE, adj., désireux de, *cupidus* lat.

DAM, n. m., dommage, perte; s. VIII, v. 48.
DARIOLET, ETTE, adj., entremetteur d'amour; s. v, v. 200.
DÉCONFIRE, vaincre, briser; s. I, v. 33.
DÉGOISER (se), v. pr., se répandre; s. xv, v. 62.
DEMEURES, n. pl., retards ; s. VIII, v. 197.
DÉSANGOURDIR, v., dégourdir; s. I, v. 143.
DESCHASSER, s. chasser, expulser ; s. VI, v. 131.
DESHABITÉ, p. pass., déserté; s. XIII, v. 284.
DESPARTIR, v., accorder, distribuer; s. VI, v. 116.
DESPENDRE, v., dépenser ; s. VI, v. 46 ; s. VIII, v. 58.
DESPITER, v., défier; s. VII, v. 166.
DESVESTU, adj., dépourvu, privé; s. XVI, v. 53.
DEULS (je me), du v. *se douloir*, s'affliger; s. VI, v. 57.
DÉVOT adj., voué, fidèle à; s. I, v. 75.
DU DEPUIS, adv., depuis; s. VII, v. 74.
DILAYANT, adj., temporiseur; s. v, v. 147; c'est le *dilator* d'Horace.
DISCORD, n. m., discorde, ; s, I, v v. 63.

DOINT, doit, du v. *devoir*, s. XIII, v. 295.

EFFROYANT, adj., effrayant, s. XI, v. 353.

EMMY, prép. au milieu, p. 273, v. 3.

ENCONTRE, prép., contre; s. XIV, v. 140.

ENDEMENÉ, ÉE, adj., agité, inquiet; s. XI, v. 178.

ENJONCHER, v. joncher; ép. I, v. 176.

ENRUMNÉ, adj., enrhumé; s. XIV, v. 147.

ENTRANT, adj., entreprenant, hardi; s. III, v. 80, 105.

ENTREGENT, n. m., savoir vivre, connaissance du monde; s. XI, v. 252.

ESPOINÇONNER, v., aiguillonner; s. III, v. 217.

ESPOINT, adj. épris; p. 291, v. 91.

ESTOC, n. m., longue épée fort étroite; s. IX, v. 200.

ESTRANGE, adj. étranger; ép. I, v. 139.

ESTRIVER, v., disputer, être en débat; s. XIII, v. 296.

ET SI, loc. conj., cependant, pourtant; s. X, v. 183.

EVEROLE, n. f. ampoule; s. X, v. 168.

FALLACE, n. f., tromperie; s. VII, v. 65.

FANNIT, v. se fane; dialog. v. 152; *se fanissent*, se fanent; stanc., p. 298, v. 12.

FANTASIE, n. f., fantaisie; s. V, v. 224.

FANTASIER, v, tourmenter, fatiguer; s. VI, v. 35.

FOIT, n. m., fouet; s. X, v. 234.

FORCENERIE, n. f., folie; s. XV, v. 99.

FOURMENT, n. m., froment; s. XV, v. 41.

FUSTÉ, adj., accablé; (*fustis*, bâton); s. IV, v. 147.

GARIR, v., guérir; s. X, v. 49; s. XV, v. 16.

GRIGUES, n., haut-de-chausses; s. II, v. 45.

GREVÉ, ÉE, adj., accablé, du lat. *gravare*; s. VIII, v. 86.

GUERDON, n. m., récompense; s. XIII, v. 293.

GUITERNE, n. f., guitare, p. 274, v. 13.

HAINEUX, EUSE, adj., ennemi; s. IV, v. 178.

HALEINER, v., respirer; s. VII, v. 95.

HAZARDÉMENT, adj., par hasard; s. X, v. 38.

HEUR, n. m., fortune, bonheur; s. VI, v. 13; — s. VIII, v. 153.

HUMEURS, n. f. pl., caprices; s. V, v. 88.

IMPITUEUX, EUSE, adj. impitoyable; 267, v. 20.

IMPOURVEU (A L'), loc. adv., à l'improviste; s. VII, v. 108.

JA, adv. (*jam*, lat.), depuis longtemps; s. II, v. 73; s. XIII, v. 19.

JA-DES-JA, loc. adv., tout à coup; s. XIII, v. 43.

JOINT QUE, loc. adv., en outre; s. I, v. 78; — s. II, v. 17.

LANGARD, ARDE, adj., bavard, indiscret; s. XIV, v. 185.
LÉGER (DE), loc. adv., légèrement; s. V, v. 148. Molière a employé cette locution : « Il ne faut rien croire *de léger*. »
Los, n. m., hommage, éloge; s. I, v. 53.
LOUCHER, v., regarder en divers sens; s. IV, v. 55.
LUITER, v., lutter; ép. I, v. 71.
LUITEUR, n. m., lutteur; s. I, v. 82.

MARJOLLET, n. m., fanfaron, s. III, v. 126.
MALE, adj. f., mauvaise; s. VIII, v. 82.
MARINE, n. f., mer; s. VII, v. 167.
MARISSON, n. f., tristesse, chagrin; s. XI, v. 14.
MAUVAISTIÉ, méchanceté; ép. II, v. 155.
MENESTRE, n. f., soupe, potage; s. X, v. 291.
MÉTAIL, n. m., métal; s. VII, v. 146.
MUSSER (se), v., se cacher; s. IX, v. 180.
MORGAND, adj., fier, insolent; s. III, v. 57.

NAUFRAGE, n. m., naufragé; s. VII, v. 166.
NAVIGER, v., naviguer; s. VI, v. 56, ep. II, v. 55, 98.
NICETTE, adj. f. novice; ép. II, v. 119.
NOURRITURE, n. f., éducation; s. III, v. 233.

OR, conj., maintenant; ép. II, v. 29.
OR QUE, loc. conj., quoique; s. IV, v. 119.
ORDE, adj., horrible; s. XI, v. 78.

ORES, adv., maintenant; s. I, v. 23; s. V, v. 87.
OPILÉ, ÉE, adj., étouffé; s. II, v. 154.

PAISANT, n. m., paysan; s. IX, v. 219.
PANTOIS, OISE. adj., essoufflé; ép. I, v. 95.
PAR AINSI, loc. conj., ainsi donc; s. I, v. 72; — s. II, v. 17, 115.
PARTI, IE, adj., départi, s. IX, v. 225.
PARTIR DE LA (AU), loc. prép., ensuite, après; s. II, v. 149. s. III. v. 130.
PEAUTRE, plâtre; s. IX, v. 81.
PÉDANTAILLE, n. f., pédant; s. X, v. 124.
PENNACHE, n. m., panache; s. VIII, v. 10.
PÉTEUX, n. m., péteur; s. XIV, v. 188.
PIOLÉ, de deux couleurs; s. IX, v. 79.
PLORER, v., déplorer, pleurer, s. XI, v. 14, s. XIII, v. 11.
POINTURE, n. f., piqûre; s. VII, v. 129.
POIX, poids; n. m., s. VI, v. 126.
PORFIL, profil; s. X, v. 161.
POSTPOSER, v. mettre après, n'estimer qu'en second lieu; ép. II, v. 80.
POURCHASSER, v., rechercher; s. VI, v. 233.
PREMIER, adv., d'abord, pour la première fois; s. VIII, v. 48.

QUAYMANDE, adj., qui mendie; s. IV, v. 42.
QUENAILLE, n. f., canaille; s. VI, v. 102; — s. X, v. 194.
QUI, pr. répété; l'un, l'autre; s. VI, v. 112.

INDEX.

RANCŒUR, n. f. désir de vengeance, rancune; élig. II. v. 184
REBEC, n. m., violon; s. x, v. 134. ép. III. v. 10.
RECIPEZ, n. m. remèdes; s. xv. v. 16.
RECREU, ad. médiocre; s. x, v. 122.
RELEVÉ, adj., fier; s. v, v. 128.
REMEUGLE, n. m., remugle, odeur de renfermé; s. xi, v. 390.
RENGREGER (SE), v. pr. se fortifier, s'augmenter, poés. div., p. 266, v. 15.
RIMASSEUR, n. m., rimailleur; s. II, v. 27.
ROIGNER, v. rogner; s. x, v. 170.
ROLLER, n. m., rôle; s. xiv, v. 45.
RONGNER, v. rogner; s. xii, v. 28.
RONGNEUX, adj. qui a la rogne; s. x, v. 16.
ROSSOYANT, ANTE, adj., qui tient de la rosée; s. v, v. 39.
ROYNE, n. f. reine; s. viii, v. 160.

SADE, adj. f., gentille; s. ix, v. 75.
SADINETTE, adj. f., dimin., gentille; s. vii, v. 133.
SAGETTE, n. f. (*sagitta*, lat.), flèche, trait; s. v, v. 26.
SAOULER (se), v. pr., se contenter; s. vi, v. 144.
SERF, ERVE, adj. fig., esclave; s. III, v. 58.
SILLÉ, ÉE, adj., élég. II, v. 64.
SIVÉ, n. m., eau sale et croupie; s. xi, v. 266.

SOLDART, n. m., soldat; ep. I, v. 126.
SOULOIS, SOULOIT, du v. *souloir;* avoir coutume; s. x, v. 170 et dialog. p. 292, v. 130.
SUS, prép., sur; s. III, v. 125; — s. v, v. 71.

TANT PLUS, loc. adv., d'autant plus; s. v, v. 144; — s. xv, v. 17.
TEMPÉRATURE, n. f., tempérament; s. v, v. 110.
TORTE, adj., de travers; s. x, v. 161, 175.
TOUSSIR, v., tousser; s. iv, v. 31.
TOUT PAR-TOUT, loc. adv., en tous lieux; s. vi, v. 158.
TROIGNE, n. f., trogne; s. vi, v. 198.
TRONGNE, n. f., trogne; visage; extérieur; s. x, v. 159.
TROUSSER, v., retrousser; s. i, v. 37.

UN, pr., quelqu'un, s. viii, v. 138.
UN CHASCUN, pr., chacun; s. vii, v. 93.

VENIM, n. m., venin; lat. *venenum;* s. vi, v. 155.
VERGONGNE, n. f., pudeur, modestie; s. vii, v. 109.
VOIRE, adv., et même; s. II, v. 100.
VOIRE, adv. d'affirm., vraiment; s. III, v. 248.
VOIS, v. p. je vais; s. x, v. 42.

YVRONGNE, ivrogne; s. x, v. 160.

TABLE DES MATIÈRES

Étude biographique et littéraire sur Mathurin Régnier. v
Au Roy.................... 1

SATYRES

I. Discours au Roy................ 4
II. Les Poëtes. — A M. le comte de Caramain... 12
III. La vie de la cour. — A M. le marquis de Cœuvres. 28
IV. La poésie toujours pauvre. — A. M. Motin... 43
V. Le goust particulier décide de tout. — A M. Bertaut, évêque de Séez............. 53
VI. L'honneur, ennemi de la vie. — A M. de Béthune, estant ambassadeur pour Sa Majesté, à Rome.................... 68
VII. L'amour qu'on ne peut dompter. — A M. le marquis de Cœuvres................ 82
VIII. L'importun ou le fascheux. — A M. l'abbé de Beaulieu, nommé par Sa Majesté à l'évêché du Mans. 91
IX. Le critique outré. — A. M. Rapin........ 103
X. Le souper ridicule............... 117
XI. Le mauvais giste............... 149
XII. Régnier apologiste de soy-mesme....... 167
XIII. Macette ou l'hypocrisie déconcertée...... 174
XIV. La folie est générale............. 189
XV. Le poëte malgré soy............. 199
XVI. Ny crainte ny espérance........... 209

EPISTRE

I. Discours au Roy.................. 215
II. A M. de Forquevaus.................. 226
III. 232

ÉLÉGIES

I. 237
II. Élégie zélotypique.................. 242
III. Sur le même sujet.................. 250
IV. Impuissance.................. 252
V. 259

POÉSIES DIVERSES

Plainte. — Stances.................. 263
Odes.................. 269
— Contre une vieille M.................. 272
— La douleur d'amour.................. 275
Stances contre un amoureux transy.................. 278
Stances sur la ch.................. 281
Discours d'une vieille M.................. 282
Dialogue. — Cloris et Philis.................. 287
Sonnet sur le trespas de M. Passerat.................. 300
— sur la mort de M. Rapin.................. 301
Epigrammes.................. 302

POÉSIES SPIRITUELLES

Stances.................. 308
Hymne sur la nativité de Nostre Seigneur.................. 312
Sonnets.................. 314
Commencement d'un poème sacré.................. 316
Ode sur un combat entre Régnier et Berthelot.................. 317

SUPPLÉMENT AUX POÉSIES DE RÉGNIER

L'eslongnement de la cour.................. 323
Abrégé de confession.................. 331
Stances.................. 333
Epigrammes.................. 334
Privilége du Roy.................. 337
Index des mots vieillis.................. 339

FIN DE LA TABLE

EXTRAIT DU CATALOGUE

DE

GARNIER FRÈRES

6, rue des Saints-Pères, et Palais-Royal, 215

DICTIONNAIRE NATIONAL

OUVRAGE ENTIÈREMENT TERMINÉ

MONUMENT ÉLEVÉ A LA GLOIRE DE LA LANGUE ET DES LETTRES FRANÇAISES

Ce grand Dictionnaire classique de la Langue française contient, pour la première fois, outre les mots mis en circulation par la presse, et qui sont devenus une des propriétés de la parole, les noms de tous les Peuples anciens, modernes ; de tous les Souverains de chaque Etat; des Institutions politiques ; des Assemblées délibérantes; des Ordres monastiques, militaires ; des Sectes religieuses, politiques, philosophiques; des grands Evénements historiques : Guerres, Batailles, Siéges, Journées mémorables, Conspirations, Traités de paix, Conciles ; des Titres, Dignités, Fonctions, des Hommes ou Femmes célèbres en tout genre ; des Personnages historiques de tous les pays et de tous les temps : Saints, Martyrs, Savants, Artistes, Ecrivains; des Divinités, Héros et personnages fabuleux de tous les peuples ; des Religions et Cultes divers, Fêtes, Jeux, Cérémonies publiques, Mystères, enfin la Nomenclature de tous les Chefs-lieux, Arrondissements, Cantons, Villes, Fleuves, Rivières, Montagnes de la France et de l'Etranger ; avec les Etymologies grecques, latines, arabes, celtiques, germaniques, etc., etc.

Cet ouvrage classique est rédigé sur un plan entièrement neuf, plus exact et plus complet que tous les dictionnaires qui existent, et dans lequel toutes les définitions, toutes les acceptions des mots et les nuances infinies qu'ils ont reçues sont justifiées par plus de quinze cent mille exemples extraits de tous les écrivains, moralistes et poëtes, philosophes et historiens, etc., etc. Par M. BESCHERELLE aîné, principal auteur de la *Grammaire nationale*. 2 magnifiques vol. in-4 de plus de 3,000 pages, à 4 col. imprimés en caractères neufs et très-lisibles, sur papier grand raisin glacé, contenant la matière de plus de 300 volumes in-8. . . . . 50 fr.

Demi-reliure chagrin, plats en toile. . . . . 10 fr.

GRAMMAIRE NATIONALE

Ou Grammaire de Voltaire, de Racine, de Bossuet, de Fénelon, de J. J. Rousseau, de Bernardin de Saint-Pierre, de Chateaubriand, de Casimir Delavigne, et de tous les écrivains les plus distingués de la France, par MM. BESCHERELLE FRÈRES et LITAIS DE CAUX. 1 fort vol. grand in-8. Complément indispensable du *Dictionnaire national*. . . . . 10 fr

NOUVEAU DICTIONNAIRE CLASSIQUE DE LA LANGUE FRANÇAISE

Comprenant : Les mots du Dictionnaire de l'Académie française, et un très-grand nombre d'autres autorisés par l'emploi qu'en ont fait les bons écrivains; leurs acceptions propres et figurées et l'indication de leur emploi dans les différents genres de style ; — 2° Les termes usités dans les sciences, les arts, les manufactures, ou tirés des langues étrangères ; — 3° La synonymie rédigée sur un plan tout nouveau ; — 4° La prononciation figurée de tous les mots qui représentent quelque difficulté. — 5° Un Vocabulaire général de géographie, d'histoire et de biographie, etc ; et par MM BESCHERELLE aîné et J. A. PONS. 1 vol. gr. in-8 de 1100 pages. 10 fr

DICTIONNAIRE USUEL DE TOUS LES VERBES FRANÇAIS,
Tant réguliers qu'irréguliers ; par MM. Bescherelle frères. 3ᵉ édition. 2 forts vol. in-8 à 2 colonnes.. . . . . 12 fr.
La conjugaison des verbes est sans contredit ce qu'il y a de plus difficile dans notre langue, puisqu'on y compte plus de trois cents verbes irréguliers. A l'aide de ce dictionnaire, tous les doutes sont levés, toutes les difficultés vaincues.

DICTIONNAIRE ENCYCLOPÉDIQUE D'HISTOIRE, DE BIOGRAPHIE, DE MYTHOLOGIE ET DE GÉOGRAPHIE
Comprenant : 1° *Histoire* : l'histoire des peuples, la chronologie des dynasties, l'archéologie, l'étude des institutions politiques, religieuses et judiciaires et des divers systèmes philosophiques ; 2° *Biographie* : la biographie des hommes célèbres, avec notices bibliographiques sur leurs ouvrages ; 3° *Mythologie* : la biographie des dieux et personnages fabuleux, l'exposition des rites, fêtes et mystères ; 4° *Géographie* : la géographie physique, politique, industrielle et commerciale, d'après les documents les plus récents, la géographie ancienne et moderne comparée. 1 fort volume grand in-8. . . . . 20 fr

DICTIONNAIRE GÉNÉRAL DES SCIENCES THÉORIQUES ET APPLIQUÉES
Comprenant les mathématiques, la physique et la chimie, la mécanique et la technologie, l'histoire naturelle et la médecine, l'économie rurale et l'art vétérinaire, par MM. Privat-Deschanel et Ad. Focillon, professeurs des sciences physiques et naturelles ; 4 parties, 2 vol. gr. in-8. . . . . 32 fr.

GRAMMAIRE DE LA LANGUE ANGLAISE
Contenant : 1° Un traité de la prononciation avec un *syllabaire* et de nombreux exercices de lecture ; 2° Un cours de thèmes complet sur les règles et les difficultés de la langue, et sur tous les verbes irréguliers ; 3° Idiotismes ; 4° Dialogues familiers, par MM. Clifton et Mervoyer, docteur ès-lettres. 1 vol. gr. in-18, cart. . . . . 2 fr

GRAMMAIRE ESPAGNOLE-FRANÇAISE DE SOBRINO
Très-complète et très-détaillée, contenant toutes les notions nécessaires pour apprendre à parler et à écrire correctement l'espagnol. Nouvelle édition, refondue avec le plus grand soin, par A. Galban. 1 vol. in-8. . . . 4 fr.

GRAMATICA DE LA LENGUA FRANCESA
Para los Españoles, por Chantreau, corrigée avec le plus grand soin par A Galban, 1 vol. in-8 . . . . 4 fr.

GRAMMAIRE ITALIENNE
En 25 leçons, d'après Vergani, corrigée et complétée par C. Ferrari, ancien professeur à l'École normale et à l'Université de Turin. 1 vol. . . . 2 fr.

NUOVA GRAMMATICA FRANCESE-ITALIANA
Di Lodovico Goudar. Con nuove regole e spiegazioni intorno alla moderna pronunzia, alla natura dei dittonghi francesi ed ai participii, ricavate dalle opere de' migliori grammatici. Nuova edizione corretta ed arrichita da Giuseppe Caccia. Vol. grand in-18. . . . . 2 fr.

PETIT DICTIONNAIRE NATIONAL
Contenant la définition très-claire et très-exacte de tous les mots de la langue usuelle ; l'explication la plus simple des termes scientifiques et techniques ; la prononciation figurée dans tous les cas douteux ou difficiles, etc., etc. ; par M. Bescherelle aîné, auteur du *Grand Dictionnaire national*, etc. 1 fort vol. in-32 jésus, de plus de 600 pages. . . . . 2 fr.

PETIT DICTIONNAIRE D'HISTOIRE, DE GÉOGRAPHIE ET DE MYTHOLOGIE
ar J. P. Quitard, faisant suite au *Petit Dictionnaire national* de M. Bescherelle aîné. 1 vol. in-32.. . . . . 1 fr. 50
Les deux ouvrages réunis en 1 fort vol., rel. toile. . . . . 4 fr

NOUVEAU DICTIONNAIRE DES RIMES
Précédé d'un Traité complet de versification, par P. M. Quitard. 1 volume gr. in-32.. . . . . 2 fr.

PETITS DICTIONNAIRES EN DEUX LANGUES
Grand in-32, format de poche, dit Cazin

Avec la prononciation figurée, très-complets et exécutés avec le plus grand soin, contenant chacun la matière d'un fort volume in-8, à l'usage des voyageurs, des lycées, des colléges, de la jeunesse des deux sexes, et de toutes les personnes qui étudient les langues étrangères.

Dictionnaire grec-français, rédigé sur un plan nouveau, contenant tous les termes employés par les auteurs classiques, présentant un aperçu de la dérivation des mots dans la langue grecque et suivi d'un Lexique des noms propres, par A. Chassang, maître de Conférences de langue et littérature grecques à l'Ecole normale supérieure. 1 vol. de plus de 1000 p. 6 fr.

Nouveau Dictionnaire latin-français, contenant tous les termes employés par les auteurs classiques; l'explication d'un certain nombre de mots appartenant à la langue du droit; les noms propres d'hommes et de lieux, etc., par E. de Suckau. 1 fort vol. 4 fr. 50

Nouveau Dictionnaire anglais-français et français-anglais, contenant tout le vocabulaire de la langue usuelle, et donnant la *prononciation* figurée de tous les mots anglais, et celle des mots français dans les cas douteux, par M. Clifton. 1 vol. 4 fr. 50

Nouveau Dictionnaire allemand-français et français-allemand du langage littéraire, scientifique et usuel, contenant, à leur ordre alphabétique, tous les mots usités et nouveaux de ces deux idiomes; les noms propres, etc.; la grammaire les idiotismes, et suivi d'un Tableau des verbes irréguliers, par K. Rotteck (de Berlin). 1 fort vol. . . . . 4 fr. 50

Nouveau Dictionnaire de poche français-espagnol et espagnol-français, avec *la prononciation* dans les deux langues, rédigé d'après les matériaux réunis par D. Vicente Salva et les meilleurs dictionnaires parus jusqu'à ce jour. 1 fort vol. . . . . . . 5 fr.

Dictionnaire-italien-français et français-italien, contenant tous les mots de la langue usuelle et donnant la prononciation figurée des mots italiens et des mots français, dans les cas douteux et difficiles, par C. Ferrari. 1 fort volume. . . . . . . 4. fr. 50

Nouveau Dictionnaire français-portugais et portugais-français, contenant tout le vocabulaire de la langue usuelle, et donnant la *prononciation* figurée de tous les mots portugais et celle des mots français, par Sousa Pinto, 1 vol. . . . . 6 fr.

Diccionario español-inglés é inglés-español portátil con la pronunciacion en ambas lenguas. Formado con presencia de los mejores diccionarios ingleses y españoles por Don Corona Bustamente, y el mas completo de los publicados hasta el dia. 1 tomo. 6 fr.

Diccionario español-italiano é italiano-español con la pronunciacion en ambas lenguas. Compuesto por D. J. Caccia con areglo á los mejores diccionarios, y el mas completo de los publicados hasta ahora. 1 tomo. 5 fr.

Reliure percaline, tr. jaspée, de chacun de ces quatre dictionnaires...   60 c

Les dictionnaires en petit format publiés jusqu'à ce jour sont plutôt des vocabulaires, souvent très-incomplets, qui ne contiennent aucune des indications nécessaires pour aider un commençant à traduire correctement d'une langue dans une autre.

Dans ces dictionnaires, que nous recommandons à l'attention du public ami des lettres:

1° Tous les mots, sans exception, sont à leur ordre alphabétique; pas de liste particulière de noms propres, de mots géographiques, etc.

2° Les diverses acceptions de chaque mot sont indiquées par des numéros Le premier numéro donne le sens le plus conforme à l'étymologie; les numéros suivants présentent successivement les sens dérivés, détournés ou figurés. Enfin différents signes typographiques et de ponctuation viennent encore guider l'étranger dans le choix des mots.

3° La prononciation a été figurée avec le plus grand soin et à l'aide des moyens es plus simples.
On voit que nous n'avons rien négligé pour rendre cette publication aussi utile et pratique que possible. Si l'on considère encore que nous donnons également la solution des difficultés grammaticales, relatives, par exemple, à la conjugaison des verbes, des prépositions, etc., on sera forcé de convenir que jamais on n'a présenté autant de matières sous un aussi petit volume.

GRAND DICTIONNAIRE
ESPAGNOL-FRANÇAIS ET FRANÇAIS-ESPAGNOL
Avec la prononciation dans les deux langues, plus exact et plus complet que tou ceux qui ont paru jusqu'à ce jour, rédigé d'après les matériaux réunis par D. VICENT SALVA, et les meilleurs dictionnaires anciens et modernes, par F. DE P., NORIÉGA E GUIM. 1 fort vol. gr. in-8 jésus, d'environ 1,600 pag., à 3 col. . . . . 18 fr

GUIDES POLYGLOTTES
Manuels de la conversation et du style épistolaire, à l'usage des voyageurs e des écoles. Grand in-32, format dit Cazin, papier satiné, élégamment cartonnés. Prix du vol.. . . . . 2 fr

Français-anglais, par M. CLIFTON, 1 vol.
Français-italien, par M. VITALI, 1 vol.
Français-allemand, par M. EBELING, 1 vol.
Français-espagnol, par M. CORONA BUSTAMENTE, 1 vol.
Espanol-francés, por CORONA BUSTAMENTE. 1 vol.
English-french, by CLIFTON, 1 vol.
Hollandsch-fransch, van A. DUFRICHE, 1 vol.
Espanol-inglés, por CORONA BUSTAMENTE y CLIFTON, 1 vol.

English and italian. 1 vol.
Espanol-aleman, por CORONA BUSTAMENT EBELING, 1 vol.
Deutsch-englisch, von CAROLINO DUARTE 1 vol.
Espanol-italiano, por M. CORONA BUSTAMENTE y VITALI, 1 vol.
Italiano-tedesco, da GIOVANNI VITALI Dr EBELING, 1 vol.
Portuguez-francez, por M. CAROLINO DUARTE y CLIFTON, 1 vol.
Portuguez-inglez, por DUARTE y CLIFTON, 1 vol.

GUIDE EN SIX LANGUES. Français-anglais-allemand-italien-espagnol-portugais. 1 fort in-16 de 550 pages. . . . . 5 fr.

GUIDE EN QUATRE LANGUES, français-anglais-allemand-italien, 1 vol. 4 fr
Nous appelons d'une manière toute spéciale l'attention sur nos *Guides polyglottes* Le soin intelligent et scrupuleux qui en a dirigé l'exécution leur assure, par m les livres de ce genre, une incontestable supériorité. Le texte original a été fait et préparé, avec beaucoup d'adresse et d'habileté, par un maître de conférences à l'Ecole normale supérieure. Les besoins de la conversation usuelle y sont très-heureusement prévus. Les dialogues, au lieu de se traîner dans l'ornière des banalités ennuyeuses, ont un à-propos, une vivacité, un sel, qui amusent et réveillent le lecteur. Les traducteurs se sont acquittés de leur tâche avec exactitude et fidélité.

Guide français-anglais, manuel de la conversation et du style épistolaire, avec la *prononciation figurée de tous les mots anglais*, à l'usage des voyageurs, par CLIFTON. 1 vol. in-16. 4 fr.

Polyglot guides, manual of conversation with models of letters for the use of travellers and students. English and French with the figured pronunciation of the French, by CLIFTON. 1 volume in-16. . . . . 4 fr

CODES ET LOIS USUELLES
Classés par ordre alphabétique, 4° édition sans supplément, contenant la législation jusqu'à 1870 collationnée sur les textes officiels, contenant en note sous chaque article des codes ses différentes modifications, la corrélation des articles entre eux, la concordance avec le droit romain, l'ancienne législation française et les lois nouvelles, précédée de la constituttion de la France et accompagnée d'une table chronologique et d'une table générale des matières, par M. A. ROGER, avocat à la Cour de Paris, et M. A. SOREL, avocat à la Cour de Paris. 1 beau v. gr. in-8 raisin de 1.200 pages. Prix, br.. . . . . 15 fr.

LE MÊME OUVRAGE
Édition portative, format gr. in-32 jésus, en deux parties :
Ire Partie. Les *Codes*. . . . 4 fr. | IIe Partie. Les *Lois usuelles*. 4 fr.

GÉOGRAPHIE UNIVERSELLE

Par MALTE-BRUN. Description de toutes les parties du monde sur un nouveau plan, d'après les grandes divisions du globe; précédée de l'histoire de la géographie chez les peuples anciens et modernes, et d'une théorie générale de la géographie mathématique, physique et politique. 6e édition, revue, corrigée et augmentée, mise dans un nouvel ordre et enrichie de toutes les nouvelles découvertes, par J.-J.-N. HUOT. 6 beaux vol. gr. in-8, ornés de 41 grav. sur acier. . . . . 60 fr.
Avec un superbe Atlas entièrement établi à neuf. 1 vol. in-folio, composé de 72 magnifiques cartes coloriées, dont 14 doubles. . . . . 80 fr
On peut acheter l'Atlas séparément. . . . . 20 fr

DICTIONNAIRE DE LA CONVERSATION ET DE LA LECTURE.

52 vol. grand in-8 de 500 pages à 2 col., contenant la matière de plus de 300 vol. . . . . 208 fr.

SUPPLÉMENT AU DICTIONNAIRE DE LA CONVERSATION ET DE LA LECTURE

Rédigé par tous les écrivains et savants dont les noms figurent dans cet ouvrage et publié sous la direction du même rédacteur en chef. 16 vol. in-8 de 500 pages pareilles à celles des 52 vol. publiés de 1833 à 1839. 80 fr.
Le *Supplément*, aujourd'hui TERMINÉ, se compose de *seize volumes* formant les tomes 53 à 68 de cette Encyclopédie si populaire.
Le *Supplément* a réparé toutes les erreurs, toutes les omissions qui avaient échappé dans le travail si rapide de la rédaction des 52 premiers volumes. Tous les *renvois* que le lecteur chercherait vainement dans l'ouvrage principal se trouvent traités dans le *Supplément*.

COURS COMPLET D'AGRICULTURE

Ou Nouveau Dictionnaire d'agriculture théorique et pratique, d'économie rurale et de médecine vétérinaire, sur le plan de l'ancien Dictionnaire de l'abbé Rosnier, par MM. le baron de MOROGUES, membre de l'Institut; MIRBEL, HÉRICART DE THURY, président de la Société nationale d'agriculture; PAYEN, professeur de chimie agricole; MATHIEU DE DOMBASLE, etc., etc. 4e édition, revue et corrigée. 20 vol. br. en 19 gr. in-8 à 2 col., avec environ 4,000 sujets grav. . . . . 112 fr.

DICTIONNAIRE D'HIPPIATRIQUE ET D'ÉQUITATION.

Ouvrage où se trouvent réunies toutes les connaissances équestres et hippiques, par F. CARDINI, lieutenant-colonel en retraite. 2 vol. grand in-8, ornés de 70 figures; 2e édition, considérablement augmentée. . . 20 fr.

NOUVEAU DICTIONNAIRE COMPLET DES COMMUNES DE LA FRANCE

De l'Algérie et des autres colonies françaises, contenant la Nomenclature de toutes les communes, leur division administrative, leur population d'après le dernier recensement; les bureaux de poste; leur distance de Paris; les stations de chemins de fer; les bureaux télégraphiques; l'industrie; le commerce; les productions du sol; les châteaux et tous les renseignements relatifs à l'organisation administrative, ecclésiastique, judiciaire, universitaire, financière, militaire et maritime de la France, avant et depuis 1789, par A. GINDRE DE MANCY. 1 fort vol. gr. in-8 d'environ 1,000 p. à deux colonnes, avec une carte des chemins de fer, par CHARLE, géographe. 12 fr.

DICTIONNAIRE PORTATIF DES COMMUNES DE LA FRANCE, DE L'ALGÉRIE ET DES AUTRES COLONIES FRANÇAISES

Précédé de tableaux synoptiques, et accompagné d'une carte de la France, par M. GINDRE DE MANCY. 1 fort vol. in-32 de 750 pages. . . . . 5 fr.

CHEFS-D'ŒUVRE DE LA LITTÉRATURE FRANÇAISE

Format in-8 cavalier
24 volumes sont en vente à 7 fr. 50

Cette collection, imprimée avec luxe par M Claye, sur magnifique papier des Vosges fabriqué spécialement pour cette édition, est ornée de vignettes gravées sur acier, d'après les dessins de STAAL.

On tire de chaque volume de la collection 150 *exemplaires numérotés* sur papier de Hollande, avec figures sur chine avant la lettre, au prix de 15 fr. le vol. (Molière est épuisé; ne se vend qu'avec la collection.)

Œuvres complètes de Molière, nouvelle édition très-soigneusement revue sur les textes originaux, avec un nouveau travail de critique et d'érudition, aperçus d'histoire littéraire, examen de chaque pièce, commentaire, biographie, etc., etc., par M. LOUIS MOLAND. 7 vol.

Chefs-d'œuvre littéraires de Buffon, avec une introduction par M. FLOURENS, membre de l'Académie française, etc. 2 vol.

Histoire de Gil Blas de Santillane, par LE SAGE, avec les principales remarques des divers annotateurs, précédée d'une notice par SAINTE-BEUVE. les jugements et témoignages sur le Sage et sur *Gil Blas*. 2 vol. illustrés de 6 belles gravures sur acier d'après les dessins de STAAL.

L'Imitation de Jésus-Christ. Traduction nouvelle avec des réflexions par M. l'abbé DE LAMENNAIS. 1 vol.

Œuvres de Jean-Baptiste Rousseau, avec un nouveau travail de ANTOINE DE LATOUR. 1 vol.

Essais de Michel de Montaigne, nouvelle édition, avec les notes de tous les commentateurs, choisies et complétées par M. J. V. LE CLERC, ornée d'un magnifique portrait de MONTAIGNE, précédée d'une nouvelle étude sur Montaigne, par M. PRÉVOST-PARADOL, de l'Académie française. 4 vol.

Œuvres complètes de Boileau Despréaux, avec un nouveau travail et un commentaire, par M. GÉRUZEZ. 4 v.

Œuvres choisies de Marot, accompagnées de notes philologiques et littéraires et précédées d'une étude sur l'auteur, par M. D'HÉRICAULT. 1 vol.

Œuvres complètes de Racine, avec un travail nouveau, par M. SAINT-MARC GIRARDIN, de l'Académie franç. 1er, 2e v.

Œuvres complètes de la Fontaine, avec un nouveau travail de critique et d'érudition, par M. LOUIS MOLAND.

Nous avons promis, dans le prospectus de *Molière*, de chercher à remettre en honneur les belles éditions de nos auteurs classiques. Les volumes qui ont paru permettent de juger si nous avons tenu parole.

Notre collection contiendra la fleur de la littérature française. Elle se composera d'une soixantaine de volumes environ, et sera digne de tenir une place d'honneur dans les meilleures bibliothèques.

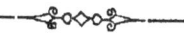

BIBLIOTHÈQUE AMUSANTE

Contenant les meilleurs romans du XVIIe et du XVIIIe siècle, et quelques-uns des principaux du XIXe. Le volume, grand in-8 cavalier, 3 grav. sur acier d'après STAAL . . . . 7 fr. 50

Œuvres de madame de la Fayette. 1 vol.

Œuvres de mesdames de Fontaines et Tencin. 1 vol.

Gil Blas, par LE SAGE. 2 vol.

Diable boiteux, suivi de *Estévanille Gonzalès*, par LE SAGE. 1 vol.

Histoire de Guzman d'Alfarache, par LE SAGE. 1 vol.

Vie de Marianne, suivie du *Paysan parvenu*, par MARIVAUX. 2 vol.

Œuvres de madame Riccoboni. 1 v.

Lettres du marquis de Rosselle, par madame ELIE DE BEAUMONT; **Mademoiselle de Clermont**, par madame DE GENLIS, et la **Dot de Suzette**, par FIÉVÉE. 1 vol.

Chefs-d'œuvre de madame de Souza. 1 vol.

Corinne, par madame de STAEL. 1 vol.

HISTOIRE DE FRANCE PAR ANQUETIL
Avec continuation jusqu'en 1852, par BAUDE, l'un des principaux auteurs du *Million de faits* et de *Patria*. 8 demi-vol. gr. in-8, illustrés de 120 gravures, renfermant la collection complète des portraits des rois.. . . . 50 fr.

HISTOIRE DE FRANCE D'ANQUETIL
Continuée depuis la Révolution de 1789, par LÉONARD GALLOIS. Edition ornée de 50 gravures en taille-douce. 5 vol. gr. in-8 jésus à 2 colonnes, contenant la matière de 40 vol. in-8 ordinaire, 62 fr. 50; net.. . . . . . 30 fr.

HISTOIRE DES DEUX RESTAURATIONS
Jusqu'à l'avénement de Louis-Philippe (de janvier 1813 à octobre 1830) ; par ACHILLE DE VAULABELLE. Sixième édit. 8 v. in-8, à. . . . . 5 fr.

1815 — LIGNY — WATERLOO
Par A. DE VAULABELLE, ancien ministre de l'instruction publique. 1 volume grand in-8 jésus, illustré de 40 belles gravures sur bois d'après les dessins de M. WORMS. . . . . 1 fr. 50

CAMPAGNE DE RUSSIE (1812)
Par ALFRED ASSOLLANT. Illustré de 40 gravures, par J. WORMS, d'après les documents authentiques. 1 vol. gr. in-8 jésus. . . . . 1 fr. 60

LORD MACAULAY
Histoire d'Angleterre sous le règne de Jacques II, traduit de l'anglais par le comte JULES DE PEYRONNET. Deuxième édition, revue et corrigée. 5 vol. in-8. Chaque volume. . . . . 5 fr.

Histoire du règne de Guillaume III pour faire suite à l'Histoire du règne de Jacques II, traduit de l'anglais par AMÉDÉE PICHOT. Deuxième édition revue et corrigée. 4 vol. in-8. Prix de chaque volume. . . . . . 5 fr.

ŒUVRES COMPLÈTES DE CHATEAUBRIAND
Nouvelle édition, précédée d'une étude littéraire sur Chateaubriand, par M. SAINTE-BEUVE, de l'Académie française. 12 très-forts volumes in-8, sur papier cavalier vélin, ornés d'un beau portrait de Chateaubriand et de 42 gravures exécutées spécialement pour cette édition, et avec le plus grand soin, par MM. F. DELANNOY, G. THIBAULT, OUTHWAITE, MASSARD, etc., d'après les dessins originaux de STAAL, de RACINET, etc. Le vol. à 6 fr.

ON VEND SÉPARÉMENT AVEC UN TITRE SPÉCIAL

Le Génie du christianisme. 1 vol. orné de 5 grav. sur acier.

Les Martyrs. 1 vol. orné de 5 grav. sur acier.

L'Itinéraire de Paris à Jérusalem. 1 vol. orné de 6 gravures.

Atala, René, le Dernier Abencérage, les Natchez, Poésies. 1 vol. orné de 4 grav. sur acier.

Voyage en Amérique, en Italie et en Suisse. 1 vol. orné de 4 gravures.

Le Paradis perdu. 1 vol. orné de 1 grav. sur acier.

Histoire de France. 1 vol. orné de grav. sur acier.

Études historiques. 1 vol. orné de 3 grav. sur acier.

Le prix de chaque volume, avec 3, 4 ou 5 gravures, est de 6 fr.
Sans gravures. . . . . 5 fr.

CHATEAUBRIAND ET SON GROUPE LITTÉRAIRE
Sous l'Empire, par M. SAINTE-BEUVE, de l'Académie française. 2 volumes in-8. . . . . 12 fr.

NOUVEAU TRAITÉ DE BLASON
Ou science des armoiries, d'après le P. MÉNÉTRIER, D'HOZIER, SÉGOING, SCOHIER PALLIOT, H. DE BARA, FAVIN, par VICTOR BOUTON, peintre héraldique et paléographe. 1 vol. in-8 de 500 pag. 460 blasons, 800 noms de familles. 10 fr.

ABRÉGÉ MÉTHODIQUE DE LA SCIENCE DES ARMOIRIES

Suivi d'un glossaire des attributs héraldiques, d'un traité élémentaire des ordres modernes de chevalerie, et de notions sur l'origine des noms de familles et des classes nobles, etc., par M. MAIGNE. 1 vol. gr. in-18 jésus, orné d'environ 300 vignettes dans le texte, grav. par M. DUFRÉNOY. 6 fr.

NOBILIAIRE DE NORMANDIE

Publié par une Société de généalogistes, avec le concours des principales familles nobles de la Province, sous la direction de E. DE MAGNY. 2 vol. très-grand in-8.. . . . . 40 fr.

LE HÉRAUT D'ARMES

Revue illustrée de la noblesse, par le comte ALFRED DE BIZEMONT et VICTOR BOUTON. 1re année (novembre 1861, à janvier 1863), 30 fr.; net.. . 5 fr.

L'ITALIE CONFÉDÉRÉE

Histoire politique, militaire et pittoresque de la campagne de 1859, par AMÉDÉE DE CÉSENA. 4 beaux vol. gr. in-8. . . . . 24 fr.

Illustrée de très-belles gravures sur acier, parmi lesquelles un magnifique portrait de l'EMPEREUR et de l'IMPÉRATRICE, de vingt types militaires coloriés, d'une excellente carte du nord de l'Italie, par VUILLEMIN; des plans de bataille de Magenta et de Solferino, des plans coloriés de Venise, de Mantoue et de Vérone.

CAMPAGNE DE PIÉMONT ET DE LOMBARDIE

Par AMÉDÉE DE CÉSENA. 1 vol. gr. in-8 jésus, 20 fr.; net.. . . . . . 10 fr.

HISTOIRE DES DUCS DE BOURGOGNE

Par M. DE BARANTE, membre de l'Académie française; 7e édition. 12 vol. in-8, caractères neufs, imprimés sur papier vélin satiné des Vosges, ornés de 104 gravures et d'un grand nombre de cartes. Prix du volume.. . 5 fr.

HISTOIRE UNIVERSELLE

Par le comte de SÉGUR, de l'Académie française; contenant l'histoire de tous les peuples de l'antiquité, l'histoire romaine et l'histoire du Bas-Empire. 9e édition, ornée de 30 gravures sur acier, d'après les grands maîtres de l'école française. 3 vol. gr. in-8.. . . . . 37 fr. 50

On peut acheter séparément chaque volume, qui forme un tout complet.

LAMARTINE

Histoire de la Révolution de 1848. Nouvelle édition, complétement revue par l'auteur. 2 vol. in-8, papier cavalier vélin.. . . . . 12 fr.
Raphaël. Pages de la vingtième année. 1 v. in-8 cavalier vélin... 5 fr.
Histoire de Russie. Paris. Perrotin, 1856. 2 vol. in-8, 10 fr.; net.. 6 fr.

ŒUVRES D'AUGUSTIN THIERRY

5 vol. in-8 cavalier, papier vélin glacé, le volume. . . . . 6 fr
Histoire de la Conquête de l'Angleterre. 2 vol.
Lettres sur l'Histoire de France. — Dix ans d'Études historiques. 1 vol.
Récits des Temps mérovingiens. 1 vol.
Essai sur l'Histoire du Tiers-État. 1 vol.

GALERIES HISTORIQUES DE VERSAILLES

Édition unique). Ce grand et important ouvrage a été entrepris aux frais de la liste civile du roi Louis-Philippe, et rédigé d'après ses instructions. Il renferme la description de 1,200 tableaux; des notices historiques sur plus de 676 écussons armoriés de la salle des Croisades. 10 volumes in-8 imprimés en caractères neufs sur beau papier; accompagnés d'un atlas de 100 grav. in-folio. . . . . 100 fr.

Un seul (formant un tout complet) de 100 gravures avec notice chronologique. . . . . 50 fr.

SOUVENIRS INTIMES DU TEMPS DE L'EMPIRE

ar ÉMILE MARCO DE SAINT-HILAIRE. Illustrés de nombreuses gravures par les premiers artistes. 3 forts volumes, grand in-8 jésus. . . . . 40 fr.

ŒUVRES COMPLÈTES DE BUFFON
(OUVRAGE TERMINÉ)

Avec la nomenclature linnéenne et la classification de Cuvier ; édition nouvelle, revue sur l'édition in-4 de l'Imprimerie nationale; annotée par M. FLOURENS, membre de l'Académie française, secrétaire perpétuel de l'Académie des sciences, professeur au Muséum d'histoire naturelle. Les Œuvres complètes de Buffon forment 12 vol. gr. in-8 jésus, illustrés de 1C3 planches, 800 sujets coloriés, gravés sur acier, d'après les dessins originaux de M. VICTOR ADAM ; imprimés en caractères neufs, sur papier pâte vélin, par la typographie J. Claye. . . . . 120 fr.

M.le ministre de l'instruction publique a souscrit pour les bibliothèques à cette magnifique publication (aujourd'hui complètement achevée), reconnue par les hommes les plus compétents comme une édition modèle des œuvres du grand naturaliste. Le nom et le travail de M. Flourens la recommandent d'une façon toute particulière et lui donnent un cachet spécial.

ŒUVRES DE P. ET TH. CORNEILLE

Précédées de la Vie de P. Corneille, par FONTENELLE, et des Discours sur la poésie dramatique. Nouvelle édition, ornée de gravures sur acier. 1 beau vol. gr. in-8, même format que le Racine et le Molière.. . . . 12 fr. 50

ŒUVRES DE J. RACINE

Avec un essai sur la vie et les ouvrages de J. Racine, par LOUIS RACINE; ornées de 13 vignettes, d'après GÉRARD, GIRODET, DESENNE, etc. 1 beau vol. gr. in-8 jésus. . . . . 12 fr. 50

ŒUVRES COMPLÈTES DE BOILEAU

Avec une notice par M. SAINTE-BEUVE, et les notes de tous les commentateurs, illustrées de gravures sur acier. Nouv. édit. 1 vol. gr. in-8. . . 12 fr. 50

MOLIÈRE

1 beau vol. gr. in-8, pareil au *Corneille*, au *Racine* et au *Boileau*, orné de charmantes gravures sur acier, par F. DELANNOY, d'après les dessins de STAAL, et accompagné de notes explicatives. . . . . 12 fr. 50

MOLIÈRE

Œuvres complètes, précédées d'une notice sur la vie et les ouvrages de Molière, par M. SAINTE-BEUVE, illustrées de 800 dessins, par TONY JOHANNOT. Nouvelle édit. 1 magnifique vol. gr. in-8 jésus. . . . . 12 fr. 50

ŒUVRES COMPLÈTES DE CASIMIR DELAVIGNE

Comprenant le *Théâtre*, les *Messéniennes* et les *Chants sur l'Italie*. Nouvelle édition. 1 beau vol. gr. in-8 jésus, illustré de 12 belles vignettes de A. JOHANNOT. . . . . 12 fr. 50

FABLES DE LA FONTAINE

Illustrations de GRANDVILLE. 1 splendide vol. grand in-8 jésus, sur papier glacé, satiné, avec encadrement des pages et un sujet pour chaque fable. Édition unique par les soins qui y ont été apportés. . . . . . . 18 fr.

LES FLEURS ANIMÉES

Par J. J. GRANDVILLE. Ouvrage de luxe. Texte par ALPH. KARR, TAXILE DELORD. Nouvelle édition avec planches très-soigneusement retouchées pour la gravure et le coloris, par M. MAUBERT, peintre d'histoire naturelle. 2 vol. gr. in-8 jésus. . . . . 25 fr.

LES MÉTAMORPHOSES DU JOUR

Par GRANDVILLE 70 gravures coloriées, accompagnées d'un texte par MM. ALBÉRIC SECOND, TAXILE DELORD, LOUIS HUART, C. MONSELET, JULIEN LEMER, et précédées d'une Notice sur GRANDVILLE, par CHARLES BLANC. Nouvelle édition augmentée de culs-de-lampe, têtes de pages, pour le texte par M JULES JANIN. 1 magnifique vol. grand in-8 jésus, d'environ 550 pages. . 18 fr.

LES PETITES MISÈRES DE LA VIE HUMAINE

Illustrées par GRANDVILLE de nombreuses vignettes dans le texte, et de 50 grands bois tirés à part. Texte par OLD-NICK. Un magnifique volume gr. in-8 jésus, papier vélin des Vosges, enrichi d'un beau portrait de Grand, ville, gravé sur acier.. . . . . 15 fr.

CENT PROVERBES

Par GRANDVILLE. Nouvelle édition, revue et augmentée, pour le texte, de M. QUITARD, auteur du Dictionnaire des proverbes, etc., — illustrée par 50 gravures à part, coloriées pour la première fois avec le plus grand soin et de nombreuses vignettes dans le texte. Un magnifique volume grand in-8 jésus . . . . 15 fr.

GRANDVILLE

ALBUM de 120 sujets tirés des Fables de la Fontaine. 1 v. gr. in-8. . 6 fr.
Cette charmante collection de gravures, contenant une partie des illustrations du célèbre artiste, peut convenir à tous ceux qui n'ont pas la magnifique édition du *La Fontaine* de *Grandville*.

ENCYCLOPÉDIE THÉORIQUE ET PRATIQUE DES CONNAISSANCES UTILES

Composée de traités sur les connaissances les plus indispensables, ouvrage entièrement neuf, avec environ 1,500 gravures intercalées dans le texte, par MM. ALCAN, L. BAUDE, BELLANGER, BERTHELET, DELAFOND, DEYEUX, DUBREUIL, FOUCAULT, H. FOURNIER, GÉNIN, GIGUET, GIRARDIN, LÉON LALANNE, ELIZÉE LEFÈVRE, HENRI MARTIN, MARTINS, MATHIEU, MOLL, MOREAU DE JONNÈS, LUDOVIC LALANNE PÉCLET, PERSOZ, LOUIS REYBAUD, L. DE WAILLY, WOLOWSKI, etc. 2 vol. grand in-8.. . . . . 25 fr.

ROBERTSON

Œuvres complètes, avec notice, par BUCHON. 2 vol. grand in-8 jésus. Nouvelle édition. Paris, 1867, 20 fr.; net. . . . . 15 fr.

MACHIAVEL

Œuvres complètes, avec notice, par BUCHON. 2 vol. grand in-8 jésus. Nouvelle édition. Paris, 1867. 20 fr.; net. . . . . 15 fr

RUBENS ET L'ÉCOLE D'ANVERS

Par MICHIELS. 1 beau vol. in-8, suivi du Catalogue des tableaux de Rubens 6 fr.; net.. . . . . 4 fr.

UN MILLION DE FAITS

Aide-mémoire universel des sciences, des arts et des lettres, par MM. J. AICARD, DESPORTES, LÉON LALANNE, LUDOVIC LALANNE, GERVAIS, A. LE PILEUR, CH. MARTINS, CH. VERGÉ et JUNG. 1 fort vol. portatif, petit in-8 de 1,720 col., orné de gravures sur bois. 12 fr.; net. . . . . 9 fr.

BIOGRAPHIE UNIVERSELLE

BIOGRAPHIE PORTATIVE UNIVERSELLE, contenant 29,000 noms, suivie d'une table chronologique et alphabétique, où se trouvent répartis en cinquante-quatre classes différentes les noms mentionnés dans l'ouvrage, par L. LALANNE, L. RENIER, TH. BERNARD, CH. LAUMIER, E. JANIN, A. DELLOYE, etc. 1 vol. de 2,000 col., format du *Million de faits*, contenant la matière de 17 vol. 12 fr. net. . . . . 7 fr. 50

ŒUVRES COMPLÈTES DE BÉRANGER

9 vol. in-8, format cavalier, magnifiquement imprimés, papier vélin satiné, contenant :

Les Œuvres anciennes, illustrées de 53 gravures sur acier d'après CHARLET, JOHANNOT, RAFFET, etc. 2 vol. . . . . 28 fr
Les Œuvres posthumes. Dernières chansons (1834 à 1851), illustrées de 14 gravures sur acier, de A. DE LEMUD. 1 vol. . . . . 12 fr.
Ma biographie, avec un appendice et des notes, illustrée de 9 gravures et d'une photographie. 1 vol. . . . . 12 fr.
Musique des chansons, airs notés anciens et modernes. Nouvelle édition revue par F. BÉRAT, illustrée de 80 gravures sur bois, d'après GRANDVILLE et RAFFET. 1 vol. . . . . 10 fr.
 MÊME OUVRAGE, sans gravures. . . . . 6 fr.
Correspondance de Béranger. Édition ornée d'un magnifique portrait gravé sur acier. 4 forts volumes contenant 1,200 lettres et un catalogue analytique de 1,500 autres. . . . . 24 fr.
 Outre le portrait inédit qui orne cette édition, les éditeurs offrent aux Souscripteurs qui prendront l'ouvrage entier un exemplaire du **GRAND PORTRAIT DE BÉRANGER**, gravé sur acier par Lévy, et haut de 36 cent. sur 28 cent. de large. Ce portrait se vend séparément.

CHANSONS DE BÉRANGER
(ANCIENNES ET POSTHUMES)

Nouvelle édition populaire, illustrée de 161 dessins inédits de MM. ANDRIEUX BAYARD, CRÉPON, DARJOU, FÉRAT, GODEFROY DURAND, PAUQUET, etc., vignettes par M. GIACOMELLI, gravées par ANSSEAU, COSTE, HILDEBRAND, KOCH, LEFÈVRE, PANNEMAKER, etc., avec un beau portrait de l'auteur tiré à part. 1 vol. grand in-8 jésus sur deux colonnes, imprimé par J. BEST. . . . 8 fr. 50

LETTRES CHOISIES DE MADAME DE SÉVIGNÉ

Avec une magnifique galerie de portraits sur acier, représentant les personnages principaux qui figurent dans la correspondance. 1 très-beau vol. gr. in-8. . . . . 20 fr

LES FEMMES D'APRÈS LES AUTEURS FRANÇAIS

Par E. MULLER. Ouvrage illustré de portraits des femmes les plus illustres gravés au burin, d'après les dessins de STAAL, par MASSARD, DELANNOY, REGNAULT et GEOFFROY. 1 vol. gr. in-8 jésus. . . . . 20 fr.
 Ce livre, imprimé avec luxe et orné de très-belles gravures sur acier, contient la fleur de tout ce que les prosateurs et les poëtes français ont écrit de plus original et de plus piquant sur un sujet qui excite éternellement la curiosité.

HISTOIRE DE FRANCE

Depuis la fondation de la monarchie, par MENNECHET, illustrée de 20 gravures sur acier, d'après les grands maîtres de l'école française, gravées par F. DELANNOY, MASSARD, OUTHWAITE, etc. 1 vol. gr. in-8 jésus. . . . . 20 fr.

L'ESPACE CÉLESTE ET LA NATURE TROPICALE

Description physique de la Terre et des divers corps que renferme l'espace céleste, d'après des observations personnelles faites dans les deux Hémisphères, par M. EMM. LIAIS, illustré de nombreuses gravures d'après le dessins de YAN' DARGENT. 1 magnifique volume gr. in-8 jésus. . . 20 fr.

LA FRANCE GUERRIÈRE

Récits historiques d'après les chroniques et les mémoires de chaque siècle par CHARLES D'HÉRICAULT et LOUIS MOLAND. Ouvrage illustré de nombreuses et très-belles gravures sur acier, la plupart reproduisant les tableaux des grands maîtres. 1 vol. grand in-8 jésus. . . . . 20 fr.

GALERIE DE FEMMES CÉLÈBRES

Tirée des *Causeries du lundi*, par M. SAINTE-BEUVE, de l'Académie française. 1 beau vol. gr. in-8 jésus, orné de 12 magnifiques portraits dessinés par STAAL, et gravés sur ciparare MASSARD, THIBAULT, GOUTTIÈRE, GEOFFROY, GERVAIS, OUTHWAITE, etc. . . . . 20 fr.

NOUVELLE GALERIE DE FEMMES CÉLÈBRES

Tirée des *Causeries du lundi*, des *Portraits littéraires*, des *Portraits de femmes* par M. SAINTE-BEUVE, de l'Académie française. 1 vol. gr. in-8 jésus, semblable au précédent, et illustré de portraits inédits. . . . . . . 20 fr.

Ces volumes se complètent l'un par l'autre et se vendent séparément. Ils contiennent la fleur des *Causeries du Lundi*, des *Portraits littéraires* et des *Portraits de femmes*.

LES CONTES DE BOCCACE

LE DÉCAMÉRON). Édition illustrée par MM. H. BARON, T. JOHANNOT, H. ÉMY, CÉLESTIN NANTEUIL, GRANDVILLE, CH. PINOT, K. GIRARDET, HOLFELD, etc., de 32 grandes gravures tirées à part, et d'un grand nombre de dessins dans le texte. Un magnifique volume grand in-8 jésus. . . . . 15 fr.

PERLES ET PARURES

Première partie. Les Joyaux. Fantaisie. — *Deuxième partie*. Les Parures. Fantaisie. Dessins par GAVARNI, texte par MÉRY, illustré de 30 gravures sur acier par CH. GEOFFROY; les 2 vol. brochés. . . . . 20 fr.

CORINNE

Par madame la baronne de STAËL. Nouvelle édition, richement illustrée de 250 bois dans le texte, et de 8 grands bois, par Karl GIRARDET, BARRIAS, STAAL. 1 magnifique vol. gr. in-8 jésus. . . . . 10 fr.

LES MILLE ET UNE NUITS

Contes arabes, traduits par GALLAND, illustrés par MM. FRANCIS, BARON, WATTIER etc., etc., revus et corrigés sur l'édition princeps de 1794, augmentés d'une dissertation par S. DE SACY. 1 vol. gr. in-8 de 1,100 pag. . . . . 15 fr.

ŒUVRES CHOISIES DE GAVARNI

Revues, corrigées et classées par l'auteur ; notices par MM. DE BALZAC, TH. GAUTIER, LÉON GOZLAN, JULES JANIN, ALPH. KARR. etc. 2 vol. gr. in-8, renfermant chacun 80 grandes vignettes. Prix de chaque vol. . . . 10 fr.

Le Carnaval à Paris. — Paris le matin. — Les Étudiants. 1 vol.
La Vie de jeune homme. — Les Débardeurs. . . . . 1 vol.

COLLECTION DE 30 BEAUX VOLUMES ILLUSTRÉS

Grand in-8 raisin, à 10 fr.

Prix de la reliure des trente volumes ci-dessous :
Demi-reliure maroquin, plats toile, doré sur tranche, le vol. 4 fr.

Cette charmante collection se distingue par un grand nombre de gravures sur bois dans le texte et hors texte, exécutées par les premiers artistes. *Jamais livres* édités à ce prix n'ont offert autant de belles illustrations.

Fabiola ou l'église des Catacombes, par S. Ém. le cardinal WISEMAN, archevêque de Westminster, traduit de l'anglais par Mlle NETTEMENT ; illustrations de YAN' DARGENT. 1 vol.

Les Mille et une nuits des Familles. Contes arabes, traduits par GALLAND. Nombreuses illustrations de MM. FRANÇAIS, H. BARON, ED. WATTIER, LAVILLE, etc, etc. 1 vol.

La Tirelire aux Histoires. Lectures choisies, par Mme L. Sw. BELLOC, auteur de la bibliothèque de famille. Illustrations de STAAL. 1 vol.

La Cassette des sept amis, par S. HENRY BERTHOU. 1 vol. in-8 raisin, illustr par YAN' DARGENT de 125 vignettes dan texte et hors texte

A LA MÊME LIBRAIRIE

CHEFS-D'ŒUVRE DE LA LITTÉRATURE FRANÇAISE

Format grand in-18 jésus à 3 fr. le vol.

ŒUVRES DE CORNEILLE... 1 vol.

THÉATRE COMPLET DE RACINE. 1 fort vol. de plus de 700 pages.

ŒUVRES DE BOILEAU.... 1 vol.

ŒUVRES COMPLÈTES DE MOLIÈRE. Nouvelle édition..... 3 forts vol.

LETTRES CHOISIES DE MADAME DE SÉVIGNÉ, avec une notice par M. Sainte-Beuve............ 1 vol.

ROMANS DE VOLTAIRE, suivis de ses Contes en vers....... 1 vol.

ŒUVRES CHOISIES DE DESCARTES, Nouvelle édition...... 1 vol.

LETTRES ÉCRITES A UN PROVINCIAL, par Blaise Pascal... 1 vol.

PENSÉES DE PASCAL.... 1 vol.

DISCOURS SUR L'HISTOIRE UNIVERSELLE, par Bossuet..... 1 vol.

AVENTURES DE TÉLÉMAQUE, par Fénelon, suivies des *Aventures d'Aristonoüs*, 8 gravures..... 1 vol.

DE L'EXISTENCE DE DIEU. *Lettres sur la Religion, Lettres sur l'Église*, etc. par Fénelon.......... 1 vol.

DIALOGUES DE FÉNELON, etc. 1 vol.

PETIT CARÊME DE MASSILLON. 1 vol.

LES CARACTÈRES DE LA BRUYÈRE. avec notice de M. Sainte-Beuve. 1 vol.

ŒUVRES DE P. L. COURIER. 1 vol.

ŒUVRES COMPLÈTES DU COMTE XAVIER DE MAISTRE, nouv. édit. avec une préface par M. Sainte-Beuve. 1 vol.

THÉATRE DE BEAUMARCHAIS. 1 vol.

CORINNE OU L'ITALIE, par Mme de Staël, avec notice de M. Sainte-Beuve. 1 fort vol.

DE L'ALLEMAGNE, par Mme de Staël. Nouvelle édition.... 1 fort vol.

LAMENNAIS. Essai sur l'Indifférence en matière de religion.... 4 vol.
— Paroles d'un Croyant. 1 vol.
— Affaires de Rome.. 1 vol.
— Évangiles. 4 grav... 1 vol.
— De l'Art et du Beau. 1 vol.

MES PRISONS, suivies des Devoirs des hommes, par Silvio Pellico, avec notice sur l'auteur. 6 grav... 1 vol.

FABLES DE LA FONTAINE, ornées de 8 gravures par Staal..... 1 vol.

CONTES ET NOUVELLES DE LA FONTAINE, nouvelle édition... 1 vol.

FABLES DE FLORIAN..... 1 vol.

JÉRUSALEM DÉLIVRÉE, traduction en prose par M. V. Philipon de la Madeleine........... 1 vol.

ŒUVRES DE RABELAIS, nouv. édit. 1 fort vol. de 650 pages.

CONTES DE BOCCACE, traduits par Sabatier de Castres..... 1 vol.

DE L'ÉDUCATION DES FEMMES, par madame de Rémusat... 1 vol.

L'HEPTAMÉRON. Contes de la reine de Navarre. Nouvelle édition... 1 vol.

LES CENT NOUVELLES NOUVELLES, texte revu avec soin..... 1 vol.

ÉMILE, ou de l'Éducation, par J.-J. Rousseau. 1 vol.

CONFESSIONS DE ROUSSEAU. 1 vol.

JULIE OU LA NOUVELLE HÉLOISE, par J.-J. Rousseau...... 1 vol.

HISTOIRE DE GIL BLAS DE SANTILLANE par Le Sage..... 1 vol.

ŒUVRES DE MILLEVOYE, précédées d'une Notice de M. Sainte-Beuve. 1 vol.

ŒUVRES DE GRESSET.... 1 vol.

LANGAGE DES FLEURS. Gravures coloriées........... 1 vol.

PLUTARQUE. Vies des hommes illustres............ 4 vol.

www.ingramcontent.com/pod-product-compliance
Lightning Source LLC
Chambersburg PA
CBHW052033230426
43671CB00011B/1634